[追思纪念版]

# 杨绛传

杨绛先生生前
亲自过目的个人全传

罗银胜 著

天地出版社 | TIANDI PRESS

### 图书在版编目（CIP）数据

杨绛传 / 罗银胜著. —成都：天地出版社，2016.6（2025年3月重印）

ISBN 978-7-5455-2080-4

Ⅰ.①杨… Ⅱ.①罗… Ⅲ.①杨绛（1911—2016）—传记 Ⅳ.①K825.6

中国版本图书馆CIP数据核字（2016）第116739号

YANGJIANG ZHUAN

## 杨绛传

| | |
|---|---|
| 著　　者 | 罗银胜 |
| 责任编辑 | 张秋红 |
| 封面图片 | CFP |
| 封面设计 | 思想工社 |
| 电脑制作 | 思想工社 |
| 责任印制 | 王学锋 |

| | |
|---|---|
| 出版发行 | 天地出版社 |
| | （成都市锦江区三色路238号　邮政编码：610023） |
| | （北京市方庄芳群园3区3号　邮政编码：100078） |
| 网　　址 | http://www.tiandiph.com |
| 电子邮箱 | tianditg@163.com |
| 经　　销 | 新华文轩出版传媒股份有限公司 |

| | |
|---|---|
| 印　　刷 | 北京文昌阁彩色印刷有限责任公司 |
| 版　　次 | 2016年6月第1版 |
| 印　　次 | 2025年3月第34次印刷 |
| 印　　数 | 169001—172000 |
| 成品尺寸 | 160mm×240mm　1/16 |
| 印　　张 | 28.5 |
| 字　　数 | 394千 |
| 定　　价 | 48.00元 |
| 书　　号 | ISBN 978-7-5455-2080-4 |

### 版权所有◆违者必究

咨询电话：（028）86361282（总编室）
购书热线：（010）67693207（市场部）

如有印装错误，请与本社联系调换。

# 目录

**第一章
故里家世**
/ 001

杨绛从小喜欢文学，如果她对什么书表示兴趣，父亲就把那本书放在她的桌上，有时他得爬扶梯到书橱顶层去拿；如果她长期不读，那部书就会不见了——这就等于谴责。父亲为她买的书多半是词章小说，这些都是杨绛的最爱。

**第二章
大学时代**
/ 027

杨绛在北京的大学生活中，发生了决定她一生命运的事情，这就是与钱锺书的相识与相恋。对此，她母亲唐须嫈常取笑说："阿季脚上拴着月下老人的红丝呢，所以心心念念只想考清华。"杨绛与钱锺书结为伉俪，恰似中国现代文学史上的双子星，交相辉映。

**第三章
负笈英法**
/ 053

继在牛津的两年之后，杨绛夫妇在法国巴黎的这一年也很重要，这不仅能使杨绛更深入地了解欧洲各国的文化习俗、风土人情以及语言特点，而且更给她所掌握的多种欧洲语言提供了实地考察、运用和体味的良机。

**第四章**
**孤岛岁月**
/ 081

钱锺书的父亲执教于浙江大学，处境维艰，他的母亲、弟妹等人随叔父逃难到上海，寄寓在已是"孤岛"的法租界。杨绛夫妇面对国破家亡的情势，寝食难安。他们恨不能长了翅膀，快点飞回亲人的身旁，幸而他们动身早，否则碰到战争，他们恐怕就回不来了。

**第五章**
**步入剧坛**
/ 099

杨绛步入剧坛，并非偶然，这是来自于她对都市小市民生活的体验和知识分子生活的积累。上海滩这个大都市特有的新旧参半、土洋结合的生活形态，正是引发剧作家灵感的渊薮。

**第六章**
**艰难时刻**
/ 115

抗战八年，杨绛饱尝战乱之苦，她的心情是沉重的，她在抗战胜利的热切企盼中，艰难度日。杨绛甘做"灶下婢"，辅佐夫君全力创作《围城》，这是40年代文坛的一则佳话。

**第七章**
**定居京华**
/ 135

杨绛举家离开上海，定居北京，开始了新生活。杨绛、钱锺书曾在清华求学，度过了终生难忘的学生生涯，如今他们双双又回到母校清华大学，将在这里执掌教鞭。他们夫妇于8月24日携带女儿，登上火车，26日到达清华。

| 第八章<br>流年沉浮<br>/ 157 | 起初，杨绛、钱锺书都在文学所外国文学研究组工作，不久，钱锺书被郑振铎借调到中国古代文学研究组，用钱锺书的话说，"从此一'借'不再动"。后来古代组和外文组分别升格为文学所、外国文学研究所，他们夫妇分别成了这两个研究所的研究员。 |
|---|---|
| 第九章<br>十年尘世<br>/ 183 | 杨绛戴着高帽子，举着铜锣，给群众押着先到稠人广众的食堂去绕一周，然后又在院内各条大道上游街"出丑"。造反派命她走几步就打两个锣，叫一声"我是资产阶级知识分子"！ |
| 第十章<br>著译尖峰<br>/ 227 | 在粉碎"四人帮"以来的新时期里，杨绛除了翻译以外，还积极从事文学创作、理论研究等多项工作，取得了令世人瞩目的累累硕果。杨绛淡淡的怀旧情绪，在她的散文创作中尤其明显，因而使她的作品不但具有很深的文学价值，同时还颇具史料价值。 |
| 第十一章<br>笔耕不辍<br>/ 257 | 在杨绛的笔下，没有高大的英雄人物，只有很平常、很普通的人物，不管是可亲可爱的，还是可憎可恶的，抑或是可悲可叹的人物，他们在日常生活中很常见，演绎的是这些寻常人物的家长里短，因而更带有生活气息。 |

**第十二章**
**生活侧影**
/ 283

杨绛在三里河南沙沟的寓所四室一厅，家里摆设非常简朴，没有豪华装饰和家具，地面是光光的黄木地板，没有铺设地毯。门左边有一间大约二十多平方米的房间，这是兼作书房的会客室，屋里只有五个中型书架并排着，给人一种坐拥书城的感觉。

**第十三章**
**抵抗不幸**
/ 295

杨绛的家庭充满着恩爱、和谐的气氛，但是，短短两年，杨绛屡遭不幸。先是爱女先老人而去，钱锺书又一直在重病中。翌年，钱锺书也离开了杨绛。事属意料之中，但毕竟相濡以沫整整一辈子，杨绛的痛苦可想而知。

**第十四章**
**文化担当**
/ 317

钱锺书去世后，已经九十余岁高龄的杨绛依然手不释卷，并还在孜孜笔耕不辍，仍在用双手、用生命之火的暖流回报人民，回报社会。当然人老了不免会有病来侵袭，但杨先生很注意锻炼，前些年只要天气好，她一定会出来走走。

**第十五章**
**百岁年纪**
/ 339

2011年7月17日，杨绛迎来了她的100周岁生日。闭门谢客多年的杨绛的这个百岁生日，和往年一样平静。"你们在家替我吃一碗寿面。"她对身边的亲友说。

**第十六章
拍卖风波**
/ 359

在这场发生在2013年至2014年之间，持续将近一年的书信手稿拍卖案中，102岁高龄的杨绛取得了完胜，表现出铮铮硬骨的一面，没有半点柔弱，有的只是刚强。

**第十七章
死者如生
生者无愧**
/ 379

钱锺书一生酷爱读书，每读一书必作笔记，留下了数量惊人的从未面世的读书笔记，由杨绛一直保存着。杨绛坚定地相信，钱锺书的笔记公之于众是最妥善的保存，她说："但愿我这办法，'死者如生，生者无愧'。"

**第十八章
生命之火**
/ 389

一滴水不也能折射太阳的光辉么？所以，当268万字容量的《杨绛全集》静静摆上货架，那抹光辉，仿佛火焰，驱散黑暗，驱散寒冷，驱散孤苦，照亮明天也照进读者的心房，已经可以牵动视线。

**第十九章
哀思绵绵**
/ 417

对于一位已经105岁的高龄老人来说，尽管前几天传出她病危的消息后很快被辟谣，但广大读者还是明白这一天终究会到来，而当这一天真的到来了，还是让人难掩心中的悲伤与悚动。唯一值得安慰的是，"我们仨"，终于团聚了。

第一章

# 故里家世

　　杨绛从小喜欢文学，如果她对什么书表示兴趣，父亲就把那本书放在她的桌上，有时他得爬扶梯到书橱顶层去拿；如果她长期不读，那部书就会不见了——这就等于谴责。父亲为她买的书多半是词章小说，这些都是杨绛的最爱。

| 一 |

本书的传主杨绛的故乡在江苏无锡。江南名城无锡，自古便是富庶文明之邦。多少年来，这里风景如画，人文荟萃，英才辈出。

杨氏家族世居无锡，在当地是一个知识分子家庭，用杨绛本人的话说，就是"寒素人家"[1]，她的曾祖父、祖父的身份，无外乎书生、穷官，但都秉性正直，酷爱读书。

杨绛的父亲，名叫杨荫杭（1878—1945），字补塘，又名虎头，笔名老圃。杨绛在晚年曾应中国社会科学院近代史研究所之约，撰写过《回忆我的父亲》。通过文中所记其父亲的生平事迹，可以看到清末民初一代知识分子为了中国的富强和近代化孜孜不倦的努力。那种司法独立、不畏强权的包公（当年也被称为"疯骑士"）形象，令人过目难忘。

杨荫杭于1895年考入北洋大学堂（当时称"天津中西学堂"，即北洋大学、天津大学的前身），1897年转入南洋公学，尽管他学习十分努力，但尚未毕业，便被学校除名了。对这件事，杨绛在文中谈了她所知道的经过：

据我二姑母说，我父亲在北洋公学上学时，有部分学生闹风潮。学校

---

[1] 杨绛：《回忆我的父亲》，见《杨绛作品集》第二卷，中国社会科学出版社1993年10月版，第61页。

掌权的洋人（二姑母称为"洋鬼子"）出来镇压，说闹风潮的一律开除。带头闹的一个广东人就被开除了。"洋鬼子"说，谁跟着闹风潮就一起开除。一伙人面面相觑，都默不作声。闹风潮不过是为了伙食，我父亲并没参与，可是他看到那伙人都缩着脑袋，就冒火了，挺身而出说："还有我！"好得很，他就陪着那个广东同学一起被开除，风潮就此平息。[1]

这时是1897年，可见杨荫杭从年轻时就形成了刚正耿介的性格。他所就读的上海南洋公学，也是一所公费学校，由巨贾闻人盛宣怀创办。过了两年，南洋公学遴选六名学生赴日留学，杨荫杭亦名列其中。

杨荫杭一行六人和其他各省派送的留日学生，初到日本，语言不通，就先在日本文部省特设的日华学校补习语言。没多久，杨荫杭进入早稻田大学（当时称"东京专门学校"）学习。1900年春，他和留日学生一起组建励志会。同年下半年，作为会员的杨荫杭与杨廷栋、雷奋等一起创办了《译书汇编》，这是当时留日学生自办的第一份杂志，专事译载欧美政法方面的名著，诸如法国学者孟德斯鸠的《万法精义》和卢梭的《民约论》，英国学者穆勒的《自由原论》等书，这些作品译笔流丽典雅，对推动青年思想的进步影响很大，因而在海内外学生中颇有威望。

1901年夏，杨荫杭利用暑假回家乡探亲的机会，在家乡无锡，"聚集同志，创设了励志学会。他们借讲授新知识之机，宣传排满革命"[2]，据说这一组织是当时江苏省最早的革命小团体。

1902年，杨荫杭从日本早稻田大学本科毕业。回国后，他和雷奋、杨廷栋一起被派往北京译书馆从事编译工作。译书馆前身是"北京同文馆"。沧海桑田，现在保存下来的《名学教科书》（1903年再版）就是杨荫杭在那里编译的。近人孙宝瑄在光绪二十八年（1903年）12月29日的日

---

[1] 杨绛：《回忆我的父亲》，见《杨绛作品集》第二卷，中国社会科学出版社1993年10月版，第61页。
[2] 李新、李宗一主编：《中国民国史》，中华书局1981年版，第293页。

记里曾提到过这部书:"观《名学》,无锡杨荫杭述。余初不解东文哲学书中'内容'、'外延'之理,今始知之。"[1]

1903年,译书馆因经费支绌而停办,杨荫杭因此回到家乡,和留日学生蔡文森、顾树屏在无锡又创办了"理化研究会",提倡研究理化并学习英语。那时,杨荫杭精力充沛,工作繁忙,他除了理化研究会的事情之外,还在上海兼职,任《时事新报》《苏报》《大陆月刊》的编辑及撰稿人,并在中国公学、澄衷学校、务本女校等校授课。

由于杨荫杭积极从事反清革命活动,触犯了顽固的保守派,因而引起了嫉恨并遭到追捕。据杨绛回忆说:"听说他暑假回无锡,在俟实中学公开鼓吹革命,又拒绝对祠堂里的祖先叩头,同族某某等曾要驱逐他出族。我记得父亲笑着讲无锡乡绅,即驻意大利钦差许珏曾愤然说:'此人(指我父亲)该枪毙。'反正他的'革命邪说'招致清廷通缉,于是他筹借了一笔款子(一半由我外祖父借助)。"

1906年初,杨荫杭再度出国留学。这样,他又开始了留学生涯。他进入日本早稻田大学研究科(该校本科不授学位),1907年7月,通过论文,便获得法学学士学位而毕业。随后他就到美国去了。杨荫杭就读的是宾夕法尼亚大学。

杨荫杭从未提及他的学位和论文。而杨绛只是在偶然的机会发现过一张她父亲在宾夕法尼亚大学从1909年至1910年的注册证。倒是后来钱锺书告诉她:"爸爸的硕士论文收入宾夕法尼亚大学法学丛书第一辑,书名是《日本商法》(Commercial Code of Japan)。"

在杨绛的印象中,父亲在归国途中游历了欧洲其他各国,还带回好几份印好的论文,故而她问钱锺书:

"你怎么会知道?"

钱锺书回答说:

---

[1] 孙宝瑄:《忘山庐日记》上册,上海古籍出版社1983年版,第609页。

"我看见的——爸爸书房里的书橱最高层，一本红皮书。我还问过爸爸，他说是他的硕士论文——当然现在找不到了。"

对此，杨绛曾经专门写信给美国友人宾夕法尼亚大学的李又安教授，托她找有没有这本书。据李又安教授回信，书一点也没记错。那本书一找就找到了，在法学图书馆，她还为杨绛复制了封面几页和一篇卢易士教授写的序文。根据那张注册证，卢易士是当时的法学院院长。

杨荫杭的《日本商法》全书319页，于他离校以后的1911年出版。从序文看来，这本书大概是把日本商法和它所依据的德国商法以及它所采用的欧洲大陆系统的商法作比较，指出特殊的地方是为了适合日本的国情，由比较中阐明一般商法的精神。序文对这本书很赞赏，不过令杨绛最感亲切的是卢易士先生形容他父亲写的英文："虽然完全正确，却有好些别致的说法。而细读之下，可以看出作者能用最简洁的文字，把日本商法的原意，确切地表达出来。"这可能是用很客气的话，说杨荫杭写的英文有点中国味道吧？

由此杨绛猜想，她父亲再次出国四年多，脱离了革命，埋头书本，很可能对西方的"民主法治"产生了幻想。他原先的"激烈"，渐渐冷静下来。因为北伐胜利后，她经常听到父亲对母亲挖苦当时所谓的"廉洁政府"。杨绛在高中读书的时候，1927年或1928年，杨荫杭曾和她谈过"革命派"和"立宪派"的得失。他讲得很仔细，可是她不大懂，听完都忘了，只觉得父亲倾向于改良。他的结论是："改朝换代，换汤不换药"。不过杨荫杭和她讲这番话的时候，他的"立宪梦"早已破灭了。

当时在父母的庇荫之下，杨绛不像她父亲年轻的时候，能看到革命的迫切。她是脱离实际的后知后觉或无知无觉，只凭抽象的了解，觉得救国救民是很复杂的事，推翻一个政权并不能解决问题，还得争求一个好的制度，保障一个好的政府。

杨绛

| 二 |

　　杨绛的母亲唐须嫈（1878—1937）也是无锡人，与丈夫杨荫杭同龄，他们俩于1898年结婚。唐须嫈是一位贤惠文静的知识女性，身上凝聚了中国女性的传统美德。她曾在上海著名的女子中学务本女中读书，与杨绛的三姑母杨荫榆以及汤国梨（章太炎太太）是同学。唐须嫈从来不愿抛头露面，与杨荫杭结婚后，甘做贤妻良母，相夫教子，料理家务。

　　现存关于唐须嫈的史料不多，杨绛在《回忆我的父亲》一文中顺便提到了她父母的关系，读来感人肺腑，弥足珍贵。文中说："我父母好像老朋友，我们子女从小到大，没听到他们吵过一次架。旧式夫妇不吵架的也常有，不过女方会有委屈闷在心里，夫妇间的共同语言也不多。我父母却无话不谈。他们俩同年，1898年结婚。当时我父亲还是学生。从他们的谈话里可以听到父亲学生时代的旧事。他们往往不提名道姓而用诨名，还经常引用典故——大多是当时的趣事。不过我们孩子听了不准发问。'大人说话呢，老小（无锡土话，指小孩子）别插嘴。'他们谈的话真多：过去的，当前的，有关自己的，有关亲戚朋友的，可笑的，可恨的，可气的……他们有时嘲笑，有时感慨，有时自我检讨，有时总结经验。两人一生中长河一般的对话，听起来好像阅读拉布吕耶尔的《人性与世态》。他们的话时断时续，我当时听了也不甚经心。我的领会，是由多年不经心的一知半解积累而得。我父亲辞官后做了律师。他把每一件受理的案子都详细向我母亲叙述：为什么事，牵涉什么人等。他们俩一起分析，一起议论。那些案件，都可补充《人性与世态》作为生动的例证。"[1]杨绛生活在这样一个和睦自由、民主开明的家庭当中，是相当幸运的。

---

[1] 杨绛：《回忆我的父亲》，见《杨绛作品集》第二卷，中国社会科学出版社1993年10月版，第59~60页。

杨绛父亲杨荫杭的兄弟姊妹共六人。大姑母排行第一,出嫁不久即因患肺病去世。大伯父在武备学校学习,一次试炮失事,轰然一声,就轰得不知去向,遗下大伯母和堂兄、堂姊各一人。最小的三叔叔留美回国后也因肺病去世。二姑母杨荫枌、三姑母杨荫榆都比杨荫杭小,出嫁后都与夫家断绝了关系,长年住在哥哥的家里。所以,她们两人和杨绛的关系比较密切。

杨荫榆比杨荫杭小六岁,由他资助在苏州景海女中上学,两年以后,就转学到上海务本女中,后来赴日本、美国留学,故日文、英文都十分熟练。两度回归,分别担任北京女高师"学监"和北京女子师范大学校长。这时的杨荫榆顽固守旧,与进步学生对立,发生了鲁迅在《华盖集》中提到的"女师大事件","从此打落下水,成了一条'落水狗'"[1]。杨绛在这里指的是震惊中外的"三一八惨案"。1926年3月18日,北京女子师范大学的学生和北京数千名群众在中国共产党的领导下,举行示威游行,反对帝国主义的"最后通牒"和北洋军阀段祺瑞执政府的卖国行为。示威中,反动军阀下令开枪,当场打死打伤三四百人。在这一事件中,杨荫榆站错了立场,遭到鲁迅等进步人士的痛责。

但是,这位独身而孤僻、在家中也不受孩子们欢迎的女教育家,在后来日寇侵占苏州时,却显示了她性格中最可贵的一面:对自己民族的大忠大勇,因骂敌而罹难。

---

[1] 杨绛:《回忆我的姑母》,见《杨绛作品集》第二卷,中国社会科学出版社1993年10月版,第115页。

## 三

杨绛，1911年7月17日（阴历辛亥年六月二十二日）出生在北京，原名杨季康，后以笔名杨绛行世。杨绛出生时，上面已有寿康、同康、闰康三个姐姐，所以排行老四。

杨绛的童年时期，面临古老的中国在二十世纪中波澜壮阔的百年巨变。她出生时值辛亥革命的前夜。杨绛的父亲杨荫杭也积极投身于一系列革命运动。杨绛出生后不久，辛亥革命爆发，结束了封建王朝在中国的反动专制统治，也永远结束了几千年的封建帝制。

其时，旧的王朝终于风吹雨打而去，而民主与科学的大纛所揭橥的救国救民的道理和信念日益深入人心，形成了社会性的思潮，中国的进步知识分子不懈地探索民族解放、民主自由乃至发展之路。这就是杨绛出生前后的社会现实。

民国初年，杨荫杭就任江苏省高等审判厅厅长，由于本省人士必须回避本省的官职，杨荫杭被调任浙江省高等审判厅厅长，住在杭州。他因坚持司法独立，得罪了省长屈映光。屈映光晋见袁世凯时，乘机诬告杨荫杭，说"此人顽固不灵，难与共事"。恰巧袁世凯的机要秘书张一麐是杨荫杭在北洋公学时的同窗好友，帮忙说了好话。这样，杨荫杭才没吃大亏。袁世凯亲笔批了"此是好人"四字，杨荫杭便奉调到北京任职。

杨荫杭夫妇带了杨绛等人到了北京。杨绛是在五岁时开蒙的。她上的小学是北京女高师附小，她的三姑母杨荫榆就在女高师工作，杨绛开始有记忆也是在这个时候。

她告诉人们："我还是她所喜欢的孩子呢。我记得有一次我们小学生正在饭堂吃饭，她带了几位来宾进饭堂参观。顿时全饭堂肃然，大家都专心吃饭。我背门而坐，饭碗前面掉了好些米粒儿。三姑母走过，俯耳说了我一句，我赶紧把米粒儿拣在嘴里吃了。后来我在家听见三姑母和我父亲形容我们那一群小女孩儿,背后看去都和我相像,一个白脖子,两撅小短辫儿。她们看见我拣吃了米粒儿,一个个都把桌上掉的米粒儿拣来吃了。她讲的时候笑出了细酒窝儿,好像对我们那一群小学生都很喜欢似的。那时候的三姑母还一点不怪癖。"[1]

那时候的杨绛欢快活泼,充满童趣,惹人喜爱。女高师的学生时常带着已放学的杨绛到大学部去玩耍,她们陪小杨绛荡秋千,荡得老高,杨绛心里既高兴又害怕,嘴里却不敢讲出来。

有一次,女高师的学生聚在一起举办恳亲会,演三天戏,一天试演彩排,一天请男宾,一天请女宾,请小杨绛去做戏里的花神,把她的牛角辫子盘在头顶上,插了满满的花,衣裳也贴满了金花,杨绛既开心又得意。又有一次,学校举行运动会,一个大学生跳绳,叫小杨绛钻到她身边像卫星似的绕着她周围转着跳。小杨绛天真无邪,机灵可爱,博得了大家的喜爱。

当时,杨绛的父亲杨荫杭在北京历任京师高等审判厅厅长、京师高等检察长、司法部参事等职,公务倥偬,忙不及履,连张勋复辟时,全家也没有逃离北京,只在一位英国朋友家里躲避了数天。

导致杨荫杭被迫离开北京的是扣押交通部总长许世英事件。据杨绛回忆:"……许世英受贿被捕,在1916年5月。国务会议认为许世英没有犯罪的证据,反要追究检察长杨荫杭的责任。许世英宣告无罪,他随即辞去交通部总长的职务。我想,父亲专研法律,主张法治,坚持司法独立。他小小的一个检察长——至多不过是一个'中不溜'的干部,竟胆敢拘捕在职的交通部总长,不准保释,一定是掌握了充分的罪证,也一定明确自己没有逾越职权。1919年他辞职南归,没等辞职照准。"[2]这样,还在上初

---

[1] 杨绛:《回忆我的姑母》,见《杨绛作品集》第二卷,中国社会科学出版社1993年10月版,第113页。
[2] 杨绛:《回忆我的父亲》,见《杨绛作品集》第二卷,中国社会科学出版社1993年10月版,第73页。

小三年级的杨绛，便跟着父母一家人一起启程回南了。

## 四

这次全家离京，出乎预料，因而十分匆忙。忽有一天清早，决定返回南方，杨绛记得当时还在寓所的小院子里玩耍。

在去火车站的路上，杨绛遇见一个平素不怎么联络的同学，她恨不能叫这位同学捎句话给班上，说自己"回南了"，小杨绛的心里十分惆怅。

火车站月台上人头攒动，在杨绛眼里，为她父亲送行的"有一大堆人——不是一堆，是一大片人，谁也没有那么多人送行，我觉得自己的父亲与众不同，很有自豪感。火车快开了，父亲才上车"。这幕场景，时间虽然过去六十多年了，杨绛仍然记忆犹新。

火车开了，唐须嫈因为晕车，呕吐得厉害，只好由杨荫杭照料全家大小和许多行李。一家人到天津下车，住了一两天客栈，然后搭乘"新铭"号轮船到上海，再换"拖船"回无锡。所谓"拖船"就是由小火轮拖带的小船，一只火轮船可以拖带一大串小船。一路上劳顿不堪，母亲唐须嫈反复叮咛小孩："上海码头乱得很，'老小'要听话。"

杨绛的父母在无锡沙巷预先租下房子，避免挤到老家去住。这时全家人除前几年二姐患副伤寒不治身亡外，还有大姐、三姐、两个弟弟和一个妹妹，共八口人。新租的房子厨房外面有一座木桥，过了桥就是自己家的后门。杨绛觉得新奇得很，因为可以不出家门，就能站在桥上看来往的船只。

沙巷口有一座庙，叫大王庙。原先不知是祭祀什么大王的，后来改为学校，就叫大王庙小学。学校只有一间大教室，双人课桌四五直行，学校的四个班级都在这一间大教室里,男女学生大约有八十人。杨绛和两个弟弟是在学期半中间时插班进去的,她原是初小三年级,在这里就插入了最高班。

大王庙小学的教职员只有两个人:校长和一位姓孙的老师。孙老师剃一个葫芦瓢似的光头,学生背后称他"孙光头"。他拿着一条藤教鞭,动不动就打学生,而且最爱打脑袋。个个学生几乎都挨过他的打,不过他从来不打杨家的小孩子,可能觉得他们是"特殊"的学生吧,其实杨绛和她的弟弟不但是"做官"人家的子女,而且也十分乖巧。可是,其他同学却非常恨孙老师:在里面有个马桶的"女生间"的墙上,不知是谁画了一幅"孙光头"的像,大家都对着那幅画像拜拜,杨绛起初以为是讨好孙老师,可她们说,为的是要"钝"死他,"钝"在无锡方言中就是叫一个人倒霉的意思。

杨绛对大王庙小学的学生生涯曾有回忆,她说:"在大王庙读什么书,我全忘了,只记得国文教科书上有一部是'子曰,父母之年,不可不知也……','孙光头'把'子曰'解作'儿子说'。念国文得朗声唱诵,称为'啦'(上声)。我觉得发出这种怪声挺难为情的。"杨绛还记得她们在学校玩游戏的情形,十分有趣:

……我和女伴玩"官、打、捉、贼"(北京称为"官、打、巡、美"),我拈阄拈得"贼",拔脚就跑。女伴以为我疯了,拉住我问我干什么。我急得说:"我是贼呀!"

"嗨,快别响啊!是贼,怎么嚷出来呢?"

我这个笨"贼"急得直要挣脱身。我说:"我是贼呀!得逃啊!"

她们只好耐心教我:"是贼,就悄悄儿坐着,别让人看出来。"

又有人说:"你要给人捉出来,就得挨打了。"

我告诉她们:"贼得乘早逃跑,要跑得快,不给捉住。"

她们说:"女老小姑则"(即"女孩子家")不兴得"逃快快"。

逃呀、追呀是"男老小"的事。

我委屈地问:"女孩子该怎么?"

一个说:"步步太阳"(就是古文的"负暄","负"读如"步")。

一个说:"到'女生间'去踢踢毽子。"

大庙东庑是"女生间",里面有个马桶,女生在里面踢毽子。可是我只会跳绳、拍皮球,不会踢毽子,也不喜欢闷在又狭又小的"女生间"里玩。[1]

诸如此类,留给杨绛的印象还是很深的。直到20世纪80年代,她还时常提起:"我在大王庙上学不过半学期,可是留下的印象却分外生动。直到今天,有时候我还会感到自己仿佛在大王庙里。"

| 五 |

杨荫杭、唐须嫈夫妇对新租的沙巷寓所并不满意,只是一时也找不到合适的房子。据说租住那所房子的几个住户都得了很重的伤寒症,照现代医学分析,很可能是河水里有问题。

不久,杨荫杭就病倒了。他因为几度留洋,所以只相信西医,不信中医。当时无锡只有一个西医,是个外国人。唐须嫈请这位外国医生来治疗,他每次就抽一点血,取一点大便,送往上海化验,要一个星期才有

---

[1] 杨绛:《大王庙》,见《杨绛作品集》第二卷,中国社会科学出版社1993年10月版,第211~212页。

结果。但是，如此这般地检查了两次，也没有查出什么眉目来。这样，杨绛的父亲的病势越发严重，连续几个星期高烧不退，神志也有点不清了。无奈之下，唐须嫈自作主张，延请无锡一位有名的中医来，中医一把脉就说，杨荫杭得的是伤寒病，而西医则又过了一星期才诊断出来。唐须嫈流着泪求这位名中医给杨荫杭开处方，他却摇头断然拒绝，医生不肯开处方就是病人没指望了。

这一天，真是非常紧急，杨绛回忆说，"我记得有一夜已经很晚了，家里好像将出大事，大家都不睡，各屋都亮着灯，许多亲友来来往往"[1]，前来探望的人都摇头叹喟："唉，要紧人呀！"（无锡方言中"要紧人"就是养家人的意思。）因为杨绛全家大小，包括婶婶、堂妹，人口众多，都依赖杨荫杭过活。这时，杨荫杭已经发高烧发得只讲昏话了。唐须嫈只得另请既是杨荫杭的老友，又是有名的中医的华实甫先生，他答应唐氏的要求"死马当活马医"，于是开了一个药方。

奇迹发生了。杨荫杭死里逃生，居然挣扎过来。全家人把华实甫先生当作救命恩人，而西医却认为杨荫杭自己的体力好，在"转换期"战胜了病魔。

不过，在杨绛看来，"无论中医西医，都归功于我母亲的护理。那年的除夕，我父亲病骨支离，勉强能下床行走几步。他一手扶杖，一手按着我的头，慢慢儿走到家人团坐的饭桌边。椅里垫上一条厚被，父亲象征性地和我们同吃了年夜饭"。

对此，杨绛不无感慨地说："我常想，假如我父亲竟一病不起，我如有亲戚哀怜，照应我读几年书，也许可以做个小学教员。不然，我大概只好去做女工，无锡多得是工厂。"生离死别，人间沧桑，不禁使杨绛产生一种世事如烟的感喟。

杨荫杭病愈后，想另换房子租住。有一位亲友为他介绍了一处，杨绛

---

[1] 杨绛：《回忆我的父亲》，见《杨绛作品集》第二卷，中国社会科学出版社1993年10月版，第75页。

父母去看房子,也带了杨绛同去。那所房子正是钱锺书家租居的流芳声巷朱氏宅的旧屋。那是杨绛第一次到钱家,不过,没有遇见钱锺书。

后来,杨绛向钱锺书谈起:"我记不起那次看见了什么样的房子或遇见了什么人,只记得门口下车的地方很空旷,有两棵大树,很高的白粉墙,粉墙高处有一个个砌着镂空花的方窗洞。锺书说我记忆不错,还补充说,门前有个大照墙,照墙后有一条河从门前流过。"

## 六

1920年,杨绛随父母迁居上海,她和三姐跟随大姐同在上海启明女校读书,寄宿在校。老家仍在无锡,在上海租赁两上两下一处弄堂房子。在上海期间,杨绛的母亲生下了她最小的妹妹杨必。

这里摘录的内容是杨绛在2002年3月23日定稿的《我在启明上学》中的片断,从中可以看到其与《我们仨》一脉相承的委婉的叙述风格——

我十岁,自以为是大人了。其实,我实足年龄是八岁半。那是1920年的2月间。我大姐姐打算等到春季开学,带我三姐到上海启明去上学。大姐姐也愿意带我。那时候我家在无锡,爸爸重病刚脱险,还在病中。

我爸爸向来认为启明教学好,管束严,能为学生打好中文、外文基础,所以我的二姑妈、堂姐、大姐、二姐都是爸爸送往启明上学的。1920年2月间,还在寒假期内,我大姐早已毕业,在教书了。我大姐大我十二岁,三姐大我五岁。(大我八岁的二姐是三年前在启明上学时期得病去世的。)妈妈心上放不下我,我却又不肯再回大王庙小学,所以妈妈让我自己做主。

妈妈特地为我找出一只小箱子。晚饭后,妈妈说:"阿季,你的箱子有了，来拿。"无锡人家那个年代还没有电灯，都点洋油灯。妈妈叫我去领箱子的房间里，连洋油灯也没有，只有旁边屋间透过来的一星光亮。

妈妈再次问我："你打定主意了？"我说："打定了。"

"你是愿意去？""嗯，我愿意去。"我嘴里说，眼泪簌簌地直流，流得满面是泪。幸好在那间昏暗的屋里，我没让妈妈看见。我以前从不悄悄流泪，只会哇哇地哭。这回到上海去上学，就得离开妈妈了。而且这一去，要到暑假才能回家。

我自己整理了小箱子。临走，妈妈给我一枚崭新的银元。我从未有过属于我个人的钱，平时只问妈妈要几个铜板买东西。这枚银元是临走妈妈给的，带着妈妈的心意呢。我把银元藏在贴身衬衣的左边口袋里。大姐给我一块细麻纱手绢儿，上面有一圈红花，很美。我舍不得用，叠成一小方，和银元藏在一起做伴儿。这个左口袋是我的宝库，右口袋随便使用。每次换衬衣，我总留心把这两件宝贝带在贴身。直到天气转暖穿单衣的时候，才把那枚银元交大姐收藏，已被我捂得又暖又亮了。花手绢曾应急擦过眼泪，成了家常用品。

启明女校原先称"女塾"，是有名的洋学堂。我一到启明，觉得这学校好神气呀，心里不断地向大王庙小学里的女伴们卖弄："我们的一间英文课堂（习外语学生的自修室）比整个大王庙小学还大！我们教室前的长走廊好长啊，从东头到西头要经过十几间教室呢！长廊是花瓷砖铺成的。长廊下面是个大花园。教室后面有好大一片空地，有大树，有草地，环抱着这片空地，还有一条很宽的长走廊，直通到'雨中操场'。空地上还有秋千架，还有跷跷板……我们白天在楼下上课，晚上在楼上睡觉，二层楼上还有三层……"

可是不久我便融入我的新世界，把大王庙抛在九霄云外了。我的新世界什么都新奇，用的语言更是奇怪。刚开学，老学生回校了，只听得一片声的"望望姆姆"。这就等于说："姆姆，您好！"（修女称"姆姆"）管教我们的都是修女。学校每月放假一天，住在本地的学生可由家人接回家去。这个假日称为"月头礼拜"。其余的每个星期日，我们穿上校服，戴上校徽，排成一队一队，各由姆姆带领，到郊野或私家花园游玩。这叫作"跑路"。学绘画得另交学费，学的是油画、炭画、水彩画，由受过专门教育的姆姆教。而绘画叫作"描花"。弹钢琴也土里土气地叫作"掐琴"。每次吃完早饭、午饭、点心、晚饭之后，学生不准留在课堂里，都得在教室楼前或楼后各处游玩散步，这叫"散心"。吃饭不准说话；如逢节日，吃饭时准许说话，叫作"散心吃饭"。孩子不乖叫作"没志气"，淘气的小孩称"小鬼"或"小魔鬼"。自修时要上厕所，先得"问准许"。自修室的教台上有姆姆监守。"问准许"就是向监守的姆姆说一声"小间去"或"去一去"，姆姆点头，我们才许出去。但监守的姆姆往往是外国姆姆，她自己在看书呢，往往眼睛也不抬就点头了。我有时"问准许"小声说"我出去玩玩"，姆姆也点头。那"小间去"或"去一去"，往往是溜出去玩的借口。只要避免几个人同时"问准许"，互相错开些，几个小鬼就可以在后面大院里偷玩⋯⋯

启明女校是所教会学校，它是上海市第四中学的前身，校址为徐家汇天钥桥路100号。由徐家汇圣母院创办于20世纪初，当时启明女校的校务均由圣母院院长监理，一般事务由中国嬷嬷担任。学校历任校长均为外籍修女，直至1937年才由中国嬷嬷周璀出任启明女校校长。1951年，启明女校由上海市人民政府接管，并与徐汇女中合并，改名为汇明女子中学，1952年12月改为上海市第四女子中学。从"文革"起和所有女中一样开始招收男生。

杨绛在启明女校上学时，杨荫杭应邀在上海申报馆当主笔，她曾去位于汉口路的申报馆看望过父亲。

按启明女校的规矩，每月的第一个星期日，称"月头礼拜"，住本市的学生放假回家。到了"月头礼拜"，住本市的学生都由家人接回家去。她们都换上好看的衣服，开开心心地回家。留校的小鬼没几个。留校的杨绛她们真是有说不出的难受。管饭堂的姆姆知道她们不好过,把饭堂里吃点心剩余的半蒲包"乌龟糖"(一种水果糖)送给她们解闷。可是糖也安慰不了她们心上的苦,直吃得舌头厚了,嘴里也发酸了。直到回家的同学一批批又回学校,她们才恢复正常。

大约又过了几个"月头礼拜",杨绛的大姐姐有一天忽然对她说,要带她和三姐到一个地方去。她把杨绛的衣袖、裤腿拉得特整齐。

杨绛跟着两个姐姐第一次走出长廊,走出校门,乘电车到了一个地方,又走了一段路。

大姐姐说:"这里是申报馆,我们是去看爸爸!"

到了申报馆,杨荫杭招呼女儿坐下。杨绛坐在挨爸爸最近的藤椅里,听姐姐和爸爸说话。

后来杨荫杭说:"今天带你们去吃大菜。"

杨绛只知道"吃大菜"就是挨剋,不是真的吃菜,真的大菜杨绛从没吃过,她生怕用不好刀叉。杨荫杭看出她的心事,安慰她说:"你坐在爸爸对面,看爸爸怎么吃,你就怎么吃。"

父女步行到附近青年会去,一路上杨绛握着爸爸的两个指头,走在两个姐姐后面。她爸爸穿的是哔叽长衫,她的小手盖在他的袖管里。他们走不多远就到青年会了。爸爸带她们进了西餐室,找了靠窗的桌子,杨绛背窗坐在爸爸对面,两个姐姐打横。杨绛生平第一次用刀叉吃饭,像猴儿似的学着爸爸吃。不过她还是吃错了。她不知道吃汤是一口气吃完的。她吃吃停停。伺候的人想撤她的汤,她又吃汤了。他几次想撤又缩住手。

杨荫杭轻声对杨绛说:"吃不下的汤,可以剩下。"

回家路上,爸爸和姐姐都笑杨绛吃汤。爸爸问她什么最好吃。杨绛太专心用刀叉,没心思品尝,只觉得味道都有点怪,只有冰激凌好吃。她们回到申报馆,爸爸带她们上楼到屋顶花园去歇了会儿,杨绛就跟着两个姐姐回校了。

杨荫杭当时同时又重操律师旧业。他认为,这个世界上只有两种职业可做，一是医生，二是律师。他不能做医生，只好当律师。

但是律师职业的风险远比医生厉害，面对黑暗的社会，律师要依法伸张正义，谈何容易。杨荫杭嫌上海社会太复杂，决计到苏州定居。

由于租赁的房子只能暂时安身，而执行律师业务则需要有个事务所，所以杨家急需房子，此时有一所名为"安徐堂"的大房子待出售，于是便买下了。

这一建筑还是明朝的房子，都快倒塌了，里面有一间很高大的厅已经破落不堪，当地人称之为"一文厅"。

这"一文厅"颇有来历：据说明代大阉魏忠贤当道横行，有人奏称"五城造反"，苏州城是其中之一。有个"徐大老爷"把"五城"改为"五人"，保护了苏州的平民百姓。"一文厅"便是苏州人为感谢这位"徐大老爷"而建造的，一人一文钱，顷刻募足了款子，所以称为"一文厅"。

杨荫杭以一大笔人寿保险费买下了这座没人要的破宅院，修葺了一部分，拆掉许多破的小房子，扩大了后园，添种了花木，修建的费用是靠他做律师的收入。

其实，杨荫杭是反对置买家产的，买"安徐堂"的房子，实在出于无奈。他反对置买家产不仅是图省事，他还有一套原则：对本人来说，经营家产耗费精力，甚至把自己降为家产的奴隶；对子女来说，家产是个大害。他常说，某家少爷假如没有家产，可以有所作为，现成可"吃家当"，使他成了废物，也使他不图上进。所以杨荫杭对杨绛等人明明白白地说过："我的子女没有遗产，我只教育他们能够自立。"

杨荫杭还教育他的子女要"有志气"，树立大志，杨绛在中学的时候，还听她父亲讲到同乡一位姓陆的朋友有两个在交通大学读书的儿子，"那两个孩子倒是有志气的，逃出去做了共产党"。（据杨绛后来回忆，这两个人就是陆定一兄弟。）[1]杨荫杭还主张自食其力，不能不劳而获，

---

[1] 杨绛：《回忆我的父亲》，见《杨绛作品集》第二卷，中国社会科学出版社1993年10月版，第80页。

这些都对孩子的心灵塑造产生了很大的影响。

杨绛家搬入"安徐堂"后，修葺了一套较好的房子，前前后后的破房子还没拆尽，阴湿的院子里，只要掀起一块砖，砖下密密麻麻的到处都是鼻涕虫（软体动物，像没壳的蜗牛而较肥大）和蜘蛛。杨荫杭要孩子干活儿，悬下赏格，鼻涕虫一个铜板一个，小蜘蛛一个铜板三个，大蜘蛛三个铜板一个。

在杨绛看来，这种"劳动教育"其实是美国式的鼓励孩子赚钱，而不是教育"劳动光荣"。杨绛周末回家，发现她的弟弟妹妹连因病休学在家的三姐都在"赚钱"，小弟弟捉得最多。

唐须嫈对她的丈夫说："不好了，你把'老小'教育得唯利是图了。"

可是这种"物质刺激"很有效，不多久，弟弟妹妹把鼻涕虫和蜘蛛都捉尽了。唐须嫈对这帮"唯利是图"的孩子也有办法，钱都存在她手里，十几元也罢，几十元也罢，过些时候，"存户"忘了讨账，"银行"也忘了付款，糊涂账渐渐化为乌有，就像他们历年的压岁钱一样。因为孩子们不必有私产，需要钱的时候可以向自己的母亲要钱。

不过，杨绛对这种"赚钱"方法并不感兴趣，她像她的母亲一样对身外之物看得很淡。杨绛很明白："假如我们对某一件东西非常艳羡，父亲常常也只说一句话：'世界上的好东西多着呢……'意思是，得你自己去争取。也许这又是一项'劳动教育'，可是我觉得更像鼓吹'个人奋斗'。我私下的反应是，'天下的好东西多着呢，你能样样都有吗？'"她的淡泊名利的性格，就是这样在家庭的熏陶下形成的。

在一般世俗之人看来，杨绛无疑是有钱人家的"大小姐"，有佣人奴婢使唤，但她却从不指手画脚，盛气凌人，对谁都客客气气。从这点又可看出她秉承了她母亲的性格。家里孩子多，她的母亲唐须嫈整天忙里忙外，好像从没有空暇的时候，而两个姑母"太自私也太自大了"，"家务事她们从不过问"，对此，唐须嫈从不计较。遇到好东西吃，也尽人家先吃，自己只象征性吃一点。比如有一次，她们买了一大包烫手的糖炒栗子,她母亲吃什么都不热心,好的要留给别人吃,不好的她也不贪吃,可是对这东西却还爱吃。小孩们剥到软而润的,就偷偷儿揣在衣袋里。大家不约而同地"打偏手",一会儿就把一大包栗子吃完了。二姑母并没在意,三姑母却精细,她说:"这么大一包呢,怎么一会儿就吃光了?"

对做家务,杨绛的三姑母更有一套道理。她说,如果自己动手抹两回桌子,她们(指女佣)就成了规矩,从此不给抹了。因此家里的佣人总因为"姑太太难伺候"而辞去,所以杨家经常换人。这又给杨绛的母亲制造了麻烦。

杨绛对母爱的体验特别深:有一年冬天,"晚饭后,外面忽然刮起大风来。母亲说:'啊呀,阿季(即杨绛)的新棉衣还没拿出来。'她叫人点上个洋灯,我却不懂自己为什么要哭。这也是我忘不了的'别是一般滋味'"[1]。所有孩子,她都很疼爱,和颜悦色,从不横言厉色。

终日忙忙碌碌的唐须嫈毕竟也是一位很有知识素养的女性,她难得有闲静静地坐在屋里,做一回针线,然后从搁针线活儿的藤匾里拿一卷《缀白裘》,边看边笑,得以消遣一会儿。她每晚临睡爱看看《石头记》或《聊斋志异》之类的小说,她也看好些新小说。一次,她看了几页绿漪女士写的《绿天》,说道:"这个人也学着苏梅的调儿。"

杨绛告诉母亲:"她就是苏梅呀。"她很佩服母亲能从许多女作家里辨别出"苏梅的调儿"。

杨绛上小学回家后,做完功课,就依偎在父母的身边,她跟着父亲的时候居多。父亲除非有客,或出庭辩护,一上午总伏案写稿子,书案上常放着一叠裁得整整齐齐的竹帘纸充稿纸用,杨绛则常拣他写秃的长锋羊毫去练字。

每天清晨早饭后,杨绛给父亲泡上一碗酽酽的盖碗茶。父亲饭后吃水果,她专司剥皮;吃风干栗子、山核桃等干果,她专司剥壳。中午饭后,

---

[1] 杨绛:《回忆我的父亲》,见《杨绛作品集》第二卷,中国社会科学出版社1993年10月版,第80页。

吃点儿点心，完毕，孩子们"作鸟兽散"，让父亲歇午。

杨荫杭叫住杨绛说："其实我喜欢有人陪陪，只是别出声。"所以，她常陪在父亲旁边看书。冬天时只有她父亲屋里生个火炉，孩子们用煨炭结子的手炉和脚炉。火炉里过一时就需添煤，杨绛到时候轻轻夹上一块，姐姐和弟弟妹妹常佩服她加煤不出声……一幅其乐融融的和睦景象。

| 七 |

从12岁入学振华女校，到21岁离开东吴大学，杨绛人生中最求知若渴的青葱年代，都是在苏州度过的。

振华女中是苏州市第十中学的前身。定居苏州的时候，杨绛开始念中学，进的就是振华女校，正好十六岁，由于她长得小巧，看上去只有十三四岁。

那时北伐战争正在进行，学生运动很多，常常要游行、开群众大会等。有一次，学生会要各校学生上街游行搞宣传，拿一只板凳，站在上面向过路群众演讲，呼吁革命。杨绛也被推选去搞宣传，这次她不想参加。原因很简单，不是杨绛落后，而在于"当时苏州风气闭塞，街上的轻薄人很会欺负女孩子"。学校有规定，只要说是"家里不赞成"，把责任推给家里，就能豁免一切开会、游行、当代表等。杨绛周末回家就向父亲求救，问能不能也说"家里不赞成"。

杨荫杭一口拒绝，他还说："你不肯，就别去，不用借爸爸来挡。"

杨绛说："不行啊，少数得服从多数呀。"

杨荫杭说："该服从的就服从，你有理，也可以说。去不去由你。"

杨荫杭特地向杨绛讲了他自己的经历：他当江苏省高等审判厅厅长的

时候，张勋不知打败了哪位军阀胜利入京。江苏绅士联名登报拥戴欢迎。他的属下擅自把他的名字也列入其中，以为名字既已见报，杨荫杭即使不愿也只好作罢了。可是他却说"名器不可以假人"，立即在报上登上一条大字的启事，申明自己没有欢迎。杨荫杭就是这样被别人认为"不通世故"。

说完自己的故事后，杨荫杭对杨绛说："你知道林肯说的一句话吗？Dare to say no！你敢吗？"

"敢！"杨绛苦着脸说。

第二天，杨绛到学校也不说什么，只坚持"我不赞成，我不去"。这当然成了"岂有此理"。事实证明，杨绛的"岂有此理"变成了"很有道理"。因为女同学上街演讲，确有心怀鬼胎的军人对她们非礼。由此可见，杨绛对政治的不感兴趣，由来已久。

杨荫杭有个偏见，认为女孩子身体娇柔，不宜过分用功。据说和他同在美国留学的女同学个个短寿，都是因为用功过度，伤了身体。他常对杨绛说，他班上有个同学每门课都是一百分，"他是个低能"！

杨绛是个聪颖机灵的女孩子，在中学时功课不错，但考试很少一百分，所以也就不怕父亲的嘲笑。

杨荫杭的教育理念来自孔夫子的"大叩则大鸣，小叩则小鸣"。有时他教杨绛什么"合口呼""撮口呼"之类，但从不强求她学他的一套。杨绛高中时还不会辨平仄声。杨荫杭说，不要紧，到时候自然会懂。有一天，杨绛果然四声都能分辨了，父亲晚上踱过廊前，敲窗考她某字什么声。杨绛考对了，他高兴而笑；考错了，他也高兴而笑。

杨荫杭这样顺其自然的育人办法，培养了杨绛广泛的兴趣和深厚的素养。杨绛从小喜欢文学，如果她对什么书表示兴趣，父亲就把那本书放在她的桌上，有时他得爬扶梯到书橱顶层去拿；如果她长期不读，那部书就会不见了——这就等于谴责。父亲为她买的书多半是词章小说，这些都是杨绛的最爱。

杨绛在振华女中时，校长是明代大学士王鏊的后代、毕生从事教育工作的留美博士王季玉女士。那时的校舍，是苏州十全街的王家老宅，周围加盖了一片简陋的建筑。虽然条件简陋，但振华的教育理念非常先进，王季玉想方设法聘请名师来讲学。平时，校长、老师与学生们相处时间很多，共同进餐，经常交流。振华提倡劳动，讲究自我治理，杨绛经常参加劳动，在校园里拔草、捡砖，在这里培养了她独立生活的能力，形成了"清水出芙蓉"般的倔强而不服输的性格。

与杨绛同学的有后来成为著名的社会学家的费孝通教授，杨、费两人不仅是中学同学，在东吴大学、清华大学研究院也是同学，交情笃深。晚年，费孝通因病住院，杨绛前去看望。在旁的医生，听说他们俩的这段同学情缘，惊叹说："有缘，有缘。"这可以看作是一段文坛佳话。

杨绛是苏州振华女中1928年的毕业生，如今校园西北角的梅岭上，有一座己巳亭，这是当年毕业时杨绛全班送给学校的礼物。毕业生给母校留下纪念物，就是从杨绛这一届开始的。

1998年，杨绛发表了一篇题为《"看"章太炎先生谈掌故》的散文，谈的是她在苏州上中学的一段经历：

大约是1926年，我上高中一二年级的暑假期间，我校教务长王佩诤先生办了一个"平旦学社"，每星期邀请名人讲学。对章太炎先生谈掌故一事，至今记忆犹新。

王佩诤先生事先吩咐我说："季康，你做记录啊。"我以为做记录就是做笔记。听大学者讲学，当然得做笔记，我一口答应。

会场是苏州青年会大礼堂。会场已座无虚席，沿墙和座间添置的板凳上挨挨挤挤坐满了人。我看见一处人头稍稀，正待挤去，忽有办事人员招呼我，叫我上台。我的座位在台上。

章太炎先生正站在台上谈他的掌故。我没想到做记录要上台，有点胆怯，尤其是迟到了不好意思。我上台坐在记录席上，章太炎先生诧异地看了我一眼，又继续讲他的掌故。我看见自己的小桌子上有砚台，有一叠毛边纸，一支毛笔。

章太炎先生谈掌故，不知是什么时候，也不知谈的是何人何事。别说他那一口杭州官话我听不懂，即使他说的是我家乡话，我也一句不懂。掌故岂是人人能懂！国文课上老师讲课文上的典故，我若能好好听，就够我学习的了。上课不好好听讲，倒赶来听章太炎先生谈掌故！真是典型的名人崇拜，也该说是无识学子的势利眼吧。

我拿起笔又放下。听不懂，怎么记？坐在记录席上不会记，怎么办？假装着乱写吧，交卷时怎么交代？况且乱写写也得写得很快才像。冒充张天师画符吧，我又从没画过符。连连地画圈圈、竖杠杠，难免给台下人识破。罢了，还是老老实实吧。我放下笔，干脆不记，且悉心听讲。

我专心一意地听，还是一句不懂。我只好光睁着眼睛看章太炎先生谈——使劲地看，恨不得一眼把他讲的话都看到眼里，这样把他的掌故记住。

我挨章太炎先生最近。看，倒是看得仔细，也许可说，全场惟我看得最清楚。

他个子小小的，穿一件半旧的藕色绸长衫，狭长脸儿。脸色苍白，戴一副老式眼镜，据说一个人的全神注视会使对方发痒，大概我的全神注视使他脸上痒痒了。他一面讲，一面频频转脸看我。我当时十五六岁，少女打扮，梳一条又粗又短的辫子，穿件淡湖色纱衫，白夏布长裤，白鞋白袜。这么一个十足的中学生，高高地坐在记录席上，呆呆地一字不记，确是个怪东西。

可是我只能那么傻坐着，假装听讲。我只敢看章太炎先生，不敢向下看。台下的人当然能看见我，想必正在看我。我如坐针毡，却只能安详地坐着不动。1小时足有10小时长。好不容易掌故谈完，办事人员来收了我的白卷，叫我别走，还有个招待会呢。我不知自己算是主人还是客人，趁主人们忙着斟茶待客，我"夹着尾巴逃跑了"。

第二天苏州报上登载一则新闻，说章太炎先生谈掌故，有个女孩子上台记录,却一字没记。

我出的洋相上了报,同学都知道了。开学后,国文班上大家把我出丑的事当笑谈。我的国文老师马先生点着我说:"杨季康,你真笨!你不能装样儿写写吗?"我只好服笨。装样儿写写我又没演习过,敢在台上尝试吗?好在报上只说我一字未记,没说我一句也听不懂。我原是去听讲的,没想到我却是高高地坐在讲台上,看章太炎先生谈掌故。[1]

杨绛的中学生活,就是这样无忧无虑地度过的,沐浴着父母的关爱,她渐渐地长大成熟了。

---

[1] 杨绛:《"看"章太炎先生谈掌故》,1998年12月23日《作家文摘》。

## 第二章

# 大学时代

杨绛在北京的大学生活中，发生了决定她一生命运的事情，这就是与钱锺书的相识与相恋。对此，她母亲唐须嫈常取笑说："阿季脚上拴着月下老人的红丝呢，所以心心念念只想考清华。"杨绛与钱锺书结为伉俪，恰似中国现代文学史上的双子星，交相辉映。

| 一 |

1928年夏，杨绛准备报考大学。这时，清华大学刚开始招收女生，当年不到南方来招生。于是，杨绛只好就近考入苏州的东吴大学（江苏师范学院、苏州大学的前身）。

在苏州大学档案馆，还保存着《东吴校刊》，里面有关于杨绛的记录。杨绛，原名杨季康。1928年秋天，杨绛考入东吴大学，入学文理学院政治系。

杨绛进入东吴大学时，女生宿舍尚未建好，女生也不多，所以住在一所小洋楼里，这原是一位美国教授的住宅。东吴大学是一所教会办的学校，它的住宿条件在当时来看，是相当优越的，杨绛介绍说：我第一年住在楼上朝南的大房间里，四五人住一屋。第二年的下学期，我分配得一间小房间，只住两人。同屋是我中学的同班朋友，我称她淑姐。我们俩清清静静同住一屋，非常称心满意。

这间房间很小，在后楼梯的半中间，原是美国教授家男仆的卧室。窗朝东，房外花木丛密，窗纱上还爬着常青藤，所以屋里阴暗，不过很幽静。门在北面，对着后楼梯半中间的平台。房间里只有一桌两凳和两只小床。两床分开而平行着放：一只靠西墙，床头顶着南墙；一只在房间当中、门和窗之间，床头顶着靠门的墙，这是杨绛的床。

房间的门大概因为门框歪了，或是门歪了，关不上，得用力抬抬，才能关上。关不上却很方便：随手一带，门的下部就卡住了，一推或一拉就开;开门、关门都毫无声息。钥匙洞里插着一把旧的铜钥匙。不过门既关不上,当然也锁不上,得先把门抬起关严,才能转动钥匙[1]。因此,杨绛她们晚上睡觉从不锁门,只把门带上,就不怕门被吹开。

大学期间,杨绛积极参加各种校内活动,演讲、体育、文学,无一不是兴趣所致。

当时的东吴大学除了注重知识灌输之外,还比较重视体育锻炼。一向文静的杨绛也参加体育活动,她刚进学校时,女生不多,在女子排球队里她得充当一员。课余练球有所长进后,杨绛参加了比赛。半个多世纪过去了,她仍记得:"我们队第一次赛球是和邻校的球队,场地选用我母校的操场。大群男同学跟去助威。母校球场上看赛的都是我的老朋友。轮到我发球。我用尽力气,握着拳头击过一球,大是出人意外。全场欢呼,又是'啦啦',又是拍手,又是喜笑叫喊,那个球乘着一股子狂喊乱叫的声势,竟威力无穷,砰一下落地不起,我得了一分(当然别想再有第二分)。"她还说:"当时两队正打个平局,增一分,而且带着那么热烈的威势,对方气馁,那场球赛竟是我们胜了。"[2]别小看这"一分",这是关键的一分,靠这一分,杨绛所在的球队赢了。所以杨绛忍不住要说:"至今我看到电视荧屏上的排球赛,想到我打过网去的一个球,忍不住悄悄儿吹牛说:'我也得过一分!'"在东吴大学档案中,最引人注目的是杨绛参加学校篮球队和排球队的照片,照片中的她,留着短短的童花头,笑靥如花,充满朝气。当时的东吴大学有很多运动队,每一个运动队都有一个福星,因为杨季康的脸长得圆圆胖胖,很有福相,被推选为球队的福星。同时被球队成员亲切地叫作"洋囡囡"。

杨绛在东吴大学上了一年学以后,学校让他们分科(即分专业)。她

---

1 杨绛:《"遇仙"记》,见《杨绛作品集》第二卷,中国社会科学出版社1993年10月版,第222页。
2 杨绛:《小吹牛》,见《杨绛作品集》第二卷,中国社会科学出版社1993年10月版,第285页。

的老师认为她有条件读理科,因为杨绛有点像她父亲嘲笑的"低能",虽然不是每门功课一百分,却都平均发展,并不偏科。杨绛回想道:"我在融洽而优裕的环境里生长,全不知世事。可是我很严肃认真地考虑自己'该'学什么。所谓'该',指最有益于人,而我自己就不是白活了一辈子。我知道这个'该'是很夸大的,所以羞于解释。"

为选专业,杨绛颇费踌躇,只好带着问题回家求教。

"我该学什么?"她问父亲。

杨荫杭回答:"没什么该不该,最喜欢什么,就学什么。"

杨绛心里不踏实:"只问自己的喜爱对吗?我喜欢文学,就学文学?爱读小说,就学小说?"

父亲开导她说:"喜欢的就是性之所近,就是自己最相宜的。"有了父亲的这番话,杨绛内心释然,但她半信半疑,只怕是父亲纵容她。可是她终究不顾老师的惋惜和劝导,在文、理科之间选了文科。而当时东吴大学没有文学系,只有法预科和政治系。

杨绛欲选读法预科,打算做她父亲的帮手,并借此接触到社会上各式各样的人,积累了经验,然后可以写小说。杨荫杭虽说任女儿自己选择,却竭力反对她学法律。他自己并不爱律师这个职业,就坚决不要女儿做帮手,况且她能帮他干什么呢?于是,杨绛只好改入政治系。

虽说杨绛进了政治系,可她对政治学却毫无兴趣,只求得功课敷衍过去,她课余时间都花在图书馆里博览群书。

东吴大学图书馆的藏书相当可观,中外文学名著很多。杨绛在这里养成了嗜书如命的习好,上课之余读了大量的书籍,包括小说,特别是外国小说,她差不多都看了。从此她渐渐了解到:"最喜爱的学科并不就是最容易。我在中学背熟的古文'天下一致而百虑,同归而殊途'还深印在脑海里。我既不能当医生治病救人,又不配当政治家治国安民,我只能就自己性情所近的途径,尽我的一份力。如今我看到自己幼而无知,老而无成,当年却也曾那么严肃认真地要求自己,不禁愧汗自笑。不过这也足以证明：一个人没有经验，没有学问，没有天才，也会有要好向上的心——尽管有志无成。"[1]

杨绛在东吴大学求学时，就是班上的笔杆子。1930年，她以"含真"笔名发表在《东吴校刊》上的一篇文章《倒影》，就足见她的文学功底和人文情怀。

著名翻译家朱雯是杨绛的大学同学，他的夫人，同时也是杨绛的老朋友、女作家罗洪[2]回忆说："杨绛和阿拉的老先生（朱雯）是同学，她在东吴大学也读过书的。杨绛读了两年到北京去读清华大学了，后来和钱锺书认识、结婚。钱锺书在上海也待过一段时间……我要想想看……我们在上海联系过，钱锺书的爸爸钱基博在苏州，蛮有名的，他去看他爸爸，在上海待过。钱锺书这个人待人倒是很热情，我们后来去北京总归会去看望他们，知道他们夫妇俩都忙，坐的时间都不长。钱锺书待人非常热络，杨绛是很少讲话的。他们住在三里河的房子，书房很小，里面都是书。钱锺书看我们来了很开心，话也讲得很多，阿拉就听他讲。钱锺书的著作当时有很多已经发表，当然还有很多未发表。钱锺书写起东西来快得不得了，（很多手稿）杨绛要帮他整理。"

外语在这所教会大学本来就十分注重，加上她在这里阅读了大量原版政法书和文学书，外语水平日益长进。后来，她还试着学翻译，在她成为文学翻译家之前，她就翻译过不少英文的政治学论文。

杨绛非常恋家，并不贪玩却贪看书，回家还帮助父亲做些事情。有一次，杨荫杭问她："阿季，三天不让你看书，你怎么样？"

---

1 缪克构：《罗洪：淡泊文坛八十秋》，2009年1月5日《文汇报》。
2 罗洪，原名姚自珍，1910年11月19日生。1929年从苏州女子师范学校毕业后，任松江第一高级小学教师。抗日战争爆发后，经浙、赣、湘三省到达桂林，1939年1月回到上海。1944年春天前往安徽屯溪，直至抗战胜利才重返上海。曾为《正言报》编辑副刊《草原》与《读书生活》，1947年辞职后，任中国新闻专科学校教师。1950年在上海南洋模范中学及徐汇女中任教。1953年秋开始，到上海作家协会的《文艺月报》《上海文学》担任编辑直至退休。

"不好过。"杨绛说。

"一星期不让你看书呢？"

"一星期都白过了。"

杨荫杭笑道："我也这样。"

杨绛觉得父女两人心同此感，自己好像成了父亲的朋友。她非常珍视这种深深的相知与亲情，她父亲每次买了好版子的旧书，都把卷曲或破损的书角补好，叫杨绛用顶的白丝线双线重订。他爱整齐，双线只许平行，不许交叉，结子也不准外露。有时父亲忙的时候，状子多，书记来不及抄，杨绛就帮着父亲抄写。有时杨绛的三姑母杨荫榆也来找她的"差"，杨绛半世纪后捉笔回忆："她在一个中学教英文和数学，同时好像在创办一个中学叫'二乐'，我不大清楚。我假期回家，她就抓我替她改大叠的考卷；瞧我改得快，就说，'到底年轻人做事快'，每学期的考卷都叫我改。她嫌理发店脏，又抓我给她理发。父亲常悄悄对我说：'你的好买卖来了。'三姑母知道父亲袒护我，就越发不喜欢我，我也越发不喜欢她。"[1] 杨绛在东吴大学读三年级的时候，她母校振华女中的校长为她申请到美国韦尔斯利女子大学的奖学金。根据章程，除自备路费之外，每年还需两倍于学费的钱，作为日常的零用。但是那位校长告诉她，用不了那么多。杨绛父母对她说，如果愿意，可以去。可是她自己出于以下的考虑，谢绝了留学的申请：一是不忍增添家庭的负担；二是她对留学自有一套看法，与其到美国去读政治学，还不如在本国较好的大学里攻读文学。

杨绛告诉父母亲自己不想出国读政治，只想考清华研究院攻读文学。后来她果然考上了，她父母亲当然都很高兴。

---

[1] 杨绛：《回忆我的姑母》，见《杨绛作品集》第二卷，中国社会科学出版社1993年10月版，第125页。

| 二 |

　　清华大学的前身，是20世纪初用美国退还的"庚子赔款"余额所创办的一所留美预备学校。初建时名为"清华学堂"，因校址设立在清室遗园清华园而得名。辛亥革命后，改名为"清华学校"。1925年，清华增设大学部。1928年夏，正式改为国立大学。翌年开办研究院。据《清华人文学科年谱》云："研究院按照大学所设学系分别设立研究所，其主任由系主任兼任之。"[1]

　　清华研究院的外国语文学部，其实与外文系是一套班子，两块牌子。当时教授有十余人：王文显、吴宓、朱传霖、陈福田、黄中定、黄学勤、张杰民、楼光来、温德（R.Winter）、吴可读（A.L.Pollard）、施美士（E.K.Smith）、毕莲（A.M.Bille）、翟孟生（R.D.Jameson）、谭唐（G.H.Danton）、谭唐夫人（A.P.Danton）等。主任由王文显兼任。学部的课由各教授开设，研究生选修研习。

　　在清华大学外国语文学系毕业的学生中，有不少后来从事剧本创作和演剧活动者，其中不乏杰出的话剧人才，如洪深（留美预备部时的学生）、陈铨、陈麟瑞[2]、李健吾、曹禺、张骏祥以及杨绛等。这就不能不提及给予他们很大影响的王文显先生。

　　王文显是著名戏剧家，杨绛后来从事剧本创作，与他的影响是密不可分的。王文显（1886—1968），号力山，江苏昆山人。长期生活在英国，

---

[1] 李洪岩、范旭仑：《为钱锺书声辩》，百花文艺出版社2000年1月版，第140页；齐家莹：《清华人文学科年谱》，清华大学出版社1999年1月版，第89页。

[2] 陈麟瑞（1905—1969），又名石华父，号瑞成，新昌县城关人。柳亚子女婿（柳无非的丈夫）。毕业于清华学校，先后留学美国、英国、法国、德国。1922年回国后任上海暨南大学、复旦大学、光华大学、震旦女子文理学院教授、外文系主任、联合国国际劳工局中国分局主任秘书。长期从事翻译和戏剧创作。笔名石华父。《上海抗战时期文学丛书》曾出版过他的剧本选集。选集中收集剧目有《职业妇女》《晚宴》《雁来红》。新中国成立后，任新华社上海英文部主任，《中国建设》副总编，是第四届全国政协委员。

从小就由一位英国人抚养，在英国受教育，获伦敦大学学士学位，曾任中国驻欧洲财政委员、伦敦《中国报》编辑、英国报界公会会员。归国后在清华大学留美预备部任教，1921年暂兼代理校长，1922年4月改兼副校长，12月奉部令免兼职。清华改为大学后任外文系教授兼系主任，开设"外国戏剧""戏剧专题研究""戏剧概要""莎士比亚研读""莎士比亚""近代戏剧"等课程。学生中如洪深、陈铨、陈麟瑞、李健吾、曹禺、张骏祥和本书的传主杨绛，都是在听了王文显的课之后，受其影响，开始接触西洋戏剧，并在以后陆续走上戏剧之路的。

王文显在教书的同时，还从事戏剧创作，他先后写过《委曲求全》《皮货店》《北京政变》等剧本。王文显外语娴熟，特别是对西洋戏剧感悟独特，造诣颇深，听他的课无疑是一种享受，一位清华校友曾这样说过："他的英文讲得太好了，不但纯熟流利，而且出言文雅，音色也好……听他叙述英国威尔逊教授如何考证莎士比亚的版本，头头是道，乃深知其于英国文学的知识之渊博。"[1]

杨绛除了听过王文显的课之外，还亲受吴宓等名家的教诲。吴宓在杨绛记忆里是这样的：

我考入清华研究生院（引者按：应为研究院）在清华当研究生的时候，钱锺书已离开清华。我们经常通信。锺书偶有问题要向吴宓先生请教，因我选修吴先生的课，就央我转一封信或递个条子。我有时在课后传信，有时到他居住的西客厅去。

记得有一次我到西客厅，看见吴先生的书房门开着，他正低头来来回回踱步。我在门外等了一会儿，他也不觉得。我轻轻地敲敲门。他猛抬头，怔一怔，两食指抵住两太阳穴对我说："对不起，我这时候脑袋里全是古人的名字。"这就是说，他叫不出我的名字了。他当然认识我。我递

---

[1] 梁实秋：《忆清华》，见鲁静等编《清华旧影》，东方出版社1998年12月版，第137页。

上条子略谈锺书近况，忙就走了。

钟书崇敬的老师，我当然倍加崇敬。但是我对吴宓先生崇敬的同时，觉得他是一位最可欺的老师。我听到同学说他"傻得可爱"，我只觉得他老实得可怜。当时吴先生刚出版了他的《诗集》，同班同学借口研究典故，追问每一首诗的本事。有的他乐意说，有的不愿说。可是他像个不设防城市，一攻就倒，问什么，说什么，连他意中人的小名儿都说出来。吴宓先生有个滑稽的表情。他自觉失言，就像顽童自知干了坏事那样，惶恐地伸伸舌头。他意中人的小名并不雅驯，她本人一定是不愿意别人知道的。吴先生说了出来，立即惶恐地伸伸舌头。我代吴先生不安，也代同班同学感到惭愧。作弄一个痴情的老实人是不应该的，尤其他是一位可敬的老师。

吴宓先生成了众口谈笑的话柄——他早已是众口谈笑的话柄。他老是受利用，被剥削，上当受骗。吴先生又不是糊涂人，当然能看到世道人心和他的理想并不一致。

可是他只感慨而已，他还是坚持自己一贯的为人。[1]

吴宓先生（1894—1978）是位老清华，陕西泾阳人。1916年毕业于清华学校，1917年赴美留学，先入弗吉尼亚大学英文系，一年后转入哈佛大学比较文学系，师从白璧德。1921年获哈佛大学硕士学位。同年回国，任南京东南大学外文系教授。1925年任清华国学研究院主任，并授《翻译术》课程。翌年，任清华大学外文系教授，先后讲授"古代文学史""西洋文学史分期研究""中西诗文比较""诗译""西洋文学概要""欧洲文学史""英国浪漫诗人""文学与人生"等课程。曾三度代理系主任。1949年到重庆，先后任重庆大学、西南师范大学教授。著有《欧洲文学史大纲》《吴宓诗集》《文学与人生》《吴宓日记》等。杨绛选修过吴宓的"中西诗文比较""翻译术"等课。他的"翻译术"注重动手能力的培

---

[1] 杨绛：《吴宓先生与钱锺书》，1998年5月14日《文汇报》。

养，旨在提高学生的翻译水平，具有实践性和理论性的统一，杨绛在这里奠定了从事文学翻译的基础。

清华大学研究院还鼓励研究生跨系选修课程。杨绛出于文学创作的需要，选修了中文系的写作课，授课老师是朱自清教授（1898—1948），杨绛的文学创作是从朱自清的课上开始的。

朱自清不但文学理论和文学批评的造诣很深，他的文学作品特别是散文作品，在中国现代文学史上占有重要的地位。他的一系列名作，脍炙人口，家喻户晓。他慧眼独具，发掘了杨绛身上文学创作的潜质。

写于1933年的《收脚印》，是杨绛的处女作，这篇作品收录于1994年出版的《杨绛散文》集中，杨绛在其《附记》中写道："这是我在朱自清先生班上的第一篇课卷，承朱先生称许，送给《大公报·文艺副刊》，成为我第一篇发表的写作。留志感念。"[1]杨绛的这篇《收脚印》，显示了她摆脱稚气后对生活、对社会的感触，笔墨淡雅，意蕴深厚。我们不妨打开《杨绛散文》细细品味：

听说人死了，魂灵儿得把生前的脚印，都给收回去。为了这句话，不知流过多少冷汗。半夜梦醒，想到有鬼在窗外徘徊，汗毛都站起来。其实有什么可怕呢？怕一个孤独的幽魂？

假如收脚印，像拣鞋底那样，一只一只拣起了，放在口袋里，捎着回去，那么，匆忙的赶完工作，鬼魂就会离开人间。不过，怕不是那样容易。

每当夕阳西下，黄昏星闪闪发亮的时候；西山一抹浅绛，渐渐晕成橘红，晕成淡黄，晕成浅湖色……风是凉了，地上的影儿也淡了。幽僻处，树下，墙阴，影儿绰绰的，这就是鬼魂收脚印的时候了。

守着一颗星，先后睁开倦眼。看一弯淡月，浸透黄昏，流散着水银

---

[1] 罗俞君选编：《杨绛散文》，浙江文艺出版社1994年12月版，第12页。

的光。听着草里虫声,凄凉的叫破了夜的岑寂。人静了,远近的窗里,闪着一星星灯火——于是,乘着晚风,悠悠荡荡在横的、直的、曲折的道路上,徘徊着,从错杂的脚印中,辨认着自己的遗迹。

这小径,曾和谁谈笑着并肩来往过?草还是一样的软,树阴还是幽深的遮盖着,也许树根小砖下,还压着往日襟边的残花。轻笑低语,难道还在草里回绕着么?弯下腰,凑上耳朵——只听得草虫声声的叫,露珠在月光下冷冷的闪烁,风是这样的冷。飘摇不定地转上小桥,淡月一梳,在水里瑟瑟地抖。水草懒懒的歌在岸旁,水底的星影像失眠的眼睛,无精打采地闭上又张开。树影阴森的倒映水面,只有一两只水虫的跳跃,点破水面,静静地晃荡出一两个圆纹。

层层叠叠的脚印,刻画着多少不同的心情。可是捉不住的已往,比星、比月亮都远,只能在水底见到些儿模糊的倒影,好像是很近很近的,可是又这样远啊!

远处飞来几声笑语。一抬头,那边窗里灯光下,晃荡着人影,啊!就这暗淡的几缕光线,隔绝着两个世界么?避着灯光,随着晚风,飘荡着移过重重脚印,风吹草动,沙沙地响,疑是自己的脚声,站定了细细一听,才凄惶地惊悟到自己不会再有脚声了。惆怅地回身四看,周围是夜的黑影,浓淡的黑影。风是冷的,星是冷的,月亮也是冷的,虫声更震抖着凄凉的调子。现在是暗夜里伶仃的孤魂,在衰草冷露间搜集往日的脚印。凄惶啊!惆怅啊!光亮的地方,是闪烁着人生的幻梦么?

灯灭了,人更静了。悄悄地滑过窗下,偷眼看看床,换了位置么?桌上的陈设,变了么?照相架里有自己的影儿么?没有……到处都没有自己的分儿。就是朋友心里的印象,也淡到快要不可辨认了罢?端详着月光下安静的睡脸,守着,守着……希望她梦里记起自己,叫唤一声。

星儿稀了,月儿斜了。晨曦里,孤寂的幽灵带着他所收集的脚印,幽幽地消失了去。

第二天黄昏后,第三天黄昏后,一夜夜,一夜夜:朦胧的月夜,繁星的夜，雨丝风片的夜，乌云乱叠、狂风怒吼的夜……那没声的脚步，一次次涂抹着生前的脚印。直到那足迹渐渐模糊，渐渐黯淡、消失。于是在晨光未上的一个清早，风带着露水的潮润，在渴睡着的草丛落叶间，低低催唤。这时候，我们这幽魂，已经抹下了末几个脚印，停在路口，撇下他末一次的回顾。远近纵横的大路小路上，还有留剩的脚印么？还有依恋不舍的什么吗？这种依恋的心境，已经没有归着。以前为了留恋着的脚印，夜夜在星月下彷徨，现在只剩下无可流连的空虚，无所归着的忆念。记起的只是一点儿忆念。忆念着的什么，已经轻烟一般的消散了。悄悄长叹一声，好，脚印收完了，上阎王处注册罢。

  整篇作品气息清馨自然，出自身心不凡的杨绛之手。年轻的杨绛是幸运的，事隔一年，在1934年秋，朱自清又将杨绛的"第一次试作的短篇小说"，推荐给《大公报》，在该报的《文艺副刊》上，这篇小说原题为《路路，不用愁！》，后改名为《璐璐，不用愁！》，后被林徽因选入《大公报丛刊小说选》一书。萧乾给杨绛寄了样书和稿酬，不过这时杨绛已经随丈夫钱锺书到英国留学。这篇小说取材于杨绛熟悉的大学生活，写了女主人公璐璐与两个男子小王、汤宓的感情纠葛，虽然两个人都离开了璐璐，杨绛还是留下了一个充满希望的结局：璐璐的留学申请成功了，"璐璐笑着，轻轻舒了一口气"[1]。

---

1 杨绛：《璐璐，不用愁！》，见《杨绛作品集》第一卷，中国社会科学出版社1993年10月版，第13页。

| 三 |

杨绛在北京的大学生活中，发生了决定她一生命运的事情，这就是与钱锺书的相识与相恋。对此，她母亲唐须嫈常取笑说："阿季脚上拴着月下老人的红丝呢，所以心心念念只想考清华。"[1]

初到清华，天生丽质的杨绛发现这里的女学生都很洋气，相形之下，自己不免显得朴素。但没过多久，女同学便开始对她刮目相看了。

当时清华大学里男生多，女生少，所以女生一般都有"美貌"之名，不愁无人追求。据说，当时杨绛与比她大4岁的"大姐"袁震（后成为吴晗夫人）同屋，两人结下很深的友谊。有一次，袁震因病在校医院住院，杨绛去看她，恰好赶上袁震原来的男朋友吴之椿也在。吴之椿给袁震带来了当时非常昂贵的水果——橙子，让她一个人吃。袁震正要与吴之椿断绝来往，见杨绛进来，便切开一个橙子给她吃。杨绛知道那是袁震男朋友特意给她买的，便不想吃，但又不好一味谢绝，便勉强吃了一点，袁震却要她全部吃完。杨绛觉得很窘迫，因为吴之椿就在一边看着她。可她不想使袁震不高兴，只好把橙子都吃了。吴之椿走后，袁震便对杨绛说，她要让吴之椿明白，他不能支配自己的生活。

与杨绛同寝室的同学，还有幼年时的苏州好友蒋恩钿。杨绛曾作旧体诗《溪水四章寄恩钿塞外》，送给好友蒋恩钿和未婚夫钱锺书。杨绛入学前，蒋与袁已经是好朋友。而现在，她们三人成为了"密友"，而同屋另一位女同学却被排斥在外。后来，袁震与吴之椿断绝了关系，梁方仲把吴晗介绍给袁震。三位密友在一起议论吴晗，说吴晗有股"酱豆腐"般的

---

[1] 杨绛：《回忆我的父亲》，见《杨绛作品集》第二卷，中国社会科学出版社1993年10月版，第93页。

迂腐劲[1]。杨绛大概也没少向密友们谈论钱锺书。钱锺书、杨绛夫妇与吴晗、袁震夫妇的友谊一直保持到"文化大革命"前夕。

钱锺书当时已名满清华。1929年，20岁的钱锺书报考清华外文系，中、英文极佳，只是数学考了15分。校长罗家伦爱才，破格录取他。入学后学业甚好，读书很多，在校园内名气很大，写起文章纵横捭阖，臧否人物口没遮拦。他在《清华周刊》发表了不少文章，是清华有名的才子。杨绛与他相识在1932年春天的清华校园。

这天春意盎然，清华园的丁香、紫藤盛开，幽香袭人。

杨绛去看望老同学孙令衔，她和杨绛同来清华借读。孙令衔也要去看望表兄，这位表兄不是别人，正是钱锺书。

孙令衔带钱锺书来到古月堂门外。清华校规，男生不许进女生宿舍。杨绛回忆说："我刚从古月堂钻出来，便见到了他。"

杨绛在《记钱锺书与〈围城〉》中追述了她对钱锺书的第一印象：初次见到他，只见他身着青布大褂，脚踏毛布底鞋，戴一副老式眼镜，满身儒雅气质。

两人在学校里开始恋爱了，并且第二年便订了婚。钱锺书中年时在诗歌里追忆他们恋爱的第一面：

颉眼容光忆见初，

蔷薇新瓣浸醍醐。

不知脂洗儿时面，

曾取红花和雪无。

他依然记得当年的杨绛脸面的白洁红润，脸如春花，清雅脱俗，犹如

---

1 参考李洪岩：《钱锺书与近代学人》，百花文艺出版社1998年2月版，第47~48页。吴忠匡：《记钱锺书先生》，见李明生、王培元编《文化昆仑钱锺书其人其事》，人民文学出版社1999年7月版，第45页。

蔷薇新瓣浸醍醐,还带着一丝腼腆。杨绛先生对这首诗解释说:"锺书的诗好用典故,诗中第四句红花和雪的典故来自北齐崔氏的洗儿歌,说的是春天用白雪、红花给婴儿洗脸,希望孩子长大后脸色好看。"这是多么诗情画意的回忆!令人赞叹不已。杨绛先生还记得,后来他俩在典雅的工字厅会客室谈过几次。钱锺书鼓励她报考清华外文系研究生,并指点她要看哪些书。杨绛自学一年,果然于1933年夏考上清华外文系研究生,她的同班同学有季羡林等。这年夏天,她和钱锺书在苏州订婚。

这期间,钱锺书创作了不少富有李商隐风致的爱情诗,最著名的是刊登在《国风》半月刊第3卷第11期(1933年12月1日)里面的《壬申(1932年)年秋杪杂诗》:

缠绵悱恻好文章,
粉恋香凄足断肠;
答报情痴无别物,
辛酸一把泪千行。

依穰小妹剧关心,
髻瓣多情一往深;
别后经时无只字,
居然惜墨抵兼金。

良宵苦被睡相谩,
猎猎风声测测寒;
如此星辰如此月,
与谁指点与谁看。

因人节气奈何天,

## 杨绛

> 泥煞衾函梦不圆；
> 苦雨泼寒宵似水，
> 百虫声里怯孤眠。

在给恋人杨绛的一首七言律诗中，钱锺书竟运用了宋明理学家的语录，熔铸入诗："除蛇深草钩难着，御寇颓垣守不牢。"

钱锺书曾自负地说："用理学家语作情诗，自来无第二人！"他与杨绛的婚姻，常被世人誉为珠联璧合。这一点，在钱锺书的诗作中即有印证。《玉泉山同绛》诗云：

> 欲息人天籁，
> 都沉车马音。
> 风铃呶忽语，
> 午塔闲无阴。
> 久坐槛生暖，
> 忘言意转深。
> 明朝即长路，
> 惜取此时心。

他的诗虽做得好，她回信却不多，他有些抱怨她，"别后经时无只字，居然惜墨抵兼金"，不免使人想起钱锺书的《围城》中的唐晓芙不爱写信；而杨绛给他的一封信，偏偏被钱锺书父亲钱基博接到后拆开看了，只见上面写着："现在吾两人快乐无用，须两家父母、兄弟皆大欢喜，吾两人之快乐乃彻始彻终不受障碍。"读到此处，老先生"得意非凡"，直说："此真聪明人语！"后来，钱锺元嫁给许景渊，钱老夫子便拿出这封信来教育侄女。

原来在1933年初秋，钱锺书从清华大学毕业后回到无锡老家，还没有将自己与杨绛的恋爱告诉父亲钱基博，只是与杨绛频繁地通过书信谈情说爱。不料有一天杨绛的来信恰巧给钱基博看到了，他看过信后，大加赞赏。他认为杨绛既懂事又大方，能体贴父母，顾及家庭，乃如意媳妇也。

钱基博高兴之余，也不征求儿子钱锺书的意见，便直接给杨绛写了一封信，郑重其事地将儿子托付给了杨绛。对此，杨绛以为，钱基博的做法，颇似《围城》中方豚翁的作风。

杨绛同时也把已与钱锺书恋爱的事，告诉了自己的父母。杨绛说过："锺书初见我父亲也有点怕，后来他对我说，爸爸是'望之俨然，接之也温'。"杨荫杭对钱锺书的印象极佳，视如"乘龙快婿"。钱、杨两人的结合，在杨荫杭看来，门当户对，天作之合。

同年，杨绛便与钱锺书举行了订婚仪式。杨绛先生回忆说："五六十年代的青年，或许不知'订婚'为何事。他们'谈恋爱'或'搞对象'到双方同心同意，就是'肯定了'。我们那时候，结婚之前还多一道'订婚'礼。而默存和我的'订婚'，说来更是滑稽。明明是我们自己认识的，明明是我把默存介绍给我爸爸，爸爸很赏识他，不就是'肯定了'吗？可是我们还颠颠倒倒遵循'父母之命，媒妁之言'。默存由他父亲带来见我爸爸，正式求亲，然后请出男女两家都熟识的亲友作男家女家的媒人，然后，（因我爸爸生病，诸事从简）在苏州某饭馆摆酒宴请两家的至亲好友，男女分席。我茫然全不记得'订'是怎么'订'的，只知道从此我是默存的'未婚妻'了。那晚，钱穆先生也在座，参与了这个订婚礼。"

订过婚，钱锺书移居上海，在私立光华大学任外文系讲师，兼任国文系教员。杨绛则仍回北京，到清华念完研究生。恰巧钱锺书的族人钱穆在燕京大学任职，不日也将北上。

杨绛未来的公公钱基博在订婚礼席散后，把她介绍给钱穆先生，约定同车北去，相互间好有个照应。

钱穆自学成才，阅历丰富，被清华等多所大学聘为教授。他在火车上一路与杨绛谈做学问以及如何为人处世。闲聊之中，他突然对杨绛说道：

"我看你是个有决断的人。"

杨绛忙问："何以见得？"

钱穆回答很干脆："只看你行李简单，可见你能抉择。"

其实，杨绛头一次到北平时已带了一个大箱子和大铺盖呢，这次有了经验，决计抛下"无用之物"，这对一个女生来说，也许是够"决断"的了。不过，杨绛并没有解释，也没有谦逊几句，只是笑了笑。

他们两人买的是三等坐席，对坐车上，彼此还陌生，至多他问我答，而且大家感到疲惫，没什么谈兴。不过成天对坐，不熟也熟了。到吃饭时，杨绛吃不惯火车上卖的硬生生的米饭或面条，所以带了盒饼干和一些水果。钱穆很客气，杨绛请他吃，他就躲到不知哪里去了。后来杨绛发现他吃的是小包的麻片糕之类，那是当点心的。每逢停车，车上有卖油豆腐粉汤之类的小贩，杨绛看见他在那里捧着碗吃呢，就假装没看见。

杨绛是一个学生，向来胃口不佳，食量又小，并不觉得自己俭朴。可是看到钱穆先生自奉菲薄，很敬重他的俭德。

火车过蚌埠后，窗外一片荒凉，没有山，没有水，没有树，没有庄稼，没有房屋，有的只是绵延起伏的大土墩子。火车走了好久好久，窗外景色不改。杨绛叹气说："这段路最乏味了。"

钱穆说："此古战场也。"

经钱穆这么一说，杨绛觉得，历史给地理染上了颜色，眼前的景物顿时改观。她对绵延多少里的土墩子发生了很大的兴趣。钱穆对她讲，哪里可以安营，哪里可以冲杀。尽管战死的老百姓早已不知去向，但她仍不免产生了吊古之情，直到"蔚然而深秀"的琅琊山在望，才离开这片辽阔的"古战场"。

火车进入山东境内，车站迫近泰山，山好像矗立站边。等火车开动，钱穆此时谈风更健了。他指点着告诉杨绛临城大劫案的经过，又指点她看"抱犊山"。山很陡。钱穆说，附近居民把小牛犊抱上山岗，小牛就在山上吃草,得等长成大牛自己下山[1]。

从此,杨绛对钱穆先生不再陌生了。不过车到北京,他们分手后再也没有见面。杨绛每逢寒假暑假总回苏州家里度假,这条旅途来回走得很熟,每过"古战场"时,总会想到钱穆先生的谈笑风生。

钱穆与钱锺书的父亲钱基博原有通家之好,不过,后来却出现了一些龃龉,而这始作俑者则是杨绛。据钱穆的入室弟子、钱锺书的好友余英时[2]披露,20世纪80年代,"宾四师此时对钱基博、锺书父子好像也有些心理不平衡。起因是杨绛写过一篇文章称颂钱锺书的绝世天才,其中引了一个例子。1931年宾四师的名著《国学概论》(商务)上原有钱基博先生的序,而且'有所针砭'。宾四师在《自序》中还特别向'子泉宗老'致谢。但杨文第一次揭露:这篇序竟是钱锺书代笔,而且'一字未易'。那时钱锺书刚入清华不久,最多大学一二年级,年纪也才二十岁,能代父写这样讨论学术史(主要是清代)问题的序文,的确是天才。这事很快传到宾四师耳中,他的感觉可想而知。他原以为'子泉宗老'对他的著作很郑重严肃,不料竟不肯亲自下笔,委之年甫弱冠的儿子。所以后来台北联经的'全集'本《国学概论》中便不再收钱基博的序了,连带着《自序》中谢'子泉宗老'的话当然也删掉了。这件事我不便和宾四师谈及,但我一查'全集'本《自序》,便恍然大悟。但此事至今尚未受人注意,我觉得应该把事实说出来"。[3]

当然,余英时对钱锺书、杨绛夫妇还是相当尊重的,他一再强调,钱锺书"最值得我们敬重的不是他的天生才能,而是他的精进不懈。他以读

---

[1] 杨绛:《车过古战场——追忆钱穆先生同行赴京》,见《杨绛作品集》第二卷,中国社会科学出版社1993年10月版。
[2] 余英时,1930年生于天津,原籍安徽潜山,当代华人世界著名历史学家、汉学家。香港新亚书院文史系首届毕业生,哈佛大学史学博士,先后师从钱穆、杨联升。台湾"中央研究院"院士、美国哲学学会院士。曾任密歇根大学副教授、哈佛大学教授、耶鲁大学讲座教授、普林斯顿大学校聘讲座教授、康奈尔大学第一任胡适讲座访问教授和新亚书院院长兼香港中文大学副校长。
[3] 陈致:《余英时访谈录》,中华书局2012年3月版,第152~153页。

书为宗教,一生造次必于是,颠沛必于是。他有'书痴'之号,其实即是'读书教'教徒的另一种称呼。他的'读书'方式也和他的天才是互相配合的,别人也无法学他。在这一读书方式下,他自然而然地将许多大大小小的信息储藏在脑中,就像今天的计算机一样。信息如此之多,无论下笔或说话,不知不觉地便要引书中之言"。[1]

杨绛就读的清华大学的图书馆,以其丰富的藏书、优雅的环境,一直受到学生们的交口称赞。杨绛一到清华,就喜欢上了这里的图书馆。在这里,她潜心攻读,吸收着知识的营养。她认为,有些知识使人受益终身,直到晚年,她还是十分怀念母校的图书馆。笔者有幸得到她撰写的《我爱清华图书馆》,此文流露了她对图书馆的一往情深,全文如下:

我在许多学校上过学,但最爱的是清华大学;在清华大学里,最爱清华图书馆。

1932年春季,我借读清华大学。我的中学旧友蒋恩钿不无卖弄地对我说:"我带你去看看我们的图书馆!墙是大理石的!地是软木的!楼上书库的地是厚玻璃!透亮!望得见楼下的光!"她带我出了古月堂,曲曲弯弯走到图书馆。她说:"看见了吗?这是意大利的大理石。"我点头赞赏。她拉开沉重的铜门,我跟她走入图书馆。地,是木头铺的,没有漆,因为是软木吧?我直想摸摸软木有多软,可是怕人笑话;捺下心伺得机会,乘人不见,蹲下去摸摸地板,轻轻用指甲掐掐,原来是掐不动的木头,不是做瓶塞的软木。据说,用软木铺地,人来人往,没有脚步声。我跟她上楼,楼梯是什么样儿,我全忘了,只记得我上楼只敢轻轻走,因为走在玻璃上。后来一想,一排排的书架子该多沉呀,我撒着脚走也无妨。我放心跟她转了几个来回。下楼临走,她说:"还带你去看个厕所。"厕所是不登大雅的,可是清华图书馆的女厕所却不同一般。我们走进一间屋

---

[1] 陈致:《余英时访谈录》,中华书局2012年3月版,第158页。

子，四壁是大理石，隔出两个小间的矮墙是整块的大理石，洗手池前壁上，横悬一面椭圆形的大镜子，镶着一圈精致而简单的边，忘了什么颜色，什么质料，镜子里可照见全身。室内洁净明亮，无垢无尘无臭，高贵朴质，不显豪华，称得上一个雅字。不过那是将近70年前的事了。

一年以后，1933年秋季，我考入清华大学研究院。清华图书馆扩大了。一年前，我只是个借读生，也能自由出入书库。我做研究生时，规矩不同了，一般学生不准入书库，教师和研究生可以进书库，不过得经过一间有人看守的屋子，我们只许空手进，空手出。

解放后，我们夫妇（钱锺书和我）重返清华园，图书馆大大改样了。图书馆不易记忆，因为图书馆不是人，不是事，只是书库和阅览室；到阅览室阅读，只是找个空座，坐下悄悄阅读，只留心别惊动人；即使有伴，也是各自读书。我做研究生时，一人住一间房，读书何必到阅览室去呢？想一想，记起来了。清华的阅览室四壁都是工具书；各国的大字典、辞典、人物志、地方志，等等，要什么有什么，可以自由翻阅；如要解决什么问题，查看什么典故，非常方便。这也可见当时的学风好，很名贵的工具书任人翻看，并没人私下带走。

有人问我钱锺书在清华图书馆读书学习的情况，我却是不知道。因为我做借读生时，从未在图书馆看见他。我做研究生时，他不在清华。我们同返清华，他就借调到城里去工作，每逢周末回清华，我经常为他借书还书——一大叠的书。说不定偶尔也曾同到图书馆。"三校合并"后（指清华大学工学院、北京大学工学院、燕京大学工学院合并为后来的清华大学——引者注），我们曾一同出入新北大（即旧燕京）图书馆。那个图书馆的编目特好，有双套编目：一套作品编目，一套作者编目。查编目往往会有意外收获。可是不准我们入书库。我曾把读书比作"串门儿"，借书看，只是要求到某某家去"串门儿"，而站在图书馆书库的书架前任意翻阅，就好比家家户户都可任意出入，这是惟有身经者才知道的乐趣。我敢肯定，钱锺书最爱的也是清华图书馆。

杨绛在清华做研究生时，叶公超请她到家里去吃饭。他托赵萝蕤邀请，并请赵萝蕤作陪。杨绛猜想：叶先生是要认认钱锺书的未婚妻吧？于是她就跟着赵萝蕤同到叶家。

叶公超很会招待。一餐饭后，杨绛和叶公超不陌生了。下一次再见到叶公超时，他拿了一册英文刊物，指出一篇，叫杨绛翻译，说是《新月》要这篇译稿。

杨绛心想：叶先生是要考考钱锺书的未婚妻吧？她就接下了。

在此之前，杨绛从未学过翻译。她虽然大学专攻政治学，却对政论毫无兴趣。叶公超要她翻译的是一篇很晦涩、很沉闷的政论：《共产主义是不可避免的吗？》。其实，她读懂也不容易，更不知怎么翻译。她七翻八翻，总算翻过来了。她把译稿交给叶公超，只算勉强交卷。叶公超看过后说"很好"。没过多久就在《新月》上刊登了。

这是杨绛生平第一次翻译作品。

| 四 |

1935年，钱锺书在光华大学任教已满两年，完成了国内服务期。他决定参加出国留学的考试。

早在1930年9月，中英两国政府换文协定，英方归还中方庚子赔款。翌年4月，设立专门管理这批款项的董事会。管理方法是，先以基金借充兴办铁路及其他生产建设事业，然后以借款所得利息兴办教育文化事业，主要以举办留英公费生考试、资助国内优秀人才到英国学习为主要内容。

这一留英考试先后举行过八次，钱锺书参加的是第三次，考试时间在1935年的4月。当时报名人数总共290人，应考人数有262人，结果被录取的只有24人。在这24位被录取者当中，钱锺书不仅是唯一的英国文学专业录取生，而且总成绩最高，达到87.95分。

钱锺书把已被录取、准备赴英留学的消息，告诉了杨绛，并希望她能陪同一起出国。杨绛知道钱锺书出自读书世家，从小生活在优裕的环境里，对日常生活不善自理，假如自己与他一起出国，可以照顾他。其时，杨绛即将在清华研究院毕业，当时该院各部毕业生都送出留学，唯独外语部例外，毕业也不得出国，欲出国必须自费。

因此，杨绛打算不等毕业，先与钱锺书结婚，再一同出国。那时，她只有一门功课需大考，于是和老师商量后用论文代替，未取得文凭便提前一个月回家。

匆忙之中，杨绛来不及写信通知家里，马上收拾好行李就动身。

这天，杨绛所乘的火车到达苏州已过午时，她领取行李雇车回去，到家已是三点左右。她十分思念父母，回家把行李搬在门口，如飞似地直奔父亲屋里，连声喊道："爸爸！妈妈！"

父亲像是在等候，他"哦"了一声，一掀帐子下床，欣喜地说："可不是来了！"

原来，杨荫杭午睡刚合眼，忽然觉得杨绛已到家了。他爬起来听听却没有声息，他以为人在她母亲房里呢，跑去一看，阒然空无一人，想是怕搅扰他午睡，躲在母亲房里去了。他忙跑到那里，只见母亲一人在做活。杨荫杭问道：

"阿季呢？"

"哪来阿季？"母亲说。

"她不是回来了吗？"父亲说。

母亲回答："这会子怎么会回来？"

父亲只好又回房午睡，但左睡右睡还是睡不着。

这不看见杨绛回来，父亲高兴地说：

"真有心血来潮这回事。"

大概杨绛在火车上想念父母，与父亲的"第六感觉"相呼应了吧！

杨绛笑道，一下火车，心已经飞回家来了。

父亲还说："曾母啮指，曾子心痛，我现在相信了。"真是父女俩心心相印。

与杨绛心心相印的，当然还有钱锺书这位大才子，秀外慧中的杨绛与才高八斗的钱锺书的结合，又相濡以沫六十多个春秋，确实令人感叹。

为了赶在出国前结婚，钱、杨两人决定于1935年夏天举行婚礼。婚礼分别在男女双方家里举行，据杨绛回忆：

7月13日，我在苏州庙堂巷我家大厅上与钱锺书举行婚礼。我父亲主婚，张一各（仲仁）先生证婚，有伴娘伴郎、提花蓝女孩、提婚纱男孩。钱锺书由他父亲、弟弟（锺英）、妹妹（锺霞）陪同来我家。有乐队奏"结婚进行曲"，有赞礼，新人行三鞠躬礼，交换戒指，结婚证书上由伴郎伴娘代盖印章。礼毕，我家请照相馆摄影师为新人摄影。新人等立大厅前廊下，摄影师立烈日中，因光线不合适，照相上每个人都像刚被拿获的犯人。照相毕，摆上喜酒，来宾入席，新娘换装，吃喜酒。客散后，新娘又换装，带了出国的行李，由钱家人接到无锡七尺场钱家。新人到钱家，进门放双响爆仗、百子爆仗。新娘又换装，与锺书向他父母行叩头礼，向已去世多年的嗣父母行叩头礼（以一盆千年芸、一盆葱为代表，置二椅上）。叔父婶母等辞磕头，行鞠躬礼，拜家祠（磕头），拜灶神（磕头），吃"团圆昼饭"。晚又请客吃喜酒，唐文治老先生、唐庆贻先生父子席间唱昆曲《长生殿》（定情）助兴。新人都折腾得病了。锺书发烧，病愈即往南京受出国前培训。我数日后即回娘家小住。我累病了，生外疹，又回无锡请无锡名医邓星伯看病。病未愈，即整理行装到上海。我住三姐家，不记锺书住何处。出国前，二人有好多应酬。[1]

---

[1] 见《杨绛生平与创作大事记》，本文为杨绛先生本人自撰的生平大事纪，定稿于2003年9月，收录于《杨绛文集》。

当天在无锡七尺场进行的婚礼，是在下午开始的。这天到场的有很多客人，唐文治以无锡国学专门学校校长的身份前来祝贺。清华的同学当中有陈梦家、赵萝蕤夫妇。

有一位女士，因不会打扮，"穿了一身白夏布的衣裙和白皮鞋。贺客诧怪，以为她披麻戴孝来了"[1]。这便是赋闲在家的杨绛三姑母杨荫榆。

新郎新娘身穿礼服，仪表俨然。杨绛后来曾说过："结婚穿黑色礼服、白硬领圈给汗水浸得又黄又软的那位新郎，不是别人，正是钱锺书自己。因为我们结婚的黄道吉日是一年里最热的日子。我们的结婚照上，新人、伴娘、提花篮的女孩子、提纱的男孩子，一个个都像刚被警察拿获的扒手。"[2]此情此景，不禁使人联想到钱锺书《围城》中描写的曹元朗与苏文纨的婚礼。

杨绛与钱锺书结为伉俪，恰似中国现代文学史上的双子星，交相辉映。正如胡河清所说的："钱锺书、杨绛伉俪，可说是中国当代文学中的一双名剑。钱锺书如英气流动之雄剑，常常出匣自鸣，语惊天下；杨绛则如青光含藏之雌剑，大智若愚，不显锋刃。"[3]

"在天愿作比翼鸟，在地愿为连理枝"，这也可视作钱杨两人爱情的真实写照。他们从大学相识相恋，到成为终身伴侣，再到共赴患难，一直到钱锺书只身先归道山，在半个多世纪的漫长人生旅途上，不管惊涛骇浪，不管命运如何摆布，他们始终荣辱与共。

钱锺鲁是钱锺书的堂弟，在他眼里，大嫂杨绛的韧性令他没齿难忘。他回忆，他永远记得他第一次见到杨绛的情景，那时他还是孩子，在钱家那个被称为绳武堂的几间大厅里跑来跑去，新婚的杨绛带给他一把有蛇皮外套的蒙古刀，他喜欢极了，立刻就别在腰上。

---

[1] 杨绛：《回忆我的姑母》，见《杨绛作品集》第二卷，中国社会科学出版社1993年10月版，第125页。
[2] 杨绛：《记钱锺书与〈围城〉》，见《杨绛作品集》第二卷，中国社会科学出版社1993年10月版，第133~134页。
[3] 胡河清：《灵地的缅想》，学林出版社1994年12月版，第72页。

钱家规矩大，按照钱锺鲁的说法，是极其"古板"，"一套封建老规矩压在小辈头上"，婚姻一般是遵从父母之命，像钱杨这种自由恋爱，"给我们以后小兄弟自由恋爱开了一个好头"。

按规矩，新媳妇进钱家门，必须穿着红裙在钱家祖先群像前和长辈前跪拜磕头，才算钱家的媳妇。传说杨绛没有磕头，可是按照钱锺鲁的回忆，大嫂向钱锺书的父母亲磕头跪拜，一切如仪。

钱锺鲁的母亲，也就是杨绛在文章中提到的"婶婶"喜爱她，因为有幽默感的婶婶觉得，杨绛"真是上得厅堂，下得厨房，入水能游，出水能跳，宣哥痴人痴福"。

钱锺鲁最佩服的，也是作为大嫂杨绛身上的这种坚韧之劲。他觉得，杨绛身上的坚强性格有她父亲老圃先生的传统，老圃先生豁达，并不训示子女，不过他自己的言传身教，使杨绛变得坚强乐观。最著名的是老圃在京师高等检察厅厅长任上，因为坚持审理交通部总长许世英受贿案，宁可被官官相护的北洋政府罢官的事例。

很多人是通过"文革"时期杨绛的坚强表现，觉得她不光是"文弱书生"，还有"怒目金刚"的一面。可是钱锺鲁说他早觉察了这一点。"她像一个帐篷，把大哥和钱媛都罩在里面，外在的风雨都由她抵挡。她总是想包住这个家庭，不让大哥他们吃一点苦。"甚至最琐碎的事情也是这样，钱锺鲁记得，钱锺书穿着打扮都是大嫂一力负责，保证大哥每次都体面地出现在客人面前。[1]

---

1 王恺：《杨绛的一生：尊严和信仰》，活字文化微信公众号。

## 第三章

# 负笈英法

继在牛津的两年之后,杨绛夫妇在法国巴黎的这一年也很重要,这不仅能使杨绛更深入地了解欧洲各国的文化习俗、风土人情以及语言特点,而且更给她所掌握的多种欧洲语言提供了实地考察、运用和体味的良机。

# 杨绛

## 一

结婚不久，杨绛随丈夫钱锺书远赴英国。此番出国，钱锺书系公费，而杨绛则是自费。

出国之前，他们乘火车从无锡出发，经过苏州，火车停在月台旁边，杨绛忽然泪如雨下，不能自制——她"感觉到，父母在想我，而我不能跳下火车，跑回家去再见他们一面"。有个迷信的说法，那是预兆，因为从此杨绛再没能见到慈祥的母亲，也没能再见到一生坎坷、毁誉参半的三姑母……[1]

杨绛与钱锺书结伴，是搭乘远洋轮的二等舱去英国的，他们在海上整整漂流了一月有余。新婚燕尔，他们似乎有说不完的悄悄话、知心话要向对方倾诉，日子过得不怎么寂寞。另外在他们的行箧当中，还有几本碑帖、一巨册约翰逊博士的字典，可供浏览，钱锺书终身喜欢阅读字典，也许是从这儿开始的吧。

同船的旅客当中有一个富有曲线的南洋姑娘，船上的外国人对她大有兴趣，把她看作"东方美人"。钱锺书也注意到这位南洋佳丽，他后来就在《围城》中抟捏出"鲍小姐"这个角色[2]。

---

[1] 杨绛：《回忆我的父亲》，见《杨绛作品集》第二卷，中国社会科学出版社1993年10月版，第96页。

[2] 杨绛：《记钱锺书与〈围城〉》，见《杨绛作品集》第二卷，中国社会科学出版社1993年10月版，第133页。

到了英国，杨绛夫妇下船在伦敦观光小住。因为牛津大学的秋季始业于十月前后，所以当时还未开学。

在这里，他们见到了早已留学的钱锺书的堂弟钱锺韩、钱锺纬。钱氏三兄弟和嫂嫂杨绛在异国他乡重逢，都喜不自制。钱锺书在诗中曾描述了见面的情形[1]：

### 伦敦晤文武二弟

见我自乡至，
欣如汝返乡。
看频疑梦寐，
语杂问家常。
既及尊亲辈，
不遗婢仆行。
青春堪结伴，
归计未须忙。

杨绛夫妇俩在堂弟钱锺韩的带领下，参观了著名的大英博物馆和几个有名的画廊以及蜡人馆等处。

他们不等学期开始就到牛津了。钱锺书已由官方为他安排停当，入埃克塞特学院，攻读文学学士学位。而杨绛正在接洽入学事宜。她打算进不供住宿的女子学院，但那里攻读文学的名额已满，要入学，只能修历史。这显然不合杨绛的心愿。她曾暗想："假如我上清华外文系本科，假如我选修了戏剧课，说不定我也能写出一个小剧本来，说不定系主任会把我当作培养对象呢。但是我的兴趣不在戏剧而在小说。那时候我年纪小，不懂

---

[1] 钱锺书：《槐聚诗存》，三联书店1995年3月版，第7页。

得造化弄人，只觉得很不服气。既然我无缘公费出国，我就和锺书一同出国，借他的光，可省些生活费。"

初来乍到，杨绛的丈夫钱锺书就遭遇"不幸"。据杨绛忆述："他初到牛津，就吻了牛津的地，磕掉大半个门牙。他是一人出门的，下公共汽车未及站稳，车就开了。他脸朝地摔一大跤。那时我们在老金家做房客。同寓除了我们夫妇，还有住单身房的两位房客，一姓林，一姓曾，都是到牛津访问的医学专家。锺书摔了跤，自己又走回来，用大手绢捂着嘴。手绢上全是鲜血，抖开手绢，落下半枚断牙，满口鲜血。我急得不知怎样能把断牙续上。幸同寓都是医生。他们教我陪锺书赶快找牙医，拔去断牙，然后再镶假牙。"这难免使她想起钱锺书曾常自叹"拙手笨脚"。原来她只知道他不会打蝴蝶结，分不清左脚右脚，拿筷子只会像小孩儿那样一把抓。她并不知道其他方面他是怎样的"笨"，怎样的"拙"。

牛津大学是英国最古老的大学之一，坐落在伦敦西北泰晤士河上游的牛津城。她成立于二世纪下半叶，这里云集了众多著名的专家学者，在历史上培养了大量的哲学家、科学家、文学家和政治家。我国知名学者吴宓曾在1930年10月至1931年在此进修，他在《牛津大学风景总叙》一诗中，赞叹牛津大学是读书人最理想的读书的地方：

牛津极静美，
尘世一乐园，
山辉水明秀，
天青云霞轩。
万里集群校，
嶙峋玉笋繁，
悠悠植尖塔，
赫赫并堞垣。
桥屋成环洞，

> 深院掩重门,
> 石壁千年古,
> 剥落黑且深。
> 真有辟雍日,
> 如见泮池存,
> 半载匆匆往,
> 终身系梦魂。

此"终身系梦魂"之地,是钱锺书与杨绛选择牛津作为自己留学的第一站,是否受吴宓这位师长的影响呢?这倒是一个有趣的话题。

创立于1314年的埃克塞特学院,在当时是牛津大学的二十六个学院之一,其在牛津学院的创建史上位居第四。两年的留学生涯,使钱锺书和杨绛体验到了牛津大学严谨与保守的校风。最使他们受益匪浅的则首推学院的图书馆。

牛津大学拥有世界上第一流的图书馆,名叫博德利图书馆,钱锺书将其戏译为"饱蠹楼"。这里的藏书远远超过国内清华大学的图书馆,早在莎士比亚在世的1611年,英国书业公司就承担了把各种新书(包括重印书)都免费送一本给这个图书馆的的义务。它还收藏了许多中文书籍。

钱锺书和杨绛在这里如鱼得水,除了听课之外,差不多把业余时间全部泡在读书上面。他们借来一大堆书,包括文学、哲学、心理学、历史等各种图书,固定占一个座位,一本接一本地阅读,并作了详细的笔记[1]。一副饱学终日、乐此不疲的模样,令人神往。杨绛在这里的旁听和阅读,有力地充实了自己的知识素养与外语水平。不过杨绛还有另一层想法,她认为,在当时"牛津的学费已较一般学校昂贵,还要另交导师费,房租伙食的费用也较高。假如我到别处上学,两人分居,就得两处开销,再加上

---

[1] 丁羲林:《传播光明的文学使者——访作家、翻译家杨绛》,见马光裕等编《钱锺书杨绛研究资料集》,华中师范大学出版社1990年11月版,第537页。

来往旅费，并不合算。锺书磕掉门牙是意外事，但这类意外，也该放在预算之中。这样一算，他的公费就没多少能让我借光的了。万一我也有意外之需，我怎么办？我爸爸已经得了高血压症。那时候没有降压的药。我离开爸爸妈妈，心上已万分抱愧，我怎能忍心再向他们要钱？我不得已而求其次，只好安于做一个旁听生，听几门课，到大学图书馆自习"。

杨绛回忆所及，她只见钱锺书有一次苦学，"那是在牛津，论文预试得考'版本和校勘'那一门课，要能辨别十五世纪以来的手稿。他毫无兴趣，因此每天读一本侦探小说'休养脑筋'，'休养'得睡梦中手舞脚踢，不知是捉拿凶手，还是自己做了凶手和警察打架。结果考试不及格，只好暑假后补考"。[1]对这件事，多年以后钱锺书在牛津时的同窗好友Doald Stuart还记得呢。

牛津的生活很安逸，杨绛他们借住的老金家供一日四餐：早餐、午餐、下午茶和晚餐。他们夫妇住一间双人卧房兼起居室，窗临花园，每日由老金的妻女收拾。杨绛既不是正式学生，就没有功课，全部时间都可自己支配。她从前还没享受过这等自由。她在苏州上大学时，课余常在图书馆里寻寻觅觅，想走入文学领域而不得其门。考入清华后，又深感自己欠修许多文学课程，来不及补习。这回，在牛津大学图书馆里，满室满架都是文学经典，坐拥书城，充分满足了她对书籍的渴求——在这里杨绛正可以从容自在地好好补习。

图书馆临窗有一行单人书桌，她可以占据一个桌子。架上的书，她可以自己取。读不完的书可以留在桌上。在那里读书的学生寥寥无几，环境非常幽静。

杨绛为自己定下了课程表，一本本书从头到尾细读。能这样读书，还有什么不满意的呢？

---

[1] 杨绛：《记钱锺书与〈围城〉》，见《杨绛作品集》第二卷，中国社会科学出版社1993年10月版，第149页。

| 二 |

牛津当时有一位富翁名史博定（H.N.Spaldng），据说他将为牛津大学设立一个汉学教授的职位。他弟弟K.J.Spaldng是汉学家，专研中国老庄哲学。

K.J.Spaldng是牛津某学院（Brazenose College）的驻院研究员。富翁请他们夫妇到他家吃茶，劝钱锺书放弃中国的奖学金，改行读哲学，做他弟弟的助手。他觉得中国的奖学金微不足道。钱锺书立即拒绝了他的建议。以后，杨绛他们和他仍有来往，他弟弟更是经常请他们到他那学院寓所去吃茶，借此请教许多问题。钱锺书对于攻读文学学士虽然不甚乐意，但放弃自己国家的奖学金而投靠外国富翁是绝对不会干的。

牛津大学的学生，多半是刚从贵族中学毕业的阔人家子弟，开学期间住在各个学院里，一到放假便出去旅游了。牛津学制每年共三个学期，每学期八周，然后放假六周。第三个学期之后是长达三个多月的暑假。考试不在学期末而在毕业之前，也就是在入学二至四年之后。年轻学生多半临时抱佛脚，平时对学业不当一回事。他们晚间爱聚在酒吧里喝酒，酒醉后淘气胡闹，犯校规是经常的事。所以钱锺书所在的学院里，每个学生有两位导师：一位是学业导师，另一位则是品行导师。如学生淘气出格被拘，由品行导师保释。而钱锺书的品行导师不过经常请他们夫妇吃茶而已。

牛津还有一项必须遵守的规矩。学生每周得在所属学院的食堂里吃四五次晚饭。吃饭，无非证明这学生住校。吃饭比上课更重要。据钱锺书说，获得优等文科学士学位（B.A.Honours）之后，再吃两年饭（即住校二年，不含假期）就是硕士，再吃四年饭，就成博士。当时在牛津的中国留学生，大多是获得奖学金或领取政府津贴的。他们假期中也会离开牛津，到别处走走。唯独钱锺书和杨绛直到三个学期之后的暑假才离开。

对此，杨绛觉得并不稀奇：因为钱锺书不爱活动。自己在清华借读半年间，游遍了北京名胜，而他在清华待了四年，连玉泉山、八大处都没去过。清华校庆日，全校游颐和园，钱锺书也跟着游过颐和园，还游过一次香山，别处都没去过。直到1934年春，杨绛在清华上学，他北上去看她，才由她带着遍游北京名胜。他作过一组《北游诗》，有"今年破例作春游"的诗句，后来删改只剩一首《玉泉山同绛》了。

牛津的假期相当多。钱锺书把假期的全部时间都用在了读书上。大学图书馆的经典以18世纪为界，馆内所藏经典作品，限于18世纪和18世纪以前。19、20世纪的经典和通俗书籍，只能到市里的图书馆去借阅。那里藏书丰富，借阅限两星期内归还。他们两人往往不到两星期就要跑一趟市图书馆。他们还有从家里带出来的中国经籍以及诗、词、诗话等书，也有朋友间借阅或寄赠的书，书店也容许站在书架前任意阅读，所以不愁无书。他们每天都出门走走，他们管这叫"探险"去。往往早饭后，他们就出门散散步，让老金妻女收拾房间。晚饭前，他们的散步是养心散步，走得慢，玩得多。两种散步都带"探险"性质，因为他们总挑不认识的地方走，随处都会有所发现。

由于牛津是个安静的小地方，杨绛和钱锺书可以在大街、小巷、一个个学院门前以及郊区公园、教堂、闹市，一处处走，也会光顾店铺。牛津的人情味重：邮差半路上碰到他们，就把来自远方的家信交给他们。小孩子就在旁等着，很客气地向他们讨中国邮票。此外高大的警察，戴着白手套，傍晚慢吞吞地一路走，一路把一家家的大门推推，看是否关好，确有人家没关好门的，警察会客气地警告。

当他们夫妇回到老金家寓所，就拉上窗帘，开始读书。开学期间，他们稍多些社交活动。同学间最普通的来往是请吃下午茶。师长总在他们家里请吃下午茶，同学则在学院的宿舍里请。他们教杨绛和钱锺书怎么做茶：先把茶壶温过，每人用满满一茶匙茶叶，你一匙，我一匙，他一匙，也给茶壶一满匙。四人喝茶用五匙茶叶，三人用四匙。开水可一次次加，茶总够浓。

这样，清晨一大杯牛奶红茶也成了钱锺书毕生戒不掉的嗜好。后来国内买不到印度出产的"立普登"红茶了,杨绛就只好用三种上好的红茶叶掺和在一起作为替代品:滇红取其香,湖红取其苦,祁红取其色。直到现在,杨绛家里还留着些没用完的三合红茶叶。看到这些东西,便能唤她想起当年在英国最快乐的日子。

在牛津上学期间,当时的中国同学有俞大缜、俞大綗姊妹,向达、杨人楩等。他们家的常客是向达。他在伦敦抄敦煌卷子,又来牛津为牛津大学图书馆编中文书目。他因牛津生活费用昂贵,所以寄居在休士牧师家。同学中还有后来成为翻译名家的杨宪益,他年岁稍小,大家称他"小杨"。

据杨绛记忆所及,她的丈夫也爱玩,不是游山玩水,而是文字游戏。满嘴胡说打趣,还随口胡诌歪诗。他曾有一首赠向达的打油长诗。头两句形容向达"外貌死的路(still),内心生的门(sentimental)"——全诗都是"胡说八道",他们俩都笑得捧腹。向达说钱锺书:"人家口蜜腹剑,你却是口剑腹蜜。"能和他对等玩的人不多,不相投的就会嫌他刻薄了。杨绛认为:"我们和不相投的人保持距离,又好像是骄傲了。我们年轻不谙世故,但是最谙世故、最会做人的同样也遭非议。锺书和我就以此自解。"

在杨绛的记忆里,他们借住的老金家的伙食开始还可以,渐渐地愈来愈糟。钱锺书饮食习惯很保守,洋味儿的不大肯尝试,干酪怎么也不吃。而杨绛的食量小,他能吃的,杨绛就尽量省下一半给他。杨绛觉得他吃不饱。这样下去,不能长久。而且两人生活在一间屋里很不方便。杨绛很爱惜时间,也和丈夫一样好读书。他来一位客人,杨绛就得牺牲三两个小时的阅读,勉力做贤妻,还得闻烟臭,心里暗暗叫苦。

于是杨绛就出花样,想租一套备有家具的房间,伙食自理,膳宿都能大大改善。钱锺书不以为然,劝夫人别多事。他说,你又不会烧饭,老金家的饭至少是现成的。自己的房间还宽敞,将就着得过且过吧。

杨绛对钱锺书说:像老金家的茶饭我相信总能学会。她按照报纸上的广告，一个人去找房子。找了几处，都远在郊外。

有一次他们散步"探险"时，杨绛发现高级住宅区有一个招租广告，再去看又不见了。她不死心，一个人独自闯去，先准备好一套道歉的话，就大着胆子去敲门。开门的是女房主达蕾女士——一位爱尔兰老姑娘。她不说有没有房子出租，只把她打量了一番，又问了些话，然后就带她上楼去看房子。

房子在二楼。一间卧房，一间起居室，取暖用电炉。两间屋子前面有一个大阳台，是汽车房的房顶，下临大片草坪和花园。厨房很小，用电灶。浴室里有一套古老的盘旋水管，点燃一个小小的火，管内的水几经盘旋就变成热水流入一个小小的澡盆。在杨绛看来，这套房子是房主挖空心思从大房子里分隔出来的，由一座室外楼梯下达花园，另有小门出入。她问明租赁的各项条件，第二天就带了丈夫同去看房。

那里地段好，离学校和图书馆都近，过街就是大学公园。而住在老金家，浴室厕所都公用。虽然新的房子的房租、水电费等种种费用，加起来得比老金家的房租贵，但这不怕，只要不超出预算就行，杨绛的预算是宽的。

钱锺书看了房子也喜出望外，他们和达蕾女士订下租约，随即便通知老金家。他们在老金家过了圣诞节，大约新年前后搬入新居。他们先在食品杂货商店定好每日的鲜奶和面包。牛奶每晨送到门口，放在门外。面包刚出炉就由一个专送面包的男孩送到家里，正是午餐时。鸡蛋、茶叶、黄油以及香肠、火腿等熟食，鸡鸭鱼肉、蔬菜水果，一切日用食品，店里应有尽有。他们只需到店里去挑选。店里有个男孩送货上门。货物装在木匣里，送到门口，放在门外，等下一次送货时再取回空木匣。他们也不用当场付款，要了什么东西都由店家记在一个小账本上，每两星期结一次账。

杨绛已记不起他们是怎么由老金家搬入新居的。只记得新居有一排很讲究的衣橱，她怀疑这间屋子原先是一间大卧室的后房。新居的抽屉也多。他们搬家大概是在午后，两个人学会了使用电灶和电壶。一大壶水一会儿就烧开。他们借用达蕾租给他们的日用家具，包括厨房用的锅和刀、叉、杯、盘等，对付着吃了晚饭。搬一个小小的家，也着实让他们忙了一整天，收拾衣物，整理书籍，直到夜深。钱锺书劳累得倒头就睡着了，杨绛则劳累得睡都睡不着。

在他们住入新居的第一个早晨，"拙手笨脚"的钱锺书大显身手。杨绛因入睡晚，早上还没有醒。他一人做好早餐，用一只床上用餐的小桌把早餐直端到她的床前。居然做得很好，还有黄油、果酱、蜂蜜。她可从没吃过这样的早饭！

杨绛他们搬入达蕾出租的房子，有了自己的厨房了。钱锺书就想吃红烧肉。虽然俞大缜、俞大絪姊妹以及其他男同学对烹调都不内行，却好像比杨绛略懂得一些。他们教杨绛把肉煮开，然后把水倒掉，再加生姜、酱油等作料。生姜、酱油都是中国特产，这在牛津是奇货，而且酱油不鲜，又咸又苦。他们的厨房用具确是"很不够的"——买了肉，只好用大剪子剪成一方一方，然后照俞氏教的办法烧。两人站在电灶旁，使劲儿煮——也就是开足电力，汤煮干了就加水，横竖就是烧不烂。事后杨绛忽然想起她妈妈做橙皮果酱是用"文火"熬的。对呀，凭自己粗浅的科学知识，也能知道"文火"的名字虽文，力量却比强火大。

在下一次做红烧肉的时候，杨绛买了一瓶雪利酒，权当黄酒用，用文火炖肉，汤也不再倒掉，只撇去沫子。这次红烧肉居然做得不错，看到钱锺书吃得挺快活的，杨绛心里别提有多高兴呢！

杨绛以为，自己"搬家是冒险，自理伙食也是冒险，吃上红烧肉就是冒险成功。从此一法通，万法通，鸡肉、猪肉、羊肉，用'文火'炖，不用红烧，白煮的一样好吃"。所以她把嫩羊肉剪成一股一股细丝，两人站在电灶旁边涮着吃，然后把蔬菜放在汤里煮来吃。杨绛又想起曾看见过厨房里怎样炒菜，也学着炒。蔬菜炒的比煮的好吃。一次店里送来了扁豆，因为不识货，一面剥，一面还嫌壳太厚、豆太小。她忽然省悟，这是专吃壳儿的，是扁豆，于是便焖了吃，颇为成功。店里还有带骨的咸肉，可以和鲜肉同煮，咸肉有火腿味。熟食有洋火腿，不如我国的火腿鲜。至于猪头肉，杨绛向来认为"不上台盘"的：店里的猪头肉是制成的熟食，骨头已去净，压成一寸厚的一个圆饼子，嘴、鼻、耳部都好吃，后颈部嫌肥些。还有活虾。她很自信地说："得剪掉须须和脚。"

她刚剪了一刀，活虾在她手里抽搐，她急得扔下剪子，扔下虾，逃出厨房，又走回来。钱锺书问她怎么了。她说："虾，我一剪，痛得抽抽了，以后咱们不吃了吧！"

钱锺书跟她讲道理，说道："虾不会像你这样痛，我还是要吃的，以后可由我来剪。"

就这样，他们玩着学做饭，觉得很开心。钱锺书吃得饱了，也很开心。

那段时间，他们夫妇俩真的很快活，好像自己开辟出了一片天地。

## 三

杨家的一位常客是向达。向达有时嘀咕在休土牧师家天天吃土豆，顿顿吃土豆。于是杨绛请他一起吃饭。

司徒亚是杨家另一位常客，他是钱锺书同一学院同读B.Litt学位的同学，他和钱锺书最感头痛的功课共两门，一门是古文书学，一门是订书学。课本上教怎样把整张大纸折了又折，课本上画有如何折叠的虚线。

但他们俩怎么折也折不对。两人气得告状似的告到杨绛面前，说课本岂有此理。她是女人，对于折纸钉线类事较易理解。她向他们指出正好折反了。课本上画的是镜子里的反映式。两人这才恍然，果然折对了。他们就拉她一同学古文书学。她找出一支耳挖子，用针尖点着一个个字认。例如"a"字最初是"α",逐渐变形。

他们的考题其实并不难,只要求认字正确,不计速度。考生只需翻译几行字,不求量,但严格要求不得有错,错一字则倒扣若干分。钱锺书慌慌张张,没看清题目就急急翻译,把整页古文书都翻译了。他把分数赔光,还欠下不知多少分,不及格只好重考。但是他不必担忧,因为补考准能及格。所以考试完毕,他也如释重负。

这一学年,是杨绛生平最轻松快乐的一年,也是她最用功读书的一年,除了想家想得苦,此外可说无忧无虑。

过了一段时间,他们和房东达蕾女士约定,假后还要回来,届时住另一套稍大的房子,因为另一家租户将要搬走了。于是他们就把行李寄放她家,轻装出去度假,到伦敦、巴黎"探险"去。

杨绛他们第一次到伦敦时,钱锺书的堂弟钱锺韩带他们参观了大英博物馆和几个有名的画廊以及蜡人馆等处。这个暑假他一人骑了一辆自行车旅游德国和北欧,并到工厂实习。钱锺书只有佩服的分儿,他只会和夫人一起"探险"——从寓所到海德公园,又到托特纳姆路的旧书店,从动物园到植物园,从阔绰的西头到东头的贫民窟,同时也会见了一些同学。

在巴黎,杨绛他们遇到的同学更多。晚年的杨绛已不记得是在伦敦还是在巴黎,钱锺书接到政府当局打来的电报,派他做1936年"世界青年大会"的代表,到瑞士日内瓦开会。代表共三人,钱锺书和其他二人不熟。他们在巴黎时,不记得经何人介绍,一位住在巴黎的中国共产党员王海经请他们吃中国馆子。他请杨绛当"世界青年大会"的共产党代表。

对此,杨绛很得意。她和钱锺书同到瑞士去,有她自己的身份,不是跟去的。钱锺书和她随着一群共产党的代表一起行动。他们开会前夕,乘夜车到日内瓦。

杨绛夫妇俩和陶行知同一个车厢,三人一夜谈到天亮。陶行知还带杨绛走出车厢,在火车过道里,对着车外的天空,教她怎样用科学方法,辨别天上的星星。

"世界青年大会"开会期间,杨绛夫妇这两位大会代表,只要遇到可以溜走的机会,一概逃会。日内瓦风光旖旎,素有"万国之都"的美誉。他们在高低不平、窄狭难走的山路上,"探险"到莱蒙湖边,"企图"绕湖一周。但愈走得远,湖面愈广,没法儿走一圈。钱锺书作诗吟诵,分外浪漫多情:

### 莱蒙湖边即目

瀑边渐沥风头湿,
雪外嶙峋石骨斑。
夜半不须持挟去,
神州自有好湖山。[1]

但是对重要的会,杨绛夫妇并不溜号。例如中国青年向世界青年致辞的会,他们都到会。上台发言的,是共产党方面的代表。而英文的讲稿,则是由钱锺书撰写的,发言的反响还不错。

杨绛夫妇从瑞士回巴黎,就在巴黎游玩了一两个星期。

当时他们有几位老同学和朋友在巴黎大学上学,如盛澄华就是杨绛在清华同班上法文课的。据说如要在巴黎大学攻读学位,需有两年学历。巴黎大学不像牛津大学有"吃饭制"保证住校,不妨趁早注册入学。所以他们在返回牛津之前,就托盛澄华为他们代办注册入学手续。1936年秋季始业,他们虽然身在牛津,却已是巴黎大学的学生了。

钮先铭在《记钱锺书夫妇》一文中追述了他们在巴黎相遇的过程,从中我们略知钱氏夫妇的行踪:

---

[1] 钱锺书:《槐聚诗存》,三联书店1995年3月版,第7页。

## 第三章 负笈英法

1936年，我和程思进——程天放先生的子侄，同住在巴黎多纳福街的小公寓里，位置在巴黎大学的后方，是学生的聚集地，五区又名拉丁区，本是法国的文化中心。

有一天我与思进刚将走出公寓的门堂，看见一对夫妇也走进来，正用英语在商量着想租一间公寓。都是东方人的面孔，男的留着一小撮希特拉式的胡子，女的梳的是马桶盖的娃娃头。二十多岁的一对青年，这种打扮，人在法国，而说英语，真是不伦不类！因之引起了我和思进的注意，认为是日本人，我和思进都曾留学过日本。

这就是钱锺书和杨季康一对夫妇。从此我们四人就做了好朋友。但时间不长，因为锺书夫妇是从英伦来度假，藉以搜集一点法国文学的资料。

我们的友谊进展很快。思进学理科，我学军事，钱氏夫妇学文学，各人的知识有相互交流的新鲜，地域跨越欧亚和日本、法国、英伦的国界，有摆不完的龙门阵！有一点是我们这四人帮所共同的，那就是我们对中国古典文学的欣赏。

记得正逢七夕，我们一同到罗衡、张帮贞两位女同学所住的地方去赏月；锺书从他厚厚的近视眼镜仰望着满天星斗，高兴地说：

"月亮不仅外国圆，星星也比中国亮；你们看，牛郎正吹着横笛，是CharlesCamille Saint-Saens所作的曲子……"

"珊珊斯是谁？"我问道。

"是法国的作曲家，所作曲子，最有名的是《死的舞蹈》。"这回是杨绛的答复。

锺书不理会他太太的插嘴，反过来对我说："老钮，你谱《鹊桥仙》的调子写一首词，让老程来画张画，我来写题词。"

"好！我填词！"我说着，同时我就念了两句《鹊桥仙》的词：两情若是久长时，又岂在朝朝暮暮。"

"胡扯，那是秦少游写的，我要你作。"锺书还是盯着我。

我对词根本没有修养，只好岔开说："季康，我们三个大男人都有任务，你呢？这不公平！"

"我呀！只要和锺书朝朝暮暮相会就够了！"杨绛拉着锺书的手，圆圆的脸，笑起来像个洋娃娃。

青年时代的钱锺书，对文学有一股奔放的思想，对于东西双方的文化都有极深的造诣，杨绛也不赖，真是一对天上的仙侣、人间的鸳鸯，而却是只羡鸳鸯不羡仙！[1]

这里提及的钱锺书所写的五律，不知是否还存世。不过我们今天在《槐聚诗存》中倒可以读到以下两阕诗作。

### 巴黎咖啡馆有见

评泊包弹一任人，
明灯围里坐惜惜。
绝怜浅笑轻颦态，
难忖残羹冷炙心。
开镜凝装劳屡整，
停觞薄酒惜余斟。
角张今夜星辰是，
且道宵深怨与深。

### 清音河上小桥晚眺

万点灯光夺月光，
一弓云畔挂昏黄。

---

[1] 钮先铭：《记钱锺书夫妇》，见沉冰主编：《不一样的记忆：与钱锺书在一起》，当代世界出版社1999年8月版，第84～85页。

> 不消露洗风磨皎，
> 免我低头念故乡。

> 电光撩眼烂生寒，
> 撒米攒星有是观。
> 但得灯浓任月淡，
> 中天尽好付谁看？[1]

从这些诗作里，我们或许能看到杨绛与钱锺书在巴黎的所作所为、所思所想。作为海外学子，他们的心始终向往着祖国。

回到伦敦，杨绛发现达蕾女士这次租给他们的一套房间比上次的更好。他们的澡房有新式大澡盆，不再用那套古老的盘旋管儿。不过热水是电热的，一个月后，他们方知电费惊人，赶忙节约用热水。

杨绛还继续承担照顾钱锺书生活的重担，她围上围裙，卷起袖口，每天都要准备张罗两人的饭菜。她把做午饭作为自己的专职，钱锺书只当助手。她有时想，假如我们不用吃饭，就更轻松快活了，可是钱锺书不同意。他说，他是要吃的。神仙煮白石，吃了久远不饿，多没趣呀，他不羡慕。

不过，钱锺书还是看在眼里，疼在心里。他很担心爱人容貌受损，便幻想着古代传说中的仙人，能给一副"辟谷方"，可以不用吃饭而长命百岁，他作诗说"卷袖围裙为口忙，朝朝洗手作羹汤。忧卿烟火熏颜色，欲觅仙人辟谷方"。读来情意浓郁，趣味盎然。

其实，电灶并不冒烟，他也不想辟谷。他在另一首诗里则说"鹅求四足鳖双裙"，但杨绛却说他们从未吃过鹅和鳖，钱锺书还笑她死心眼儿，作诗不过只是作诗而已。

---

[1] 钱锺书：《槐聚诗存》，三联书店1995年3月版，第13~14页。

钱锺书几次对夫人说"我教你作诗"。杨绛总认真地说："我不是诗人的料儿。"

杨绛后来说，她做学生时期，课卷上作诗总得好评，但那是真正的"押韵而已"。她爱读诗，中文诗、西文诗都喜欢，也喜欢和丈夫一起谈诗论诗。他们也常常一同背诗。他们发现，如果同把某一字忘了，左凑右凑凑不上，那个字准是全诗最欠妥帖的字，因为妥帖的字有心性，忘不了。

返回牛津后，杨绛怀孕了。成了家的人一般都盼个孩子，杨绛夫妇也不例外。钱锺书谆谆嘱咐杨绛说："我不要儿子，我要女儿——只要一个，像你的。"而杨绛心里对于"像我"并不满意，她想要一个像钱锺书一样的女儿。他们的女儿确实像钱锺书，不过，这是后话了。

起初，杨绛以为肚里怀个孩子，可不予理睬。但怀了孩子，方知得把全身最精粹的一切贡献给这个新的生命。钱锺书在这年年终在日记上形容夫人："晚，季总计今年所读书，歉然未足……"并笑说她"以才援而能为贤妻良母，又欲作女博士……"

玩笑归玩笑，钱锺书还是很郑重其事，很早就陪杨绛到产院去定下单人病房并请女院长介绍专家大夫。院长问："要女的？"

钱锺书回答说："要最好的。"

女院长就为他们介绍了斯班斯大夫。他家的花园洋房离杨家的寓所不远。

斯班斯大夫说，杨绛将生一个"加冕日娃娃"。因为他预计娃娃的生日，适逢乔治六世加冕大典（5月12日）。但他们的女儿对英王加冕毫无兴趣，也许她并不愿意到这个世界上来。

杨绛18日进产院，19日竭尽全力也无法叫她出世。大夫为她用了药，让她安然"死"去。等她醒来，发现自己像新生婴儿般包在法兰绒包包里，脚后还有个热水袋。肚皮倒是空了，浑身连皮带骨都痛，动都不能动。

杨绛问身边的护士："怎么回事儿？"

护士说："你做了苦工,很重的苦工。"

另一护士在门口探头。她很好奇地问杨绛："你为什么不叫不喊呀?"

护士眼看她痛得要死,却静静地不吭一声。

杨绛说："叫了喊了还是痛呀。"

她们越发奇怪了:"中国女人都通达哲理吗?""中国女人不让叫喊吗?"

一位护士抱了娃娃来给杨绛看,说娃娃出生时已浑身青紫,是她拍活的。据说娃娃是牛津出生的第二个中国婴儿。当时杨绛还未十分清醒,无力说话,又昏昏睡去。

钱锺书这天来看了夫人四次。她是前一天由汽车送进产院的。她的寓所离产院不算太远,但公交车都不能到达。钱锺书得横越几道平行的公交车路,所以只好步行。他上午来,知道得了一个女儿,医院还不让他和夫人见面。第二次来,知道夫人上了闷药,还没醒。第三次来见到了他的夫人,这时杨绛已从法兰绒包包里解放出来,但是还昏昏地睡,无力说话。第四次是下午茶之后,她已清醒。护士特地把娃娃从婴儿室里抱出来让爸爸看。

钱锺书仔仔细细看了又看,看了又看,然后得意地说:"这是我的女儿,我喜欢的。"

女儿长大后,母亲把爸爸的"欢迎辞"告诉她,她很感激。

杨绛得知丈夫是第四次来,已来来回回走了七趟,怕他累坏了,嘱咐他坐汽车回去。

他们的女儿钱瑗,初名健汝,小名阿圆。阿圆懂事后,每逢生日,钱锺书总要说,这是母难之日。

出院前两天,护士让杨绛乘电梯下楼参观普通病房——这个房间里有三十二个妈妈、三十三个娃娃,一对是双生。护士让她看一个个娃娃剥光了过磅,一个个洗干净了又还给妈妈。娃娃都躺在睡篮里,挂在妈妈床尾。她很羡慕娃娃挂在床尾,因为她只能听见阿圆的哭声,看不到孩子。

护士教她怎样给娃娃洗澡穿衣。她学会了，只是没她们快。

钱锺书这段时期只一个人过日子，每天到产院探望，常苦着脸对杨绛说"我做坏事了"。原来他打翻了墨水瓶，把房东家的桌布染了。

杨绛说："不要紧，我会洗。"

"墨水呀！"

"墨水也能洗。"

他就放心回去。然后他又"做坏事了"，把台灯砸了。

杨绛问明是怎样的灯，她说："不要紧，我会修。"

他又放心回去。

下一次他又满面愁虑，说是把门轴弄坏了，门轴两头的门球脱落了一个，门不能关了。杨绛说："不要紧，我会修。"他又放心回去。

正由于杨绛说"不要紧"，他真的就放心了。因为他很相信杨绛说的"不要紧"这句话。他们在伦敦"探险"时，钱锺书额骨上生了一个疔。杨绛也很着急。有人介绍了一位英国护士，她教杨绛做热敷。

杨绛安慰钱锺书说："不要紧，我会给你治。"

杨绛每隔几小时认认真真为他做一次热敷，不出几天，就把粘在纱布上的最后的东西连根拔去，他的脸上没留下一点疤痕。他感激之余，对杨绛所说的"不要紧"深信不疑。

杨绛夫妇当时生活十分忙碌，据说在钱瑗身上发生过这样一件事，家人收到这个出生不久的婴儿的照片，发现她睡的"摇篮"竟是一个书桌的抽屉，可见当时他们生活的忙碌程度。杨绛夫妇一生只生育了一个女儿，当时并未实行计划生育政策，据说事出有因。杨绛告诉我们："锺书的'痴气'也怪别致的。他很认真地对我说：'假如我们再生一个孩子，说不定比阿圆好，我们就要喜欢那个孩子，那么我们怎么对得起阿圆呢。'提倡一对父母生一个孩子的理论，还从未讲到父母为了用情专一而只生一个。"[1]杨绛的话,我们当然不能不听。放眼社会现实,他们没有生第二个孩子,毕竟与这个大灾大难的时代大有关系。

　　杨绛夫妇的生活尽管忙乱,然而钱锺书的"痴气"时而"发作",倒为生活平添了几分欢乐。杨绛介绍说:"锺书的'痴气'书本里灌注不下,还洋溢出来。我们在牛津时,他午睡,我临帖,可是一个人写写字困上来,便睡着了。他醒来见我睡了,就饱蘸浓墨,想给我画个花脸。可是他刚落笔我就醒了。他没想到我的脸皮比宣纸还吃墨,洗净墨痕,脸皮像纸一样快洗破了,以后他不再搞恶作剧,只给我画了一幅肖像,上面再添上眼镜和胡子,聊以过瘾。"

　　不久,钱锺书顺利地通过了论文口试。同届一位留学牛津的庚款生,口试后很得意地告诉钱锺书说:"考官们只提了一个问题,以后就没有谁提问了。"不料他的论文还需重写。钱锺书同学院的英国朋友,论文口试没能通过,就没得到学位。钱锺书领到一张文学学士文凭。他告别牛津好友,摒挡行李,一家三口就前往法国巴黎。

| 四 |

　　杨绛的治学兴趣,重点还是在法国文学上。因此,在牛津大学最后一年,钱氏夫妇就请友人为他俩在巴黎大学注册好了。这样,他们便结伴来到巴黎。

　　他们大概是在女儿圆圆出生后第一百天的时候,由牛津乘火车到伦

---

[1] 杨绛:《记钱锺书与〈围城〉》,见《杨绛作品集》第二卷,中国社会科学出版社1993年10月版,第151页。

敦，换车到多佛港口，上渡船过海，到法国加来港登陆，进入法国国境，然后乘火车到巴黎，住入朋友为他们在巴黎近郊租下的公寓。

在杨绛的记忆中，他们的圆圆穿了长过半身的婴儿服，已是个蛮漂亮的娃娃。一位伦敦上车的中年乘客把熟睡的圆圆细细端详了一番，用双关语恭维说，"a China baby"（一个中国娃娃），也可解作"a china baby"（一个瓷娃娃），因为中国娃娃肌理细腻，像瓷。这番话惹得杨绛颇为得意。

杨绛因钱锺书不会抱孩子，把应该手提的打字机之类都塞在大箱子里。他两只手提两只小提箱，杨绛抱不动娃娃的时候可以和他换换手。渡轮抵达法国加来，港口管理人员上船，看见她抱着个婴儿立在人群中，立即把她请出来，让她抱着阿圆优先下船。满船渡客排成长队，依次下船。

杨绛第一个到海关，很悠闲地认出自己的一件件行李。钱锺书随后也到了。海关人员都争看他们的"中国娃娃"，行李一件也没查。他们表示对中国娃娃的友好，没打开一只箱子，笑嘻嘻地一一画上"通过"的记号。对此，杨绛顿生好感：觉得法国人比英国人更关心并爱护婴儿和母亲。

巴黎大学历史悠久，创办的时间比牛津大学还早一个世纪，但是它的学风却比牛津宽松自由。杨绛体会到了两所大学的不同风格，不敢也不愿稍加松懈。

杨绛他们客居的公寓的主人名叫咖淑夫人，她是一名退休的邮务员。她用退休金买下一幢房子出租，兼供部分房客的一日三餐。伙食很便宜，却又非常丰盛。她是个好厨师，做菜有一手。她丈夫买菜不知计较，买了鱼肉，又买鸡鸭。饭摆在她家饭间里，一大桌，可坐十数人，男女都是单身房客。杨绛他们租的房间有厨房，他们最初也包饭。替他们找到这所公寓的是留学巴黎大学的盛澄华。他到火车站来接，又送他们到公寓。公寓近车站，上车五分钟就到巴黎市中心了。

当时在巴黎的中国学生为数众多，过境观光的旅客不算，留学欧美而来巴黎度假的就有很多。杨绛每次出门，总会碰到同学或相识。当时寄宿巴黎大学宿舍"大学城"的学生，有一位H小姐住美国馆，一位T小姐住英国馆，盛澄华住瑞士馆。其他散居巴黎各区。

与杨绛经常来往的是林黎光、李伟夫妇。李伟是清华同学，中文系的，能作诗填词，毛笔字写得很老练。而林黎光专攻梵文，他治学严谨，正在读博士。他们有一个儿子，和杨绛的女儿同年同月生。

杨绛听李伟说，某某等同学的孩子送入托儿所，生活刻板，吃、喝、拉、撒、睡都按规定的时间。她舍不得自己的孩子受这等训练。钱锺书当然也舍不得。

杨绛对门的邻居是公务员太太，丈夫早出晚归。她没有孩子，常来抱圆圆过去玩。她想把孩子带到乡间去养，就对杨绛说："乡间空气好，牛奶好，菜蔬也好。"

她试图说服杨绛把孩子交托给她带到乡间去。她又说，你们去探望也很方便。

如果这话说在孩子出生之前，杨绛也许会答应。可是孩子怀在肚里，倒不挂心，孩子不在肚里了，反叫她牵心挂肠，不知怎样保护才妥当。对门太太曾把圆圆的小床挪入她的卧房，看孩子能否习惯。圆圆倒很习惯，乖乖地睡到天亮，没哭一声。

杨绛夫妇两人却通宵未眠，他们牵心挂肠。好在对门太太也未回乡，她丈夫在巴黎上班呢。她随时可把孩子抱过去玩。他们夫妇需一同出门的时候，就托她照看。当然，他们也给她报酬。

杨绛夫妇在巴黎的生活比较自由自在——因为钱锺书通过了牛津的论文考试，如释重负。他觉得为一个学位赔掉许多时间，很不值得。他白费功夫读些不必要的功课，想读的许多书都只好放弃。因此他常引用一位曾获牛津文学学士的英国学者对文学学士的评价："文学学士，就是对文学无识无知。"他从此不想再读什么学位。这种想法逐渐影响到杨绛，因此他们虽然继续在巴黎大学交费入学，但只按各自定的课程读书。

这样，杨绛和钱锺书白天除了上课，经常结伴出去到咖啡馆坐一会儿，注意从社会学习语言和汲取知识，或者一起逛逛旧书肆。晚上一般都回到公寓，不改旧习，发奋读书，青灯黄卷长相伴，不亦乐乎。

我们在前面已经知道，那时在法国的中国人很多，有勤工俭学的，有来访问的等。他们当中有吕叔湘、王礼锡、向达、徐訏、罗大冈、王辛笛、盛澄华等人。钱氏夫妇与他们时有过往，对此，诗人王辛笛为我们留下了点滴回忆，他说："1936年我去英国爱丁堡大学进修，次年到巴黎短期度假，住在清华窗友盛澄华（1913—1970）寓处。适巧锺书偕其夫人杨绛也由牛津来巴黎，同住在拉丁区，与盛处相去不远。澄华专攻纪德作品，并常就近向纪德本人请益（在抗战期间译出《伪币制造者》等问世），不同于一般留学生惟学位头衔是务，锺书对此颇有好感。大家在街头朝夕不期而遇，相视而笑，莫逆于心。"

杨绛记忆所及，钱锺书小说《围城》中的人物褚慎明即取材于这一时期在巴黎的相识。她说：褚慎明和他的影子并不对号。那个影子的真身比褚慎明更夸张些呢。有一次我和他同乘火车从巴黎郊外进城，他忽从口袋里掏出一张纸，上面开列了少女选择丈夫的种种条件，如相貌、年龄、学问、品性、家世等共十七八项，逼我一一分数，并排列先后。我知道他的用意，也知道他的对象，所以小心翼翼地应付过去。他接着气呼呼地对我说："她们说他（指锺书）'年少翩翩'，你倒说说，他'翩翩'不'翩翩'。"我应该厚道些，老实告诉他在初识锺书的时候，他穿一件青布大褂，一双毛布底鞋，戴一副老式大眼镜，一点也不"翩翩"。可是我瞧他认为我该和他站在同一立场，就忍不住淘气说："我当然最觉得他'翩翩'。"他听了怫然，半天不言语。后来我称赞他西装笔挺，他惊喜地说："真的吗？我总觉得自己的衣服不挺，每星期洗熨一次也不如别人的挺。"我肯定他衣服确实笔挺，他才高兴了。其实，褚慎明也是个复合体，小说里的那杯牛奶是另一人喝的。那人也是我们在巴黎时的同伴，尚未结婚，曾对我们讲：他爱"天仙的美"，不爱"妖精的美"。他的一个朋友却欣赏"妖精的美"，对一个牵狗的妓女大有兴趣，想"叫一个局",把那妓女请来同喝点什么谈谈话。有一晚,我们一群人同坐咖啡馆,看见那个牵狗的妓女进另一家咖啡馆去了。"天仙美"的爱慕者对"妖精美"的爱慕者自告奋勇说:"我给你去把她找来。"他去了好久不见回来,锺书说:"别给蜘蛛精网在盘丝洞里了,我去救他吧。"锺书跑进那家咖啡馆,只见"天仙美"的爱慕者独坐一桌,正在喝一杯很烫的牛奶,四围都是妓女,在窃窃笑他。锺书"救"了他回来。从此,大家常取笑那杯牛奶,说如果叫妓女,至少也该喝杯啤酒,不该喝牛奶。准是那杯牛奶作祟,使锺书把褚慎明拉到饭馆去喝奶。那大堆的药品准也是即景生情,由那杯牛奶生发出来的。这无疑是杨绛他们在巴黎生活的一段插曲,当然在钱锺书的小说里便演绎成十分有趣的情节了。

其实,继在牛津的两年之后,杨绛夫妇在法国巴黎的这一年也很重要,这不仅能使杨绛更深入地了解欧洲各国的文化习俗、风土人情以及语言特点,而且更给她所掌握的多种欧洲语言提供了实地考察、运用和体味的良机。

诚如杨绛所云,钱锺书在巴黎的这一年,自己下功夫扎扎实实地读书。法文自15世纪的诗人维容读起,到18、19世纪,一家家读下去。德文也如此。他每日读中文、英文,隔日读法文、德文,后来又加上意大利文。这是爱书如命的钱锺书恣意读书的一年。他们初到法国,两人同读福楼拜的《包法利夫人》。他的生字比杨绛的多。但一年以后,他的法文水平远远超过了她。

杨绛夫妇的交游不广,但巴黎的中国留学生多,他们经常接触到一个小圈子的人,生活也挺热闹。向达也到了巴黎,他仍是钱家的常客。林黎光好客,李伟能烹调,他们家经常请客吃饭。光这几个人,就够热闹的。

杨绛他们有时在大学城的餐厅吃饭,有时在中国餐馆吃饭。杨绛自认为两人不合群,也没有多余的闲工夫。咖淑夫人家的伙食也真丰富,一道一道上,一餐午饭可消磨两个小时。他们爱惜时间,伙食又不合脾胃,所以不久他们就自己做饭了。

杨绛的女儿长得越来越乖，大人为她买了一只高凳，买一本大书——丁尼生的全集，字小书大，因没人要，很便宜。她坐在高凳里，前面摊一本大书，手里拿一支铅笔，学父母的样，一面看书一面在书上乱画。"锺书给他朋友司徒亚的信上形容女儿顽劣，地道是锺书的夸张。其实女儿很乖。我们看书，她安安静静自己一人画书玩。有时对门太太来抱她过去玩。我们买了推车，每天推她出去。她最早能说的话是'外外'，要求外边去。"杨绛如是说。

　　在留学英法期间，作为作家的杨绛仍在闲暇之时，进行文学创作，散文《阴》是其中的代表作，文质素淡，意蕴久远，落笔虽淡，动情却真：

　　一棵浓密的树，站在太阳里，像一个深沉的人，面上耀着光，像一脸的高兴，风一吹，叶子一浮动，真像个轻快的笑脸。可是叶子下面，一层暗一层，绿沉沉地郁成了宁静，像在沉思，带些忧郁，带些恬适。松柏的阴最深最密，不过没有梧桐树胡桃树的阴广大。疏疏的杨柳，筛下个疏疏的影子，阴很浅。几茎小草，映着太阳草上的光和漏下地的光闪耀着，地下是错杂的影子，光和影之间那一点绿意，是似有若无的阴。

　　一根木头，一块石头，在太阳里也撒下个影子。影子和石头木头之间，也有一片阴，可是太小，只见影子，觉不到有阴。墙阴大些，屋阴深些，不像树阴清幽灵活，却也有它的沉静，像一口废井，一潭死水般的静。

　　山的阴又不同。阳光照向树木石头和起伏的地面，现出浓浓淡淡多少层次的光和影，挟带的阴，随着阳光转动变换形态。山的阴是散漫而繁复的。

　　烟也有影子，可是太稀薄，没有阴。大晴天，几团浮云会投下几块黑影，但不及有阴，云又过去了。整片的浓云，蒙住了太阳，够点染一天半天的阴，够笼罩整片的地、整片的海，造成漫漫无际的晦霾，不过浓阴不会持久，持久的是漠漠轻阴。好像谁望空撒了一匹轻纱，荡爬在风里，撩拨不开，又捉摸不住，恰似初识愁滋味的少年心情。愁在哪里？并不能找出个影儿。

夜，掩没了太阳而造成个大黑影。不见阳光，也就没有阴。黑影渗透了光，化成朦朦胧胧的黎明和黄昏，这是大地的阴，诱发遐思幻想的阴。大白天，每件东西遮着阳光就有个影子，挨着影子都悄悄地怀着一回阴。在日夜交接的微光里，一切阴都笼罩在大地的阴里，蒙上一重神秘。渐渐黑夜来临，树阴、草阴、墙阴、屋阴、山的阴、云的阴，都无从分辨了，夜吞没了所有的阴。

这篇散文由景及人，丝丝入扣，似写意，又似工笔。

杨绛出手不凡，她的文学成就，已然起步，且起点不低，她有理由对未来充满信心。

杨绛回忆道："我在牛津产院时，还和父母通信，以后就没有家里的消息，从报纸上得知家乡已被日军占领，接着从上海三姐处知道爸爸带了苏州一家人逃难避居上海。我们迁居法国后，大姐姐来过几次信。我总觉得缺少了一个声音，妈妈怎么不说话了？过了年，大姐姐才告诉我：妈妈已于去年11月间逃难时去世。这是我生平第一次遭遇的伤心事，悲苦得不知怎么好，只会恸哭，哭个没完。锺书百计劝慰，我就狠命忍住。我至今还记得当时的悲苦。但是我没有意识到，悲苦能任情啼哭，还有锺书百般劝慰，我那时候是多么幸福。我自己才做了半年妈妈，就失去了自己的妈妈。常言'女儿做母亲，便是报娘恩'。我虽然尝到做母亲的艰辛，却没有报得娘恩。"

杨绛与钱锺书是喜欢巴黎的，他们原本也是可以多待一些时日的。然而第二次世界大战的阴云密布，日本侵略者的铁蹄正在践踏着祖国美好的河山，国难当头，祖国在召唤，他们摒弃一切，准备马上回国。这时候，杨绛夫妇与许多侨居法国的华人一样，非常关心时事。巴黎《救国时报》上发表的一篇篇社论，他们如饥似渴地读着。其中《我们的主张》社论，在他们眼里，尤为激动人心："要实行全国之总抵抗，须立即实行全国军事上的总动员；要实行全国之总抵抗，须要实行全民族统一战线；要实行全国之总抵抗，须立即实行民主自由；要实行全国之总抵抗，须立即武装民众；要实行全国之总抵抗，就必须全国人民一致奋起为抗战军队与政府之后盾；要实行全国之总抵抗，须立即肃清一切日寇奸细。"声声召唤，字字惊醒。

杨绛与钱锺书中断学业，匆匆踏上归国的征程。

杨绛在《我们仨》中说过："我们为国为家，都十分焦虑。奖学金还能延期一年，我们都急要回国了。当时巴黎已受战事影响，回国的船票很难买。我们辗转由里昂大学为我们买得船票，坐三等舱回国。那是1938年的8月间。"

## 第四章

# 孤岛岁月

钱锺书的父亲执教于浙江大学，处境维艰，他的母亲、弟妹等人随叔父逃难到上海，寄寓在已是"孤岛"的法租界。杨绛夫妇面对国破家亡的情势，寝食难安。他们恨不能长了翅膀，快点飞回亲人的身旁，幸而他们动身早，否则碰到战争，他们恐怕就回不来了。

杨绛

| 一 |

20世纪三四十年代,世界范围内爆发了反法西斯战争。祖国已是山河沦陷,生灵涂炭。杨绛和钱锺书人在国外,心在国内。他们时刻思念着祖国,思念着亲人。国破家亡的消息,深深地刺激了他们的心灵。钱锺书写于1938年的《哀望》一诗,表达了此时此刻他们的心情:

> 白骨堆山满白城,
> 败亡鬼哭亦吞声。
> 孰知重死胜轻死,
> 纵卜他生惜此生。
> 身即化灰尚贵恨,
> 天为积气本无情。
> 艾芝玉石归同尽,
> 哀望江南赋不成。[1]

早在前一年,即1937年日本侵略者第一次空袭苏州的时候,杨绛的家里只有父母亲和她的大姐姐、小妹妹。一架飞机在他们家的大厅上空盘旋,大概因为这些房子比一般民居高大,被怀疑是什么机构的建筑。在

---

[1] 钱锺书:《槐聚诗存》,三联书店1995年3月版,第20页。

日机轰炸下，家人从前院躲到后园，又从后园躲回前院。小妹杨必后来告诉杨绛说，"真奇怪，害怕了会泻肚子"。果真全家都腹泻，什么也吃不下。

第二天，杨绛父母带着大姐、小妹和两个姑母，逃到苏州郊外的香山，暂住在一位曾委托父亲为之辩护过的当事人家里。

这年秋天，杨绛的母亲唐须荌得了"恶性疟疾"，这种病不同于一般疟疾，病症是高烧不退，奄奄一息，不能外逃，终于在香山失陷前夕，溘然长逝。多亏杨绛的父亲事先用几担白米换得一具棺材，第二天，父女几人把母亲入殓，找人在蒙蒙阴雨中把棺材送到借来的坟地。当天想尽办法，请人在棺材外边砌一座小屋，厝在坟地上。父亲在瓦上、砖上、周围的树木上、地下的砖头石块上——总之凡是可以写字的地方写满了自己的名字，以便辨认。然后，他不得不舍下四十年患难与共的老伴，带着两个女儿逃生。

杨荫杭父女数人东逃西藏，无处安身，只好冒险又逃回苏州老家。这时苏州已成一座死城，尸殍遍野。回到家里，像是遭遇过打劫一样，下人和乡亲在他们的家里"各取所需"，东西拿走不少。好在还有一些存米，一家人暂时勉强度日。

城里的日本鬼子每天黄昏吹号归队以后，就挨家挨户找"花姑娘"。杨绛的姐姐妹妹在乡下的时候已经剃了光头，改成男装。每天往往是吃晚饭的时候，日本鬼子就接二连三地来打门。杨荫杭会日语，单独到门口应付。姐姐妹妹就躲入柴堆，连饭碗筷子一起藏起来，这才幸免于难。

杨绛的三姑母杨荫榆逃回苏州后，住在盘门。她人虽然有点古怪，但富有民族气节和正义感。她的四邻都是小户人家，深受日寇的蹂躏。杨荫榆不止一次地去见日本军官，用日语责备他纵容部下奸淫掳掠。日本军官就勒令他部下的士兵退还他们从街坊邻居那里抢到的财物。邻居的妇女怕日寇挨家找"花姑娘"，都躲到三姑母家里去。

1938年1月1日，两个日本兵到杨荫榆家去，不知用什么话哄她出门，当她走到一座桥顶上,一个士兵就向她开一枪,另一个就把她抛入河里。他们发现三姑母还在游泳,就连发几枪,看见河水泛红,方才扬长而去。

邻居把水里捞出来的杨荫榆的遗体入殓。棺木太薄,不管用,家属领尸的时候,已不能更换棺材,也没有现成的特大棺材可以套在外面,只好赶紧在棺材外加钉一层厚厚的木板。后来,杨家把杨荫榆与杨绛的母亲,一起安葬于灵岩山的绣谷公墓。

下葬的时候,杨绛看见她母亲的棺材后面跟着三姑母的奇模怪样的棺材,那些木板是仓促间合上的,来不及刨光,也不能上漆。那具棺材,好像象征了杨荫榆坎坷的一生。

杨绛母亲曾说过,"三伯伯其实是贤妻良母"。她父亲只说:"申官如果嫁了一个好丈夫,她是个贤妻良母。"据杨绛所见,她挣脱了封建家庭的桎梏,就不屑做什么贤妻良母。她好像忘了自己是女人,对恋爱和结婚全不在念。她跳出家庭,一心投身社会,指望有所作为。她留美回国,做了师大的校长,大约也自信能有所作为。可是她多年在国外埋头苦读,没有看见国内的革命潮流,她也不能理解当前的形势,她又没有看清自己所处的地位[1]。

钱家的遭遇也相仿佛。钱锺书的父亲执教于浙江大学,处境维艰,他的母亲、弟妹等人随叔父逃难到上海,寄寓在已是"孤岛"的法租界。

杨绛夫妇面对国破家亡的情势,寝食难安。他们恨不能长了翅膀,快点飞回亲人的身旁,幸而他们动身早,否则碰到战争,他们恐怕就回不来了。

---

1 杨绛:《回忆我的姑母》,见《杨绛作品集》第二卷,中国社会科学出版社1993年10月版,第126页。

## 二

1938年9月，法国邮船阿多士Ⅱ号正驶向中国。杨绛和钱锺书告别了法国的友人，与女儿钱瑗一起，乘坐在这艘轮船上。

他们出国乘英国邮船二等舱，伙食非常好。回国乘三等舱，伙食差得多了。圆圆刚断奶两个月，船上二十多天，几乎顿顿吃土豆泥。上船时圆圆算得上一个肥硕的娃娃，下船时却成了个瘦弱的孩子。对此，杨绛深恨自己当时疏忽，没为她置备些奶制品，辅佐营养。自己好不容易喂得她胖胖壮壮，到上海她却不胖不壮了。

在归国的轮船上，杨绛夫妇遇到了外交官、诗人冒效鲁（1909—1988），互相唱和。冒效鲁吟诗如下：

> 凭栏钱子睨我笑，
> 有句不吐意则那。
> 顾妻抱女渠自乐，
> 丝丝乱发攒鸦窝。
> 夜深风露不相容，
> 绿灯曼舞扬清歌。
> 喧呶聚博惊座客，
> 倾囊买醉颜微酡。[1]

钱锺书的神态和船上的情景，在诗中可谓呼之欲出。杨绛怀里抱着婴儿，钱锺书满头乱发，像乌鸦做的窝……

海上风急浪大，钱锺书、杨绛一家三口乘坐的阿多士Ⅱ号邮船，犹如

---

[1] 引自李洪岩：《钱锺书与近代学人》，百花文艺出版社1998年2月版，第99页。

一片叶子漂在无边无际的大海上，一上一下，颠簸得特别厉害，他们经常晕船。

本来就晕船的钱锺书更是难受得不得了。一番风浪颠簸过后，心有灵犀的杨绛对钱锺书说：依我看呀，这坐船不晕船，就要不以自己为中心，而以船为中心，顺着船在波涛汹涌间摆动起伏，让自己的身子与船稳定成90度直角，永远在水之上，平平正正，而不波动。钱锺书按杨绛说的去做，果真有用，不晕船了。

其实，杨绛总结的不晕船的办法，同样可以用在为人处世上："不管风吹浪打，我自坐直了身子，岿然不动，身直心正，心无旁顾，风浪其奈我何？"这就是杨绛的不晕船哲学。

因为之前钱锺书已有约定，要回清华教书，所以，在船上杨绛已把他的书本笔记和衣物单独分开。

阿多士Ⅱ号邮船抵达香港，钱锺书就只身上岸，然后乘海船到安南（今越南）海防，由滇越铁路经河口，辗转赶赴设在昆明的西南联合大学。

对于钱锺书的只身远去，杨绛很不放心。圆圆眼看着爸爸坐上小渡船离开大船，渐去渐远，就此不回来了，她直发呆。她还不会说话，杨绛也无法和她解释。

抗日战争爆发后，北大、清华、南开三所大学南迁昆明，联合组成"西南联合大学"。母校清华聘请钱锺书任教授，文学院的院长冯友兰从中起了很大作用。冯友兰在给清华大学校长、西南联大常委梅贻琦的上书中指出，应该给钱锺书教授头衔，月薪三百元，其待遇不低于王竹溪、华罗庚。按清华旧例，刚刚回到国内的留学生只能当讲师。而钱锺书连升二级，直接任教授，这在当时也是比较少见的。

在回国的路程中，杨绛则带着女儿继续北上，要到上海省视父亲。船到上海，她由钱锺书的弟弟和另一亲戚接到钱家。他们到辣斐德路（今复兴中路）钱家，已是黄昏时分。杨绛见到了公公（她称爹爹）、婆婆（她称唔娘）、叔父、婶母以及妯娌、小叔子、小姑子等。

杨绛在钱家过了一夜就带着圆圆到她爸爸处去,见了爸爸和姐妹等。她的女儿圆圆大约感觉到都是极亲的人,就没有"吼",也没喊"non non"。当时,钱家和她爸爸家都逃难避居孤岛上海,居处都很逼仄。她和圆圆有时挤居钱家,有时挤居在自己的爸爸家。据杨绛回忆:"1938年10月,我回国到上海,父亲的长须已经剃去,大姐姐小妹妹也已经恢复旧时的装束。我回国后父亲开始戒掉安眠药,神色渐渐清朗,不久便在震旦女子文理学院教一门《诗经》,聊当消遣。"[1]

这时上海已沦陷为"孤岛"。上海沦陷后,日寇在其所占领的南市、闸北、虹口、杨浦、浦东等地到处设立关卡,沿苏州河各桥口更是岗哨林立,戒备森严,许多地段被日军辟为军事警戒区。当时,上海公共租界其余部分和法租界,因英、美、法等国是中立国而未被日军占领,但是处于日军的四面包围之中,所以当时的上海有"孤岛"之称。

杨绛的娘家、婆家都在法租界内,婆家钱家住在辣斐德路609号(现复兴中路573号),娘家住在霞飞路(今淮海中路)来德坊,靠近现在的锦江饭店附近。杨绛两头居住,即便在钱家住的时候,她也几乎每天都要到父亲那里去转一下,好在两家相距不远。她的三姐姐和七妹妹也经常回娘家,对此,父亲高兴地说:"现在反倒挤在一处了!"

辣斐德路609号是一所临街的三层楼弄堂房子。这是当年钱锺书的叔叔花了大价钱"顶"[2]来的。钱锺书叔叔一家住三层大房间及三层与二层之间的亭子间。二层及二层与底层之间的亭子间则由钱锺书父母兄弟居住。底层客堂两家共用。

1941年,钱锺书从湖南国立师院辞职回沪,由于家里人口众多,夜里只得和妻女挤于底楼客堂的帷幔之后。后来,家人渐渐离沪,钱锺书携妻

---

[1] 杨绛:《回忆我的父亲》,见《杨绛作品集》第二卷,中国社会科学出版社1993年10月版,第98页。
[2] "顶":抗战初期,人们从四面八方涌向上海租界避难,房屋难觅,一些承租人纷纷把所租赁房屋以高价将租赁权转让他人,称"顶"。

女便住进了三层与二层之间的亭子间，一住就是8年。杨绛后来忆述道，屋子很小，除去一张大床，只容得下一个柜子和一张小书桌。不过无论如何，夫妻二人终于有了读书写作、同友人交流的空间。钱锺书"销愁舒愤，述往思来"的"忧患之书"《谈艺录》后半部，杨绛的几个剧本都是在这间小屋完成的。也正是在辣斐德路亭子间里的困顿之中，钱锺书"锱铢积累"孕育了那本著名得不能再著名的《围城》。

1949年初，钱家人又陆续回沪居住，生活上有诸多不便，杨绛决定另外觅房。正好有朋友介绍了蒲石路蒲园的房子，杨绛就从姐妹处借了必要的家具，一家三口搬了去。数月后，钱锺书夫妇带着女儿登上了北上的列车，回到了北京母校清华大学。

如今，钱家后人仍居住于复兴中路573号的二三两层，而底楼已改为家居店铺。[1]

孤岛生活是苦寂的，但是杨绛感到："我们不论有多少劳瘁辛苦，一回家都会从说笑中消散。"

杨绛对自己的父亲也有了更深的了解，她的女儿圆圆亦受到外祖父的万般宠爱，请看以下的追忆：

父亲在上海的朋友渐渐减少。他一次到公园散步回家说，传杨某（父亲自指）眼睛瞎掉了。我吃惊问怎会有这种谣言。原来父亲碰到一个新做了汉奸的熟人，没招呼他，那人生气，骂我父亲眼里无人。有一次我问父亲，某人为什么好久不来。父亲说他"没脸来了"，因为他也"下海"了。可是抗战的那几年，我父亲心情还是很愉快的，因为愈是在艰苦中，愈见到自己孩子对他的心意。他身边还有许多疼爱的孙儿女——父亲不许称"外孙"或"外孙女"，他说，没什么"内孙""外孙"。他也不爱"外公"之称。我的女儿是父亲偏宠的孙女之一，父亲教她称自己为

---

[1] 黄春宇、刘迪：《寻常巷陌，人道大师曾住：寻访沪上学人故居》，2015年1月23日《文汇报》。

"公"而不许称"外公"。缺憾是母亲不在,而这又是惟一的安慰,母亲可以不用再操心或劳累。

有时碰到些事,父亲不在意,母亲料想不会高兴,父亲就说,幸亏母亲不在了。[1]

1939年秋,杨绛的弟弟从国外回国。这时,杨家已在苏州灵岩山"绣谷公墓"购得一块墓地,她父亲带着杨绛姐妹和弟弟一起回苏州,安葬母亲。

杨绛乘此机会回到了阔别多年的苏州故居,眼中一片狼藉,劫后的惨景,不堪回首。杨绛说:

我二姑母买的住宅贴近我家后园,有小门可通。我到苏州,因火车误点,天已经很晚。我们免得二姑母为我们备晚饭,路过一家菜馆,想进去吃点东西,可是已过营业时间。店家却认识我们,说我家以前请客办酒席都是他们店里承应的,殷勤招待我们上楼。我们虽然是老主顾,却从未亲身上过那家馆子。我们胡乱吃一碗面条,不胜今昔之感。

我们在二姑母家过了一宵,天微亮,就由她家小门到我家后园。后园已经完全改了样。锺书那时在昆明。他在昆明曾寄我《昆明舍馆》七绝四首。

第三首"苦爱君家好巷坊,无多岁月已沧桑,绿槐恰在朱栏外,想发浓阴覆旧房"。他当时还没见到我们劫后的家。

我家房子刚修建完毕,母亲应我的要求,在大杏树下竖起一个很高的秋千架,悬着两个秋千。旁边还有个荡木架。可是荡木用的木材太软,下圆上平,铁箍铁链又太笨重,只可充小孩的荡船用。我常常坐在荡木上看书,或躺在木上,仰看"天澹云闲"。春天,闭上眼只听见四周蜜蜂嗡

---

[1] 杨绛:《回忆我的父亲》,见《杨绛作品集》第二卷,中国社会科学出版社1993年10月版,第102页。

嗡，睁眼能看到花草间蝴蝶乱飞。杏子熟了，接下等着吃樱桃、枇杷、桃子、石榴等。

橙子黄了，橘子正绿。锺书吃过我母亲做的橙皮果酱，我还叫他等着吃熟透的脱核杏儿，等着吃树上现摘的桃儿。可是想不到父亲添种的二十棵桃树全都没了。因为那片地曾选作邻近人家共用的防空洞，平了地却未及挖坑。秋千、荡木连架子已都不知去向。玉兰、紫薇、海棠等花树多年未经修剪，都变得不成模样。篱边的玫瑰、蔷薇都干死了。紫藤架也歪斜了，山石旁边的芭蕉也不见了。记得有一年，三棵大芭蕉各开一朵"甘露花"。据说吃了"甘露"可以长寿。我们几个孩子每天清早爬上"香梯"（有架子能独立的梯）去摘那一叶含有"甘露"的花瓣，"献"给母亲进补——因为母亲肯"应酬"我们，父亲却不屑吃那一滴甜汁。我家原有许多好品种的金鱼；幸亏已及早送人了。干涸的金鱼缸里都是落叶和尘土。我父亲得意的一丛方竹已经枯瘁，一部分已变成圆竹。反正绿树已失却绿意，朱栏也无复朱颜。"旱船"廊下的琴桌和细瓷鼓凳一无遗留，里面的摆设也全都没有了。我们从荒芜的后园穿过月洞门，穿过梧桐树大院，转入内室。每间屋里，满地都是凌乱的衣物，深可没膝。所有的抽屉都抽出原位，颠横倒竖，半埋在什物下。我把母亲房里的抽屉一一归纳原处，地下还拣出许多零星东西：小银匙、小宝石、小象牙梳子之类。母亲整理的一小网篮古瓷器，因为放在旧网篮里，居然平平安安躲在母亲床下。堆箱子的楼上，一大箱古钱居然也平平安安躲在箱子堆里，因为箱子是旧的，也没上锁，打开只看见一只只半旧的木盒。凡是上锁的箱子都由背后划开，里面全是空的。我们各处看了一遍，大件的家具还在，陈设一无留存。书房里的善本书丢了一部分，普通书多半还在。天黑之后，全宅漆黑，据说电线年久失修，供电局已切断电源。父亲看了这个劫后的家，舒了一口气说，幸亏母亲不在了，她只怕还想不开，看到这个破败的家不免伤心呢。我们在公墓的礼堂上，看到的只是漆得乌光锃亮的棺材。我们姐妹只能隔着棺木抚摩，各用小手绢把棺上每一点灰尘都拂拭干净。想不到棺材放入水泥圹，倒下一筐筐的石灰，棺材全埋在石灰里，随后就用水泥封上。

父亲对我说，水泥最好，因为打破了没有用处。别看石板结实，如逢乱世，会给人撬走。这句话，父亲大概没和别人讲。胜利前夕我父亲突然在苏州中风去世，我们夫妇、我弟弟和小妹妹事后才从上海赶回苏州，葬事都是我大妹夫经管的。父亲的棺材放入母亲墓旁同样的水泥圹里，而上面盖的却是两块大石板。我没说什么，只深深内疚，没有及早把父亲的话告诉别人。我也一再想到父母的戏言"我死在你头里"；父亲周密地安葬了我母亲，我们儿女却是漫不经心。多谢红卫兵已经把墓碑都砸了。

但愿我的父母隐藏在灵岩山谷里早日化土，从此和山岩树木一起，安静地随着地球运转。[1]

| 三 |

日寇的野蛮行径，罄竹难书。杨绛家里的遭遇，不过是那个时代的一个小小的切片。

苏州沦陷，杨绛的母校振华女校被迫关闭。杨绛回到上海不久，振华女校的校长王季玉就找上门来，与杨绛商量在租界开办振华女校上海分校的事宜。此时筹建中的振华分校将近开学，王季玉认为校长之职非杨绛莫属，说是校董会的决定。她怕杨绛"不听话"，已请孟宪承先生到教育局立案。

---
[1] 杨绛：《回忆我的父亲》，见《杨绛作品集》第二卷，中国社会科学出版社1993年10月版，第98~101页。

说干便干，学校的牌子很快就挂上了。不久又举行了开学典礼。这位热心教育的女教育家任命自己的学生杨绛为上海分校的校长。杨绛只能勉为其难，自谓好比"狗耕田"，当了校长。

在那段时间里，振华女校上海分校的校长杨绛与西南联合大学外文系教授钱锺书，只好靠鱼雁传递信息，倾诉思念之情。

1939年初伏，钱锺书自昆明先发电报给杨绛，然后由西南联大回到上海家中，探望妻儿和母亲、叔父等人。这时辣斐德路钱家还挤得满满的。杨绛的爸爸叫她大姐姐和小妹妹睡在他的屋里，腾出房间让锺书在来德坊过暑假。钱锺书住在岳父这边也很开心。

杨绛表姊的妯娌爱和婆婆吵架，每天下午就言来语去。她大姐听到吵架，就命令他们把卧房的门关上，怕表姐面上不好看。可是钱锺书耳朵特灵，门开一缝，就能听到全部对话。婆媳都口齿伶俐，应对敏捷。钱锺书听到精彩处，忙到岳父屋里去学给他们听。大家听了非常欣赏，大姐姐竟解除了她的禁令。

钱锺书虽然住在来德坊，但他每天早晨第一事就是去辣斐德路钱家向长辈请安。当时，杨绛筹建中的振华分校将近开学。开学前很忙，杨绛就没有陪钱锺书到钱家去。

有一天，钱锺书回来满面愁容，说是他的爹爹来信，叫他到湖南蓝田去，当英文系主任，同时又可以侍奉父亲。原来早些时候，钱锺书的父亲钱基博应他的老友廖世承（1892—1970年，著名的教育家）的恳请，到湖南蓝田帮他创建国立师范学院。钱锺书来沪探亲期间，他父亲频发函电，称自己老病，要儿子也去蓝田教书，以便照料自己。恰好师院院长廖世承来上海，他反复劝说钱锺书去当英文系主任，一边伺候父亲，一边授课，公私兼顾。

杨绛认为清华这份工作不易得。他工作未满一年，凭什么也不该换工作。钱锺书并不愿丢弃清华的工作。但是他妈妈、他叔父、他的弟弟妹妹等全都主张他去。他也觉得应当去。杨绛却觉得怎么也不应当去，他应该向家人讲讲不去的道理。

　　杨绛和钱锺书在出国的轮船上曾吵过一架。原因只为一个法文"bon"的读音。她说他的口音带乡音。他不服，说了许多伤感情的话。杨绛也尽力伤他。然后她请同船一位能说英语的法国夫人公断。夫人说杨绛对、钱锺书错。杨绛虽然赢了，却觉得无趣，很不开心。钱锺书输了，当然也不开心。

　　常言道："小夫妻船头上相骂，船艄上讲和。"他们觉得吵架很无聊，争来争去，也改变不了读音的定规。他们讲定，以后不妨各持异议，不必求同。但此后几年，他们并没有各持异议。遇事两人一商量，就决定了，也不是全依他，也不是全依杨绛。他们没有争吵的必要。可是这回杨绛却觉得应该争执。

　　杨绛等钱锺书到了钱家去，就一一告诉了自己爸爸，指望听爸爸怎么说。可是她爸爸听了脸上漠无表情，一言不发。杨绛是个乖女儿。爸爸的沉默启她深思。她想，一个人的出处去就，是一辈子的大事，当由自己抉择，别人只能陈说别人的道理，不该干预。尤其不该让他反抗父母。她记起他们夫妇早先制定的约定，决定保留自己的见解，不勉强他。

　　于是，杨绛抽空陪钱锺书同到辣斐德路609号的寓所去。一到那边，她好像一头撞入天罗地网，也好像孙猴儿站在如来佛手掌之上。他们一致沉默，而一致沉默的压力，使钱锺书没有开口的余地。杨绛当然什么也没说，只是照例去"做媳妇"而已。可是她也看到了难堪的脸色，尝到了难堪的沉默。她对丈夫只有同情的分儿了。她接受爸爸无语的教导，没给他增加苦恼。

　　钱锺书每天早上到辣斐德路去"办公"——也就是按照他爹爹信上的安排办事，有时还到老远的地方找人。杨绛曾陪过他一两次。钱锺书在九月中给清华外语系主任叶公超写了信，叶氏未有回答。十月初，他就和蓝田师院的新同事结伴上路了。

　　钱锺书离上海赴蓝田时，杨绛对他说，你这次生日，大约在路上了，我只好在家里为你做一碗生日面了。钱锺书半路上做诗《耒阳晓发是余三十初度》，他把生日记错了，而杨绛原先的估计也错了。他的生日，无论按阳历或阴历，都在到达蓝田之后。杨绛曾说过，"耒阳晓发"不知是哪一天，反正不是生日。

钱锺书刚刚离开上海，杨绛就接到清华大学的电报，问钱锺书为什么不回复梅贻琦校长的电报。可是他们夫妇并未收到过梅校长的电报。

钱锺书这时正在路上，杨绛只好把清华的电报转寄蓝田师院，也立即回复了一个电报给清华，说明并未收到梅电（这份回电现在还存放在清华的档案中）。后来杨绛回忆说，钱锺书在路上走了34天之后，才收到她寄的信和转的电报。他对梅校长深深感激，不仅发一个电报，还来第二个电报问他何以不复。他自己无限抱愧，清华破格任用他，他却有始无终，任职不满一年就离开了。他实在是万不得已。偏偏他早走了一天，偏偏电报晚到一天。造化弄人，使他十分懊恼。

杨绛晚年在其回忆录《我们仨》还披露，"两年以后，陈福田迟迟不发聘书，我们不免又想起那个遗失的电报。电报会遗失吗？好像从来没有这等事。我们对这个遗失的电报深有兴趣。如果电报不是遗失，那么，第二个电报就大有文章。可惜那时候《吴宓日记》尚未出版。不过我们的料想也不错。陈福田拖延到十月前后亲来聘请时，锺书一口就辞谢了。陈未有一语挽留。我曾问锺书：'你得罪过叶先生吗？'他细细思索，斩绝地说：'我没有。'他对几位恩师的崇拜，把我都感染了。他就像我朋友蒋恩钿带我看清华图书馆一样地自幸又自豪。可是锺书'辞职别就'——到蓝田去做系主任，确实得罪了叶先生。叶先生到上海遇见袁同礼，叶先生说：'钱锺书这么个骄傲的人，肯在你手下做事啊？'有美籍华人胡志德向叶先生问及钱锺书，叶先生说：'不记得有这么个人。'后来又说：'他是我一手教出来的学生。'叶先生显然对钱锺书有气。但他生钱锺书的气，完全在情理之中。锺书放弃清华而跳槽到师院去当系主任，会使叶先生误以为锺书骄傲，不屑在他手下工作。我根据清华大学存档的书信，写过一篇《钱锺书离开西南联大的实情》。这里写的实情更加亲切，也更能说明锺书信上的'难言之隐'"。

杨绛与钱锺书告别以后，继续她的"狗耕田"工作，当她的校长。关于她在振华女校上海分校的经历的资料不多，兹有杨绛的一篇短文，谨撷取之，从中可见当时办学之艰难：

我们的事务主任告诉我，凡是挂牌子的（包括学校），每逢过节，得向本区地痞流氓的头儿送节赏。当时我年纪未满三十，对未曾经历的事兴趣甚浓。地痞流氓，平时逃避都来不及，从不敢正面相看，所以很想见识见识他们的嘴脸。恰逢中秋佳节，讨赏的来了一个又一个。我的模样既不神气，也不时髦，大约像个低年级的教师或办公室的职员，反正绝不像校长。我问事务主任："我出去看看行不行？"他笑说："你看看去吧。"

我冒充他手下的职员，跑到接待室去。

来人身材矮小，一张黑皱皱的狭长脸，并不凶恶或狡猾。

我说："刚开发了某某人，怎么又来了？"

他说："××啊？伊是'瘪三'！"

"前天还有个××呢？"

他说："伊是'告化甲头'。"

我诧异地看着他问："侬呢？"

他翘起大拇指说："阿拉是白相人啦！"接着一口气列举上海最有名的"白相人"，表示自己是同伙。然后伸手从怀里掏出一张名片。这张名片纸质精良，比通常用的窄四分之一，名字印在上方右侧，四个浓黑的字："黑皮阿二"。

我看着这枚别致的名片，乐得心上开花。只听他解释说："阿拉专管抢帽子、抢皮包。""专管"云云，可以解作专干这件事，也可以解作保管不出这种事。我当时恰似小儿得饼，把别的都忘了，没再多听听他的宏论，忙着进里间去向事务主任汇报，让他去对付。

我把这枚稀罕的名片藏在皮包里,心想:我这皮包一旦被抢,里面有这张名片,说不定会有人把皮包还我。他们得讲"哥们儿义气"呀!可惜我几番拿出来卖弄,不知怎么把名片丢了,我也未及认清那位黑皮阿二。[1]

这所振华分校,一直维持到太平洋战争爆发,才告停办。杨绛又失业了,当然这样她也可以避免地痞流氓的骚扰了。

杨绛除在振华分校谋事外,同时她还由朋友介绍,为广东富商家一位小姐做家庭教师,教高中一年级的全部功课(包括中英文数理等——从一年级教到三年级毕业)。她常常一早出门,饭后又出门,要到吃晚饭前才回家。

杨绛爸爸的家,则由其大姐姐当家。小妹妹杨必在工部局女中上高中,早出晚归。她的女儿圆圆长得惹人喜爱。她的三姐姐、七妹妹经常带着孩子到外祖父家聚会,大家都把圆圆称作"圆圆头"。杨绛认为,圆圆得人怜,是因为她乖,说得通道理,还管得住自己。她回到上海的冬天出过痧子。1939年春天又得了病疾,病后肠胃虚弱,一不小心就吃坏肚子。只要妈妈告诉她什么东西她不能吃,她就不吃。她能看着大家吃,一人乖乖地在旁边玩,大家都习以为常了。

杨绛四楼上的三姨和她们很亲,她们经常上楼看望她。表姐的女儿每天上四楼读书。她比圆圆大两岁,读上下两册《看图识字》。三姨屋里有一只小桌子,两只小椅子。两个孩子在桌子两边面对面坐着,一个读,一个旁听。那座楼梯很宽,也平坦。圆圆一会儿上楼到三姨婆家去旁听小表姐读书,一会儿下楼和外公做伴。杨绛看圆圆这么羡慕《看图识字》,就也为她买了两册。那天她晚饭前回家,大姐三姐和两个妹妹都在笑,叫她"快来看圆圆头念书"。她们拿新书给圆圆念。圆圆立即把书倒过来,从

---

[1] 杨绛:《黑皮阿二》,见《杨绛作品集》第二卷,中国社会科学出版社1993年10月版,第239~240页。

头念到底，一字不错。她们最初以为圆圆是听熟了背的。后来大姐忽然明白了，圆圆每天坐在她小表姐对面旁听，她认的全是颠倒的字。那时圆圆整两岁半，她外公不赞成太小的孩子识字，她识了颠倒的字，慢慢地自会忘记。可是大姐认为应当纠正，特地买了一匣方块字教她。

这时，圆圆已能很自在地行走，一个小人儿在地下走，显得房间很大。她走路的姿态特像钱锺书。她走过去听大姨教了一遍，就走开了，并不重复读一遍。大姐完全忘了自己的戒律，对杨绛说："她只看一眼就认识了，不用温习，全记得。"

外公对圆圆头特别宠爱。杨绛姊妹兄弟，没一个和爸爸一床睡过，而以前爸爸的床还大得很呢。逃难上海期间，外公的床只比小床略宽。午睡时圆圆总和外公睡一床。外公珍藏一个用台湾席子包成的小耳枕。那是外婆独出心裁特为外公做的，中间有个窟窿放耳朵。外公把宝贝枕头给圆圆枕着睡在脚头。

杨绛觉得圆圆看书识字，与她父亲翻书一个式样。她什么时候学来的呀？钱锺书在来德坊度假没时间翻书，也无书可翻，只好读读字典。圆圆翻书像她爸爸，使母亲很惊奇也觉得很有趣。

1940年秋末，杨绛弟弟从维也纳医科大学学成回国，杨绛的女儿圆圆又多了一个宠爱她的舅舅。弟弟住在钱锺书屋里。而此前钱锺书曾来信说，他暑假将回上海。钱基博原先说，一年后和钱锺书同回上海，可是他一年后并不想回上海。钱锺书是和徐燕谋结伴同行的，但路途不通，走到半路又折回蓝田。

杨绛觉得家里太挤，钱锺书不能再在来德坊度假了，就在辣斐德路弄堂里租得一间房。

圆圆将随杨绛搬出外公家。外公和挨在身边的圆圆说："搬出去，没有外公疼了。"圆圆听了大哭。她站在外公座旁，落下大滴大滴的热泪，外公麻纱裤的膝盖全浸透在热泪里。当时杨绛不在场，据圆圆的大姨说，不易落泪的外公被圆圆哭得也落泪了。

钱锺书回家不成，母女俩搬出去住了一个月，就又把房子退了，重返来德坊。她们母女在外公身边又过了一年。

这时，圆圆已识了许多字，杨绛常为她买带插图的小儿书。她读得很快，小书不经读，母亲特为她选挑长的故事。一次她买了一套三册《苦儿流浪记》。圆圆才看了开头，就伤心痛哭。杨绛说这是故事，到结尾苦儿便不流浪了。任母亲怎么说也没用。她看到那三本书就痛哭，一大滴热泪掉在凳上足有五分钱的硬币那么大。

《苦儿流浪记》害她这么伤心痛哭，杨绛觉得自己简直是在虐待她了。她只好把书藏起来，为女儿另买新书。

许多年过去了，钱瑗已是大学教授，却来告诉母亲这个故事的原作者是谁，译者是谁，苦儿的流浪如何结束等，她大概一直关怀着这个苦儿。

## 第五章

# 步入剧坛

杨绛步入剧坛，并非偶然，这是来自于她对都市小市民生活的体验和知识分子生活的积累。上海滩这个大都市特有的新旧参半、土洋结合的生活形态，正是引发剧作家灵感的渊薮。

杨绛

| 一 |

　　转眼到了1941年夏天，钱锺书由陆路改乘轮船，辗转返回上海探亲。当时辣斐德路钱家的人口还在增加。一年前，杨绛曾在辣斐德路弄堂里租到一间房，住了一个月，退了。这回却哪里也找不到房子，只好挤居在钱家楼下的客堂里。

　　杨绛和圆圆在钱锺书到达之前，已在辣斐德路住下等他。钱锺书面目黧黑，头发也长了，穿一件夏布长衫，式样很土，布也很粗糙。他从船上为女儿带回一把椅子。圆圆见过了爸爸，很好奇地站在一边观看。她接过椅子，就交给了妈妈，只注目看着这个"陌生人"。两年不见，她好像已经不认识爸爸了。她看见爸爸带回的行李放在妈妈床边，很不放心，猜疑地监视着。晚饭后，圆圆对爸爸发话了。

　　"这是我的妈妈，你的妈妈在那边。"她要赶爸爸走。

　　钱锺书笑笑说："我倒问问你，是我先认识你妈妈，还是你先认识？"

　　"自然我先认识，我一生出来就认识，你是长大了认识的。"这是圆圆的原话，我只把无锡话改为普通话。杨绛当时非常惊奇，所以把女儿的话一字字记住了。钱锺书悄悄地在她耳边说了一句话。圆圆立即感化了似的和爸爸非常友好，妈妈都退居第二了。圆圆始终和爸爸最"哥们儿"。

　　至于钱锺书到底说的什么话，杨绛当时没问，后来也没想到问。他是否说"你一生出来，我就认识你"？是否说"你是我的女儿"？是否说

"我是你的爸爸"？但是钱锺书究竟说了什么话并不重要，反正一下子就赢得了女儿的"友情"，他们两个立即成了"好朋友"。

从此钱锺书父女俩一起玩笑，一起淘气，一起吵闹。从前，钱瑗在辣斐德路乖得出奇，自从爸爸回来，圆圆她不乖了，常和爸爸没大没小地玩闹，简直变了个样儿。她那时虚岁五岁，实足年龄是四岁零两三个月。她向来只有人疼她，有人管她、教她，却从来没有一个一同淘气玩耍的伴儿。

钱瑗去世前一两个月，躺在病床上还在写东西，其中有一节就是《爸爸逗我玩》。现在可以读一下："1941年父亲由内地辗转回到上海，我当时大约五岁。他天天逗我玩，我非常高兴，撒娇、'人来疯'，变得相当讨厌。奶奶说他和我是'老鼠哥哥同年伴'，大的也要打一顿，小的也要打一顿。""爸爸不仅用墨笔在我脸上画胡子，还在肚子上画鬼脸。只不过他的拿手戏是编顺口溜，起绰号。有一天我午睡后在大床上跳来跳去，他马上形容我的样子是：'身是穿件火黄背心，面孔像只屁股狒狒。'我知道把我的脸比作猴子的红屁股不是好话，就噘嘴撞头表示抗议。他立即把我又比作猪噘嘴、牛撞头、蟹吐沫、蛙凸肚。我一下子得了那么多的绰号，其实心里还是很得意的。"

钱锺书这次回上海，只准备度个暑假。他已获悉清华决议聘他回校。消息也许是吴宓传的。所以钱锺书已辞去蓝田的职务，准备再回西南联大。他像"痴汉等婆娘"似的一等再等，而清华方面却杳无音讯。一直到这年年底，日军偷袭珍珠港，太平洋战争爆发，上海全部沦陷，钱锺书再想离开也出不去了，只好与夫人厮守在一起，苦度上海的沦陷生活。

刚开始钱锺书没有工作，后来，杨绛父亲杨荫杭就将自己在震旦女子文理学院授课的钟点让给女婿，使他有了一份工作，这样生活才有些着落。

震旦女子文理学院是一所教会学校。1942年春，钱锺书被该校聘为教授，一直做到抗战胜利。杨绛的小妹妹杨必（1922—1968年，翻译家）正在这所学校读书，钱锺书教过她。同事中最要好的当数陈麟瑞（1905—

1969年，笔名石华父），他是柳亚子女儿柳无非的丈夫，他到震旦任教，就是钱锺书介绍的。陈麟瑞夫妇与杨绛夫妇是挚友，杨绛说过，"抗战期间，两家都在上海，住在同一条街上，相去不过五分钟的路程，彼此往来很密。我学写剧本就是受了麟瑞同志的鼓励，并由他启蒙的"。[1]

陈麟瑞在杨绛心目中，是一位真正的谦和君子、忠厚长者，他教学认真，创作严谨。"他对自己剧作的要求，显然比他对学生功课的要求更加认真"。陈麟瑞曾在美国哈佛大学专攻戏剧，抗战期间创作《职业妇女》《晚宴》《燕来红》《尤三姐》《海葬》等多部话剧。他对杨绛帮助颇多，杨绛经常向他讨教戏剧结构的技巧。他对可笑的事物也颇有研究，在他的藏书中有半架子英文法文的《笑的心理学》之类的著作，杨绛曾向他借阅过。

在杨绛夫妇的记忆里，陈麟瑞是一位最随和、最宽容的朋友，他曾笑呵呵地指着钱锺书对杨绛说："他就是踢我，我也不会生他的气。"

在杨绛夫妇的朋友当中，李健吾也是值得一提的人物。李健吾（1906—1982），山西运城人，他是钱锺书与杨绛在清华的校友。1925年他考入清华国文系，次年接受朱自清的建议，转外文系学习法语。1930年毕业留校任教。一年后赴法国巴黎语言专修学校学习，1933年回国任上海暨南大学文学院教授，并与黄佐临等人创办上海实验戏剧学校，同时任教授，这期间他还从事剧本创作。除改编外国戏剧外，他还创作了《这不过是春天》《青春》《黄花》等。李健吾不仅是剧作家，还是一位出色的导演，杨绛的喜剧就由他执导过。

孤岛期间，钱锺书的散文集《写在人生的边上》得以出版，陈麟瑞、李健吾作为审阅人，帮助不少。对此，钱锺书夫妇为了表示谢意，曾一起小聚一次。他们几个人一起吃饭时，谈起了戏剧，陈麟瑞、李健吾竭力鼓动杨绛写写剧本。杨绛正是在他们的帮助鼓励下步入剧坛的。

---

[1] 杨绛：《怀念石华父》，见《杨绛作品集》第二卷，中国社会科学出版社1993年10月版，第347页。

## 第五章 步入剧坛

杨绛说过，上海全部沦陷后，她任校长的振华分校被迫解散。她就当起家庭教师，又在小学代课，业余创作话剧[1]。这里先回顾一下她的教学生涯，特别是其中堪称"惊险"的遭遇。

杨绛上课的小学起初还未被日军管辖，这所学校是半日制的小学，只在下午上半天，虽然课程多、路远，但因生活所迫，她也只好接受做了代课老师。学校每月发三斗米，虽然不是什么好米，却比当局配给的细沙混合的米强得多。为了糊口，她"乐此不疲"。杨绛在《我们仨》中曾写道："……校址离家很远，我饭后赶去上课，困得在公交车上直打盹儿。我业余编写剧本。《称心如意》上演时，我还在做小学教师呢。"

杨绛一家挤居在辣斐德路钱家，一住就是八年。法租界与位于公共租界的上课的学校，相距颇远。她每天都得乘车坐到法租界的边缘，然后步行穿过不属租界的好一段路，再改乘公共租界的有轨电车。那时电车过黄浦江上的大桥，只许过空车，乘客得步行过桥。桥上有日本鬼子把守，车上乘客排队过桥，走过日本兵面前，得向他鞠躬。杨绛不愿行这个礼，便低着头过去了。后来改变办法，电车载着乘客停在桥下，由日本兵上车检查一遍，就开过去。不过日本兵上车时，全体乘客都要起立，听候他们的检查。

有一次，杨绛在车上站得比别人晚了一些，被日本兵觉察到了，日本兵走到她面前，用食指在她颌下猛一抬。杨绛顿时大怒，咬牙切齿地吐着一字字大声道："岂有此理？！"

车上原本就十分安静，杨绛的怒骂发作，更使车上的静默立即上升到最高度，大家不知如何是好。只见日本兵与杨绛对视，杨绛也毫不示弱，啊唷！圆睁地瞪着前面的车窗……国难家仇使她愤怒异常。两人相持了一会儿，那个日本兵才转过身去，蹬着笨重的军靴，一步步地走出去。

电车这时又开动了，同车厢的乘客吓得惊魂失措，大气都不敢出，半

---

1 杨绛：《记钱锺书与〈围城〉》，见《杨绛作品集》第二卷，中国社会科学出版社1993年10月版，第131页。

响才缓过神来,恰似冰冻的人一个个融化过来,闹哄哄地纷纷议论,有人喘了口气说:"啊唷!啊唷!侬吓杀吾来!侬哪能格?侬发痴啦?"

杨绛没有搭理,一肚子没好气。车开过了好一段路,她才庆幸自己没闯大祸,躲过灾难。为了不受此罪,杨绛从第二天起,情愿步行,再也不乘这一趟电车了。

直到那所半日制的小学也被日寇接管,杨绛才不再当"孩子王"。

其时,钱锺书和震旦女子文理学院的负责人"方凳妈妈"见面以后,校方为他增加了几个钟点。他随后收了一名拜门的学生,酬金随着物价一起上涨。沦陷区生活虽然艰苦,但他们总能自给自足。在杨绛心里,能自给自足,就是胜利。钱锺书虽然遭厄运播弄,却觉得一家人同甘共苦,胜于别离。他发愿说:"从今以后,咱们只有死别,不再生离。"

| 二 |

上海"孤岛"生活的艰辛,可想而知,杨绛在她的回忆录里有过这样一段记叙——

我们沦陷上海,最艰苦的日子在珍珠港事变之后,抗日胜利之前。锺书除了在教会大学教课,又增添了两名拜门学生,但我们的生活还是愈来愈艰苦。只说柴和米,就大非易事。

日本人分配给市民吃的面粉是黑的,筛去杂质,还是麸皮居半;分配的米,只是粞,中间还杂有白的、黄的、黑的沙子。黑沙子还容易挑出来,黄白沙子,杂在粞里,只好用镊子挑拣。听到沿街有卖米的,不论多贵,也得赶紧买。当时上海流行的歌:"粪车是我们的报晓鸡,多少的声音都从它起,前门叫卖菜,后门叫卖米。"随就接上一句叫卖声:"大米要吗?"(读若"杜米要哦?")大米不嫌多,因为吃粞不能过活。但大米不能生吃,而煤厂总推没货。好容易有煤球了,要求送三百斤,只肯送二百斤。我们的竹篾子煤筐里也只能盛二百斤。有时煤球里掺和的泥太多,烧不着;有时煤球里掺和的煤灰多,太松,一着就过。如有卖木柴的,卖钢炭的,都不能错过。有一次煤厂送了三百斤煤末子,我视为至宝。煤末子是纯煤,比煤球占地少,掺上煤灰,可以自制相当于四五百斤煤球的煤饼子。煤炉得搪得腰身细细的,省煤。烧木柴得自制"行灶",还得把粗大的木柴劈细,敲断。烧炭另有炭炉。煤油和煤油炉也是必备的东西。各种燃料对付着使用。我在小学代课,我写剧本,都是为了柴和米。

钟书的二弟、三弟已先后离开上海,钟书留在上海没个可以维持生活的职业,还得依仗几个拜门学生的束脩,他显然最没出息。

有一个夏天,有人送来一担西瓜。我们认为决不是送我们的,让堂弟们都搬上三楼。一会儿钟书的学生打来电话,问西瓜送到没有。堂弟们忙又把西瓜搬下来。圆圆大为惊奇。这么大的瓜!又这么多!她看爸爸把西瓜分送了楼上,自己还留下许多,佩服得不得了。晚上她一本正经对爸爸说:"爸爸,这许多西瓜,都是你的!——我呢,是你的女儿。"显然她是觉得"与有荣焉"!她的自豪逗得我们大笑。可怜的钟书,居然还有女儿为他自豪……"

物质生活的困顿,没有影响到他们乐观的情绪。

戏剧(特别是话剧),是当时人们喜闻乐见的一种文艺样式。上海地下党把文化界抗日救亡运动的重心放在戏剧工作上,组织了专业性的职业剧团,开展业余戏剧运动。仅1942年上海就有剧团20个,演出剧目89个。1943年先后出现的剧团有几十个之多,剧场二十多家,演员达二百余人,演出剧目近五十个。

文艺界、戏剧界的著名人士黄佐临夫妇和柯灵、李健吾、陈麟瑞等人先后主持了"上海职业剧团""苦干剧团"等。通过陈麟瑞、李健吾二位的介绍，黄佐临夫妇、柯灵夫妇走进了杨绛的家里。那时，上海职业剧团已开张了一段时间，他们正在四处物色好的剧本。而在当时，写剧本的为数不多，后来柯灵说"但一枝独秀，引起广泛注意的是杨绛。她的《称心如意》和《弄真成假》，是喜剧的双璧，中国话剧库中有数的好作品"。

1942年冬日的一天晚上，陈麟瑞请钱锺书、杨绛夫妇上馆子吃烤羊肉，李健吾也在座。大家围着一大盆柴火，拿着二尺多长的筷子，从火舌里抢出羊肉夹干烧饼吃。据陈麟瑞说这是蒙古人的吃法，杨绛马上想起了《云彩霞》里的蒙古王子，《晚宴》里的蒙古王爷。陈麟瑞、李健吾就怂恿杨绛："何不也来一个剧本？"并且告诉她黄佐临正愁没有好的剧本呢。

杨绛当时觉得这话说得太远了，谦称自己从来没有写过话剧，只是偶尔看几场戏罢了。

烤羊肉的风味不易忘却，朋友鼓励的话也随之一再撩拨。杨绛不免技痒，她利用上课的业余时间，加紧创作了《称心如意》，先送给住得不远的陈麟瑞看。经他仔细审阅后，又重新改写，随后这剧本就转到李健吾手里。没过数日，李健吾来电话说，《称心如意》立刻就排演，由黄佐临导演，李健吾也粉墨登场，扮演徐朗斋这个角色[1]。

经过一段时间的紧张排练，杨绛的第一部话剧《称心如意》于1943年春天，正式公演。

杨绛步入剧坛，并非偶然，这是来自于她对都市小市民生活和知识分子生活体验的积累。上海滩这个大都市特有的新旧参半、土洋结合的生活形态，正是引发剧作家灵感的渊薮。《称心如意》中的主人公李君玉的母亲不听外祖父的安排私自与穷画家结婚，失去本家的关爱而远离上海去了北平。李君玉在双亲谢世后，旋即被三位舅母招回上海，明说是要救助她

---

[1] 刘中国：《钱锺书：20世纪的人文悲歌》，花城出版社1999年9月版，第397～399页。

的孤苦无依，实际上把她轮番当作劳动力使用。后来又怕李君玉的性格会给自己的家庭带来麻烦，便像推磨似的从这家又推到另一家。杨绛恰如其分地掌握了喜剧的技巧，充分揭示了生活中的种种矛盾和冲突。十里洋场中的小市民生活的灰色平庸，杨绛十分熟稔，剧作深入地表现了上海市民生活的种种尴尬，剧中人物身上的喜剧因素，折射出五光十色的社会万象。

李君玉从北平前来投奔舅舅，由此引来一系列令人捧腹、使人心酸的遭遇。她的大舅舅赵祖荫是一个冷酷的银行经理，一向看不起李君玉的穷画家父亲，因而对李君玉颇为冷淡，然而大舅母不放心丈夫雇来的年轻妖冶的女秘书，便逼迫赵祖荫让李君玉顶替做秘书，以此来拆散赵祖荫与女秘书的关系。大舅父出于无奈，自然于心不甘，对李君玉百般挑剔。同时，这位大舅母也嫌弃君玉，不让君玉住在她家里，于是匡称二舅二舅母想她，叫李君玉晚上住在二舅家。后来表哥赵景荪撇下三姨钱令娴，爱上了李君玉。二舅母怕李君玉迷住自己的儿子，便又把她推到四舅家。四舅赵祖懋待人不错，而四舅妈却是一个所谓"热心"慈善事业的人，只想挥霍丈夫的金钱，他们虽然没有子女，但也不想让李君玉闲着，要她带着不知从什么地方弄来的野孩子。赵祖懋生怕因此一家人不太平，便与李君玉设计，由君玉假造一封信给四舅妈，谎称赵祖懋外面有相好的女人，还有小孩子，以此打消四舅妈领养野孩子的计划，不料又引来意想不到的后果。先是四舅妈整天价看着赵祖懋，一刻也不离身，走到哪里，她就跟到哪里，这样李君玉在赵祖懋的家里也待不下去了。最后，李君玉被踢给舅公徐朗斋。孤女李君玉只能依靠自己的冰雪聪明，应对矛盾百出的局面。

不料李君玉被这最后一踢，来了个好事成双，得到一个"称心如意"的结局。舅公徐朗斋是个巨富，有钱有宅，没有儿女，孤身一人，大家早就觊觎他的家财，争着想把儿女过继给他。偏是老头子脾气古怪，一毛不拔，水泼不入，针插不进。三位舅母讨厌李君玉，她们商量着做成圈套，送她到徐朗斋处，料定她住不了三天。谁知事与愿违，李君玉被甩给徐朗斋后，反而命运发生转机，被徐朗斋收为孙女，成了继承人。而李君玉的男朋友陈彬如，是徐朗斋一个朋友的孙子，是个好人。徐朗斋成全了他们，同意他们结合。这下子，不但李君玉的舅舅、舅妈的如意算盘全部落空，而且赵景荪的春梦也破灭了。李君玉做梦也没有想到世态炎凉，最后的幸运儿竟会是自己，真正是"称心如意"。

杨绛果然功底深厚，出手不凡，初出茅庐便一鸣惊人，《称心如意》引来阵阵喝彩声。

日本作家鹤见佑辅说得好："泪和笑只隔了一张纸。"杨绛写的就是这种含泪的喜剧。因为是用泪水稀释过的，故而笑得痛快淋漓，笑得含蓄蕴藉，这种笑带有无穷的意味。复旦大学教授赵景深在《文坛忆旧》一书中写道："杨绛女士原名杨季康，她那第一个剧本《称心如意》在金都大戏院上演，李健吾也上台演老翁，林彬演小孤女，我曾去看过，觉得此剧刻画世故人情入微，非女性写不出，而又写得那样细腻周至，不禁大为称赞。"[1]该剧的导演是名家黄佐临，有趣的是他女儿黄蜀芹在20世纪80年代改编导演了电视剧《围城》。这是后话。

| 三 |

随着《称心如意》的成功，杨绛一鼓作气接连创作了喜剧《弄真成假》《游戏人间》，悲剧《风絮》。

---

[1] 赵景深：《钱锺书杨绛夫妇》，见《我与文坛》，上海古籍出版社1999年10月版，第279页。

《弄真成假》完成于1943年10月。杨绛以敏锐的观察力和高超的艺术创造力，再现了20世纪40年代社会变革时期的社会风俗图，刻画了周大璋这一人物形象，对他爱恨交加，既鞭挞又不乏同情。她最为关切的是普通人习而不察或者不予深究的东西，她所揭示的也正是他们身上可悲而可笑的喜剧因子。

男主人公周大璋一表人才，却家境贫寒，他和寡母无法生活，只得寄居在妹妹的婆家开的杂货铺的小阁楼里。周大璋原本在一家保险公司就职，但他吊儿郎当，不好好工作。他为了取得地产商张祥甫女儿的巨额陪嫁以进入上流社会，不惜抛弃了原来的情人张燕华而取悦于张祥甫女儿张婉华。张燕华本是张祥甫的亲侄女，寄身叔父家，形同女佣，她也拼命打算改变自己的处境，幻想嫁给自诩为官宦世家的周大璋后会有转机，结果离开了叔父，却住进了周家寄住的小阁楼里，这样的结局，使周大璋、张燕华"弄真成假"。

杨绛在这一部剧作中，语言适度，笔调温和客观，注重从人物的心理、言谈举止、表情肖像上面来表现喜剧性。她运用语言的才智使人联想到钱锺书《围城》中的奇言妙语，比如张祥甫太太的侄儿冯光祖就是一个例子。冯光祖身为教授，学究气浓厚，他抱怨女佣把他的衬衫扣子弄丢了，却对女佣说："唉，杨妈，我跟你说过——你得先研究这扣子为什么爱掉，知道了原因后才能防止结果——千针万针没有用。纽扣怎么会丢掉，有三个原因！第一是烙铁烫坏了线；第二是你的线拉得太紧，应该纽扣底下长一个脖子；第三……"女佣说："从来没见过纽扣底下长脖子。"[1]在这里，杨绛巧妙地凭借性格语言，将人物从生活的矛盾冲突中凸现出来。

杨绛在戏剧的最后部分，以周大璋、张燕华两人的对话来充分揭露当时社会弥漫的拜金主义气息，展示两位男女主人公的可悲结局：

---

1 《杨绛作品集》第二卷，中国社会科学出版社1993年10月版，第354页。

**张燕华** 大璋，这是怎么回事儿？

**周大璋** 我也不知道。

**张燕华** 这可不是做梦吗？

**周大璋** 简直像演戏呢！

**张燕华** 这——这就是你的家？

**周大璋** 咱们的家了！

**张燕华** （回顾）好个"诗礼之家"！（指外）那一位就是你的知书达礼、有才有德的妈妈？楼下就是你舅家的什么华洋百货公司，那位喜妈妈就是你妹妹？（苦笑）咳，大璋，真是环境由你改造啊！我佩服你改造环境的艺术！

**周大璋** 哎，燕华由你做主呀！我也佩服你掌握命运的手段！[1]

  杨绛在《弄真成假》完成后不久，又创作了另一个剧本《游戏人间》，但《杨绛作品集》附录的《杨绛著作书目》未将其列入。不过赵景琛的《文坛忆旧》和司马长风的《中国新文学史》均有记载，当时上海出版的《杂志》《小天地》上还有人为此写过评论。

  《风絮》是杨绛唯一的一部悲剧作品。最初发表在抗战胜利不久，郑振铎与李健吾合编的大型文学月刊《文艺复兴》上，连载于该杂志的第三、四期合刊和第五期[2]。

  《风絮》讲的是一个爱情故事。背景是青年知识分子方景山热衷社会改革，带着妻子沈惠连到乡间创办事业。他一心扑在事业上，由此不仅冷淡了妻子，也得罪了地方势力，于是被诬陷入狱。经过友人唐叔远和妻子的共同营救，终于获救，戏便是从方景山出狱演起。

  一年的铁窗生活使方景山磨炼得斗志弥坚，他正要东山再起，却万万没有料到，在营救自己的过程中，妻子沈惠连已移情别恋，主动追求唐

---

[1] 《杨绛作品集》第二卷，中国社会科学出版社1993年10月版，第428～429页。
[2] 陈学勇：《杨绛的悲剧〈风絮〉》，《博览群书》1996年第2期。

叔远，唐叔远则迫于友人之妻不可欺的道德，始终压抑自己对沈惠连的感情，一再婉拒。没有屈服于恶势力的方景山，却经受不住爱妻情变的打击，留下遗书欲沉潭自尽。唐叔远见到遗书，以为友人已殁，便与沈惠连拥抱在一起，然而被拥抱的沈惠连却又觉得是自己杀了方景山，所以毫无如愿以偿的欢愉。这时从潭边回头的方景山追到沈唐两人面前，声言要和沈惠连同归于尽，不然就枪杀唐叔远，与沈惠连重归于好。戏到这里，沈惠连突然夺过手枪朝自己连击数弹倒下了，方景山失声痛哭，唐叔远呆如木鸡，帷幕徐徐落下。

这出戏渲染了方景山、沈惠连和唐叔远三个人物之间的感情纠葛，三个好人酿出一场悲剧。悲剧的罪魁祸首不是某个小人或恶棍，也谈不上什么腐朽制度。他们仿佛堕入一口深不可测的感情的陷阱。唐叔远哀叹："唉，咱们是戴着眼罩拉车的马，蒙着眼赶路。谁知道天的安排。"沈惠连接着叹道："一生太短了，不能起个稿子，再修改一遍。"杨绛起剧名"风絮"正是点明人生不能自主的含义，是对人生的探索，纵然没有现成的答案，也让人回味再三。

如果说，杨绛以前的两个喜剧，是对自私、虚伪、势利和粗鄙的人情世态尽情嘲讽、竭力鞭挞，显示了道德谴责力量，那么《风絮》则由社会批判转向了人生探索，引起的是对生活的品味和思辨，更耐人咀嚼，更深沉。两个喜剧，把人生无价值的东西撕裂得痛快淋漓，取得了相当成功的舞台效果，而《风絮》则把有价值的东西毁灭得同样毫不留情，它给予观众的心灵震撼不逊于前者。

不过，杨绛的戏剧代表作还是当推前面两部喜剧《称心如意》和《弄真成假》，它们在当时的剧坛上，反响很大，受到观众的追捧以及夏衍、柯灵、李健吾、陈麟瑞、黄佐临等人的高度评价。夏衍说过，他1945年从重庆回到上海，看到杨绛的剧本，感觉耳目一新。

李健吾对于杨绛的《弄真成假》有如下的说法："假如中国有喜剧，真正的风俗喜剧，从现代中国生活提炼出来的地道喜剧，我不想夸张地说，但是我坚持地说，在现代中国文学里面，《弄真成假》将是第二道纪程碑。有人一定嫌我过甚其辞，我们不妨过些年回头了看，是否我的偏见具有正确的预感。第一道纪程碑属丁西林，人所共识，第二道我将欢欢喜喜地指出，乃是杨绛女士。"

在1944年5月10日出版的《杂志》月刊上，孟度发表了评论《关于杨绛的话》。他指出："以《称心如意》一剧出现于战后剧坛的杨绛先生，恰如早春的一阵和风复生了冬眠的大地、万物，平添上欣欣的生意……在《弄真成假》中，如果我们能够体味到中国气派的机智和幽默，如果我们能够感到中国民族灵魂的博大和幽深，那就得归功于作者采用了大量的灵活、丰富、富于表情的中国民间语言。鲁迅先生创造了民国时候某种雇农的典型阿Q，杨绛女士又创造了现代中国某种平民老妇人的典型周大妈。"

多年以后，柯灵在评价抗战期间的戏剧创作时指出，杨绛的喜剧中的"各式人等，无论上层下层，都是我们在旧中国随处可见的人物，只是作者挑精拣肥，经过选拔，把他们当作样品搬上舞台，公开展览。对那些名门望族的绅士淑女，是透过衣冠楚楚的外表，脱衣舞似的细细剥露他们又丑又脏的灵魂（但其中也有些风趣盎然的形象）；对那些蓬门小户的男女老小，是带着深厚的同情，指出他们盲目的营营扰扰，可笑可怜，怜惜地抚摸他们的伤痛。解剖的锋芒含而不露，婉而多讽。这是作者深入生活、体察人生的结果，出发点是对人生的热爱，所以精神上站得高，看得透彻"。[1]所以杨绛的剧本具有错综复杂的纠葛，有趣的场面，真实丰富的细节，层出不穷的笑料，可谓美不胜收。作者老到的叙事技法，驾轻就熟；剧情的进展，如行云流水；语言通体灵动，是纯粹的民族风味，没有掺杂丝毫的杂质。这是一曲笑的凯歌，完全可以视为现实主义艺术的胜利。

---

[1] 柯灵：《"衣带渐宽终不悔"——上海沦陷期间戏剧文学管窥》，《柯灵文集》第三卷，文汇出版社2001年7月版，第322~324页。

杨绛著剧本《称心如意》《弄真成假》，后被收录在孔另境主编的《剧本丛刊》之中，由世界书局出版。《称心如意》，民国三十三年（1944年）一月初版，《剧本丛刊》第一集之一种。《弄真成假》，民国三十四年（1945年）一月初版，《剧本丛刊》第四集之一种。收入这一丛刊的还有李健吾的《花信风》、黄佐临的《梁上君子》、袁俊的《富贵浮云》、魏于潜的《甜姐儿》、朱端钧的《圆谎记》等，建国后于1982年重版。杨绛著戏剧《风絮》，民国三十六年（1947年）七月初版，上海出版公司印行，《文艺复兴丛书》第一辑之一种。

杨绛在其《喜剧二种》的《重版后记》中谦称，"剧本缺乏斗争意义，不过是一个学徒的习作而已——虽然是认真的习作"。她还指出："如果说，沦陷在日寇铁蹄下的老百姓，不妥协、不屈服就算反抗，不愁苦、不丧气就算顽强，那么，这两个喜剧里的几声笑，也算表示我们在漫漫长夜的黑暗里始终没丧失信心，在艰苦的日子里始终保持着乐观的精神。"[1]

## 四

杨绛介绍说，抗战胜利前，民间谣传美军将对上海"地毯式"轰炸，逃难避居上海的人纷纷逃离上海。她父亲于1944年早春，带了她大姐以及三姐和姐夫全家老少回苏州庙堂巷老家。这年暑假，杨绛的七妹妹和妹夫携带两个儿子到苏州老家过暑假。杨绛则因为事忙不能脱身，让圆圆跟他们一家同到外公家去。那时圆圆七周岁，在外公家和两个表姐、四个表弟

---
[1]《杨绛作品集》第二卷，中国社会科学出版社1993年10月版，第431页。

结伴。杨绛老家的后园已经荒芜，没有什么好玩的。

苏州老家的电线年久失修，电厂已不供电，晚上只好用洋油灯。孩子们到天黑了怕鬼，不敢在黑地里行动。圆圆却不知惧怕，表姐表弟都需她做保镖，这使她显得颇有父风。杨绛是最怕鬼的，钱锺书反而从小不懂得怕鬼。

记得有一次，杨绛的三姐和七妹带一群孩子到观前街玄妙观去玩，忽然圆圆不见了。三姐急得把他们一群人"兵分三路"，分头寻找。居然在玄妙观大殿内找到了她，她正跟着一个道士往大殿里走。道士并没有招她，是她盯着道士"格物致知"呢！她看见道士头发绾在头顶上，以为是个老太婆，可是老太婆又满面髭须，让人感觉很奇怪。她就呆呆地和家人失散了。

钱瑗这次离开苏州回到上海，就没有再见外公。杨绛的父亲杨荫杭于1945年3月底在苏州去世，这个时候，抗日战争尚未结束。

第六章

# 艰难时刻

抗战八年，杨绛饱尝战乱之苦，她的心情是沉重的，她在抗战胜利的热切企盼中，艰难度日。杨绛甘做"灶下婢"，辅佐夫君全力创作《围城》，这是40年代文坛的一则佳话。

杨绛

| 一 |

上海成了一个"围城"。抗战八年，杨绛饱尝战乱之苦，她的心情是沉重的，她在抗战胜利的热切企盼中，艰难度日。

杨绛这一时期所写的散文，表达了渴望自由和民主的心境：

我往往"魂不守舍"，嫌舍间昏暗逼仄，常悄悄溜出舍外游玩。

有时候，我凝敛成一颗石子，潜伏涧底。时光水一般在我身上淌泻而过，我只知身在水中，不觉水流。静止的自己，仿佛在时空之外、无涯无际的大自然里，仅由水面阳光闪烁，或明或暗地照见一个依附于无穷的我。有时候，我放逸得像倾泻的流泉。数不清的时日是我冲洗下的石子。水沫蹴踏飞溅过颗颗石子，轻轻快快、滑滑溜溜地流。河岸束不住，淤泥拉不住，变云变雾，海阔天空，随着大气飘浮。

有时候，我来个"书遁"，一纳头钻入浩瀚无际的书籍世界，好比孙猴儿驾起跟斗云，转瞬间到了十万八千里外。我远远地抛开了家，竟忘了自己何在。

但我毕竟是凡胎俗骨，离不开时空，离不开自己。我只能像个流浪儿，倦游归来，还得回家吃饭睡觉。

我钻入闭塞的舍间。经常没人打扫收拾，墙角已结上蛛网，满地已蒙上尘埃，窗户在风里拍打，桌上床上什物凌乱。我觉得自己像一团湿泥，封住在此时此地，只有摔不开的自我，过不去的时日。这个逼仄凌乱的家，简直住不得。

我推门眺望，只见四邻家家户户都忙着把自己的屋宇粉刷、油漆、装潢、扩建呢。一处处门面辉煌，里面回廊复室，一进又一进，引人入胜。我惊奇地远望着，有时也逼近窥看，有时竟挨进门去。大概因为自己只是个"棚户"吧，不免有"酸葡萄"感。一个人不论多么高大，也不过八尺九尺之躯。各自的房舍，料想也大小相应。即使凭弹性能膨胀扩大，出掉了气，原形还是相等。屋里曲折愈多，愈加狭隘；门面愈广，内室就愈浅。况且，屋宇虽然都建筑在结结实实的土地上，不是在水上，不是在流沙上，可是结实的土地也在流动，因为地球在不停地转啊！上午还在太阳的这一边，下午就流到那一边，然后就流入永恒的长夜了。

好在我也没有"八面光"的屋宇值得留恋。只不过一间破陋的斗室，经不起时光摧残，早晚会门窗倾圮，不蔽风雨。我等着它白天晒进阳光，夜晚渗漏星月的光辉，有什么不好呢！反正我也懒得修葺，回舍吃个半饱，打个盹儿，又悄悄溜到外面去。[1]

透过这些叙述，我们可以看出沦陷区的生活是很压抑的。在这豺狼横行的地方，什么样的事情都可能发生。1945年4月间，一天上午九十点钟，钱锺书已到学校去上课，杨绛和婆婆、叔父以及弟弟在家，女儿阿圆正在卧室做功课。而杨绛则在做家务，突然有阵敲门声，她忙去开门，迎面进来两位陌生人：他们是日本宪兵。杨绛请他们进门坐，然后假装去倒茶，三步两步奔进卧室，将丈夫的一包《谈艺录》手稿藏好，随即斟好了两杯茶回去。

他们问："这里姓什么？"

"姓钱。"

"姓钱？还有呢？"

---

[1] 杨绛：《流浪儿》，见《杨绛作品集》第二卷，中国社会科学出版社1993年10月版，第314~315页。

"没有了。"

"没有别家？只你们一家？"

"只我们一家。"

杨绛机警地对付他们，然后设法从后门溜走了。在朋友家吃了饭，看见在家里的弟弟来找，说两个日本宪兵发话，如果嫂嫂不回去，就要把家里的人带走。杨绛连忙向钱锺书转达不要回家。

说完，杨绛只身从容地回家，装着去买了许多鸡蛋。回到家里，又免不了与日本宪兵虚与委蛇，最后把他们打发走。不过他们抄走了杨绛的一本通讯录和一本剪报。第二天，杨绛按照他们的要求，又到日本宪兵司令部接受审问，她反复预习了准备回答的问题，应对了这场麻烦，居然没受到皮肉之苦，而当时许多中国人却没这样幸运：他们轻则在宪兵司令部挨两个大耳光，重则就要像李健吾、柯灵那样受尽种种酷刑[1]。

这时候，还发生了一件大事，使杨绛伤心不已。抗战胜利前夕，她的父亲杨荫杭突然在苏州中风去世。杨绛和钱锺书带着弟妹从上海赶回苏州奔丧。据杨绛回忆："父亲去世后，我末一次到苏州旧宅。大厅上全堂红木家具都已不知去向。空荡荡的大厅上，停着我父亲的棺材。前面搭着个白布幔，挂着父亲的遗像，幔前有一张小破桌子。我像往常那样到厨下去泡一碗酽酽的盖碗茶，放在桌上，自己坐在门槛上哭，我们姐妹弟弟一个个栖栖遑遑地跑来，都只有门槛可坐。"[2]

在短短几年间，杨绛深爱的双亲相继谢世。世事沧桑，使她笔下有一种往事不堪回首的感喟："我父亲去世以后，我们姐妹曾在霞飞路（现淮海路）一家珠宝店的橱窗里看见父亲书案上的一个竹根雕成的陈抟老祖像。那是工艺品，面貌特殊，父亲常用'棕老虎'（棕制圆形硬刷）给陈

---

[1] 杨绛：《客气的日本人》，见《杨绛作品集》第二卷，中国社会科学出版社1993年10月版，第214～221页。

[2] 杨绛：《回忆我的父亲》，见《杨绛作品集》第二卷，中国社会科学出版社1993年10月版，第103页。

抟刷头皮。我们都看熟了，决不会看错。又一次，在这条路上另一家珠宝店里看到另一件父亲的玩物，隔着橱窗里陈设的珠钻看不真切，很有'是耶非耶'之感。"[1]睹物思人，而物已易主。

20世纪90年代初，杨绛汇编其父二十年代的文章，集成《老圃遗文辑》。杨荫杭是位老报人，他在二十年代以《申报》主笔或自由撰稿人的身份，写下了一系列弘扬正义、抨击时弊的文章，现在读来，仍可使人感到：当年的杨荫杭真不愧为一个"铁肩担道义，妙手著文章"的典范。

| 二 |

杨绛甘做"灶下婢"，辅佐夫君全力创作《围城》，这是40年代文坛的一则佳话。杨绛的《记钱锺书与〈围城〉》一文记述了这段故事：

有一次，我们同看我编写的话剧上演，回家后他说："我想写一部长篇小说！"我大为高兴，催他快写。那时他正偷空写短篇小说，怕没有时间写长篇。我说不要紧，他可以减少授课的时间，我们的生活很省俭，还可以更省俭。恰好我们的女佣因家乡生活好转要回去。我不勉强她，也不另觅女佣，只把她的工作自己兼任了。劈柴生火烧饭洗衣等等我是外行，经常给煤烟染成花脸，或熏得满眼是泪，或给滚油烫出泡来，或切破手指。可是我急切要看锺书写《围城》（他已把题目和主要内容和我讲过），做灶下婢也心甘情愿。

---
[1] 杨绛：《回忆我的父亲》，见《杨绛作品集》第二卷，中国社会科学出版社1993年10月版，第103页。

《围城》是1944年动笔,1946年完成的。钱锺书就像原《序》所说"两年里忧世伤生",有一种惶急的情绪,又忙着写《谈艺录》。他35岁生日诗里有一联"书癖钻窗蜂未出,诗情绕树鹊难安",正是写这种兼顾不及的心境[1]。这种"灶下婢"精神可敬可爱,正如钱锺书在《围城》序言中所写的:"这本书整整写了两年。两年里忧世伤生,屡想中止。由于杨绛女士不断地督促,替我挡了许多事,省出时间来,得以锱铢积累地写完。照例这本书该献给她。"[2]

杨绛为《围城》这一中国现代文学史上的旷世名著的成功问世,作出了自己的贡献。同时,她也分享了"闺房之乐":"每天晚上,他把写好的稿子给我看,急切地瞧我怎样反应。我笑,他也笑;我大笑,他也大笑。有时我放下稿子,和他相对大笑,因为笑的不仅是书上的事,还有书外的事。我不用说明笑什么,反正彼此心照不宣。然后他就告诉我下一段打算写什么,我就急切地等着他怎么写。他平均每天写五百字左右。他给我看的是定稿,不再改动。"[3]

钱锺书的《围城》家喻户晓,历经数十载,读者如云。这部作品先在《文艺复兴》杂志上连载,后又编入《晨光文学丛书》出版。至八十年代,又由人民文学出版社、三联书店等多次翻印,供不应求。

著名文学家李健吾当初接手钱锺书的书稿时,惊喜交加,没完没了地感叹:这个做学问的书虫子,怎么写起了小说呢?而且是一个讽世之作,一部"新儒林外史"!他多关心世道人心啊!难怪,钱锺书在听了人们纷纷盛赞杨绛的剧本时,无不骄傲地说:

"你们只会恭维季康的剧本,却不能知道钱锺书《围城》——锺书在抗战中所写的小说——的好处。"[4]

---

[1] 《杨绛作品集》第二卷,第131~132页。
[2] 钱锺书:《围城》,人民文学出版社1980年11月版,第3页。
[3] 《杨绛作品集》第二卷,第129页。
[4] 邹文海:《忆钱锺书》,见李明生等编《文化昆仑:钱锺书其人其文》,人民文学出版社1999年7月版,第231页。

20世纪40年代的上海，环境恶劣，杨绛和钱锺书的生活虽清苦粗安，但他们不改其乐。他们创作不辍，并与旧友新朋相得甚欢，这里头包括傅雷、王辛笛、刘大杰、曹禺、李拔可、顾一樵、李健吾、陈西禾、张芝联、唐弢、柯灵、徐森玉、蒋慰堂、沈仲章、卢焚、徐调孚、郑振铎、李玄伯、向达、乔大壮、郑朝宗、宋悌芬、许国璋等人，所谓"谈笑有鸿儒，往来无白丁"。和朋友相聚吃饭不仅是赏心之事，也是口腹的享受。

钱锺书、杨绛夫妇与夏志清[1]相识于20世纪40年代初，据宋淇[2]之子宋以朗介绍："那年头，爸爸喜欢在家中开派对，亦即文学沙龙，钱氏夫妇都是座上客，正如杨绛所记：'李拔可、郑振铎、傅雷、宋悌芬、王辛迪几位，经常在家里宴请朋友相聚。'也全赖这些'宋淇饭局'，傅雷、朱梅馥、夏志清等才有缘结识钱锺书和杨绛。"

夏志清在《追念钱锺书先生》中则生动地描绘了钱氏夫妇的风采："钱锺书定居上海后，宋淇即同他交识。那时宋淇以鲍士威James Boswell自居，待钱如约翰生博士，钱是非常健谈的人，有这样一位中西学问都不错的青年不时向他讨教，他当然非常欢迎。有一次，想是1944年（此处夏志清记忆有误，应是1943年）秋季，宋淇在家里开一个大'派对'，把我也请去了。我1942年大学毕业后，闭门读书，除找自己同学谈谈外，不到哪里走动，那晚同不少文化人相聚一堂，可说是生平第一次。杨绛也是无锡人，人长得稍胖，很和蔼可亲，那时她的喜剧《称心如意》刚在上海演过，我不免向她恭维一番。钱锺书本人给我的印象，好像是苏东坡《赤壁怀古》中的周公瑾，的确风流倜傥，雄姿英发，虽然他穿的是西装，也戴

---

[1] 夏志清（1921—2013），原籍江苏吴县（今苏州），生于上海浦东。上海沪江大学英文系毕业。1948年考取北大文科留美奖学金赴美深造，1952年获耶鲁大学英文系博士学位。1962年应聘为哥伦比亚大学东亚语文系副教授，1969年升任为教授，1991年荣休后为该校中国文学名誉教授。2006年当选为"中央研究院"院士。

[2] 宋淇（1919—1996），原名宋奇，又名宋悌芬，笔名林以亮，浙江吴兴人。对文学批评、翻译、《红楼梦》均有心得。与著名作家钱锺书、杨绛、傅雷、张爱玲关系甚笃，后移居香港。

了眼镜。"[1]

夏志清的这篇《追念钱锺书先生》是钱氏还在世时（1976年）写的，事情缘于宋淇的误传信息，当时宋淇写信告诉他"钱锺书先生去世了"，后来才知是误会。

抗战胜利后，储安平要杨绛在他办的《观察》上写文章。她正在阅读哥尔德斯密斯的散文《世界公民》，随便翻译了其中一小段，自己加个题目：《随铁大少回家》。这就是博得傅雷称赏的译文。她未留底稿，如今译文无处可寻了。

后来杨绛又翻译过一个小册子：《1939年以来英国散文作品》（《英国文化丛书》之一）。

1945年12月17日下午，杨绛与钱锺书一起参加了中华全国文艺协会上海分会的成立大会。据赵景琛事后记叙，钱氏夫妇在赵的记忆的屏幕里，"像白朗宁和罗赛谛那样，都是文艺上的双璧，一对理想伴侣"，他们在一块欣赏演出了昆曲等剧目[2]。在沉闷的日子里，与朋友们一起谈天说地，排遣忧愁，不失为苦度日子的一个办法。

其间，杨绛还会见过胡适。有一次，她的好友、北京大学教授陈衡哲（1890—1976年，我国新文学运动中最早的女学者、作家、诗人和散文家），请杨绛和胡适一起喝茶，胡适用半上海话对杨绛说：

"我认识你的姑母，认识你的叔叔，你老娘家（苏沪土语'令尊大人'的意思）是我的先生。"

确实，杨绛的父亲杨荫杭曾在澄衷学校给胡适上过课，时在1905年。

杨绛在《怀念陈衡哲》中说："我初识陈衡哲先生是1949年在储安平先生家。储安平知道任鸿隽、陈衡哲夫妇要到上海定居，准备在家里请客，为他们夫妇接风。他已离婚，家无女主，预先邀我做陪客，为他招待

---

[1] 夏志清：《追念钱锺书先生——兼谈中国古典文学研究之新趋向》，见《岁除的哀伤》，江苏文艺出版社2006年9月版，第219页。
[2] 赵景深：《我与文坛》，上海古籍出版社1999年10月版，第279页。

女宾。锺书已代我应允。"

在杨绛的印象中，陈衡哲的眼镜后面有一双秀美的眼睛，一眼就能看到，对此，她记忆犹新。散席后，杨绛搭乘陈衡哲的车子回家。那是蔷薇盛开的春季。

后来抗战胜利后，钱锺书在中央图书馆任英文总纂，编辑《书林季刊》，又在暨南大学兼任教授，同时也是《英国文化丛书》的编辑委员。他要请任鸿隽先生为《英国文化丛书》翻译一本相关专业的小册子，特到他家去拜访。杨绛跟钱锺书同去，感谢他们用汽车送回家。过两天他们夫妇就到杨家回访。杨家那时住蒲石路蒲园，附近是一家有名的点心铺。那家的鸡肉包子尤其走俏，因为皮暄、汁多、馅细，调味也好。杨家就让阿姨买来待客，任鸿隽吃了非常欣赏。不多久陈衡哲又邀杨绛夫妇去吃茶。

其时，陈衡哲家住贝当路贝当公寓。两家相去不远，交通尤其方便。杨绛特地带了两条厚毛巾，在附近的点心铺买了刚出笼的鸡肉包子，用双重毛巾一裹，到任家，包子还热着。任鸿隽对鸡肉包子仍旧欣赏不已。

那时候，杨绛的女儿已经病愈上学，家有阿姨，杨绛在震旦女子文理学院教两三门课，日子过得很轻松。可是她过去几年，实在太劳累了。身兼数职，教课之外，还做补习教师，又业余创作，还充当灶下婢，积劳成疾。每天午后三四点总有几分低烧，体重每个月掉一磅，只觉得疲乏，医院却检查不出病因。

杨绛原是个闲不住的人，最闲的时候，就总是一面看书，一面织毛衣。她的双手已练成"自动化的机器"。可是她天天低烧，就病恹恹的，连看书打毛衣都没了精神。父亲已经去世，她不能再像从前那样，经常在父亲身边和姊妹们相聚说笑。

那时陈衡哲家用一个男仆，她称为"我们的工人"。在杨绛印象中，这位"工人"大约对女主人不大管用，需要他的时候常不在家。陈衡哲请人吃茶或吃饭，就常邀杨绛"早一点来，帮帮我"。有一次她认真地嘱咐杨绛早一点去。可是她要杨绛帮忙的，不过是把三个热水瓶从地下搬到桌上。热水瓶不是盛五磅水的大号,只是盛三磅水的中号。而陈衡哲身体弱,双手都捧不动盛三磅水的中号。

这样,渐渐地别人也知道杨绛和陈衡哲的交情。那时上海有个妇女会,会员全是大学毕业生。妇女会要请陈衡哲讲西洋史。会长特地找杨绛去邀请。

胡适那年到上海来,人没到,任家客厅里已挂上了胡适的近照。照片放得很大,还配着镜框,胡适二字的旁边还竖着一道杠杠(名字的符号)。陈衡哲带着三分恼火对杨绛说:"有人索性打电话来问我,适之到了没有。"问的人确也有点唐突。她的心情,杨绛是能领会的。

不久,钱锺书对杨绛说:"我见过胡适了。"钱锺书常到合众图书馆查书,胡适有好几箱书信寄存在合众图书馆楼上,他也常到这家图书馆去。钱锺书遇见胡适,大概是图书馆馆长顾廷龙为他们介绍的。钱锺书告诉杨绛,胡适对他说:"听说你做旧诗,我也做。"说着就在一小方白纸上用铅笔写下了他的一首近作,并且说:"我可以给你用墨笔写。"只记得这首诗的后两句:"几支无用笔,半打有心人。"

一次陈衡哲对杨绛说,"适之也看了你的剧本了。他也说,'不是对着镜子写的'。他说想见见你。"

"对着镜子写",杨绛不知什么意思,也不知是否有所指,杨绛没问过。胡适想见见杨绛,她当然很开心,因为她也实在很想见见他。

陈衡哲说:"这样吧,咱们吃个家常tea,你们俩,我们俩,加适之。"

安排停当后,杨绛和钱锺书照例带了刚出笼的鸡肉包子到任家去。包子不能多买,因为总有好多人站着等待包子出笼。如要买得多,得等下一笼。他们到任家,胡适已先在。他和钱锺书已见过面。陈衡哲介绍了杨绛,随即告诉她说:

"今天有人要来闯席,林同济和他的ex-wife(前妻)知道适之来,要来看看他。他们晚一会儿来,坐一坐就走的。"

不知是谁建议先趁热吃鸡肉包子。陈衡哲和杨绛都是胃口欠佳的人，食量也小。杨绛带的包子不多，她们都不吃。杨绛记得他们三个站在客厅东南隅一张半圆形的大理石面红木桌子旁边，有人靠着墙，有人靠着窗，就那么站着同吃鸡肉包子，且吃且谈且笑。陈衡哲在客厅的这一边从容地为他们调咖啡，杨绛则在旁边帮忙。他们吃完包子就过来喝咖啡。

晚上回家时，杨绛对钱锺书说：

"胡适真是个交际家，一下子对我背出一大串叔叔姑母。他在乎人家称'你的学生'，他就自称是我爸爸的学生。我可从没听爸爸说过胡适是他的学生。"

钱锺书为胡适辩解说，胡适曾向顾廷龙打听杨绛其人，顾廷龙告诉他说："名父之女，老圃先生的女儿，钱锺书的夫人。"

故而杨绛认为事先打听，也是交际家的交际之道。不过钱锺书为杨绛考证了一番，说胡适并未乱认老师，只是她爸爸决不会说"我的学生胡适之"。

| 三 |

不过，最值得追记的是，杨绛、钱锺书与傅雷一家的交往。傅家住吕班路（今重庆南路），钱家住辣斐德路（今复兴中路），一南北向，一东西向，两路交汇，拐个弯就到。杨绛回忆说："我们和傅雷家住得很近，晚饭后经常到他家去夜谈。"在杨绛印象里，傅雷"并不是一味板着脸的人……他听着锺书说话，经常是这副笑容。傅雷只是不轻易笑……也许锺书是唯一敢当众打趣他的人。"傅氏自视甚高，但只佩服一个人：钱锺书。

在杨绛妙笔生花的笔下，傅雷的形象跃然纸上：

抗战末期、胜利前夕，钱锺书和我在宋淇先生家初次会见傅雷和朱梅馥夫妇。我们和傅雷家住得很近，晚饭后经常到他家去夜谈。那时候知识分子在沦陷的上海，日子不好过，真不知"长夜漫漫何时旦"。但我们还年轻，有的是希望和信心，只待熬过黎明前的黑暗，就想看到云开日出。我们和其他朋友聚在傅雷家朴素幽雅的客厅里各抒己见，也好比开开窗子，通通空气，破一破日常生活里的沉闷苦恼。到如今，每回顾那一段灰暗的岁月，就会记起傅雷家的夜谈。

说起傅雷，总不免说到他的严肃。其实他并不是一味板着脸的人。我闭上眼，最先浮现在眼前的，却是个含笑的傅雷。他两手握着个烟斗，待要放到嘴里去抽，又拿出来，眼里是笑，嘴边是笑，满脸是笑。这也许因为我在他家客厅里、坐在他对面的缘故。他听着锺书说话，经常是这副笑容。傅雷只是不轻易笑，可是他笑的时候，好像在品尝自己的笑，觉得津津有味。

也许锺书是唯一敢当众打趣他的人。他家另一位常客是陈西禾同志。一次锺书为某一件事打趣傅雷，西禾急得满面尴尬，直向锺书递眼色。事后他犹有余悸，怪锺书"胡闹"。可是傅雷并没有发火。他带有几分不好意思，随着大家笑了。傅雷还是挺幽默的。

傅雷的严肃确是严肃到十分，表现了一个地道的傅雷。他自己可以笑，他的笑脸只许朋友看。在他的孩子面前，他是个不折不扣的严父。阿聪、阿敏那时候还是一对小顽童，只想赖在客厅里听大人说话。大人说的话，也许孩子不宜听，因为他们的理解不同。傅雷严格禁止他们旁听。有一次，客厅里谈得热闹，阵阵笑声，傅雷自己也正笑得高兴。忽然他灵机一动，蹑足走到通往楼梯的门旁，把门一开，只见门后哥哥弟弟背着脸并坐在门槛后面的台阶上，正缩着脖子笑呢。傅雷一声呵斥，两个孩子在噔噔咚咚一阵凌乱的脚步声里逃跑上楼。梅馥忙也赶了上去。在傅雷前，她是抢先去责骂儿子；在儿子前，她却是挡了爸爸的盛怒，自己温言告诫。等他们俩回来，客厅里渐渐恢复了当初的气氛。但过了一会儿，在笑声中，傅雷又突然过去开那扇门，阿聪、阿敏依然鬼头鬼脑并坐原处偷听。这回傅雷可冒火了，梅馥也起不了中和作用。只听得傅雷厉声呵喝，夹杂着梅馥的调解和责怪。一个孩子想是哭了，另一个还想为自己辩白。我们谁也不敢劝一声，只装作不闻不知，坐着扯淡。傅雷回客厅来，脸都气青了。梅馥抱歉地为客人换上热茶，大家又坐了一会辞出，不免叹口气："唉，傅雷就是这样！"

阿聪前年回国探亲，锺书正在国外访问。阿聪对我说："啊呀！我们真爱听钱伯伯说话呀！"

去年他到我家来，不复是顽童偷听，而是做座上客"听钱伯伯说话"，高兴得哈哈大笑。可是他立即记起他严厉的爸爸，凄然回忆往事，慨叹说："唉——那时候——我们就爱听钱伯伯说话。"他当然知道爸爸打他狠，正因为爱他深。他告诉我："爸爸打得我真痛啊！"梅馥曾为此对我落泪，又说阿聪的脾气和爸爸有相似之处。她也告诉我傅雷的妈妈怎样批评傅雷。性情急躁是不由自主的，感情冲动下的所作所为，沉静下来会自己责怪，又增添自己的苦痛。梅馥不怨傅雷的脾气，只为此怜他而为他担忧；因为阿聪和爸爸脾气有点儿相似，她既不愿看到儿子拂逆爸爸，也为儿子的前途担忧……

有人说傅雷"孤傲如云间鹤"；傅雷却不止一次在锺书和我面前自比为"墙洞里的小老鼠"——是否因为莫洛阿曾把服尔德比作"一头躲在窟中的野兔"呢？傅雷的自比，乍听未免滑稽。

傅雷（1908—1966），著名的翻译家和美术评论家。他与杨绛、钱锺书可以说先后是校友，都曾留学法国巴黎大学。傅雷当时家住上海重庆南路的巴黎新村，杨绛、钱锺书一家先住在辣斐德路，后搬至蒲石路（今长乐路），均在霞飞路附近，因此杨绛在上述引文中说"住得很近"。他们几位朋友过从甚密，以期熬过黎明前的黑暗，等待云开日出。

解放后，杨绛夫妇应聘清华，北上北京，傅雷则仍留上海译书。

"他经常写信和我们讲究翻译上的问题，具体问题都用红笔清清楚楚录下原文。这许多信可惜都已毁了。"钱锺书曾经这样回忆。

当时往来函件，经过浩劫，荡然无存，殊为可惜。仅从傅雷致友人信中留下点滴痕迹。如1951年致宋淇函，讲到不久前出版总署举行"五四翻译座谈会"："芝联来看过我，知道北京出版总署召集的翻译会议，是由蒋天佐（代表官方）、卞之琳、杨绛等四个人（另一人忘了名字）出面召集的。开过二次会，讨论应译古典作品名单。看来杨绛是被硬拉进去的，或者是人家要找锺书而他推杨绛去的。我想写信给她，要她把奥斯汀的作品归给你译，则将来出版时不致成问题了。"[1]这说明傅雷知道杨绛在高层的翻译活动，有一定的话语权。

傅雷在信中还说会上谈到了今后的翻译计划，他写道："暑中收到锺书来信，果不出所料，杨绛是代他出席的。据说定了五十种'数一数二之书，落于不三不四之手'。"[2]给傅聪信中，他曾讲到钱伯母的文字风格和"钱伯伯那种记忆力"。杨绛1963年"因妹妹杨必生病，到上海探望。朋友中我只拜访了傅雷夫妇。梅馥告诉我她两个孩子的近况；傅雷很有兴趣地和我谈论些翻译上的问题"。[3]可惜作为翻译史料，留下的却几近于无。

傅雷眼界颇高，但他非常推崇杨绛的翻译，多次向朋友推荐其翻译作品。如他在致宋淇的信中，曾一再推介杨绛所翻译的古典名著《小癞子》：

你译十八世纪作品，杨绛的《小癞子》颇可作为参考（杨绛自称还嫌译得太死）。她对某些南方话及旧小说辞汇亦不避免，但问如何安排耳。

---

[1] 傅敏编：《傅雷书简·一九五一年七月二十八日致宋奇》，当代世界出版社2005年11月版，第135页。

[2] 傅敏编：《傅雷书简·一九五一年九月十四日致宋奇》，当代世界出版社2005年11月版，第136页。

[3] 杨绛：《杂忆与杂写：一九三三——一九九一》，三联书店2015年4月版，第207页。

此乃译者的taste（感受、体验）问题。[1]

傅雷在另一封信中提及杨绛的《小癞子》在坊间一纸风行："信到前一天，阿敏报告，说新华书店还有一本《小癞子》，接信后立刻叫他去买，不料已经卖出了。此书在1951年出版后三个月内告罄，迄未再版。"[2]

不过，傅雷也不会一边倒，他做人有自己的原则，他坚守自己的翻译主张和审美观，如对杨绛翻译的法国作家勒萨日的名著《吉尔·布拉斯》，他认为："杨绛译《吉尔·布拉斯》，你与原作对比几页，觉得语气轻重与拆句方法仍多可商榷处。足见水平以上的好译文，在对原作的interpretation（理解）方面始终存在'见仁见智'的问题。译者的个性、风格，作用太大了。闻杨译经锺书参加意见极多，唯锺书'语语求其破俗'，亦未免矫枉过正。"[3]

此外，从傅雷给巴金的信中可以知道，他对杨绛的妹妹杨必也是非常关心的：

巴金先生：

兹另邮挂号寄上杨必译《剥削世家》，约共四万余字。除锺书夫妇代为校阅外，弟亦通篇浏览一过，略为改动数字，并已征求译者本人同意。该书内容与杨绛所译《小癞子》异曲同工，鄙见将来不妨将该书重版与本书初版同时发行。又译者希望能早出，因与本人将来出处有关（详情容面陈）。好在字数不多，轻而易举，可否请采臣兄一查平明本春间出版计划

---

[1] 傅敏编：《傅雷书简·一九五一年十月九日致宋奇》，当代世界出版社2005年11月版，第138页。

[2] 傅敏编：《傅雷书简·一九五三年二月七日致宋奇》，当代世界出版社2005年11月版，第139页。

[3] 傅敏编：《傅雷书简·一九五四年四月二十六日致宋奇》，当代世界出版社2005年11月版，第143页。

是否可能早出。

又倘尊意认为《剥削世家》译文够得上列入"文学译林",则排版格式可与巴尔扎克各书一律。……

弟傅雷 拜启<br>一月二十一夜[1]

现在,当我们重读这些力透纸背、饱经风雨沧桑的文字,真是无限感慨,情之于情,人何以堪!

1946年起,钱锺书任上海暨南大学教授。杨绛则受聘担任上海震旦女子文理学院外文系教授,夫妇双双作育英才。40年代,杨绛还写过不少散文,其理趣、文笔十分见好。我们打开一篇《窗帘》:

人不怕挤。尽管摩肩接踵,大家也挤不到一处。像壳里的仁,各自各。像太阳光里飞舞的轻尘,各自各。凭你多热闹的地方,窗对着窗,各自人家,彼此不相干。只要挂上一个窗帘,只要拉过那薄薄一层,便把别人家隔离在千万里以外了。

隔离,不是断绝。窗帘并不堵没窗户,只在彼此间增加些距离——欺哄人招引人的距离。窗帘并不盖没窗户,只隐约遮掩——多么引诱挑逗的遮掩!所以,赤裸裸的窗口不引人注意,而一角掀动的窗帘,惹人窥探猜测,生出无限兴趣。

赤裸裸,可以表示天真朴素。不过,如把天真朴素做了窗帘的质料,做了窗帘的颜色,一个洁白素净的帘子,堆叠着透明的软纱,在风里飘曳,这种朴素,只怕比五颜六色更富有魅力。认真要赤裸裸不加遮饰,除非有希腊神像那样完美的身体,有天使般纯洁的灵魂。培根(Bacon)说

---

[1] 傅敏编:《傅雷书简·一九五三年一月二十一日致巴金》,当代世界出版社2005年11月版,第151页。

过:"赤裸裸是不体面的,不论是赤露的身体,或赤露的心。"人从乐园里驱逐出来的时候,已经体味到这句话了。

所以赤裸裸的真实总需要些掩饰。白昼的阳光,无情地照彻了人间万物,不能留下些幽暗让人迷惑,让人梦想,让人希望。如果没有轻云薄雾把目光筛漏出五色霞彩来,天空该多么单调枯燥!

隐约模糊中,才容许你做梦和想象。距离增添了神秘。看不见边际,变为没边没际的遥远与辽阔。云雾中的山水,暗夜的星辰,希望中的未来,高超的理想,仰慕的名人,心许的"相知"——隔着窗帘,惝恍迷离,可以产生无限美妙的想象。如果你嫌恶窗帘的间隔,冒冒失失闯进门、闯到窗帘后面去看个究竟,赤裸裸的真实只怕并不经看。像丁尼生诗里的"夏洛特女郎",看厌了镜中反映的世界,三步跑到窗前,望一望真实世界。她的镜子立即破裂成两半,她毁灭了以前快乐而无知的自己。

人家挂着窗帘呢,别去窥望。宁可自己也挂上一个,华丽的也好,朴素的也好。如果你不屑挂,或懒得挂,不妨就敞着个赤裸裸的窗口。不过,你总得尊重别人家的窗帘。

又如《喝茶》,广征博引,充满了书卷气息:

曾听人话说西洋人喝茶,把茶叶加水煮沸,滤去茶汁,吃了咋舌道:"好是好,可惜苦些。"新近看到一本美国做的茶考,原来这是事实。茶叶初到英国,英国人不知怎么个吃法,的确吃茶叶渣子,还拌些黄油和盐,敷在面包上同吃。什么妙味,简直不敢尝试。以后他们把茶当药,治伤风,清肠胃。不久,喝茶之风大行,1660年的茶叶广告上说:"这刺激品,能驱疲倦,除噩梦,使肢体轻健,精神饱满。尤能克制睡眠,好学者可以彻夜攻读不倦。身体肥胖或食肉过多者,饮茶尤宜。"莱登大学的庞德戈博士应东印度公司之请,替茶大做广告,说茶"暖胃,清神,健脑,助长学问,尤能征服人类大敌——睡魔"。他们的怕睡,正和现代人的怕失眠差不多。怎么从前的睡魔，爱缠住人不放；现代的睡魔，学会了摆架子，请他也不肯光临。传说，茶原是达摩祖师发愿面壁参禅，九年不睡，天把茶赏赐给他帮他偿愿的。胡峤《饮茶诗》："沾牙旧姓余甘氏，破睡当封不夜侯。"汤况《森伯颂》："方饮而森然严乎齿牙，既久而四肢森然。"可证中外古人对于茶的功效，所见略同。只是茶味的"余甘"，不是喝牛奶红茶者所能领略的。

浓茶掺上牛奶和糖，香冽不减，而解除了茶的苦涩，成为液体的食料，不但解渴，还能疗饥。不知古人茶中加上姜盐，究竟什么风味。卢同一气喝上七碗的茶，想来是叶少水多，冲淡了的。诗人柯立治的儿子，也是一位诗人，他喝茶论壶不论杯。约翰生博士也是有名的大茶量。不过他们喝的都是甘腴的茶汤。若是苦涩的浓茶，就不宜大口喝，最配细细品。照《红楼梦》中妙玉的论喝茶，一杯为品，二杯即是解渴的蠢物。那么喝茶不为解渴，只在辨味，细味那苦涩中一点回甘。记不起哪一位英国作家说过，"文艺女神带着酒味"，"茶只能产生散文"。而咱们中国诗，酒味茶香，兼而有之，"诗清只为饮茶多"。也许这点苦涩，正是茶中诗味。

杨绛作于这时的散文作品还有《风》《听话的艺术》等，这些文章多写生命的感触，显得纯真自然，雅俗共赏。她的文章没受到当时散文创作当中虚夸、浮躁、雕饰等种种流弊的影响，而以截然不同的风骨出现，若论作品本身的艺术价值，毫无疑义是经受得起时间的考验的。

在晚年，杨绛对自己的这段生活，有过追忆，她告诉我们："1948年夏，锺书的爷爷百岁冥寿，分散各地的一家人，都回无锡老家聚会。这时锺书、圆圆都不生病了，我心情愉快，随上海钱家人一起回到七尺场老家。

"我结婚后只在那里住过十天上下。这次再去，那间房子堆满了烂东西，都走不进人了。我房间里原先的家具：大床，镜台，书桌等，早给人全部卖掉了。我们夫妇和女儿在七尺场钱家只住了一夜，住在小叔叔新盖的楼上。

"这次家人相聚，我公公意外发现了他从未放在心上的'女孙健汝'，得意非凡。

"自从1945年抗战胜利，锺书辞去了震旦女子文理学院的几个小时的课，任中央图书馆英文总纂，编《书林季刊》；后又兼任暨南大学教授，又兼英国文化委员会顾问。《围城》出版后，朋友中又增添了《围城》爱好者。我们的交游面扩大了，社交活动也很频繁。

"胜利后我们接触到各式各等的人。每次宴会归来，我们总有许多讲究，种种探索。我们把所见所闻，剖析琢磨，'读通'许多人、许多事，长了不少学问。

"朱家骅曾是中央庚款留英公费考试的考官，很赏识钱锺书，常邀请锺书到他家便饭——没有外客的便饭。一次朱家骅许他一个联合国教科文的什么职位，锺书立即辞谢了。我问锺书：'联合国的职位为什么不要？'他说：'那是胡萝卜！'当时我不懂'胡萝卜'与'大棒'相连。压根儿不吃'胡萝卜'，就不受大棒驱使。

"锺书每月要到南京汇报工作，早上去，晚上老晚回家。一次他老早就回来了，我喜出望外。他说：'今天晚宴，要和"极峰"（蒋介石）握手，我趁早溜回来了。'

"胜利的欢欣很短暂，接下是普遍的失望，接下是谣言满天飞，人心惶惶。

"锺书的第一个拜门弟子常请老师为他买书。不论什么书，全由老师选择。其实，这是无限制地供老师肆意买书。书上都有锺书写的'借痴斋藏书'并盖有'借痴斋'图章。因为学生并不读，专供老师借阅的，不是'借痴'吗？锺书蛰居上海期间，买书是他的莫大享受。新书、旧书他买了不少。"文化大革命"中书籍流散，曾有人买到'借痴斋'的书，寄还给锺书。也许上海旧书摊上，还会发现'借痴斋藏书'。藏书中，也包括写苏联铁幕后面的书。我们的阅读面很广。所以'人心惶惶'时，我们并不惶惶然。

杨绛

"郑振铎先生、吴晗同志,都曾劝我们安心等待解放,共产党是重视知识分子的。但我们也明白,对国家有用的是科学家,我们却是没用的知识分子。我们如要逃跑,不是无路可走。可是一个人在紧要关头,决定他何去何从的,也许总是他最基本的感情。我们从来不唱爱国调,但我们不逃跑,不愿离开父母之邦,撇不开自家人。我国是国耻重重的弱国,跑出去仰人鼻息,做二等公民,我们不愿意。我们是文化人,爱祖国的文化,爱祖国的文字,爱祖国的语言。一句话,我们是倔强的中国老百姓,不愿做外国人。我们并不敢为自己乐观,可是我们安静地留在上海,等待解放。"[1]

---

[1] 杨绛:《我们仨》,三联书店2003年7月版,第119~122页。

## 第七章

# 定居京华

杨绛举家离开上海,定居北京,开始了新生活。杨绛、钱锺书曾在清华求学,度过了终生难忘的学生生涯,如今他们双双又回到母校清华大学,将在这里执掌教鞭。他们夫妇于8月24日携带女儿,登上火车,26日到达清华。

杨绛

| 一 |

　　1949年上海解放前夕，杨绛、钱锺书和许多爱国的知识分子一样，不仅拒绝了国民党的拉拢，不去台湾，而且真心实意地拥护中国共产党的领导。

　　上海易帜之前，钱锺书曾随教育部访问团访问台湾，故台湾大学聘请他为教授，但他没有答应。香港大学请他赴任文学院院长，他认为香港"不是学人久居之地，以不涉足为宜"，也没有去。英国牛津大学则聘他为高级讲师（Reader），他又以"伦敦的恶劣气候"为辞，没有去。杨绛的《干校六记》的说法是：我想到解放前夕，许多人惶惶然往国外跑，我们俩为什么有好多条路不肯走呢？是思想觉悟高吗？默存常引柳永的词："衣带渐宽终不悔，为伊消得人憔悴。"我们只是舍不得祖国，撇不下"伊"——也就是"咱们"或"我们"。尽管亿万"咱们"或"我们"中素不相识，终归同属一体，痛痒相关，息息相连，都是甩不开的自己的一部分。[1]

　　50年后，杨绛在接受访谈时，针对"你们这一代知识分子，在1949年时完全可以离开内地的，为什么留下了呢"的问题，答道："很奇怪，现在的人连这一点都不能理解。因为我们爱我们的祖国。当时离开有三个选

---

[1] 杨绛：《干校六记》，见《杨绛作品精选：散文（二）》，人民文学出版社2004年5月版，第48页。

择，一是去台湾，二是去香港，三是去国外。我们当然不肯和一个不争气的统治者去台湾；香港是个商业码头，我们是文化人，不愿去。""我们的国家当时是弱国，受尽强国的欺凌。你们这一代是不知道，当时我们一年就有多少个国耻日。让我们去外国做二等公民当然不愿意。共产党来了我们没有恐惧感，因为我们只是普通的老百姓。我们也没有奢望，只想坐坐冷板凳。当时我们都年近半百了，就算是我们短命死了，也要死在本国。""很多外国人不理解我们，认为爱国是政客的口号。政客的口号和我们老百姓的爱国心是两回事。我们爱中国的文化，我们是文化人。中国的语言是我们喝奶时喝下去的，我们是怎么也不肯放弃的。"这确是老一代知识分子的心里话。

上海于当年5月获得解放。这时，杨绛、钱锺书已接到清华大学的聘函。据说，北平和平解放后，他们两人的老友吴晗和钱俊瑞受中共中央委托，对北大、清华实行接管工作。随后，吴晗被任命为清华大学历史系主任、文学院院长、校务委员会主任委员。聘请杨绛夫妇担任清华大学外文系教授，出自吴晗的主意。[1]

这样，杨绛举家离开上海，定居北京，开始了新生活，从此再也没有离开京城（除"文革"于"五七干校"之外）。杨绛、钱锺书曾在清华求学，度过了终生难忘的学生生涯，如今他们双双又回到母校清华大学，将在这里执掌教鞭。他们夫妇于8月24日携带女儿，登上火车，26日到达清华。

钱锺书主要是指导研究生。杨绛是兼任教授，因为按清华的旧规定，夫妻不能在同校一起当专任教授。兼任就是按钟点计工资，工资很少。对此她就自称"散工"。后来清华废了旧规，系主任请杨绛当专任教授，她却只愿做"散工"。她自己认为，因为她未经"改造"，未能适应，借"散工"之名，可以"逃会"。妇女会开学习会，她不参加，因为自己

---

[1] 刘中国：《钱锺书：20世纪的人文悲歌》（下），花城出版社1999年9月版，第492页。

不是家庭妇女。教职员开学习会,她也不参加,因为她还没有专职,只是"散工"。杨绛曾应系里的需要,增添一门到两门课,其实已经够专任的职责了,但是她为了逃避开会,坚持做"散工",直到"三反"运动。

在他们夫妇的眼里,清华园变了,变得比以前更加热闹,变得比以前更加陌生。好在有不少老朋友、老同学、老同事与他们在一起,如吴晗、金岳霖、浦江清、冯友兰、吴组缃、温德等人都在清华任教授,杨绛心忖,他们可以相互帮助,相互砥砺,共创未来。

1949年10月1日,发生了举世瞩目的大事,毛泽东主席在北京天安门城楼上庄严宣告:中华人民共和国成立了!中央人民政府成立了!

全国人民欢欣鼓舞,杨绛也甚为高兴,与钱锺书一起展望祖国的美好未来。

这时,人们的思想在变,校园的建设也在变,从教育思想到课程设置都在变。变化是正常的,但也有令人费解的地方。钱氏夫妇对为什么现在开会特别多、学生们为什么对文学没有兴趣感到纳闷。原因很好理解:中央丝毫也没有放松对意识形态领域的改造,浦江清在他的《清华园日记》中就说:"清华各团体自解放后,盛行检讨之风,而检讨之习惯并未养成,所以多意气和裂痕。冯公(友兰)说了一句旧话,说清华原有一句俗语:'教授是神仙,学生是老虎,办事人是狗。'校务会在此刻无论怎样总是错,希望不久新政府派校长来也!"

杨绛、钱锺书到清华时,清华的接管、恢复和改造工作正在进行中。他们夫妇俩担任外文系教授,教学任务并不繁重,难于应付的却是一场又一场马拉松式的会议。对此,钱锺书在给友人、著名报人黄裳[1]的一封信函中表露了这层不理解的意思:

北来得三晤,真大喜事也。弟诗情文思,皆如废井。归途忽获一联奉

---

[1] 黄裳(1919—2012),原名容鼎昌,祖籍山东益都(今青州)人。满族。笔名黄裳、勉仲、赵会仪,当代散文家、高级记者。2012年9月5日傍晚在上海瑞金医院离世,享年93岁。

赠（略）。幸赏其贴切浑成，而恕其唐突也。如有报道，于弟乞稍留余地。兄笔挟风霜，可爱亦复可畏（如开会多、学生于文学少兴趣等语请略）。赵家璧君处乞为弟一促，谢谢。即上裳兄文几。徐、高二公均候。

弟钱锺书再拜<br>内人同叩。三十一日

这信写于1950年1月末。在此之前，黄裳曾去北京采访，专程到清华园钱氏夫妇的寓所，亲眼目睹了这对教授夫妇竟夜攻读的情形："住在清华园里的名教授，算来算去我只有一位熟人，就是钱锺书。第二天吴晗要赶回城去，因此我就把访问安排在第二天的晚上。吃过晚饭以后我找到他的住处，他和杨绛两位住着一所教授住宅，他俩也坐在客厅里，好像没有生火，也许是火炉不旺，只觉得冷得很，整个客厅没有任何家具，越发显得空落落的。中间放了一张挺讲究的西餐长台，另外就是两把椅子。此外，没有了。长台上，堆着两叠外文书和用蓝布硬套装着的线装书，都是从清华图书馆借来的。他们夫妇就静静地对坐在长台两端读书，是我这个不速之客打破了这个典型的夜读的环境。他们没有想到我会在这时来访，高兴极了，接下去，就是快谈。"[1]后来据钱锺书纠正说，当时客厅里椅子是没有的，其实那只不过是两只竖摆着的木箱。而杨绛则回忆，客厅里有白布垫子的沙发，他们养的"花花儿"猫就常睡在上面。这里虽然只是一个细节上的小小的更正，但钱氏夫妇实事求是的细腻风格，由此可见一斑。

当时，杨绛、钱锺书除了上课、办公、开会之外，可谓是深居简出，晚上的空余时间对他们来说，是青灯摊卷的好时光，他俩不愧是一对"读书种子"。

当然，黄裳的到来，使钱氏夫妇大为高兴。时间虽然已经过去了

---

[1] 转引自《黄裳文集·榆下集》，上海书店出版社1998年4月版，第211页。

三四十年，黄裳还清楚地记得这次会面，他说："听钱锺书谈天真是一件非凡的乐事，这简直就是曾经出现在《围城》里的那些机智、隽永的谈话，只是比小说更无修饰、更随便。那天晚上几乎是他一个人在谈笑，我也没有拿出笔记本来，一直谈到深夜才告辞。谈话的内容全忘记了，可惜。唯一记得的是，当他听说我到琉璃厂去逛书店，只买了一小册抄本的《痴婆子传》时，大笑了。这就是他赠我一联的上半，'遍求善本痴婆子'的本事。"[1]

第二天，黄裳又碰到钱锺书一次，后来钱氏又进城来回访一次。这就是钱氏在上引书函中的"北来得三晤"的三次会面。在这几次交往中，黄裳得到了钱氏夫妇应约而赋的《蒲园且住楼作》：

夹衣寥落卧腾腾，
差似深林不语僧。
捣麝拗莲情未尽，
擘钗分镜事难凭。
搓通碧汉无多路，
梦入红楼第几层。
已怯支风慵借月，
小园高阁自销凝。

这首诗，黄裳"特别欢喜"。像李义山吗？有些像，但又有不同。产生于不同时代的诗，当然不会完全一致。这是一篇精致的短篇，却只用了五十六个字。如果学钱锺书的研究方法来分析，这诗是会使我们联想起玉豀诗中坐在"隔雨相望"的"红楼"中的那位穿了白袷春衫的少年诗人的吧？这应该就是作者自己。不过研究诗比研究《管锥编》要困难得多，这

---

[1] 黄裳：《槐聚词人——一篇积压了三十年的报道》，见《黄裳文集·榆下集》，上海书店出版社1998年4月版，第212页。

里不想再深入下去了。

当时朝鲜半岛形势危急，大有一触即发之势，杨绛还抄录了宋代诗人陈简斋之诗相赠。在宋代诗人中间，陈简斋的作品包含了浓郁的家园之感。杨绛抄录其诗也可说是别有寄寓的：

> 胡儿又看绕淮春，
> 叹息犹为国有人。
> 可使翠华周宇县，
> 谁持白扇静风尘？
> 五年天地无穷事，
> 万里江湖见在身。
> 共说金陵龙虎气，
> 放臣迷路感烟津。[1]

当时来访的客人还包括傅雷夫妇。那是在1949年12月，傅雷从香港由海路经天津到了北京。拜访了杨绛夫妇，并且在钱宅盘桓数日。

在北京逗留期间，当时清华大学的负责人之一吴晗，有意请傅雷留在清华大学教授法语，于是央求杨绛夫妇从中说项。傅雷不愿教法语，只想教美术和美术评论，可是清华大学不设这门课。这样傅雷就没有留下，又回到上海，继续他的翻译生涯[2]。不过他们几人的友谊依然保持着，只要有机会，还是抽暇见面。

---

[1] 转引自《黄裳文集·榆下集》，上海书店出版社1998年4月版，第216页。
[2] 《杨绛作品集》第二卷，中国社会科学出版社1993年10月版，第539页。

## 二

20世纪50年代,《毛泽东选集》出版后,中共中央宣传部决定成立"《毛泽东选集》英文编译委员会",1951年11月改名为"毛选英译室",徐永煐被任命为主任。

毛选英译委员会设在北京西城堂子胡同的一个大院子里。最初,除徐永煐和邹斯履外,委员会只有一位译者——美国明尼苏达大学新闻学院毕业的赵一鹤。1950年仲夏,时任政务院出版总署国际新闻局局长的乔冠华来清华,面访钱锺书。8月,钱锺书被借调进毛选英译委员会,但每周末,他都会回清华指导研究生,直至毕业。在事定之日,有一天晚饭后,乔冠华这位旧友特雇黄包车从城里赶来祝贺。客去后,钱锺书惶恐地对夫人杨绛说:

"他以为我要做'南书房行走'了。这件事不是好做的,不求有功,但求无过。"

清华大学文学院院长、哲学系创始人金岳霖也被请进了委员会。陆陆续续地,10余位学界名流加进来,其中还有南开大学英语系教授、芝加哥大学教育心理学博士胡毅,曾在美国威斯康辛大学研究欧美文学的陈逵,浙江师范学院教师、曾留学欧美的郑儒箴,岭南大学教授、美国密歇根大学博士杨庆堃,哈佛大学毕业、曾任教燕京大学和南开大学的陈振汉,人民文学出版社英文组组长王仲英,牛津大学英国文学硕士熊德威,北京大学西语系教师袁可嘉,人民文学出版社外文部编辑、钱锺书的学生黄雨石,时代出版社的英文编辑沈国芬等。

翻译人员都在一间大办公室里办公。与外界一样,每星期开思想会,学习马列主义,但不要求谈心得体会,多少有点流于形式。杨绛后来回忆,钱锺书认为毛选英译委员会的最大好处是人少会少,搞运动也没有声势,有时间读书。

委员会成员白天工作紧张繁忙,晚饭后可出去散步休息。黄雨石回忆,钱锺书晚饭后常和几个年轻人上大街,逛旧书店。

作家绿原于20世纪50年代初从武汉调到中宣部国际宣传处工作,临时居住在堂子胡同的这个旧式大宅院里,跟翻译家们同吃同住。他回忆,钱锺书为人谦和,"没有大学者的样子",每次见到他,总跟他开玩笑,学他改不掉的湖北腔。

英译室里,每个人都有分工。如金岳霖负责翻译《实践论》《矛盾论》等,钱锺书则负责《星星之火,可以燎原》《政治问题和边界党的任务》和《为动员一切力量争取抗战胜利而斗争》等。

翻译的第一步,是精读原文。译完后,再相互校堪,一个人念原文,一个人对译文。还要经过若干次集体校堪,才能最后定稿。尤其在翻译哲学著作时,每遇到重大疑难,徐总要倚重金岳霖来定夺。金岳霖则回忆,《毛选》一卷中《实践论》一文有一句"吃一堑,长一智",金岳霖不知如何翻译是好,问钱锺书,钱锺书脱口而出答道:"A fall into the pit, a gain in your wit."节奏感强,又押韵,令人叫绝。举座佩服,金岳霖也自愧不如。[1]

杨绛夫妇的女儿钱瑗也在城里上学,寄宿在校。父女两人都要等周末才回清华园。平时只有杨绛和佣人在家。虽然稍感寂寞,但有前两年养的宠物"花花儿"猫在,则带来了不少的快乐。

杨绛一直挂念着这只猫,她在1988年所写的《花花儿》中提到:

默存和我住在清华的时候养一只猫,皮毛不如大白(引者按:指作者原在苏州所养的一只猫),智力远在大白之上。那是我亲戚从城里抱来的一只小郎猫,才满月,刚断奶。它妈妈是白色长毛的纯波斯种,这儿子却是黑白杂色:背上三个黑圆,一条黑尾巴,四只黑爪子,脸上有匀匀的两

---

[1] 杨敏:《"伦敦版"英译毛选的诞生》,2014年8月22日《中国新闻周刊》。

个黑半圆，时髦人戴的大黑眼镜，大得遮去半个脸，不过它连耳朵也是黑的。它是圆脸，灰蓝眼珠，眼神之美不输大白。它忽被人抱出城来，声声直叫唤。我不忍，把小猫抱在怀里一整天，所以它和我最亲。

我们的老李妈爱猫。她说："带气儿的我都爱。"小猫来了我只会抱着，喂小猫的是她，"花花儿"也是她起的名字。那天傍晚，她说："我已经给它把了一泡屎，我再把它一泡溺，教会了它，以后就不脏屋子了。"我不知道李妈是怎么"把"、怎么教的，花花儿从来没有弄脏过屋子，一次也没有。我们让花花儿睡在客堂沙发上的一个白布垫子上，那个垫子就算是它的领域。一次我把垫子双折着忘了打开，花花儿就把自己的身体约束成一长条，趴在上面，一点也不越出垫子的范围。一次它聚精会神地蹲在一叠箱子旁边，忽然伸出爪子一捞，就逮了一只耗子。那时候它还很小呢。李妈得意说："这猫儿就是灵。"它很早就懂得不准上饭桌，只伏在我的座后等候。李妈常说："这猫儿可仁义。"……

花花儿很是听话，总是陪杨绛吃饭、睡觉，还经常逮耗子。有一次，杨绛午后上课，半路上看见花花猫"嗷！嗷"怪声叫着过去。它看见了杨绛，立即恢复平时的娇声细气，"啊，啊，啊"地向她走来。她怕它跟着上课堂，直赶着它走。可是它紧跟不离，一直跟到洋灰大道边才止步不前，站定了看着她走开。那条大道是花花儿活动的边界，它从不越出自定的范围。杨绛深知它的"善解人意"，无怪乎感叹说，这猫儿简直有几分"人气"。猫的人气，当然微弱得似有若无，好比"人为万物之灵"，人的那点灵气，也微弱得只够我们惶惑地照见自己多么黑暗。

钱锺书也十分喜爱这只猫，他曾在《容安室休沐杂咏》中写道：

> 音书人事本萧条，
> 广论何心续孝标。
> 应是有情无着处，

春风蛱蝶忆儿猫。

钱锺书与杨绛在爱好上可能不尽相同,然而,夫妇俩在爱猫这一点上却如出一辙。

在清华初期,杨绛翻译出版了西方文学史上首部流浪汉小说——《小癞子》。这部小说颇合杨绛幽默的气质,使人联想到她在抗战时期所创作的几部喜剧作品。

16、17世纪,在西班牙流行以流浪者的生活及其境遇为题材的小说,西方称之为流浪汉小说。流浪汉小说则以《小癞子》为首创,其作者佚名。

16世纪中叶,西班牙经济开始衰弱,大批农民和手工业者破产,沦为无业游民,商业经济上升到比较重要的地位,社会上冒险的风气盛行。流浪汉小说就是在这样的背景下产生的。流浪汉小说的内容大多是主人公自述一生种种坎坷的遭遇,借以反映当时严峻的社会现实,抨击没落中的贵族阶级和教士,讽刺唯利是图的资产阶级观念,使读者忍俊不禁之余,慨叹时事的不公和人生的艰辛。

《小癞子》通过主人公小癞子的流浪史,描写了社会上各阶层的人物。它以其幽默俏皮的手法,大胆地讽刺了僧侣的欺骗、吝啬、贪婪与伪善,以及贵族的傲慢和空虚,揭露了西班牙社会的腐朽和没落。作品自述小癞子从小离家流浪,为一个吝啬的瞎子领路,后来先后伺候过一个贪婪的教士、身无分文的绅士、穿着破烂的修士、经销免罪符的骗子和一个公差。这些主人贪啬、狡诈,不知廉耻。小癞子自己也受他们的影响,学会了欺诈,一心只想发迹。最后他在城里做了一个专门叫喊消息的报子:城里卖酒或拍卖东西、招寻失物,都由他叫喊消息,他甚至还靠老婆与神甫私通获得幸福生活,他自认这是运道最好的时候。

这部小说在一定程度上展示了西方城市的众生相,具有一定的现实意义。它对欧洲文学有很大的影响。莎士比亚的《无事生非》、塞万提斯的

《堂吉诃德》、高乃依的《戏子的梦想》,都曾采用过这部书里的故事或提到过这部书。

杨绛翻译的《小癞子》最初是根据法译本转译的,中译本于1950年由上海平明出版社初版,后多次重印,至1960年,杨绛又重新修订。十年动乱结束后,杨绛又根据富尔歇·台尔博斯克校订的1958年版西班牙原文本重新翻译,1978年7月由上海译文出版社出版。1983年后,杨绛又根据新版本重译,使译本日臻完善。

这时的钱锺书住进城里了,他临行不嘱咐杨绛照管女儿钱瑗,却嘱咐阿瑗好好照管妈妈,钱瑗很负责地答应了。

他们家里的老李妈年老多病,一次她生病回家了。那天下大雪,傍晚钱瑗对妈妈说:

"妈妈,该撮煤了。煤球里的猫屎我都抠干净了。"

钱瑗知道妈妈决不会让她撮煤,所以她背着妈妈一人在雪地里先把白雪覆盖下的猫屎抠除干净。

有一晚女儿有几分低烧,杨绛逼她早睡,她不敢违拗。可是她说:"妈妈,你还要到温德家去听音乐呢。"

杨绛的同事温德常请学生听音乐,他总为杨绛留着最好的座位,挑选出她喜爱的唱片,钱瑗照例陪妈妈同去。

杨绛说:"我自己会去。"

钱瑗迟疑了一下说:"妈妈,你不害怕吗?"

钱瑗知道妈妈害怕,却不说破。

杨绛摆出大人架子说:"不怕,我一个人会去。"

钱瑗乖乖地上床躺下了,可是她没睡。杨绛一人出门,走到接连一片荒地的小桥附近,害怕得怎么也不敢过去。她退回又向前,两次、三次,前面可怕得过不去,她只好退回家。钱瑗还醒着。她只说"不去了"。钱瑗没说什么。

这时钱瑗不上学,就脱离了同学。但是她并不孤单,一个人在清华园里悠游自在，非常快乐。

杨绛买了初中二三年级的课本，教她数学（主要是代数，也附带几何、三角）、化学、物理、英文文法等。钱锺书每周末为她改中、英文作文。代数愈做愈繁，杨绛想偷懒，就对钱瑗说：

"妈妈跟不上了，你自己做下去，能吗？"

钱瑗很听话，就无师自通。过一天杨绛问她能自己学吗，她说能。过几天妈妈不放心，叫她如有困难趁早说，否则妈妈真会跟不上。她很有把握地说自己会。杨绛就加买了一套课本，让她参考。钱瑗于1951年秋考取贝满女中（当时称女十二中）高中一年级，代数得了满分。她就进城住校。她在学校里交了许多朋友，周末都到家里来玩。杨绛夫妇只有一个宝贝女儿，女儿的朋友也成了他们的小友。后来钱瑗得了不治之症住进医院，她的中学朋友从远近各地相约同到医院看望。做母亲的杨绛没想到，不到十几岁小姑娘间的友情，竟能保留得这么久远！她们至今还是杨绛的朋友。

| 三 |

新中国成立后不久，人民政府有组织有计划地在全国知识分子中开展了一个学习和改造思想的运动，即人们常说的知识分子思想改造运动。

1951年，中国共产党成立三十周年的纪念活动和《毛泽东选集》的出版，推动了学习党史和理论的高潮。9月份，北京大学12位教授响应党的号召，发起北大教员政治学习运动。由此开始，首先在北京、天津各高校教师中，开展了一个比较集中的思想改造的学习运动。29日下午，周恩来总理应邀在京津高校教师学习会上向三千余名教师，作了题为《关于知识分子的改造问题》的报告。在报告中，周恩来就知识分子如何正确认识思想改造，确立革新立场、观点、方法等问题谈了自己的切身体会。

在报告中，周恩来要求知识分子应该首先站在人民的立场上，即绝大多数人民的最高利益的立场，然后再经过学习、实践和锻炼进一步站在工人阶级立场。他恳切希望广大教师认真学习，开展批评与自我批评，努力使自己成为文化战线上的革命战士。

几乎与此同时，在全国范围内开始了"反贪污、反浪费、反官僚主义"的"三反"运动。

对知识分子改造思想，更新观念、加强学习，即所谓"脱裤子、割尾巴"，也称"洗澡"。杨绛后来所写的长篇小说《洗澡》讲的就是这时的事情。

思想改造运动有许多"左"的做法，产生了不良影响。"在一些问题上界限划分不清，把一些不该反对的东西也加以反对，对西方资本主义国家科学教育中应当继承的东西重视和继承不够，在学习和开展批评与自我批评中，有些做法比较粗糙，出现过人人检讨、群众斗争'过关'的错误，伤害了一些人。"[1]

应该承认，知识分子一开始对"三反"运动不很理解。正如杨绛《洗澡》中的人物朱千里所云："这和我全不相干。我不是官，哪来官僚主义？我月月领工资，除了工资，他家的钱一个子儿也不沾边，贪污什么？我连自己的薪水都没法浪费呢！一个月五块钱的零用，烟卷儿都买不起，买了便宜烟叶子抽抽烟斗，还叫我怎么节约！"[2]小说虽然是虚构的，反映的却是现实。

思想改造运动是与"三反"运动紧密配合的。思想改造运动开始后，清华园已失去了平静。校园里在举办资产阶级腐朽思想的图书展览。喜欢在书里"串门儿"的杨绛，望着那些书本，这些书她都串过门儿，她却无

---

[1] 韩泰华主编：《中南海开始决策》，北京出版社1999年1月版，第231页。
[2] 杨绛：《洗澡》，见《杨绛作品集》第二卷，中国社会科学出版社1993年10月版，第392页。

法讲清它们的"腐朽"之处。

这些改造思想的运动，一般有三个阶段，即思想动员阶段、酝酿讨论阶段、声讨控诉阶段[1]。杨绛在清华就经历了这三个阶段。

在思想动员阶段，一切统一认识，步调一致。在这段时间，广大教师相对自由，大家一起学习发下来的学习材料，可以说说笑笑，有时也不免发些牢骚。

酝酿讨论阶段就不同了。严肃紧张取代了轻松活泼，每个人都进行内心的思想斗争，感到有了压力。杨绛也曾参与几个"酝酿会"。那就是背着被控诉的老师，集体搜索可控诉的材料，例如某教师怎么宣扬资产阶级的生活方式，某教师怎么传布资产阶级的思想等。

第三个阶段是声讨控诉大会，当个人的最后思想总结或检查被审阅和认可后，他可能感受到自己还不是一个"纯洁的人高尚的人、脱离了低级趣味的人"，但至少他感到自己是个无害于人民的人，为此感到骄傲振奋。那些被认为有害于人民的人，自然要被控诉一番了。那就由不得你了。

当时，外文系的"危险课"有三门：诗歌、戏剧和小说。后来这三门课改为选修，诗歌和戏剧班上的学生退选，这两门课就取消了。杨绛教授的是大学本科三年级的英国小说课程，因为仍有学生选修，她只好继续开课。

但是，这些课程时常要受到来自"左"的方面的干扰，令人忧心忡忡。例如温德先生（1886—1987），是一位进步人士。早在1925年时他就来清华大学任外文系教授，院系调整后一直任北京大学西语系教授，在中国任教六十余年。他与吴宓、张奚若、闻一多等都是好朋友，杨绛、钱锺书夫妇是他的老学生，他和钱锺书又一同负责研究生的指导工作。北京解放前夕，国民党搜捕进步师生时，吴晗、袁震夫妇就是他用小汽车护送出

---

[1] 刘中国：《钱锺书：20世纪的人文悲歌》（下），花城出版社1999年9月版，第508页。

北京的。

温德最早向学生和同事们推荐和讲述英共理论家考德威尔的名著《幻象和现实》。有一个同事在学生时代曾和杨绛同班上温德的课，他这时候一片热心地要温德用马列主义来讲解文学。不过这位同事的观点过于偏狭，简直否定了绝大部分的文学经典。因而温德对此颇为生气，他私下对杨绛说：

"我提倡马克思主义的时候，他还在吃奶呢！他倒来'教老奶奶嘬鸡蛋'！"

而其时杨绛的一位朋友也对杨绛说，你那老一套的可不行了，得我来教教你。但是杨绛并未虚心接受，只留心回避，在上英国小说鉴赏时着重艺术上的分析比较，希冀保险点，一心只等学生退选了事。然而过了两年，二年级的学生也选修了这门课，并要求精读一部小说，而三年级的学生仍要求普遍地分析讨论。杨绛就想乘机打退堂鼓，但不知谁想出一个号称"两全法"的主意：精读一部小说，同时着重讨论这部小说的技巧。杨绛当时选定精读的小说是《大卫·科波菲尔》，狄更斯受到马克思的赞许，也受到进步评论家的推重，被公认为进步小说家。她自认为讲狄更斯应该没有问题。

酝酿控诉大会的时候，杨绛正为改造思想作检讨。学生认为她的问题比较简单——不属于"向上爬"的典型，也不属"混饭吃"的典型，她只是满足于当贤妻良母，没有新中国人民的主人翁感。杨绛的检讨，就这样一次通过。

开控诉大会就在通过杨绛检查的当天晚饭后。她带着轻松愉快的心情，随她的一位亲戚同去听控诉。

杨绛的那位亲戚是"活动家"。她不知从哪里听说杨绛的检讨获得好评，特来和杨绛握手道贺，然后同去开会。会议主席谈了一通资产阶级思想的毒素云云，然后开始控诉。

那时候，有个杨绛从没见过的女学生上台控诉，形势直转急下，她不是

杨绛班上的学生,可是她咬牙切齿、顿足控诉的却是杨绛。只听她直嚷:

"杨季康先生上课不讲工人,专谈恋爱。"

"杨季康先生教导我们,恋爱应当吃不下饭,睡不着觉。"

"杨季康先生教导我们,见了情人,应当脸发白,腿发软。"

"杨季康先生甚至于教导我们,结了婚的女人也应当谈恋爱。"

这场大会在学校大礼堂举行,参加者约三千师生员工。其时几千双眼睛都射向杨绛,她的那位亲戚不知溜到哪儿去了。她只好效法三十年代的旧式新娘,闹房时戴着蓝眼镜,装着不闻不见,木然默坐。接下去还有对别人的控诉,控诉完毕,与会者一面拥挤着慢慢散去,一面闹哄哄地议论。杨绛心想:早知如此,为何在酝酿控诉会上,没人提及自己"谈恋爱"的事情,却一致通过呢?

杨绛默默走出大礼堂,恰似刚从地狱出来的魔鬼,浑身散发着硫磺味,还带着一圈空白,群众在这圈空白之外纷纷议论,声调里带着愤怒。一位女同志(大约是家庭妇女)感叹说:"咳!还不如我们无才无能呢!"

忽然,外文系系主任吴达元走近前来,悄悄地问杨绛:

"你真的说了那种话吗?"

杨绛回答:"你想吧,我会吗?"

吴达元立即说:"我想你不会。"他心里明白,杨绛是一位治学严谨、说话很有分寸的老师。

杨绛很感激吴达元,可是那时也只能谨慎地走远些,恐怕累及他。

杨绛带着这"一头雾水",独自一人回到家里。钱锺书和女儿都不在家,女佣早已睡熟,没人倾诉,没人安慰。这天夜晚,杨绛思绪万千:"假如我是一个娇嫩的女人,我还有什么脸见人呢?我只好关门上吊啊!季布壮士,受辱而不羞,因为'欲有所用其未足也'。我并没有这等大志。我只是火气旺盛,像个鼓鼓的皮球,没法按下凹处来承受这份侮辱,心上也感不到丝毫惭愧。"于是,她只看了一会儿书,便睡觉了。

第二天一早起来,杨绛特意打扮得喜盈盈的,拿着个菜篮子到校内菜

场上"人最多的地方去招摇",看一看旁人如何表现:

有人见了杨绛及早躲开,有人佯装不睬,但也有人照常和她打招呼,而且有两三个人还和她说话,有一人和她说笑了好一会儿。这在杨绛眼里,平添了几分滑稽,可做喜剧的"素材"[1]。

## 四

这场大会开后不久,《人民日报》上报道了清华大学对资产阶级腐朽思想控诉大会的消息,还点了杨绛的名,说什么:"×××先生上课专谈恋爱。"

杨绛自认为,幸亏自己不是名人,点了名也未必有多少人知道。三十多年后回首往事,她说:

> 我的安慰是从此可以不再教课。可是下一学期我这门选修课没有取消,反增添了十多个学生。我刚经过轰轰烈烈的思想改造,诚心诚意地作了检讨,决不能再消极退缩。我也认识到大运动里的个人是何等渺小。我总不能借这点委屈就掼纱帽呀!我难道和资产阶级腐朽思想结下了不解之缘吗?只好自我辩解:知道我的人反正知道;不知道的,随他们怎么想去吧。人生在世,冤屈总归是难免的。虽然是一番屈辱,却是好一番锤炼。当时,我火气退去,就活像一头被车轮碾伤的小动物,血肉模糊的创口不是一下子就能愈合的。

---

[1] 杨绛:《控诉大会》,见《杨绛作品集》第二卷,中国社会科学出版社1993年10月版,第236~237页。

可是，往后我受批评甚至受斗争，总深幸这场控诉大大增强了我的韧劲。[1]

然而，并不是所有的知识分子在这场被称作"洗澡"的运动中，都像杨绛那样富有韧劲，夯实了与命运搏击的基础，他们的生命过早地凋落了。在杨绛记忆的荧屏里，便留下若干影子。

杨绛1988年撰写的《忆高崇熙先生》，为我们提供了这样的事例。

高崇熙先生是清华大学化工系教授，兼任化工厂厂长。大家都承认他业务很好，可是却说他脾气不太好，落落难合。他的夫人高太太善交际，所以杨绛、钱锺书夫妇尽管不善于交际，也和高家有些来往。他们发现高崇熙脾气并不坏，和他们很合得来。

1951年秋季的一个星期日，正是晴朗的好日子，杨绛夫妇一时兴起，想出去走走。杨绛还记得高夫人送过鲜花来，还未去道谢。他们就步出南校门，穿过麦田，到化工厂去。

杨绛和钱锺书进了工厂，拐弯曲折，到了高氏夫妇寓所。高太太进城去了，家里只有高崇熙一人。他正独坐在又像教室又像办公室的客堂里，对钱氏夫妇的拜访感到很意外，他请两人坐下，拿了两只玻璃杯，为他们斟了两杯水。高崇熙笑得很勉强，与他们酬答也只一声两声。

钱锺书乘机问起他们厂里的思想改造运动，他说："没什么事，快完了。"

杨绛凭着女性的敏感，觉得高氏"心情不好"，自忖来得不是时候，于是坐不住了，就说是路过，顺道看看，还要到别处去。说完他们便起身告辞了。

高崇熙并未挽留，却殷勤送他们出来，送出客堂，送出走廊，送出院

---

[1] 杨绛：《控诉大会》，见《杨绛作品集》第二卷，中国社会科学出版社1993年10月版，第238页。

子，还直往外送。夫妇俩请他留步，他硬是要送，一直送到工厂的大门口。杨绛记得大门口站着个看门的，他站在那人旁边，目送杨绛他们往远处去。

在回家的路上，杨绛和钱锺书琢磨来，琢磨去，总觉得有些纳闷——高崇熙也不是冷淡，也不是板着脸，他只是笑得那么勉强，那么怪。真怪！除此之外，没有别的字可以形容。

杨绛说："他好像不欢迎我们。"

"不欢迎。"钱锺书回答。

"所以我不敢多坐了。"

"是该走了。"

"他大概有事呢，咱们打扰他了。"杨绛道。

"不，他没事，他就么坐着。"

"不在看书？"

"我看见他就那么坐着，也不看书，也不做什么事。"

"哦，也许因为运动，他心绪不好。"

"我问起他们厂里的运动，他说没什么事，快完了。"

"我觉得他巴不得我们快走。"

"可是他送了又送。"

他们俩怎么也没有想到，高崇熙正在打自寻短见的主意！

只过了一天，星期二上午，传来消息：化工厂的高崇熙昨天自杀了。据说星期一上午，工间休息的时候，高夫人和厂里的一些女职工在会客室里煮元宵吃，回隔壁卧房看见高崇熙倒在床上，脸已变黑，他服了氰酸。

听到噩耗，杨绛既后悔又心酸："只恨我们糊涂，没有及时了解。"杨绛在回忆这件事时，最后还不忘捎带一句：

"冤案错案如今正一一落实。高先生自杀后，高太太相继去世，多少年过去了，谁还记得他们吗？"

还有一位人物，也使杨绛难以忘怀。那时，杨绛常常带女儿去燕京东门外买水果的果园名叫虞园，园主虞先生是早年留学美国的园林家，杨绛和他很熟。

虞先生约莫五十多岁，头发已经花白，他和蔼可亲，富有教养。有一次杨绛和女儿进园，就看见虞先生坐在树阴里看一本线装书。杨绛很愿和他聊聊天。

当小孩子进园买果子时，虞先生总把稍带伤残的果子大捧大捧塞给孩子。杨绛还常看见他爬在梯子上修剪果树，和工人一起劳动，工人都称他"吾生"——就是"我们先生"——这称呼的口气里带着拥护爱戴的意思。

杨绛和女儿去买果子，有时是工人掌秤，有时虞先生亲自掌秤。桃子熟了，虞先生给个篮子让他们自己从树上挑好的摘。他还带杨绛下地窖看里面储藏的大筐大筐苹果。

"三反"运动刚开始，杨绛发现虞园气氛反常。一小部分工人——有些工人的气势好像比虞先生高出一头。有一天杨绛去果园，开门的工人对她说：

"这园子归公了。"

"虞先生呢？"杨绛问道。

"和我们一样了。"

杨绛这才知道，虞先生同其他工人一样，成了果园的雇员，拿同样的工资，但他并不因此"成为工人阶级"的一员。

一次杨绛看见虞先生仍在果园里晒太阳，不过离果子摊儿远远的。他说，得离得远远的，免得怀疑他偷果子。还说，他吃园里的果子得到市上去买，不能在这里买，人家会说他多拿了果子。杨绛总是劝他把事情看开些，得随着时世变通，反正他照样为自己培植的果树服务，不就完了吗？果园毕竟是身外之物呀。

但是虞先生想不通，他自己学的园林学，也从事体力劳动，为何说他剥削人家。他受不了日常难免的腌臜气，闷了一程，病了一程，终于死于非命——自己触电去世。杨绛为这一位朋友的不幸遭遇动容、伤心。因而在事隔三十年后，她写下了沉痛的《"吾先生"——旧事拾零》一文。

"三反"和思想改造运动后，知识分子的心境如何呢？杨绛的《洗澡》中的丁宝桂和朱千里两人的对话，正可佐证——

丁　反正咱们都过了关了。从此以后，坐稳冷板凳，三从四德就行。他多一百斤二百斤，咱们不计较。

朱　不是计较不计较，洗了半天澡，还是他最香吗！

丁　反正不再洗了，就完了。

朱　没那么便宜！

丁　难道还要洗？我听说是从此不洗了。洗伤了元气了！洗螃蟹似的，捉过来，硬刷子刷，掰开肚脐挤屎。一之为甚，其可再乎？

朱　这是一种说法。可是我的消息更可靠。不但还要洗，还要经常洗，和每天洗脸一样。只是以后要"和风细雨"。

丁　怎么"和风细雨"？让泥母猪自己在泥浆里打滚吗？[1]

以后的形势诚如书里的人物所言，学术文化界的"左祸"愈演愈烈，知识分子的祭坛慢慢地开始"升帐"。

---

[1]《杨绛作品集》第一卷，中国社会科学出版社1993年10月版，第448～449页。

第八章

# 流年沉浮

起初，杨绛、钱锺书都在文学所外国文学研究组工作，不久，钱锺书被郑振铎借调到中国古代文学研究组，用钱锺书的话说，"从此一'借'不再动"。后来古代组和外文组分别升格为文学所、外国文学研究所，他们夫妇分别成了这两个研究所的研究员。

## 一

杨绛《洗澡》一书结尾部分有云："当时文学研究社不拘一格采集的人才，如今经过清洗，都安插到各个岗位上去了。"[1]她这里指的是"洗澡"过后，在全国范围进行的高校院系调整。

从1952年下半年开始，根据政务院《关于改革学制的决定》，对全国高校进行了院系调整。这次调整的宗旨是以培养工业建设人才和师资为重点，发展专门学院和专科学校，整顿和加强综合大学，形成高等工科学校专业化比较齐全的体系。其模式是照搬苏联"老大哥"的一套，这样，杨绛、钱锺书所在的清华大学变成了一所纯工科性质的高校。

1953年初，根据安排，杨绛、钱锺书被调整到北京大学文学研究所，由教授变为研究员，从此尽管隶属关系有所变动，但两人工作单位未曾调动。文学研究所由郑振铎、何其芳创办，所长由担任文化部副部长的郑振铎兼任，何其芳任副所长，并主持所里的工作。1956年文学研究所划归中国科学院哲学社会学部，简称"学部"。学部于1977年独立并扩充成为中国社会科学院，胡乔木出任首任院长。

杨绛夫妇脱离大学的讲坛，对清华大学来说是一种遗憾。对他们两人来说，则未免不是一件幸事。

小说《洗澡》中的主人公许彦成，在重新分配工作时填写的志愿是教

---
[1]《杨绛作品集》第一卷，中国社会科学出版社1993年10月版，第455页。

英语文法，他的太太杜丽琳是教口语的。许彦成的道理很简单："我曾经很狂妄。人家讲科学救国，我主张文学救国，不但救国，还要救人——靠文学的潜移默化。反正我认识到我绝对不配教文学的。如果我单讲潜移默化的艺术，我就成了脱离政治，为艺术而艺术。我以后离文学越远越好。"许彦成的这番夫子自道，我们不妨当成杨绛、钱锺书夫妇（当然不仅仅是他们两人）当时的私房话。

杨绛被学生点名道姓地批判，骂得狗血喷头，虽然"是非忽已分今昨"，增添了些许韧劲，但仍然心有余悸。至于钱锺书呢，他的学养和性格使其不会在讲坛上老生常谈[1]。

文学所成立时确定的工作方针是，按照国家的需要和本所的具体条件，有步骤、有重点地以马克思主义的观点方法，研究中外的文学与文艺理论，以及整理文学遗产，促进我国文艺科学水平的提高和文学创作的繁荣。

起初，杨绛、钱锺书都在文学所外国文学研究组工作，不久，钱锺书被郑振铎借调到中国古代文学研究组，用钱锺书的话说，"从此一'借'不再动"。后来古代组和外文组分别升格为文学所、外国文学研究所，他们夫妇分别成了这两个研究所的研究员。

杨绛夫妇的寓所，这时也由清华园迁至中关园。据苏轼《东坡志林》卷四载："陶靖节云：'倚南窗以寄傲，审容膝之易安。'故常欲筑小轩，以'容安'名之。""脱裤子、割尾巴"的知识分子思想改造运动之后，钱氏夫妇自然未必能"倚南窗以寄傲"，但至少暂时可以"审容膝之易安"了，他们遂为自己的书斋命名为"容安室"。

钱锺书于1954年写下了《容安室休沐杂咏》组诗，从这组诗中，人们或许可以发现他们在中关园的生活场景以及精神状态：

---

1 刘中国：《钱锺书：20世纪的人文悲歌》，花城出版社1999年9月版，第524页。

## 杨绛

曲屏掩映乱书堆,家具无多位置才;
容膝易安随处可,不须三经羡归来。

渐起人声昏晓际,难追梦境有无间;
饶渠日出还生事,领取当前倚枕闲。

盆兰得暖暗抽芽,失喜朝来竞吐花;
灌溉戏将牛乳泼,晨餐分减玉川茶。

翛然凤尾拂阶长,檐卜花开亦道场;
楚楚最怜肠断草,春人憔悴对秋娘。

积李崇桃得气先,折来芍药尚馀妍;
只禁几次瓶花换,断关春光又一年。

音书人事本萧条,广论何心续孝标;
应是有情无着处,春风蛱蝶忆儿猫。

如闻车马亦惊猜,政用此时持事来;
争得低头向暗壁,万千呼唤不能回。

醇酒醉人春气味,酥油委地懒形模;
日迟身困差无客,午枕犹堪了睡逋。

莺啼花放縠纹柔,少日情怀不自由;
一笑中年浑省力,渐将春睡当春愁。

## 第八章 流年沉浮

> 向晚东风着意狂，等闲残照下西墙；
> 乍缘生事嫌朝日，又为无情闹夕阳。
>
> 生憎鹅鸭恼比邻，长负双柑斗酒心；
> 语燕流莺都绝迹，门前闲煞柳成荫。
>
> 袅袅鹅黄已可攀，梢头月上足盘桓；
> 垂杨合是君家树，并作先生五柳看。

杨绛说过，他们夫妇爱读东坡"万人如海一身藏"之句，也企慕庄子所谓"陆沉"，并赞同英美人把社会比作"蛇阱"：只见"阱里压压挤挤的蛇，一条条都拼命钻出脑袋，探出身子，把别的蛇排挤开，压下去；一个个冒出又没入的蛇头，一条条拱起又压下的蛇身，扭结成团、难分难解的蛇尾，你上我下，你死我活，不断地挣扎斗争。钻不出头，一辈子埋没在下；钻出头，就好比大海里坐在浪尖儿上的跳珠飞沫，迎日月之光而斗辉，可说是大丈夫得志了"。

他们深知人在"蛇阱"的无奈，只好冷眼相看。正如杨绛所说：古往今来，自有人避开"蛇阱"而"藏身"或"陆沉"。消失于众人之中，如水珠包孕于海水之内，如细小的野花隐藏在草丛里，不求"勿忘我"，不求"赛牡丹"，安闲舒适，得其所哉。一个人不想攀高就不怕下跌，也不用倾轧排挤，可以保其天真，成其自然，潜心一志完成自己能做的事。迁至中关园时，杨绛还在宿舍门前种了五棵柳树，绿树成荫，使人联想到陶渊明氏的《五柳先生传》了。

1953年朱虹从北大西语系进外文所工作，当时杨绛她们都被称为"老先生"，可是杨绛并不老，每周开会，都给朱虹留下深刻印象："她特别端庄，穿得很整齐，可是不趋时，绝对不穿列宁装之类，有时候一些公共活动，我们不当一回事，知道是走过场，可是她很认真。"

那个年代外文所斗争不断，批胡适，然后是拔白旗。当时在外文所，整体气氛就对杨绛不友善。朱虹记得，当年作为最高标准的研究成果都是苏联的一些所谓马克思观点的文学批评，那些东西，她们都觉得价值不高，何况杨绛、李健吾、罗大冈等老先生，他们只能通过翻译小说来充当研究成果。"现在想想，老先生们的那批翻译，是最重要的学术成果，体现了那个时代的最高水平。"

杨绛即使在那种情况下，气质也很端庄，朱虹最佩服杨绛的，就是她在什么情况下都抱有尊严感，一直到现在还是这样。朱虹用了"漂亮"来形容杨绛，她的那种漂亮，是整个诗书气蕴的外在显示。"不用说干校阶段了，她始终收拾得干干净净的，见到我们，拿把糖过来，让我们补身体；不管多脏多累，始终不像我们，拿着脏手就抓馒头，她天生有种大家气派——100岁了还这样。我和柳鸣九要送孩子回老家，没钱犯愁，结果杨先生不知道怎么了解到了，立刻送了300块钱过来，当时她送出去很多钱，别人不还，她也从来不要。"[1]

| 二 |

1955年4月底，杨绛得到一张绿色的观礼条，5月1日劳动节可到北京天安门广场观礼。

"五一"清晨，杨绛兴冲冲上了大汽车，一眼看到车上有个戴绿条儿的女同志，喜出望外，忙和她坐在一起，到了天安门大街，杨绛跟着"绿条儿伙伴"过了街，在广场一侧找到了观礼台。

---

[1] 王恺：《杨绛的一生:尊严和信仰》，活字文化微信公众号。

## 第八章 流年沉浮

太阳高挂，台上好几排长凳上都坐满了人，杨绛凭短墙站立好久，后来又换为在长凳尽头坐了一会儿。可是除了四周的群众，除了群众手里擎着的各色纸花，她什么也没有看见。

忽然远处传来消息："来了，来了！"

群众在欢呼，他们手里举的纸花，汇成一片花海，浪潮般升起又落下，想必是领袖在天安门上出现了。杨绛接下来就听见游行队伍的脚步声。天上忽然放出一大群白鸽，又迸出千百个五颜六色的氢气球，飘扬在半空中，有的还带着长幅标语。游行队伍齐声喊着口号。她看到一簇簇红旗过去，听着口号和步伐声，知道游行队伍正在前进。她踮起脚，伸长脑袋，游行队伍偶然也能看到一瞥。可是眼前所见，只是群众的纸花，像浪潮起伏的一片花海。游行队伍过后，杨绛赶车回家。

回到家里，家人问杨绛看见了什么，她却回答不出，相反她倒有点茫然。

杨绛想：虽然啥也看不见，虽然没有"含着泪花"，泪花儿大约也能呼之即来，因为"伟大感"和"渺小感"同时在心上起落，确也"久久不能平息"。"组织起来"的群众如何感觉，她多少领会到一点情味[1]。

在此前后，杨绛开始翻译法国作家勒萨日的名著《吉尔·布拉斯》。

勒萨日（1668—1747）是18世纪初叶法国著名的小说家。他出生于布列堪尼一个公证人的家庭，是个独生子。他一生当过律师，在税务局当过小职员，以后就以写作为生。当时文人多投靠权贵，他却性情倨傲，不屑与贵人周旋。他所写的剧本只在大众化的市场剧院上演，因而受到平民们的拥护和爱戴。

勒萨日写过剧本和小说，剧本以喜剧《主仆争风》、讽刺剧《杜卡莱先生》最为著名，小说除《跛腿魔鬼》之外，以长篇小说《吉尔·布拉斯》最为杰出，它可以被视作是法国十八世纪上半叶最优秀的现实主义

---

[1] 杨绛：《第一次观礼》，见《杨绛作品集》第二卷，中国社会科学出版社1993年10月版，第337～340页。

小说之一，并曾经受到过马克思的好评。杨绛也十分欣赏勒萨日的作品，她曾在一篇论文中称："18世纪初期勒萨日的现实主义小说《吉尔·布拉斯》不冒称历史，从此小说才不向历史依草附木，而另开门户，普莱复（Prevost）、马里伏（Marivaux）等继起直追。"[1]

小说深受《小癞子》的影响，以第一人称自述的手法，通过吉尔·布拉斯这个出身贫寒家庭的少年的发迹事实，对处于封建制度崩溃前夕的法国社会生活，作了极为生动、真实的描写，并塑造了一个出身于市民阶层、靠投机取巧致富得势的典型。

《吉尔·布拉斯》通常被称为流浪汉小说。但主人公与一般流浪汉略有不同：他没有在饥饿线上挣扎，还受过些教育。他由后门小道投靠权贵，为他们帮闲，晚年做起了大官，拥有财产。杨绛对这位作家的研究心得是：吉尔·布拉斯是个"通才"，他……没甚本事，却有点小聪明；为人懦怯，逼上绝路也会拼一拼。所以他无论在什么时候都能混混；做医生、做佣人、做管家、做大主教或首相的秘书，样样都行，哪里都去得。而且他从不丧气，坏运气压他不倒，摔下立刻爬起，又向前迈步。他又观察精微，做了事总要反省，对自己很坦白。一部暴露社会黑暗的小说，正需要这样一位主角，带着读者到社会每一阶层每一角落去经历一番。

吉尔·布拉斯不仅带读者一处处经历，也在经历中一点点改变。他从初出茅庐的毛头小伙子，渐渐变成谨慎持重的大乡绅，从只想创一份家业的穷人，渐渐变成归田退隐的阔佬。他从乡下佬变成伶俐小子，变成巴结别人的佣人，变成无耻的走狗，变成看破势利的"清高"绅士。他从每次经历中总结教训，所以为人行事总随着有些改变。但是他的个性始终未变，吉尔·布拉斯是个"通才"，吉尔·布拉斯是运气压不倒的人，他在经历中渐渐发展成熟。他虽然添了经验，但并没把毛病改掉。他始终很虚伪，老年"归隐"，还摆足臭架子，他吃一次亏，学一次乖，总没有完全

---

[1] 杨绛：《斐尔丁的小说理论》，见《杨绛作品集》第三卷，中国社会科学出版社1993年10月版，第111页。

学乖；一次次受良心谴责，决心做好人，到名利关头，是身不由己，什么下流无耻的勾当都肯干。马克思说吉尔·布拉斯在各种各样的奇遇中始终是个奴才，勒萨日惟妙惟肖地描写了这种人物。

勒萨日不用工笔描画，只用粗线条勾勒，吉尔·布拉斯的个性，在举动言谈和不同的境地中衬托出来……暴露社会的小说，牵涉到的方面愈广，结构愈不易严密。作者不能用一个故事来包罗万象，往往就用一个主角来贯串许多不连贯的故事，歌德说："诗人想把世界上的形形色色都表达出来，所以写的故事里需要个名人做主角，把他当一条绳索，不论多少事，都可以挂上去。荷马的《奥德赛》、勒萨日的《吉尔·布拉斯》就用这办法。"勒萨日的吉尔·布拉斯还不仅是条绳索，他有着一贯的人格，他的个性，随着他的经历渐渐发展，因此又增加了小说的统一性。

勒萨日叙事轻快，从容不迫，偶尔也刻画细致。整部小说的叙事，就像吉尔·布拉斯的文笔一样，"简洁精切"，"笔致轻松"，他用的是朴素的笔法，不喜雕饰[1]。

杨绛的《吉尔·布拉斯》中译本于1956年出版。为了适应当时的形势，她写译本序言时学写了一篇"八股文"，她称之为"五点文"，因为只有五个点而不是八个股。说这部长篇小说是伟大的现实主义小说，这是从苏联文学史专著上抄来的，接着摆了五点：时代和社会背景、思想性、艺术性、局限和影响。尽管如此，杨绛没有料到，这部受到马克思赞赏、在西方文学史上有重要地位的名著，也会在风云突变之际，连它的译者一起，遭到极"左"分子的批判。

杨绛致力于翻译事业，其翻译实绩深受专家学者的推崇。早在20世纪50年代之初，北京大学著名教授朱光潜就十分赞赏杨绛的翻译成就。在一次闲聊中，朱光潜的学生问他：

"全中国翻译谁最好？"

---

[1] 杨绛：《砍余的"五点文"》，见《杨绛作品集》第三卷，中国社会科学出版社1993年10月版，第223~224页。

# 杨绛

朱光潜说这个问题可以分三个方面：散文（即小说）翻译、诗歌翻译和理论翻译。

学生又追问道："那么散文翻译谁最好？"

朱光潜回答："杨绛最好。"

在这些学生当中，有一位名叫董衡巽，后来分配到文学所，与杨绛同一单位。那时候年轻人初进所里，只要条件允许，一般都有资深专家指导做研究工作。董衡巽归杨绛领进门去。杨绛开始时谦虚，没有答应，说自己"政治思想水平低"，指导不了年轻同志，后来和他接触稍多，杨绛觉得他对文学有点兴趣，便同意了。于是，董衡巽成了杨绛的"门外"弟子[1]。

杨绛对指导工作非常认真负责，她给董衡巽开列了英国当代文学的书目，指导阅读，解答问题，耐心细致。对他的翻译习作精心批改，可惜好景不长，这些业务活动，不久便因参加下放劳动而中辍。董衡巽把杨绛的《吉尔·布拉斯》视作翻译的典范，他介绍道：

为了提高翻译水平，我读了杨先生翻译的法国文学名著《吉尔·布拉斯》。读的时候能感觉到一种语言文体美。译文像行云，像流水，从容舒缓，有时夹杂一些上海话，虽是方言，却与自然流畅的译文浑然一体。流浪汉体小说有时枝蔓横生，但得力于译文的可读，我能一口气读完。不过，读完之后，我产生过一点疑虑：原文也是这样优美、这样畅达吗？其中有没有译者的"加工"？当时不无疑虑。我不通法文，不敢妄说。

最近读到法国文学专家郑永慧同志的文章。她说："我在大学时看过《吉尔·布拉斯》原文，对勒萨日的文章有一定的印象，50年代读杨绛的译本时，就惊异于行文之流畅，用词之丰富，认为完全符合茅盾同志的要求'运用适合于原作风格的文学语言，把原作的内容与形式正确无遗地再

---

[1] 董衡巽：《记杨绛先生》，见倪文尖编《文人旧话》，文汇出版社1995年1月版，第219~220页。

现出来',应认为是文学翻译中卓越的范例。"[1]

1956年,文学所召开了划归中国科学院哲学社会科学部后的第一次全所内外的学术讨论会。杨绛和钱锺书参加了这次会议。同时何其芳、陈涌、蔡仪、冯雪峰、刘绶松、钱学熙、罗大冈、李希凡、杨晦、陈秋帆、卞之琳、蓝翎、范宁、冯至、潘家洵、俞平伯、舒芜、周妙中,王佩璋、赵君圭、曹道衡、冯友兰、林庚、吴兴华、张岱年等人也参加了会议。

会上就"1956年度科研成果"中何其芳的《论阿Q》一文展开了热烈的讨论。何其芳在文章中提出了三个观点:一、典型性不全等于阶级性;二、典型人物在生活中流行的常常是他最突出的特点,而不是他的全部性格;三、这种最突出的特点,可以说是某一阶级的特点,也可以说是不止一个阶级的某些人物的性格上的相同的特点。阿Q属于最后一类典型。由于当时社会科学领域正日益把阶级分析法奉为唯一的研究方法,何其芳的论点大有无视阶级分析的端倪,然而,杨绛夫妇却赞成何其芳的论断。钱锺书指出,阿Q精神在古今中外的某些文学作品当中都能找到。他以《夸大的兵》《女店东》《儒林外史》等作品中的人物和宋、金史来证明自己的论断。杨绛在会上也指出,不同阶级的某些人物,可以属于同一典型,比如粗暴的人、深沉的人,各个阶级都是有的。他们俩说的这些不合时宜的话,预示着所内斗争的激化并使杨绛夫妇后来遭受批判成为可能[2]。

---

1 董衡巽:《记杨绛先生》,见倪文尖编《文人旧话》,文汇出版社1995年1月版,第222页。
2 李洪岩:《钱锺书与近代学人》,百花文艺出版社1998年2月版,第179~180页。

## 三

在繁忙的政治学习之余，杨绛十分向往平静的书斋生活。20世纪50年代后，她写过几篇有关外国文学的长篇论文，但遭遇令人心寒。杨绛对人曾说过："恰在'反右'那年的春天，我的学术论文在刊物上发表，并未引起注意。锺书于1956年底完成的《宋诗选注》，1958年出版。'反右'之后又来了个'双反'，随后我们所内掀起了'拔白旗'运动。锺书的《宋诗选注》和我的论文都是白旗。郑振铎先生原是大白旗，但他因公遇难，就不再'拔'了。锺书于1958年进城参加翻译毛选的定稿工作。一切'拔'他的《宋诗选注》批判，都由我代领转达。后来因日本汉学家吉川幸次郎和小川环树等对这本书的推崇，也不拔了。只苦了我这面不成模样的小白旗，给拔下又撕得粉碎。我暗下决心，再也不写文章，从此遁入翻译。锺书笑我'借尸还魂'，我不过想借此'遁身'而已。"

杨绛的《斐尔丁在小说方面的理论与实践》一文发表于文学所主办的《文学研究》季刊1957年第二期上，后易名为《斐尔丁的小说理论》。

斐尔丁（1707—1754）是英国18世纪现实主义小说家，被文学史家公认为英国小说的鼻祖。他的作品受到马克思的喜爱以及司各脱、萨克雷、高尔基的推重。斐尔丁出生于英国西南萨默塞特郡一个家道中落的贵族家庭，年轻时曾求学于伊顿公学和荷兰的莱顿大学。破落家庭的生活，对他一生的文学创作影响颇深。斐尔丁是由剧本创作步入文坛的，曾创作二十几部剧本。斐尔丁的文学成就主要是小说，除了代表作《汤姆·琼斯》之外，还写有《约瑟夫·安德鲁斯的经历》《大伟人江奈生·魏尔德传》《阿米丽亚》等三部小说。这些小说属于流浪汉小说范畴，具有现实主义的讽刺意味。

斐尔丁不仅是杰出的小说家，而且还是一位小说理论家，但他的论点比较零碎，没有系统的理论专著，分散于他小说的献词、序言和《汤姆·琼斯》每卷的第一章以及各部小说的叙事正文等。斐尔丁的理论大部分来源于亚里士多德的《诗学》和贺拉斯的《诗艺》。他熟悉希腊罗马的经典，他自己说，他常把古代好作品的片断翻译出来应用，不注原文，也不指明出处。后人要把斐尔丁的小说理论整理出来，作一番条分缕析的阐述，是相当有难度的。杨绛克服重重困难，通过原著，不借助译本，成功地达到目的。正如她自己所云："我们若要充分了解他的理论，就得找出他的蓝本对照一下。因为斐尔丁自己熟读经典，引用时往往笼统一提。我们参看了他的蓝本，才知道他笼统一提的地方包含着什么意义，并且了解他在创作中应用了什么原则，尤其重要的是，我们在对照中可以看出他推陈出新的地方。"

杨绛的长篇论文《斐尔丁在小说方面的理论与实践》从七个方面分析了斐尔丁的小说理论：

一、"散文体的滑稽史诗"。斐尔丁把自己的小说称为"散文体的滑稽史诗"。他的小说理论，简单地来说，无非是把小说比作史诗。他要求师法古希腊罗马史诗，场面广阔，人物繁多，结构复杂，故事不是悲剧性的而是喜剧性的，不用韵文而用散文，不写英雄而写普通人物。总之，斐尔丁推崇场面广阔、人物众多的滑稽故事。

二、严格模仿自然。斐尔丁把一切规律纳入一条总规律："严格模仿自然。"无论描写人物还是叙述故事，他都强调"严格模仿自然"。杨绛指出，斐尔丁"所谓'模仿'无非表示他师法经典作家——师法自古以来大家公认为合乎自然的作品，并不是亦步亦趋地依傍学样"。在描写人物方面，斐尔丁认为应该严格模仿自然，不夸张，不美化，写出人物的性格、人物的类型。他还认为小说家不但要写出同类人物的共性，还需要写出每个人的特性。在叙说故事方面，斐尔丁"认为小说家的职责是据事实叙述"，"打定主意，决不讨好任何人"，"不写不可能的事，不写不合情理的事"，总之"要从事实上概括出人生的真相，选择稀奇有趣的事，按人生真相加以描摹"。

三、"滑稽史诗"的取材范围。斐尔丁说，他的题材无非是写人性，但是他只写可笑的方面。杨绛指出："斐尔丁认为可笑的根源出于虚伪。虚伪又有两个原因：虚荣和欺诈。出于虚荣的作伪不过掩饰一部分真情，出于欺诈的作伪和真情完全不合。揭破虚伪，露出真情，使读者失惊而失笑，这就写出可笑的情景……从斐尔丁本人的话和他根据的理论，可见斐尔丁所谓可笑，是指人类的偏僻、痴愚、虚伪，等等。笑是从不相称的对比中发生的。"

四、笑的目的以及小说的目的。杨绛一再说明，斐尔丁承认贴合自然的作品所引起的笑更有意义，也更有教益。这种有意义有教益的笑不是为讽刺个人，却是要"举起明镜，让千千万万的人从中照见自己的丑相，由羞愧而知悔改"。总之，斐尔丁认为一切小说都该在趣味中掺和教训。写小说的宗旨就是要兼顾娱乐和教诲，在引笑取乐之中警恶劝善。

五、小说家必具的条件。杨绛归纳了斐尔丁所说的小说家的四个条件：第一是天才，第二是学问，第三是经验，第四是爱人类的心。

六、讲故事和发表议论。斐尔丁的小说喜欢发议论，往往扯到题外去。斐尔丁的读者往往嫌那些议论阻碍了故事的进展，或者草草带过，或者竟略去不看。这显然违反亚里士多德的主张："诗人露面说话越少越好。"但斐尔丁本着他作者自定规则的精神，声明自己有权利搬个椅子坐在台上，指点自己戏里的情节和人物，来作一番解释和批评。

七、"滑稽史诗"与传记。斐尔丁的《汤姆·琼斯》一看题目就是传记。杨绛指出，斐尔丁所谓传记即史诗，而不是传奇，是写现实的小说。因为传奇冒充真实，满纸荒唐，没有教育意义，他这才把自己的小说叫作"滑稽史诗"。

杨绛在这篇文章中通过对斐尔丁的分析，探讨了西方早期小说理论的沿革。值得注意的是，杨绛虽然博览群书，作了大量的案头工作，却很少在正文中长篇大论地广征博引。杨绛只是在注释中说明出处，目的是为了给人们一个确切的线索。其中一段以六百余字的篇幅扼要复述亚里斯多德关于悲剧和史诗的议论，十分清晰明了，即便从未接触过《诗学》的读者也绝不至于"搁浅"。这体现出她潜心学术又非常真诚的治学态度。

杨绛在这篇文章结束时说："从斐尔丁的作品里撮述了他的小说理论，也许可供批判借鉴之用。"然而学术研究引来的却是对她自己的批判。因为杨绛没有用当时流行的"阶级分析"的观点去分析斐尔丁的"滑稽史诗""摹仿自然"的理论，因而是不合时宜的。

1957年，是新中国历史上沉重的一页，其标志是整风运动和反右派斗争的开始。是年4月27日，中央发出《关于整风运动的指示》，规定了整风运动的目的、内容、方针和方法。此后，以反官僚主义、反宗派主义、反主观主义为号召的整风运动逐步展开。

据《人民日报》记者金凤介绍，在鸣放期间，有不少人动员杨绛和钱锺书鸣放，杨绛记得，先后有吴晗、萧乾、浦熙修、姚芳藻等人前来动员他们鸣放，他们就是一言不发。他们不愿"奉旨鸣放"，不喜欢起哄。杨绛对钱锺书说，饭少出去吃，话少讲，我们不愿随波逐流。

杨绛看到，有人平时"唯上是从"，"鸣放"中却把共产党说得一无是处。在一次会议上，到会的一位同事提出"文学研究所还在'找爸爸'"（意即文学所无人领导）。随后，杨绛打电话给做记录的冯锺璞，希望她把发言记录中的"文学所找爸爸"的话删了，因为不符合事实。

"反右"开始，劝他们夫妇发言的人一个个大都被划为"右派"。冯锺璞对杨绛说："杨先生你为什么有先见之明？"

杨绛说："我毫无先见之明，只是不喜欢跟着起哄而已。"

夫妇俩的日子过得非常小心谨慎，他们看到了亲友以及文学所的同事，相继落难，有傅雷、储安平、钱基厚、周勃、陈涌等。

接下来的1958年，又是一个热昏的年头，在"大跃进"后随之而来的"拔白旗、插红旗"运动中，钱氏夫妇双双受到严厉批判，成为众矢之的。按照当时的逻辑：中国古代文学和外国文学乃"封、资、修"文学，充满毒素，他们对此不加批判，却大为赞赏，这是公开放毒，贻毒群众。

于是，他们成为非拔掉不可的一面"资产阶级的白旗"。

有人在报刊上发表批判文章，称杨绛的《斐尔丁在小说方面的理论和实践》一文是"一面白旗"，"不但不能帮助读者正确理解斐尔丁这位现实主义作家的作品，反而歪曲、贬低了斐尔丁作品的意义，更重要的是介绍了大量资产阶级的文艺观点。论文的作者抹杀文学的社会意义，忽视典型人物的阶级内容，曲解现实主义。论文的作者不顾作品的思想内容，用繁琐的考证、对比的方法孤立地而且舍本逐末地研究作品的形式和技巧问题，结果当然只能钻了牛角尖，这样的论文会给我们文学工作带来有害的影响"。

自1955年至1957年，在郑振铎、何其芳、王伯祥等人的支持下，钱锺书独立完成了《宋诗选注》，这是钱氏建国后重要的一部著作。1958年前，他的《宋代诗人短论》（十篇）、《宋诗选论序》、《宋诗选论》分别发表和出版了，在"拔白旗、插红旗"运动中，钱锺书自然也受到点名批评。

杨绛、钱锺书在所里的批判会上，缄口不言，用沉默以示抗议。由于他们人缘较好，受到批判的程度在整个所里还不算是最重的。

| 四 |

1958年"拔白旗"后、"大跃进"的10月下旬，文学所决定分批派员下乡去接受社会主义教育，改造自我，地点在北京郊区[1]。

---

1 杨绛：《第一次下乡》，见《杨绛作品集》第二卷，中国社会科学出版社1993年10月版，第289页。

杨绛被分在第一批。一家三口，女儿已下厂炼钢。钱锺书下乡比她迟一个月，她不能亲自为他置备行装，自感放心不下。杨绛还有点顾虑，怕自己体弱年老，不能适应下乡以后的集体生活。当然杨绛要求下乡是自愿（根据当时规定四十五岁以上的女同志可以免于下乡），只是她觉得自己的动机不纯正。她说过："我第一很好奇，想知道土屋茅舍里是怎样生活的。第二，还是好奇。听说，能不能和农民打成一片，是革命、不革命的分界线。我很想瞧瞧自己究竟革命不革命。"

杨绛那一批约二十人，一到山村，就遇见了所谓"蒙娜丽莎"和"堂吉诃德"。原来，同去的一位老先生遥指一个农村姑娘说："瞧，她像不像蒙娜丽莎？"

"像！真像！"

他们就称她"蒙娜丽莎"。

打麦场上，一个三角窝棚旁边，有位高高瘦瘦的老者，撑着一支长竹竿，翘着一撮胡子，正仰头望天。另一个老先生说：

"瞧！堂吉诃德先生！"

"哈！可不是！"

他们就称他"堂吉诃德"。

杨绛他们虽然早有心理准备，但下乡还是得过几重关。姑且称为"过五关，斩六将"。

第一关就是"劳动关"。

公社的负责人也真是煞费苦心，为杨绛几个"老弱无能"的人安排了不累、不脏又容易的活儿：让他们砸玉米棒。杨绛数人各拿一条木棍，在打麦场上席地而坐，举棒拍打，把玉米粒打得全脱落下来，然而扫成一堆，用席子盖上。干活儿时，还可以与乡村里的老大娘谈笑一番。

有时候，他们还推独轮车搬运地里的秫秸杂草，或者捆捆干草，或者用小洋刀切去萝卜的缨子，搬运入窖。眼下，她们所干的活儿都不算重。艰苦的考验在于后面的"关口"。

第二关是"居住关"。

杨绛他们先是在村里一间空屋里尘土扑鼻的冷炕上暂住一宵,然后搬入公社缝纫室居住。缝纫室里有一张竹榻,还有一块放衣服什物的木板,宽三尺,长六七尺,高高地架在墙顶高窗下,离地约两米。得登上竹榻,再登上个木桩子,攀援而上,躺下了当然不能翻身,得扶着墙一动不动,否则会滚下来。夜晚杨绛就睡在这上面。之后不久,村里开办了托儿所。托儿所的教室里摆着一排排小桌子小凳子,前头有个大暖炕。杨绛等四人就同睡这个大炕,不过被褥有被小孩溺湿的危险。

第三关是"饮食关"。

杨绛他们在农民食堂搭伙,一日三餐,早晚是稀粥,还有玉米面做成的窝头。这些食物老乡都嫌"不经饱"。刚开始吃,还觉得蛮新鲜,感到不错。时间一久,不仅食之无味,肚子还产生了大量气体,又是噫气,又是泄气。

杨绛有一次做梦,梦见饭桌上一个小碟子里有两个荷包蛋,杨绛推开说:"不要吃。"睡觉醒来告诉同去的女伴,她直埋怨杨绛不吃。早饭时,她告诉了同桌的老先生,他们也同声责怪杨绛不吃,恨不得叫她端出来放在桌上呢!难得吃的小活鱼、白米饭和油条,成了时鲜美味,忍不住使人垂涎欲滴。大家都得了"馋痨",他们只好每晚在灯下,空谈好吃的东西,叫作"精神会餐"——既解馋,又解闷,"吃"得津津有味。

这样天天如此单调又缺乏油水的食谱,较之钱锺书在河北昌黎乡间吃的是发霉的白薯干磨成的粉,掺和了玉米面做的带着苦味的窝头,杨绛他们的饮食应该说是很好的了。

第四关是"方便关"。

这个关,其实是不方便的,比"饮食关"更难过。乡村里沤"天然肥"的缸多半太满,上面搁的板子又薄又滑,登上去,大有跌进缸里的危险,令人"战战栗栗,汗不敢出"。

有一次,杨绛在食堂里吃了半碗绿豆粉做的面条,不知道那是很不容易消化的东西，半夜闹肚子了。那时她睡在缝纫室的高铺上。她尽力绥靖，胃肠却不听调停。她独自半夜出门，还得走半条街才是小学后门，那里才有"五谷轮回所"。实在没有办法，杨绛只好穿衣由高处攀援而下，硬着头皮，大着胆子，带个手电悄悄出去。她摸索到通往大厅的腰门，推一推纹丝不动，打开手电一看，上面锁着一把大锁。只听得旁边屋里杂乱的鼾声，她吓得一溜烟顺着走廊直往远处跑，经过一个院子，转进去有个大圆洞门，进去又是个院子，微弱的星光月光下，只见落叶满地，阒无人迹。杨绛这时想到了学习猫咪，摸索得一片碎瓦，权当爪子，刨了个坑。然后她掩上土，铺平落叶。当她再次攀援上床，竟没有闹醒一个人。

第五关是"卫生关"。

清洁离不开水，但在那里，用水很不容易。杨绛所在的山村地高井深，打了水还得往回挑。每天除了早晚，不常洗手，更不洗脸。她的手背比手心干净些，饭后用舌头舔净嘴角，用手背来回一抹，就算洗脸。她们整整两个月没有洗澡，只得烧点热水，洗洗头发，洗换衬衣。

在乡村，杨绛遇见了形形色色的"农民阶级"，他们各不相同。一位大妈看见他们便打着官腔："真要感谢毛主席他老人家！没有毛主席，你们会到我们这种地方来吗？"

缝纫室里有个花言巧语的大妈，她对杨绛说：

"呀！我开头以为文工团来了呢！我看你拿着把小洋刀挖萝卜，直心疼你。我说：瞧那小眉毛儿！瞧那小嘴儿！年轻时候准是个大美人儿呢！我说：我们多说说你们好话，让你们早点回去。"

同时，杨绛发现，"堂吉诃德"和"蒙娜丽莎"都在一个山村，其实"堂吉诃德"并非老者，他理发顺带剃掉胡子，原来是个三四十岁的青壮年，一点不像什么堂吉诃德。"蒙娜丽莎"也不漂亮，并且营养不良。整个山村并不富裕，只有正副队长家里生活比较富裕，楼是新盖的，质量不错；而其他人家只有水缸里的水是满满的。有的连窗纸都是破的，破纸在风里瑟瑟作响。解放已十几年了，农村的面貌、农民的生活并无改观，杨

## 杨绛

绛心想莫不是我们上面的政策出了点毛病吧。

杨绛他们还经常分组到村里访病问苦，也顺带出门儿聊天，了解大跃进运动中这些贫苦农民的真实生活。她们访问又哭又骂的"疯婆子"、生肺病的女人、患风湿病的小伙子以及讲怪话的大妈等。她们总是尽力做点好事，为青年农民和村支书扫屋，为村里开办的幼儿园赞助些钱，为村里搞"诗画上墙"，为农民讲解《农村十条》……甚至打算为这个山村写一部村史。

杨绛下乡还有一件事令她难以忘怀，这就是：默存留在家里的时候，三天来一信，两天来一信，字小行密，总有两三张纸。同伙唯我信多，都取笑我。我贴身衬衣上有两只口袋，丝绵背心上面又有两只，每袋至多能容纳四五封信（都是去了信封的，而且只能插入大半，露出小半）。我攒了不到二十封信，肚子上左边右边尽是硬邦邦的信，虽未形成大肚皮，但弯腰很不方便。其实这些信谁都读得，既不肉麻，政治上也绝无见不得人的话。可是我经过几次运动，多少有点神经病，觉得文字往往像解放前广告上的"百灵机"，"有意想不到之效力"，一旦发生这种效力，白纸黑字，百口莫辩。因此，我只敢揣在贴身的衣袋里。衣袋里实在装不下了，我只好抽出信藏在提包里。我身上是轻了，心上却重了，结果只好硬硬心肠，信攒多了，就付之一炬。我记得曾经在缝纫室的泥地上当着那女伴烧过两三次。这是默存一辈子写得最好的情书……他到昌黎天天捣粪，仍偷空写信，而嘱我不必回信。我常后悔焚毁了那许多宝贵的信。唯一的安慰是"过得了月半，过不了三十"，即使全璧归家，又怎逃得过丙午大劫？最终，这些书信只得由火神收藏了，否则文坛又多了一则可资谈助的佳话。

杨绛下乡原定3个月，后缩短为2个月。他们在回京之前，还各自总结收获，互提意见，杨绛得到的评语中，有一句话说她能和老乡们"打成一片"令她得意了一会儿。就这样，杨绛"乖乖地受了一番教育，毕业回家了"。

## 五

返京以后，杨绛回到研究所上班。经历了下乡锻炼，重又为人师表，她依旧循循善诱地指导青年研究人员的翻译工作。据董衡巽撰文回忆，他"一直想向杨绛先生学点翻译的本事"。那时，董衡巽试译了一篇英国小说家萨基的短篇小说《开着的窗门》（*The Open Window*），去向杨绛求教。

杨绛二话没说，很爽快地答应下来。她很快就看完了，立即找董衡巽谈话。她头一句话是问：

"你是不是朱光潜先生的高才生？"

董氏嘴上说"不是，不是"，心里不无得意，等着表扬。

他拿过译稿一看，脸刷地红了起来，只见译稿上面打了十几个问号。他一下子懵了，心想自己译得非常用心，怎么会有这么多错！

杨绛问董衡巽："你是怎么翻译的？"

"我是这样翻译的：头一遍对着原文边查字典边译，译得很慢，第二遍润色中文，速度就快了，最后誊清，誊的时候再改中文。"他答道。

"你这个方法不对，你译第二遍第三遍的时候，应该更加严格对照原文，看译文是不是符合原文，有没有走样。"

董衡巽说："我知道了。"

回家以后，董衡巽仔细琢磨杨绛打问号的字句，发现自己的错误分两类：第一类是原文把握不住，摸不透含蓄语词的真意，或者看不出字句尖新之处，这也许是英语水平问题。第二类属于态度问题：自己心里偏爱某个词，不管同原文贴切到什么程度，便擅用了；还有，原文细微的地方，照顾不过来，来一个简化处理，企图马虎过去。

董衡巽非常感激杨绛老师的帮助，他说过，他"所犯的错误可能是学者的通病，但杨先生这次谈话给我上了一堂端正态度的启蒙课。我头一次

## 杨绛

感到翻译是一件难事,这难首先难在态度。即使属于水平方面的问题,如果竭尽全力反复琢磨,也会减少一点错误。也许可以这样认为:认真地翻译和不认真地翻译,对于同一个译者来说,效果的差别会是惊人的"。需要指出的是,在杨绛身边亲受謦欬的青年,远不止董氏一人。

当时,杨绛和钱锺书作为"白旗"受到批判之后,他们更加体贴,互相照应,虽说噤若寒蝉,但依然享受着生活的情趣。社科院同事朱寨的一段回忆,可以使我们对他们此时日常生活窥见一斑:

那是1958年秋季,当时文学所虽然已脱离北大归属中国科学院,而机关仍在西郊中关村。当年的中关村,真是名副其实的郊野风味。树木郁郁葱葱,田园绿荫,特别是夕阳余晖中,景色更是宜人。此时,钱锺书先生与夫人杨绛女士正在田间道路上并肩散步。我因家在城里,晚上要乘公共汽车回城,于是便偶然相遇了。我对他们早有所闻,便主动迎向前去打招呼。未料,他们对我这个新来人似乎也有所闻,正因为是新来者的缘故,对我格外客气热情。而钱先生并不像他的名气容易让人设想的居高临下,反倒谦逊得有些拘谨腼腆。当我表示久仰的时候,他羞赧地抱起双拳,"哎哎哎……"地摇着头后退。本来杨绛女士仰着甜美的笑脸,还要询问恳谈些什么,也只好后退,催我去赶车:"不耽误你回家。"他们并立,一定让我先行。就这偶然一回便熟了。

我站在公共汽车站站牌下等车,还能看到他们漫步的身影。可以看到,他们不仅对我,对其他路人也都客气谦让。即使路上没有其他行人,他们也都走在道边。[1]

1959年,杨绛忍不住技痒,又开始写研究文章。她的《论萨克雷〈名利场〉》(原题《萨克雷〈名利场〉序》)就是这时写作的。该文是杨绛

---

[1] 朱寨:《走在人生边上的钱锺书先生》,见何晖、方天星编《一寸千思:忆钱锺书先生》,辽海出版社1999年9月版,第408~409页。

为她的小妹杨必翻译的英国古典名著《名利场》一书而写的，发表在《文学遗产》1959年第3期上。

杨必在全国高校院系调整时，分配至上海复旦大学外文系任副教授，业余时间翻译了《名利场》。此前，她还曾翻译出版过《剥削世家》。萨克雷是19世纪英国著名的批判现实主义作家，他的《名利场》被公认为英国文学的一个里程碑，甫一出版，大受青睐。

杨绛在论文中引用马克思和车尔尼雪夫斯基对萨克雷的论述作为自己评论的开始，并力图使用当时流行的阶级分析观点来探讨萨克雷及其《名利场》，实事求是，有一说一，按照萨克雷原话和《名利场》原本，做到字字有来历，句句有出处。杨绛对萨克雷描摹真实、宣扬仁爱等作了客观的评价。孰料，文章发表后，又引来一阵批判，被扣上鼓吹写"真实论""资产阶级人性论"的罪名。

其实，杨绛在文章中分明指出过，"《名利场》揭露的真实就是资本主义的丑恶。萨克雷说，描写真实就必定要暴露许多不愉快的事实。他每说到真实，总说是'不愉快的'，可是还得据实描写"。"萨克雷不仅描写'名利场'上种种丑恶的现象，还想指出这些现象的根源。他看到败坏人类品性的根源是笼罩着整个社会的自私自利"。"他描写人物力求客观，无论是他喜爱赞美的，或是憎恶笑骂的，总是他们的好处坏处面面写到，决不因为自己的爱憎而把他们写成单纯的正面或反面人物"。杨绛还写道："但是萨克雷写人物还有不够真实的地方。譬如利蓓加是他描写得非常成功的人物，但是他似乎把她写得太坏些。何必在故事末尾暗示她谋杀了乔斯呢？照萨克雷一路写来，利蓓加心计很工巧，但不是个凶悍泼辣的妇女，所以她尽管不择手段，也不大可能使出凶辣的手段来谋财害命。萨克雷虽然在暗示，却没有肯定她谋杀，可是在这一点上，萨克雷好像因为憎恶了利蓓加这种人，把她描写得太坏，以至不合她的性格了。"杨绛认为，萨克雷和英国小说家斐尔丁一样，喜欢夹叙夹议，对此，她直言不讳："作家露面发表议论会打断故事，引起读者嫌厌。"可谓一语中的。

在论文的最后，杨绛以平实的口气总结道：《名利场》在英国文学史上有重要的地位。萨克雷用许许多多真实的细节，具体描摹出一个社会的横切面和一个时代的片断，在那时候只有法国的司汤达和巴尔扎克用过这种笔法，在英国小说史上他还是个草创者。他为了描写真实，在写《名利场》时打破了许多写小说的常规。这部小说，可以说在英国现实主义小说的发展史上开辟了新的境地。《论萨克雷〈名利场〉》发表后，根据文学所领导的要求，杨绛开始了对西班牙作家塞万提斯的《堂吉诃德》的研究与翻译工作，这期间只撰写了几篇文学评论。其中《艺术是克服困难——读〈红楼梦〉管窥》发表于《文学评论》1962年第6期，《堂吉诃德和〈堂吉诃德〉》发表于《文学评论》1964年第3期，《李渔论戏剧结构》发表于人民文学出版社1964年6月出版的《文学研究集刊》（第一集）上。这些论文展现了杨绛独特的艺术鉴赏力和比较文学的功力。

为了译好《堂吉诃德》，杨绛从1958年冬开始自学西班牙文，学了两年，1961年开始动手翻译，至1966年她已经完成工作的四分之三。由于"文革"的干扰不断，直到1976年才完成，这是后话。

据杨绛先生对胡真才说，早在1957年，国家计划翻译出版"三套丛书"（即《马克思主义文艺理论丛书》《外国文艺理论丛书》和《外国文学名著丛书》），成立了"三套丛书编委会"。其时《堂吉诃德》被列为《外国文学名著丛书》选题之一，编委会领导、中宣部副部长林默涵因读过她翻译的法国文学名著《吉尔·布拉斯》，决定请她翻译《堂吉诃德》，并告诉她从哪种文字转译都可以。当时她找了五种最有名望的英法文译本细细对比。她说："5种译本各有所长和不足，很难确定用哪一个更好。我觉得任何译本都不能代表原作，要求对原作忠实，只能从原文翻译。"已掌握两门外语的杨绛先生为译好《堂吉诃德》，毅然决定再学西班牙语："1960年3月，我读毕《西班牙文入门》后，便开始阅读拉美的西班牙文小说。由浅入深，渐渐能读懂比较艰深的文章了。"这时，杨绛先生选择了西班牙皇家学院院士马林编注的最具权威性的《堂吉诃德》版本开始翻译。后来杨绛回顾说:"1976年10月,'四人帮'被粉碎。11月20日,《堂吉诃德》第一、第二部全部定稿。次年搬入新居后,我又将全书通校一遍,于5月初送交人民文学出版社。1978年4月底,《堂吉诃德》出版。6月,适逢西班牙国王、王后来中国访问。我参加国宴,小平同志为我介绍西班牙国王、王后。小平同志问《堂吉诃德》是什么时候翻译的,我在握手间无暇细谈,只回答说'今年出版的'。"《堂吉诃德》中译本出版后,西班牙政府多次邀请杨绛先生访问西班牙,杨绛均以自己"口语不佳"而谢绝,但她又觉得这样做有失礼貌,后来终于在1983年11月前往西班牙访问,受到西班牙政府和人民的热情款待。1986年10月,西班牙国王颁给杨绛"智慧国王阿方索十世十字勋章",以表彰她对传播西班牙文化所作的贡献。二十多年来,杨绛翻译的《堂吉诃德》在人民文学出版社先后以"外国文学名著丛书"本、"世界文库"本、"名著名译"本和"中学生课外文学名著必读"本等多种形式出版,总印数已达七十余万套。

1963年,杨绛到上海探望生病的妹妹杨必,她顺便拜访了挚友傅雷、朱梅馥夫妇。1980年杨绛在一篇文章中追述了他们见面的情景:梅馥告诉我她两个孩子的近况,傅雷很有兴趣地和我谈论些翻译上的问题。有个问题常在我心上而没谈。我最厌恶翻译的名字佶屈聱牙,而且和原文的字音并不相近,曾想大胆创新,把洋名中国化,历史地理上的专门名字也加以简缩,另作"引得"或加注。我和傅雷谈过,他说"不行"。我也知道这样有许多不便,可是还想听他谈谈如何"不行"[1]。

"别时容易见时难"。孰料,这竟是杨绛与傅雷夫妇相见的最后一面。1966年9月,"文革"风暴骤起,杨绛、钱锺书多年的好友傅雷、朱梅馥便双双饮恨而去,令人扼腕。

---

[1] 杨绛:《记傅雷》,见《杨绛散文》,浙江文艺出版社1994年12月版,第80页。

第九章

# 十年尘世

杨绛戴着高帽子，举着铜锣，给群众押着先到稠人广众的食堂去绕一周，然后又在院内各条大道上游街"出丑"。造反派命她走几步就打两个锣，叫一声"我是资产阶级知识分子"！

| 一 |

1966年，正当全中国人民克服严重的经济困难，艰难地完成调整国民经济的任务，开始实行第三个五年计划的时候，在毛泽东的亲自发动和领导下，无产阶级文化大革命的风暴以遮天蔽日之势席卷中国大地。

1966年8月1日至20日，毛泽东主持召开中共八届十一中全会，其中心议题是讨论和通过《关于无产阶级文化大革命的决定》（史称《十六条》）。这个《决定》指出，"在当前，我们的目的是斗垮走资本主义道路的当权派，批判资产阶级的反动权威"，"要充分运用大字报、大辩论这些形式进行大鸣大放……揭露一切牛鬼蛇神"，"要敢字当头"，"不要怕出乱子"，"不能那样文质彬彬，那样温良恭俭让"。

就在《十六条》通过的次日，即8月9日，杨绛就在"如火如荼"的运动中被"揪出来了"。三天之后，她的丈夫钱锺书也被"揪出来了"。那时，他们俩同在一个学部，杨属外国文学所，钱则属文学所，两所运动的过程大致相仿。

在外文所，虽然没有一张揭发杨绛的大字报，不过她觉得事情已经不妙。有一次大会前群众传看一份文件，传到她近旁时就跳过了她，好像没有她这个人。再有一次大会上，忽然有人发问：

"杨季康，她是什么人？"

会后就有人通知她："以后开会，你不用参加了。"

杨绛就这样给"揪出来了"[1]。一同被揪出来的李健吾、卞之琳、罗念生、邹荻帆等,坐在空落落的办公室里"待罪"。

"待罪"之时,报上发表了《五一六通知》。杨绛等人对照这个文件细细研究,窃窃私议,满以为按这个指示的精神,革命群众应该请他们重新归队。

忽然有一天被召去开大会,不料会上群众愤怒地控诉他们的种种罪行,并公布今后的待遇:

不发工资,存款全部冻结,每月发给生活费若干元;

每天上班后,身上挂牌,牌上要写明姓名、身份和自己招认并经群众审定的罪状;

组成劳动队,行动听指挥,并由"监管小组"监管。此外,还有一系列禁令,如不许喝牛奶,不许吃鱼肉蛋禽,只许吃窝窝头、咸菜和土豆,不准戴草帽,不准撑遮阳伞,不准穿皮鞋等。

至于钱锺书究竟为何被揪出来,他自己也感觉莫名其妙。杨绛问他时,他说"大概是人家贴了我几张大字报"——简直是黑白颠倒、狗血喷人。钱锺书身为《毛泽东选集》英文编译委员会成员,书桌上竟然没有"毛选"四卷,并且说把这些东西放在书桌上,"会弄脏了桌子"……这罪名在当时大得可怕。

一天晚上,杨绛回家问她的丈夫:

"你们怎么样?"

当然,学部各所都是丝毫不差的,他们俩的遭遇也相仿。他的专职是扫院子,她的专职是扫女厕。他们夫妇草草吃过晚饭,就像小学生做手工那样,认真制作自己的牌子。杨绛所在的外文所规定牌子圆形,白底黑字。钱锺书所在的文学所规定牌子长方形,黑底白字。下面的情形,据杨绛在《丙午丁未年纪事——乌云与金边》一文中的记载是这样的:我给默

---

[1] 杨绛:《丙午丁未年纪事——乌云与金边》,见《杨绛作品集》第二卷,中国社会科学出版社1993年10月版,第155页。

存找出一块长方的小木片，自己用大碗扣在硬纸上画了个圆圈剪下，两人各按规定，精工巧制。做好了牌子，工楷写上自己一款款罪名，然后穿上绳子，各自挂在胸前，互相鉴赏。我们都好像阿丽思梦游奇境，不禁引用阿丽思的名言："curiouser and curiouser!"我们似乎可以听出两人苦涩的浅笑。

接下来的事情使他们感觉愈来愈出奇，夫妇俩度日如年。学部当时还没有供全体员工开会的大礼堂，只有一个大席棚。有一天大雨倾盆，寒意刺骨。到处造反的红卫兵把各所"揪出来"的牛鬼蛇神都召到大席棚里，押上台去"示众"，还给他们都戴上用报纸做成的尖顶高帽。

在群众愤怒的斥骂声中，杨绛偷眼看见"同伙"帽子上都标着名目，如"黑帮""国民党特务""苏修特务""反动学术权威""资产阶级学术权威"等，不一而足。散会后，杨绛给推推搡搡赶下台，尖顶高帽都需交还，她看了一眼自己刚才脱下的高帽子，发现帽子上的名目经过规范化，自己从"资产阶级学者"升级为"资产阶级学术权威"，和丈夫钱锺书一样了。从此，他们成了"落水狗"，人人都可以欺凌戏侮，称之为"揪斗"。

杨绛被批斗、揪斗，不止这一次，有时单独，有时和钱锺书一起，成为"家常便饭"。其中有一件事非同小可，前面已经提到过钱锺书的罪名，对此，杨绛在《干校六记》中的叙述更为详尽：

文化大革命初期，有几人联名贴出大字报，声讨默存轻蔑领导的著作。略知默存的人看了就说：钱某要说这话，一定还说得俏皮些，这语气就不像。有人向我通风报信，我去看了大字报不禁大怒。我说捕风捉影也该有个风、有个影，不能这样无因无由地栽人。我们俩各从牛棚回家后，我立即把这事告知默存。我们同拟了一份小字报，提供一切线索请实地调查。两人忙忙吃完晚饭，就带了一瓶糨糊和手电到学部去，把这份小字报贴在大字报下面。第二天，我为此着实挨了一顿斗。[1]

就在这里专门提到的斗争会上，杨绛受到"革命群众"的审问。

群众问："给钱锺书通风报信的是谁？"

杨绛说："是我。"

群众又问："打着手电贴小字报的是谁？"

杨绛说："是我——为的是提供线索，让同志们据实调查。"

台下一片怒斥声。有人说："谁是你的'同志'？"

杨绛就干脆不称"同志"，改称"你们"。

那天，杨绛一口担保，钱锺书的事自己都知道。当时，群情激奋，杨绛也十分气愤。有人递来一面铜锣和一个槌子，下令她打锣自报罪名。她正是火气冲天，没处发泄，当下接过铜锣和槌子，下死劲大敲几下，借以发泄无比的愤恨。

这一来可翻了天了——台下闹成一片，造反派要驱杨绛到学部大院去游街。一位中年老干部不知从哪里找来一块污水浸霉发黑的木板，络上绳子，叫她挂在颈上。木板是滑腻腻的，挂在脖子上很沉。杨绛戴着高帽子，举着铜锣，给群众押着先到稠人广众的食堂去绕一周，然后又在院内各条大道上游街"出丑"。造反派命她走几步就打两个锣，叫一声"我是资产阶级知识分子"！

一向和颜悦色、说话慢条斯理、举止温文尔雅、被人视为"文弱书生"的杨绛，这天一反常态，大声叫喊，她情愿以这一特殊方式，抗议对自己、对钱锺书的种种侮辱，表现了中国知识分子的铮铮傲骨。她的同事叶廷芳在一篇文章中实录其事，读来惊心动魄：那场突如其来的倾盆大雨迫使一个个所谓的"走资派"和"反动学术权威"低下他们高贵的头，面对一张张大字报的满篇不实之词，人们只能咽下痛苦的泪水，敢怒而不

---

[1] 杨绛：《干校六记》，见《杨绛作品集》第二卷，中国社会科学出版社1993年10月版，第45~46页。

敢言。但在学部大院内却发生一起例外：一张"揭发""反动学术权威"钱锺书的大字报被另一个"资产阶级权威"提出质疑，她写了一张小字报贴在那张大字报的一角，对大字报中的不实之词进行澄清。此人不是别人，正是上述的"弱女子"杨绛。不用问，她的"胆大包天"不可能不受到惩罚。她马上被揪到本单位大会议室，与其他"牛鬼蛇神"一起示众。他们一个个被勒令屈辱地低着头，出乎人们意料，偏偏杨绛拒绝服从，她满面怒容地昂着头！人们斥问她为什么如此顽固，她怒不可遏地跺着脚大喊："就是不符合事实！就是不符合事实！……"那形象真像一头愤怒的猛狮。杨绛的这一大无畏之举，使在座的"革命群众"中的年长和年轻的同事心中引起共鸣或灵魂震撼。从此我对她刮目相看，觉得在她的柔弱的外表之内，蕴含着刚正不阿的精神情操和对丈夫的真挚、深厚的爱[1]。正是出于对丈夫的挚爱，杨绛一口担保钱锺书绝无此事。后来当红卫兵实地调查时，也查无实据。对此，时隔多年，杨绛以不乏幽默的笔调调侃道："我想这有何难，就难倒了我？况且知识分子不都是'资产阶级知识分子'吗？叫又何妨？我暂时充当了《小癞子》里'叫喊消息的报子'，不同的是，我既是罪人，又自报消息。当时虽然没人照相摄入镜头，我却能学孙悟空让'元神'跳在半空中，观看自己那副怪模样，背后还跟着七长八短一队戴高帽子的'牛鬼蛇神'。那场闹剧实在是精彩极了，至今回忆，想象中还能见到那个滑稽的队伍，而我是那个队伍的首领！……我心想，你们能逼我'游街'，却不能叫我屈服。我忍不住要模仿桑丘·潘沙的腔吻说：'我虽然游街出丑，但我仍然是个有体面的人！'"[2]

还有一次，文学所所长何其芳等"黑帮"在北京吉祥大戏院的大舞台挨斗，他们披戴了各种辱骂性的名号，被一一押到台上。杨绛夫妇在陪斗

---

1 叶廷芳：《杨绛先生印象记》，见《文汇报》笔会编辑部编《面对永恒》，文汇出版社1998年4月版，第549～550页。
2 杨绛：《丙午丁未年纪事——乌云与金边》，见《杨绛作品集》第二卷，中国社会科学出版社1993年10月版，第175页。

之列,暂时栖身台下。

那天杨绛异常困倦,只好低着头打起了瞌睡。台上的检讨和台下的斥骂连成一片,她却置若罔闻。忽有人发现,大喝一声:

"杨季康,你再打瞌睡就揪你上台!"

杨绛赶忙睁目抬头,觉得嘴里发苦,知道是心里慌张。可是一会儿她又瞌睡了,这样被揪上台势在难免。

杨绛和钱锺书终于都被点名叫上舞台,登上了台就有高帽子戴、挨一顿混骂。在一片"低头!低头!"的怒骂声中,他们夫妇俩被迫低头认罪。

杨绛在单位里挨批斗,回到干面胡同的中科院宿舍楼后仍要接受批斗,直到斗得七窍生烟、灵魂出窍,耳畔还响着一声声"斗!斗!斗!"以至何其芳私下发誓:等逃过难关,一定要治一方"身经百战"的藏书印章以志纪念[1]。

在宿舍楼大院主持批斗的是一位"极左大娘"——一个老革命职工的夫人(不久以后这位"极左大娘"也在前院挨斗了,据说她先前是个私门子,嫁过敌伪小军官),执行者则是一群正当少年的红卫兵、红小兵。

有一晚同宿舍的"牛鬼蛇神"都集中在大院里挨斗,有人竟然用束腰的皮带向杨绛等人猛抽。杨绛的头发被剪去一截,钱锺书的背上给抹上唾沫、鼻涕和糨糊,渗透了薄薄的夏衣。斗完以后又勒令他们脱去鞋袜,排成一队,大家弯着腰,后人扶住前人的背,绕着院子里的圆形花栏跑圈儿,谁停步不前或直起身子就挨鞭打。他们在笑骂声中不知跑了多少圈,初次意识到自己的脚底多么柔嫩。等他们能直起身子,院子里的人已散去大半,很可能是他们并不欣赏这种表演。他们的鞋袜都已不知去向,只好赤脚上楼回家。

此时那位"极左大娘"还直在大院里大声恫吓:

---

[1] 刘中国:《钱锺书:20世纪的人文悲歌》,花城出版社1999年9月版,第631~632页。

"你们这种人！当心！把你们一家家扫地出门！大楼我们来住！"

她坐在院子中心的水泥花栏上侦察，不时发出警告：

"×门×号！谁在撕纸？""×门×号！谁在烧东西？"

一会儿她又叫人快到大楼后边去看看："谁家烟筒冒烟呢？"

夜深人静，这位"极左大娘"却睡意全无，老在喝问：

"×门×号！这会儿干吗还亮着灯？"

第二天清晨，杨绛他们都给赶往楼前平房的各处院子里去扫地并清除垃圾。这是前夕不知谁下的命令。她去扫地的几处，一般都很体谅她。有的说，院子已经扫过了，有的象征性地留着小撮垃圾给她清除。

然而有一家的大娘却非常狠心，口口声声骂"你们这种人"，下令杨绛爬进铁丝网拦着的小臭旮儿，用手指抓取扫帚扫不到的臭蛋壳和烂果皮。押她的一个大姑娘拿一条杨柳枝做鞭子，抽得她肩背上辣辣地痛。杨绛认识她。

杨绛回头说："你爸爸也是我们一样的人。"

那姑娘立起一对眼珠子说："他和你们不一样！"随手就猛抽一鞭。原来她爸爸投靠了有权力的人，确实不一样了。

| 二 |

"文革"中，对知识分子的迫害，千奇百怪，花样层出不穷。

有一天，钱锺书回家，头发给人剃成纵横两道，现出一个"十"字，这就是所谓"怪头"。幸好杨绛向来是他的理发师，赶紧把他的"学士头"改为"和尚头"，抹掉了那个"十"字。而他的一个"同伙"因为剃了"怪头"，饱受折磨。理发店不但不为他理发，还给他扣上字纸篓子，命他戴着回家。

不久，杨绛也"躬逢其盛"，有了同样的遭遇：

1966年8月27日，这是杨绛不幸的一天——早上她翻译的"黑"稿子《堂吉诃德》被没收，晚上又给剃成"阴阳头"。当天，宿舍里有个"牛鬼蛇神"撕了好多信，不敢烧，扔在抽水马桶里。不料冲到底层，把马桶堵塞了。住在楼下的那位老先生有幸未被列为"权威"，他不敢麻痹大意，忙把马桶里的纸片捞出漂净，敬献革命群众。

这就引起宿舍里的又一次"揪斗"。杨绛回家虽然较晚，但进院就看见大楼前的台阶上站满了人，大院里也挤满了人，有坐的，有站的，王大嫂是花儿匠的爱人，她一见杨绛就偷偷摆手。杨绛心知不妙，却又无处可走，正迟疑间，只见平房里的张大妈对她呶呶嘴，示意叫她退出去。可是"极左大娘"已经看见杨绛了，提着名字喝住，她只好走上台阶，站在丈夫旁边。

杨绛夫妇都是陪斗。那个用杨柳枝猛抽杨绛的姑娘拿着一把锋利的剃发推子，把两名陪斗的老太太和杨绛都剃去半边头发，剃成了"阴阳头"。有一位家庭妇女不知什么罪名，也在其中。她含泪合掌，向那姑娘拜佛似的拜着求告，总算幸免剃头。杨绛则不愿长他人志气，求那姑娘开恩，就由她剃光了半个头。

当时剃了"阴阳头"的，一个是退休干部，她可以躲在家里；另一个是中学校长，向来穿干部服、戴干部帽，她可以戴着帽子上班。而杨绛没有帽子，大热天也不能包头巾，却又不能躲在家里。

钱锺书急得直说：

"怎么办？"

杨绛安慰他说：

"兵来将挡，火来水挡，总有办法。"从二楼走上三楼的时候，她果然灵机一动，想出个办法来。她的女儿钱瑗几年前剪下两条大辫子，她用手帕包着藏在柜里，这会子可以用来做一顶假发。她找出一只掉了耳朵的小锅做楦子，用丈夫的压发帽做底，解开辫子，把头发一小股一小股缝上去。她想不出别的方法，也没有工具，连糨糊胶水都没有。

就这样杨绛费了足足一夜工夫，做成了一顶假发，害得钱锺书整夜没睡安稳。她笑说："小时候老羡慕弟弟剃光头，洗脸可以连带洗头，这回我至少也剃了半个光头。"果然，羡慕的事早晚会实现，只是变了样。

杨绛自恃有了假发，"阴阳头"也无妨。可是一戴上假发，才知天生毛发之妙，原来一根根都是通风的。一顶假发却像皮帽子一样，大暑天盖在头上闷热不堪，简直难以忍耐。而且光头戴上假发，显然有一道界线。剪下的辫子搁置多年，已由乌黑变成枯黄色，和她原来的黑发色泽不同——因为那时候她的头发还没有花白。

第二天，杨绛戴着假发硬挤上一辆车，进不去，只能站在车门口的阶梯上，比车上的乘客低两个阶层。她有月票，不用买票。可是售票员一眼识破了她的假发，对她大喝一声：

"哼！你这黑帮！你也上车？"

杨绛连忙声明自己不是"黑帮"。

"你不是黑帮是什么？"售票员看着杨绛的头发，乘客都好奇地看她。她心想："我是什么？牛鬼蛇神、权威、学者，哪个名称都不美，还是不说为妙。"她心里明白，等车一停，立即下车。从此一年之内，杨绛不敢乘车，全靠两条腿走路。

即使走在马路上，杨绛也时刻担心惹出是非，遇到不测。她说，经过文化大革命的洗礼，"街上的孩子很尖利，看出我的假发就伸手来揪，幸有大人喝住，我才免了当街出彩。我托人买了一只蓝布帽子，可是戴上还是形迹可疑，出门不免提心吊胆，望见小孩子就忙从街这边躲到街那边，跑得一溜烟，活是一只过街的老鼠。默存愿意陪我同走，可是戴眼镜又剃光头的老先生，保护不了我。我还是独走灵便"。[1]

---

[1] 杨绛：《丙午丁未年纪事——乌云与金边》，见《杨绛作品集》第二卷，中国社会科学出版社1993年10月版，第160~161页。

一个星期天的早上，宿舍大院的平房里忽然出现一个十六七岁的红卫兵。他召集大楼里的"牛鬼蛇神"去训话，杨绛也在其中。他下令从此以后每天清早上班之前，不准乱说乱动，只准扫大院，清除垃圾，改造思想……不胜其烦。杨绛心想：我们这群"牛鬼蛇神"是最驯良、最和顺的罪犯，不论谁的命令都一一奉行。因为一经"揪出"，就不在人民群众之中，而在人民群众之外。如果拒不受命，就是公然与人民为敌，"自绝于人民"。"牛鬼蛇神"互相劝勉、互相安慰的"官腔"是"相信党，相信人民"，虽然在此时，不知有谁能看清党在哪里，人民又是谁。

这时候，杨绛家里的阿姨顺姐被迫离开了。他们生活上的许多事情都得自己料理。革命群众已通知煤厂不得为他们家送煤。他们日用的蜂窝煤饼，一个个都得自己到煤厂去买。

即便是咸菜、土豆也得上街买。卖菜的大娘也和小孩子一样尖利，眼睛总盯着杨绛的假发。有个大娘满眼敌意，冷冷地责问她："你是什么人？"杨绛不知该怎么回答，以后就和丈夫交换任务：他买菜，自己买煤。

杨绛每天下班路过煤厂，买三块大煤、两块小煤，用两只网袋装了一前一后搭在肩上，因为她在所里扫地扫得两手无力，什么都拿不动了。煤厂工人是认识她的。他们明知是"牛鬼蛇神"，却十分照顾。她下班赶到煤厂，往往已过了营业时间，他们总放她进厂，叫她把钱放在案上，任她自取煤饼。有一次煤厂工人问杨绛：

"你烧得了这么多煤吗？"

"六天买七天的，星期日休假。"她说。

他们听她还给自己"休假"，都笑了。往常给杨家送煤的老田说："干脆我给你送一车吧。"他果然悄悄儿给她送了一车煤。杨绛央求他给同在难中的李健吾和唐棣华家也送些煤，这位师傅也给送了。这事不幸给"极左大娘"知道，立即带着同伙赶到煤厂，制止了送煤行动。

回顾这段困苦不堪的经历，杨绛沉痛地说道：我虽然每天胸前挂着罪犯的牌子，甚至在群众愤怒而严厉的呵骂声中，认真相信自己是亏负了人民、亏负了党，但我却觉得，即使那是事实，我还是问心无愧，因为——什么理由就不必细诉了，我也懒得表白，反正"我自岿然不动"。打我骂我欺侮我都不足以辱我，何况我所遭受的实在微不足道。至于天天吃窝窝头咸菜的生活，又何足以折磨我呢？我只反复自慰：假如我短寿，我的一辈子早完了，也不能再指望自己做这样那样的事。我不能像莎士比亚《暴风雨》里的米兰达，惊呼："人类多美呀。啊，美丽的新世界……！"我却见到了好个新奇的世界[1]。"文革"把一切都颠倒过来了。按照"颠倒过来"的原则，文学所原来打扫卫生的临时工小刘当起了领导，负起监督文学所全体"牛鬼蛇神"的重任。杨绛和钱锺书、何其芳、俞平伯、陈翔鹤等专家都属她监管。杨绛扫厕所，钱锺书扫大院。他们每天不是劳动改造，就是写检查，一切正常的业务活动均被取消。

杨绛心上慨叹：这回我至少可以不"脱离实际"，而能"为人民服务"了。

杨绛干的是小刘原来的活儿。杨绛仔细看过那两间污秽的厕所，也料想她的这份工作是相当长期的，决不是三天两天或十天八天的事。于是她就置备了几件有用的工具，如小铲子、小刀子，又用竹筷和布条做了一个小拖把，还带些去污粉、肥皂、毛巾之类和大小两个盆儿，放在厕所里。不出十天，她把两个斑驳陆离的瓷坑、一个垢污重重的洗手瓷盆和厕所的门窗墙壁都擦洗得焕然一新。瓷坑和瓷盆原是上好的白瓷制成，铲刮掉多年的积污，这样虽有破缺，仍然雪白锃亮。三年后，翻译家潘家洵的太太对杨绛说："人家说你收拾的厕所真干净，连水箱的拉链上都没一点灰尘。"

杨绛还回忆说："小刘告诉我，去污粉、盐酸、墩布等都可向她领取。小刘是我的新领导，因为那两间女厕属于她的领域。我遇到了一个

---

[1] 杨绛：《丙午丁未年纪事——乌云与金边》，见《杨绛作品集》第二卷，中国社会科学出版社1993年10月版，第160～162页。

非常好的领导。她尊重自己的下属，好像觉得手下有我，大可自豪。她一眼看出我的工作远胜于她，却丝毫没有忌妒之心，对我非常欣赏。我每次向她索取工作的用具，她一点没有架子，马上就拿给我。"这种话只有幽默感十足的杨绛才说得出，叫人忍俊不禁。在"文革"这一特殊条件下，杨绛认为，"收拾厕所有意想不到的好处"：其一，可以躲避红卫兵的"造反"；其二，可以销毁"会生麻烦的字纸"；其三，可以"享到向所未识的自由"，摆脱"多礼"的习惯，看见不喜欢的人"干脆呆着脸理都不理"，"甚至瞪着眼睛看人，好像他不是人而是物。绝没有谁会责备我目中无人，因为我自己早已不是人了。这是'颠倒过来'了意想不到的妙处"。

为了免却扩散余毒，学部的"牛鬼蛇神"被分别集中起来。文学所的"集中地"（具有中国特色的无产阶级文化大革命"集中营"）是"三楼"。

所谓"三楼"，是文学所的特殊名称。在文学所二层楼房顶上有个方堡似的大房间，设计师当年设计这个大房间，也许别有深意，可是没人知道他原来设计的意图，一直都把这个大房间当仓库用，也只是堆放缺胳膊断腿的桌椅和废旧报纸杂志。既然没有正式用处，也就没有正式的名称。

现在把"牛鬼蛇神"关押在这里，才临时起名"三楼"。当时还没有创造发明出"牛棚"这个规范化的"名称"。不过意思一样，谁若"更上一层楼"，被揪到这里来了，谁便彻底丧失了"人"的尊严和自由，成了不折不扣的"另类"。

"三楼"墙厚窗高，闷热无比，加之多年储放杂物，到处都是尘埃和蛛网。来到这个安身立命之所，"牛鬼蛇神"忙着打扫卫生，然后沿着四壁，又把那些残缺桌椅摆了一圈，每人被指定给一个座位，即一把椅子和一张椅子宽窄的桌子。人人遵命面向墙壁，互相不得来往交谈，真是一幅可怕的达摩面壁图。钱锺书也身处"三楼"，除了面壁反省之外，还要打扫大院。

钱锺书曾向杨绛形容过小刘这位"监管大员"的"威风",杨绛也挺想看一看钱锺书"一伙"的处境:"文学所的'牛鬼蛇神'都聚在一间屋里,不像我们分散几个办公室,也没有专人监视。我很想看看默存一伙的处境。一次,我估计他们已经扫完院子,就借故去找小刘。我找到三楼一间闷热的大办公室,看见默存和他同伙的'牛鬼蛇神'都在那里。他们把大大小小的书桌拼成马蹄形,大伙儿挨挨挤挤地围坐成一圈。上首一张小桌是监管大员小刘的。她端坐桌前,满面严肃。我先在门外偷偷和室内熟人打过招呼,然后就进去问小刘要收拾厕所的东西。她立即离席陪我出来,找了东西给我。"杨绛的女儿钱瑗、女婿王德一[1]夫妇是北京师范大学的教师,同校不同系,钱在外语系,王在历史系,这时两人都在学校接受改造和学习,无暇顾及父母。杨绛与钱锺书自"文革"后更加亲密融洽,被"学部"的人誉为"模范夫妇"。他们是一同上班,一同下班,总是肩并肩、手挽手。当时的情形,方舟在《我所认识的钱锺书》中这样说:"一些青年研究人员在背地里说'看人家钱锺书一对儿,越老越年轻,越老越风流'!"

除了精神和肉体的折磨之外,令杨绛"心惊肉跳"的事情还有就是"抄家"。

破"四旧"、立"四新"之际,红卫兵、造反派将目光瞄准知识分子的书房,他们破门而入,抄家成风,任意砸抽屉,抄图书,书房成了"革命"的对象。

杨绛家里的阿姨顺姐,与杨绛关系很好,杨绛曾说,"文革"开始后,"院里一个'极左大娘'叫顺姐写我的大字报。顺姐说写别的太太,

---

[1] 王德一(1937—1970),山东济宁人。钱瑗前夫,著名作家钱锺书、杨绛的女婿。1955年9月考入北京师范大学历史系学习,当时钱瑗在俄语系上学,与王德一是同一届学生。1959年7月毕业时,王德一留校在历史系当助教,被分配到中国近代史教研组,不久就承担了中国近代史的教学任务,课讲得不错,颇受学生欢迎。钱瑗也于1959年7月毕业时留校工作,在俄语系当助教。1966年钱瑗转入外语系英语专业工作。1968年初,王德一与钱瑗结婚。1970年在文革中不堪受辱,自杀身亡。

都可以，就这个太太她不能写。她举出种种原因，'极左大娘'也无可奈何"。

据杨绛回忆，"极左大娘"不准顺姐在家里干活儿，因为她不肯写大字报骂杨绛。可是她又不许阿姨走，因为家有阿姨，随便什么人都随时可以打开门进来搜查。一次，钱锺书的皮鞋、领带都给闯来的红卫兵拿走了，又要拿打字机。阿姨就谎称说是公家的，没让拿走。

为了防止意外，杨绛认为，"第一要紧的是销毁'罪证'，因为毫无问题的字纸都会成为严重的罪证。例如我和小妹妹杨必的家信，满纸胡说八道，引用的典故只我们姊妹了解，又常用家里惯用的切口。家信不足为外人道，可是外人看来，保不定成了不可告人的秘密或特别的密码……我每晚想到什么该毁掉的，就打着手电，赤脚到各处去搜出来。可是'毁尸灭迹'大非易事。少量的纸灰可以浇湿了拌入炉灰，倾入垃圾，烧的时候也不致冒烟。大叠的纸却不便焚烧，怕冒烟。纸灰也不能倾入垃圾，因为准有人会检查，垃圾里有纸灰就露馅了。我女儿为爸爸买了他爱吃的糖，总把包糖的纸一一剥去，免得给人从垃圾里拣出来。我常把字纸撕碎，浸在水里揉烂，然后拌在炉灰里。这也只能少量。留着会生麻烦的字纸真不少。我发现我们上下班随身带的手提袋从不检查，就大包大包带入厕所，塞在脏纸篓里，然后倒入焚化脏纸的炉里烧掉。只可惜我销毁的全是平白无辜的东西，包括好些值得保留的文字。假如我是特务，收拾厕所就为我大开方便之门了"。

烧归烧，杨绛不愿意将外国文学名著《堂吉诃德》译稿毁掉，那是她从1961年开始在无休止的学习与批判的夹缝中，辛勤笔耕的成果，她用牛皮纸把译稿包好，用麻绳捆上，隐藏起来。可是就在杨绛被剃成"阴阳头"的前一天，一个出版社的造反派到学部造反，召集外文所的"牛鬼蛇神"晚饭后冒雨到大席棚挨斗。揪斗完毕，革命小将向杨绛等人下了一道命令："把你们的黑稿子都交出来！"

什么是"黑稿子"呢？据杨绛的"同伙"告诉她，她翻译的《吉尔·布拉斯》"诲淫诲盗"，想必是"黑"的了。《堂吉诃德》是不是"黑"呢？堂吉诃德是地主，桑丘是农民，书上没有美化地主、歪曲农民吗？巨人怪兽，不都是迷信？杨绛一想起造反派咄咄逼人的威势，不寒而栗，不敢不提高警惕。她为了免得这部稿子遭殃，决定还是请革命群众来判定黑白，料想他们总不至于把这部稿子也说成"黑稿子"。

《堂吉诃德》原著第一、第二两部各四册，共八册，杨绛刚译完第六册的一半。她每次誊清了译稿，就把草稿扔了。稿纸很厚，她准备在上面再修改加工的。这一大叠稿子很重，她用牛皮纸包好后，再用红笔大字写上"《堂吉诃德》译稿"。

杨绛抱着这个沉重的大包挤上车，再挤下车，还得走一段路。雨后泥泞，路不好走，她好不容易抱进办公室去交给组秘书。杨绛看准他为人憨厚，从来不"左得可怕"。她说明译稿只此一份，没留底稿，并说，不知这部稿子是否"黑"。他很同情地说："就是嘛！"显然他不赞成没收。

可是杨绛背后另一个声音说："交给小C。"小C原是通信员，按"颠倒过来"的原则，他如今是很有地位的负责人。原来那时候革命群众已经分裂为两派了，小C那一派显然认为《堂吉诃德》是"黑稿子"，应当予以没收。

小C接过稿子抱着要走，组秘书郑重叮嘱说："这可是人家的稿子啊，只有这一份，得好好儿保管。"小C不答，拿着稿子就走了。

杨绛只好倒抽一口冷气，眼睁睁看着"堂吉诃德"做了"俘虏"。那一天真是她不幸的一天，早上交出《堂吉诃德》译稿，晚上给剃成"阴阳头"。

不久以后的一个星期日，不知哪个革命团体又派人来杨绛家里没收尚未发表的创作稿。杨绛这次早打定主意，什么稿子都不交出去了。她干脆地说：

"没有。"

那位造反派又要笔记本。杨绛随手打开抽屉，拿出两本旧笔记，就交

给他以作应付。他却不依不饶,说道:

"我记得你不止两本。"

杨绛的确不止两本,可是当时她只拿到两本并说:

"没有了!"

杨绛事后回想,那位年轻人也许本性温和,也许有袒护之意,所以并不追问,也不搜查,就回去交差了。

他刚走不久,杨绛就找出一大叠整齐的笔记本,原来交出去的那两本是因为记得太凌乱,不打算保留的,所以另放一处。

刘士杰是杨绛夫妇在社科院的同事,他在"文革"中曾被命令"看管"钱锺书。钱锺书去世后,刘士杰在他的悼念文章中记叙了发生在钱家的"抄家"经过:

现在回想起来,在"文革"中,我所做的唯一对不起钱先生的事,就是参与了对他的抄家。不过,必须说明的是,那次抄家与当时红卫兵的抄家应该有所区别——这倒不是我有意为自己开脱罪责。当时红卫兵的抄家是为了所谓的"破四旧",每至一家,打上门去,玉石俱焚,扫荡一切,具有极大的破坏性。而我们那次抄家则是略看一看就完事,应付差事而已。事情的经过是这样的:当时身为中央文革小组副组长的江青,在一次会上说:"别看那些反动学术权威是文人,他们做梦都想复辟资本主义。他们不光用笔造反革命舆论,跟我们较量,他们有的还私藏枪支弹药,准备有朝一日配合国内外反动势力,推翻我们的无产阶级专政。我们千万不能书生气十足,我们要把他们的枪支弹药搜出来,否则我睡不好觉。"当时几乎所有的群众组织都传达了江青的讲话。既然是中央"文革"的首长发了话,自然应该不折不扣地执行。虽然明知道这些老先生家里根本不可能藏有武器,但不能不去抄家,否则就要被说成包庇反动学术权威。

记得那一天,我跟着几位同事来到干面胡同钱先生的家,钱先生和杨先生诚惶诚恐地迎接我们。走进客厅,我看见一架钢琴,那是钱先生的女儿钱瑗经常弹奏的钢琴。我不禁脱口而出，说了一句："钢琴！"还上前抚摸了一会儿。多年以后，钱先生还记得这句话和当时我那副幼稚的表情。其实，那次与其说是抄家，不如说是参观他家。我和我的同事好奇地、蛮有兴趣地观察这位大学问家屋内朴素而高雅的陈设。除了钢琴外，还有两样东西引起我的兴趣：一是狐狸皮，二是皮鞋。当我们拉开一个柜子的抽屉时，大家惊呆了，抽屉里蜷缩着几只狐狸！仔细一看，原来是狐狸皮。那是冬天女人用来围脖子的。我拿起一只狐狸皮围在自己的脖子上，果然又柔软又暖和。拉开下一个抽屉，则满是琳琅满目的皮鞋。这些狐狸皮和皮鞋都是杨绛先生从国外带回来的。

很快，"抄家"完了，当然什么也没有抄到。钱先生的家依然井然有序，根本不像当时别的大多数被抄的家那样翻箱倒柜，杂乱无章。尽管如此，我至今仍感歉疚不安，觉得对不起钱先生。虽说那是个特殊的、疯狂的年代，虽说那次"抄家"很文雅，没有给钱家带来任何损失，但毕竟是对一位公民，特别是一位高级知识分子的人权的粗暴侵犯。多少年后，我曾当面向钱先生表示我的忏悔和歉意。钱先生说，对于伤害他的人，特别是年轻人，他都不会记仇的。[1]

在当时的条件下，杨绛夫妇得到了许多人的无私帮助，身兼中共中央政治局常委、中宣部部长的陶铸就是一个。据说陶铸感到学部一天到晚批斗这些上了年纪的"反动学术权威"，那么用不了几个月的"七斗八斗"，就会斗死，于是就亲自来学部（同来的还有陈伯达、关锋、戚本禹等人）作了一次著名的讲话，提出不要死盯住"反动学术权威"不放，还要"抓根根、发发、爪爪"，于是学部大乱，互相间开始"混战一场"，斗争方向就分散了。这就在一定程度上减轻了对包括杨绛夫妇在内的高级知识分子的人身迫害。

---

[1] 刘士杰：《幸福的回忆，终生的财富》，见李明生、王培元编《文化昆仑：钱锺书其人其事》，人民文学出版社1999年7月版，第184~185页。

## 三

1967年夏天，外文所的"牛鬼蛇神"陆续得到"解放"。被"解放"的从"牛棚"出来叫"下楼"。杨绛是所里首批下楼的二人之一。

当然，从"牛棚""下楼"，还得作一番检讨。杨绛"认真"作完检讨，满以为革命群众提些意见就能通过，不料他们向她质问"四个大妖精"的罪行。

杨绛呆了半晌，丈二和尚摸不着头脑。哪里跳出来"四个大妖精"呢？有人把她的笔记本打开，放在她眼前，叫她自己看。

杨绛看了半天，才认出"四个大妖精"原来是"四个大跃进"之讹，想不到怎么会把"大跃进"写成"大妖精"，她脑子里一点影子都没有。在她的笔记本上，前后共有四次"四个大跃进"，只第二次写成"四个大妖精"。这可能是杨绛开会时，由于连日疲劳战术，眼目惺忪，一不小心走神将"大跃进"写成了"大妖精"。对此，严肃的革命群众是不能容忍的。

这时，杨绛即便是长了一百张嘴，也不能为自己辩白。有人甚至把公认为反动的"潜意识论"也搬来应用，说她下意识蔑视作报告的首长。假如他们"无限上纲"——也不必"无限"，只要稍为再往上提提，说她蔑视的是"大跃进"，也许就把她吓倒了。可是作报告的首长正是杨绛敬佩而爱戴的，从她的上意识到下意识，绝没有蔑视的影踪。他们强加于杨绛的"下意识"，她可以很诚实地一口否认。

杨绛只好再作检讨。一个革命派的"头头"命令她把检讨稿先让他过目。杨绛以为检讨得很好，他却认为"很不够"。他说：

"你应该知道，你笔记上写这种话，等于写反动标语。"

杨绛抗议道：

"那是我的私人笔记。假如上面有反动标语，张贴有罪。"

"头头"不答理。杨绛也不服气,不肯重作检讨,于是自己解放了自己。事后,杨绛说:"不过我这件不可饶恕的罪行,并没有不了了之。后来我又为这事两次受到严厉的批评。假如要追究的话,至今还是个未了的案件。"听来使人不禁感到啼笑皆非。

在杨绛的晚年,她痛陈"四个妖精"与"堂吉诃德"的渊源关系:

我说四个妖精都由堂吉诃德招来,并不是胡赖,而是事实。我是个死心眼儿,每次订了工作计划就一定要求落实。我订计划的时候,精打细算,自以为很"留有余地"。我一星期只算五天,一月只算四星期,一年只算十个月。一年三百六十五天,只有二百个工作日,我觉得太少了,还不到一年三分之二。可是,一年要求二百个工作日,真是难之又难,简直办不到。因为面对书本,埋头工作,就导致不问政治,脱离实际。即使没有"运动"的时候,也有无数的学习会、讨论会、报告会,等等,占去不少时日,或把可工作的日子割裂得零零碎碎。如有什么较大的运动,工作往往全部停顿。我们哪一年没有或大或小的"运动"呢?

政治学习是一项重要的工作。我也知道应该认真学习,积极发言。可是我认为学习和开会耗费时间太多,耽误了业务工作。学习会上我听到长篇精彩的"发言",心里敬佩,却学不来,也不努力学。我只求"以勤补拙",拙于言辞,就勤以工作吧。这就推我走上了"白专道路"。

"白专道路"是逆水行舟。凡是走过这条道路的都知道,这条路不好走。而翻译工作又是没有弹性的,好比小工铺路,一小时铺多少平方米,欠一小时就欠多少平方米——除非胡乱塞责,那是另一回事。我如果精神好,我就超额多干;如果工作顺利,就是说,原文不太艰难,我也超额多干。超额的成果我留作"私蓄",有亏欠可以弥补。攒些"私蓄"很吃力,四五天攒下的,开一个无聊的会就耗尽了。所以我老是早作晚息攒"私蓄",要求工作能按计划完成。就是在运动高潮,工作停顿的时候,我也偷工夫一点一滴地攒。《堂吉诃德》的译稿,大部分由涓涓滴滴积聚而成。我深悔一心为堂吉诃德攒"私蓄",却没为自己积储些多余的精力,以致妖精乘虚而入。我做了牛鬼蛇神,每夜躺着想这想那,却懵懵懂懂,一点没想到有妖精钻入笔记。我把这点疏失归罪于堂吉诃德,我想他老先生也不会嗔怪的。[1]

"下楼"后,杨绛想试探自己的身份,恰巧那时正在发放《毛泽东选集》和他老人家的像章,她居然也得了一份,据此,她自认为自己已经归属于革命群众之列了。

杨绛下了楼,心里一直惦记着自己的《堂吉诃德》翻译稿。她曾想尽办法,试图把"堂吉诃德"救出来。她向没收"黑稿子"的"头头"们要求暂时发还她的"黑稿子",让她按着"黑稿子",检查自己的"黑思想"。他们并不驳斥她,只说没收的"黑稿子"太多,她的那一份找不到了。

杨绛每天收拾女厕所,费不了多少时间,其他人往往还没扫完院子。她觉得单独一人傻坐在办公室里不大安全,所以自愿在群众的办公室外面扫扫窗台,抹抹玻璃,借此消磨时光。从堂吉诃德"被俘"后,她就想借此寻找"他"的踪迹。可是她的这位英雄和古代小说里的美人一样,侯门一入深似海,她每间屋子都张望过了,也没见到"他"的影子。

过年以后,有一次杨绛他们奉命打扫后楼一间储藏室。她忽然从凌乱的废纸堆里发现了那包《堂吉诃德》译稿。她好像找到了失散多年的儿女,忙抱起放在一只凳上,又惊又喜地告诉别人:

"我的稿子在这里呢!"

杨绛打算冒险把稿子偷走。出门就是楼梯,下楼没人看守。抱着一个大纸包大模大样在楼梯上走也不像做贼,楼下的女厕所虽然不是她打扫的,究竟是个女厕所,她可以把稿子暂时寄放,然后再抱回家去。当然会有重重险阻,她且走一步是一步。当时监视他们的是个老干部。杨绛等他

---

[1] 杨绛:《丙午丁未年纪事——乌云与金边》,见《杨绛作品集》第二卷,中国社会科学出版社1993年10月版,第170~171页。

一转背，就把稿子抢在手里，可是刚举步，未及出门，同是"牛鬼蛇神"的一个人指着她大喝一声：

"杨季康，你要干什么？"

监视的干部转过身来，诧异地看着杨绛。

杨绛生气说："这是我的稿子！"

那位干部才明白她的用意。他倒并不责问，只软哄说：

"是你的稿子。可是现在你不能拿走，将来到了时候，会还给你。"

杨绛说："扔在废纸堆里就丢了。我没留底稿，丢了就没了！"

看管者答应好好儿保藏，随杨绛放在哪里都行。杨绛先把稿子放在书柜里，又怕占了太好的位置，别人需要那块地方，会把稿子扔出来。所以她又把稿子取出，小心地放在书柜顶上，叹了口气，硬硬心肠，撇下不顾。

军宣队、工宣队进驻学部以后，"牛鬼蛇神"多半恢复人身，重又加入群众队伍，和他们一起学习。这时，杨绛请学习小组的组长向工人师傅要求发还她的译稿，因为她自知人微言轻，而他们也不懂得没收稿子的缘由。

学习组长说："那是你的事，你自己去问。"

对方要么置之不理，要么嘴里答应却不发还。直到下放干校的前夕，原先的组秘书当了学习组长。杨绛在晚上学习的时候，递了一个条子给他。第二天早上，他问明情况，立即找来，交给了杨绛。

杨绛好像找回了失散多年的儿女，连忙抱在怀里，藏回家去。她无法抑制内心的激动：

"落难的堂吉诃德居然碰到这样一位扶危济困的骑士！我的感激，远远超过了我对许多人、许多事的恼怒和失望。"

秋凉以后，革命群众把杨绛同组的"牛鬼蛇神"和两位本所的"黑"领导安顿在楼上东侧一间大屋里。屋子有两个朝西的大窗，窗前挂着芦苇帘子。经过整个夏季的暴晒，窗帘已陈旧破败。他们收拾屋子的时候，打算撤下帘子，让屋子更轩亮些。

杨绛出于"共济"的精神，大胆献计说：

"别撤帘子！"

他们问："为什么？"

杨绛回答："革命群众进我们屋来，得经过那两个朝西的大窗。隔着帘子，外面看不见里面，里面却看得见外面。我们可以早作准备。"

他们观察实验了一番，证明杨绛说的果然不错。那两个大破帘子就一直挂着，没有撤下。

杨绛的这番话，体现了中国式的"政治智慧"。不过，这样的知识分子一多，像鲁迅所说的中国文学的"瞒和骗"的局面，仍将维持下去。要打破这种局面，就必须把"帘子"撤下来！

杨绛待的那间屋子里没有暖气片，所以给装了一只大火炉。杨绛等人自己去拾木柴，拣树枝。她和文学所的木工老李较熟，她到他的木工房去借得一把锯子，大家轮着学锯木头。他们做小煤饼子，又搬运煤块，轮流着生火和封火；封灭了第二天重生，检查之类的草稿正可用来生火。学部的暖气并不全天供暖，他们的炉子却整日熊熊旺盛。两位领导都回家吃饭，他们几个"老先生"各带一盒饭，先后在炉子上烤热了吃，比饭堂里排队买饭方便得多。他们饭后各据一隅，拼上几只椅子权当卧榻，叠几本书权当枕头，胡乱休息一会儿。起来了大家一起说说闲话，讲讲家常，虽然不深谈，但也发点议论，谈些问题。有时大家懊悔，当初该学理科，不该学文学……

杨绛事后感叹："我们既是文人，又是同行，居然能融融洽洽，共有帘子的蔽护和炉子的温暖，实在是难而又难的难友啊！"

以群众动员开始的"文化大革命"很快把群众鼓动起来了，他们对各类问题的分歧，衍化成派别对立。当时学部各派群众为了表示组织的纯洁，不断地被对方指摘的人保起来，抛出去，唇枪舌战，无休无止，一片混乱。

这时，人们已不再有兴趣去理会那些已被打成死老虎的"反动学术权威"，杨绛和钱锺书等人暂时得以"喘息"，当了一会儿"逍遥派"。

好景不长，不久军宣队、工宣队便进驻学部。到了1969年，学部的知识分子还在接受军宣队、工宣队的"再教育"。杨绛夫妇和全体人员先是"集中"住在办公室里，六至十人一间，过上了类似"集中营"的生活。他们每天清晨练操，上午、下午和晚饭后共三个单元分班学习。过了些时候，杨绛和钱锺书作为年老体弱者，搬回家住，学习时间减为上下午两个单元。

他们俩每天各在自己单位的食堂排队买饭吃。排队足足要费半小时，回家自己做饭又太费事，也来不及。军宣队、工宣队后来管束稍懈，他们就经常约会同上饭店。饭店里并没有好饭吃，也得等待，但两人一起等，可以说说话。

## 四

这年11月3日，杨绛先在学部大门口的公共汽车站等车，看见钱锺书杂在人群中出来。他过来站在她旁边，低声说：

"待会儿告诉你一件大事。"

杨绛看看他的脸色，猜不出什么事。

等两人挤上车，钱锺书才告诉杨绛："这个月11号，我就要走了。我是先遣队。"

尽管天天在等待行期，杨绛乍一听到这个消息，还是觉得头顶上像炸了一个焦雷。因为再过几天是丈夫虚岁六十生辰，他们商量好：到那天两人要吃一顿寿面庆祝。再等着过七十岁的生日，只怕轮不到了。可是只差几天，等不及这个生日，他就得下干校。

"为什么你要先遣呢？"杨绛不解。

"因为有你，别人得带着家眷，或者安顿了家再走；我可以把家撂给你。"钱锺书说。

"五七干校"是文化大革命的产物。它是贯彻毛泽东的"五七指示"而采取的模式，即下放农村走劳动锻炼的"五七道路"。

1969年林彪的"一号通令"成了驱赶人们离开城市的最后通牒。由于"文革"而减少或中止业务工作的许多单位，纷纷在全国各地开办"五七干校"。仅中央、国务院所属部门在河南、湖北、江西、安徽等十八个省区，便创办五七干校一百零六所，共约十万多名干部。其中，中国科学院哲学社会科学学部，全部下放河南省。

王洪文曾经说过 "不听话的统统把他们送到'五七干校'去劳动"，用五七干校这种形式来排斥异己，对知识分子进行身心迫害。

学部"五七干校"的地点在河南罗山县。钱锺书作为"先遣队"，从得知消息到开拔只有一个星期时间置办行装。11月9日，钱锺书才放假，回到家里，杨绛正在为他收拾东西。杨绛在外文所，暂时留京接受教育，她根本不放心钱锺书一人下放农村。

由于这次下放是所谓"连锅端"——含有拔宅下放、一去不复返的意思，所以连一时没用的东西，暂时不穿的衣服，自己宝贵的图书、笔记等等，一概带走，大包、小包行李一大堆。当时他们的女儿钱瑗、女婿王德一，各在工厂劳动，不能叫回来帮忙。他们休息日回家，就帮着收拾行李，并且学别人的样子，把箱子用粗绳子密密缠捆，防止旅途中摔破或压塌。杨绛的感叹十分耐人寻味："可惜能用粗绳子缠捆保护的，只不过是木箱铁箱等粗重行李。这些木箱、铁箱，也不如血肉之躯经得起折磨。"

经受折磨，就叫锻炼，除了准备锻炼，还有什么可准备的呢？准备的衣服如果太旧，怕不经穿；如果太结实，怕洗来费劲。杨绛已久不缝纫，胡乱把耐脏的绸子用缝衣机做了个毛毯的套子，准备经年不洗。她补了一条裤子，坐处像个布满经线纬线的地球仪，而且厚如龟壳。钱锺书倒很欣赏，说好极了，穿上好比随身带着个座儿，随处都可以坐下。她还说：

"不用筹备得太周全，只需等我也下去，就可以照看他。"至于家人团聚，等几时女儿和德一乡间落户，待他们迎养吧。

到了先遣队临行之日，杨绛和他们的女儿、女婿一起到火车站，为钱锺书送行。他们挤上火车，找到个车厢安顿下来。这时他们的心情是沉重的，杨绛和钱瑗差点流下泪水。钱锺书看在眼里，不等开车，就催促他们快回去。他们三人就下车，痴痴站着等火车开动。

此时此景，让杨绛不禁想起30年代出国留学时的情景：

我记得从前看见坐海船出洋的旅客，登上摆渡的小火轮，送行者就把许多彩色的纸带抛向小轮船；小船慢慢向大船开去，那一条条彩色的纸带先后迸断，岸上就拍手欢呼。也有人在欢呼声中落泪。迸断的彩带好似迸断的离情。这番送人上干校，车上的先遣队和车下送行的亲人，彼此间的离情假如看得见，就决不是彩色的，也不能一迸就断。[1]

文学所和另一所最先下放，用部队的词儿，不称"所"而称"连"。两连动身的日子，学部敲锣打鼓，大家都放了学去欢送。杨绛记得，"下放人员整队而出，红旗开处，俞平老和俞师母领队当先。年逾七旬的老人了，还像学龄儿童那样排着队伍，远赴干校上学，我看着心中不忍，抽身先退。一路回去，发现许多人缺乏欢送的热情，也纷纷回去上班。大家脸上都漠无表情"。

话说钱锺书等多人作为先遣人员到达罗山县的五七干校。罗山地处穷乡僻壤，而干校又设在远离县城的一个土积尘封的劳改营。他们先打扫这个废弃多年的劳改营，当晚在草铺上，辗转反侧，难以入睡。第二天忽然

---

[1] 杨绛：《干校六记》，见《杨绛作品集》第二卷，中国社会科学出版社1993年10月版，第7页。

又下了一场大雪，满地泥泞，天气骤寒。

11月17日，大队人马来到，八十几个单身汉聚居一间屋里，分睡在几个炕上。有个跟着爸爸下放的淘气小男孩儿，临睡常绕炕撒尿一匝，为炕上的人"施肥"。休息日大家到镇上去买吃的：有烧鸡，还有煮熟的乌龟。杨绛问钱锺书味道如何，他却没有尝过，只悄悄做了几首打油诗寄给她。

罗山无地可耕，干校无事可干。过了一个多月，干校人员连同家眷又带着大堆箱笼物件，搬到息县东岳。那里比罗山地僻人穷，冬天没有燃料生火炉子，好多女同志脸上生了冻疮。

干校的活儿是拉大车，脱坯，造砖，盖房。钱锺书和俞平伯等几位"老弱病残"者受到照顾，干些杂活儿、轻活儿。据说有一个笑话讲钱锺书和丁声树（著名的语言学家）两位一级研究员，分配烧开水，可是半天烧不开一锅炉水，被人们戏称为"钱半开""丁半开"。杨绛则为他们辩护：锅炉设在露天，大风大雪中，要烧开一锅炉水不是容易的事情。可是笑话毕竟还是笑话。

这时，杨绛在北京已不太平，她除了无休止地"学习"、"检讨"之外，还要挖防空洞，做砖头。挖完了防空洞——一个四通八达的地下建筑，就把图书搬来搬去。捆、扎、搬运，从这楼搬到那楼，从这处搬往那处。搬完自己单位的图书，又搬别单位的图书。

有一次，他们到一个积尘三年的图书馆去搬出书籍、书柜、书架等，要腾出屋子来。有人一进去给尘土呛得连打了二十来个喷嚏。他们尽管戴着口罩，出来都满面尘土，咳吐的尽是黑痰。杨绛记得那时候天气已经由寒转暖而转热。沉重的铁书架、沉重的大书橱、沉重的卡片柜——卡片屉内满满都是卡片，全都由年轻人狠命用肩膀扛，贴身的衣衫被磨破，露出肉来。这又使她不禁惊叹：最经磨的还是人的血肉之躯！

杨绛感到，"弱者总占便宜。我只干些微不足道的细事，得空就打点包裹寄给干校的默存。默存得空就写家信，三言两语，断断续续，白天黑夜都写。这些信如果保留下来，如今重读该多么有趣！但更有价值的书信都毁掉了，又何惜那几封"。

杨绛还帮助被打成"五一六"分子的同事。有一位年轻人郑土生也被打成这个纯属子虚乌有的"五一六"反革命集团的"分子"，逼他承认，不承认不招供只有死路一条。这无疑等于死罪，他想到了自杀。当时他还欠杨绛七十五元钱，1970年4月7日，他把自己五十元的存折和二十五元钱塞进杨绛办公桌的抽屉里，留个条子给她，准备坦然地离开人世。第二天，杨绛一发现，中午赶快到办公室，看见郑土生一人坐在办公桌前低头发呆，那时他已打算待办公室人走后自杀。这时杨绛立即闪进办公室，快步走过他跟前把一个小纸包放在他的书桌上。郑土生打开纸包，除了他的存折和二十五元钱外，还有杨绛写的字条，上面写着：

"来日方长，要保重身体；要耐心、冷静、坚强。这些钱我不需要，你自己买些生活必需品吧！"

杨绛自己身处逆境，对这样一位人人怕受牵连、避之唯恐不及的"五一六"分子给予极大的关心爱护和鼓励，使郑土生这位年轻人在黑暗中见到光明，从此鼓起了勇气，顽强不屈地生存下去。郑土生后来成为著名的莎士比亚研究专家，是中国最完备的《莎士比亚全集》的主编。

还有一位年轻人冀元璋，虽然在"文革"初期参加了对杨绛的批斗，此时，他也被当作"五一六"分子抓了起来。他家在农村，妻子务农，父亲在家长年卧病，家里生活非常艰难，他省吃俭用，每月的工资都寄回家中，还要四处借债。当他被抓起来，全家陷入绝境时，是杨绛不计前嫌，伸出了援助之手，她每月从自己的工资里拿出钱来寄给他家，帮他全家渡过了难关，并支持冀元璋坚持原则，不要向邪恶势力屈服。杨绛的精神深深地感动了这位年轻人。

杨绛还同样关心、帮助所里其他受冤枉的年轻同志。她的正义感赢得了人们的爱戴。在北京筑地道期间，摊派每户做砖，一人一百块，自己挖土借工具，做好后自己送交上去，据此，杨绛一家三口就得做三百块。他的丈夫已下干校，女儿在厂劳动，女婿也离开了人世，这可使得手无缚鸡之力的她大感为难，她向监管的红卫兵小将求救，商量以代他打一套毛衣交换。这位红卫兵小将也知道杨绛钱锺书都是好人，一口答应，与所里其他年轻人一道为杨绛做好了砖并代她交上，却不肯要她打毛衣。杨绛要下干校去了，所里的年轻人主动为她捆扎行李帮她托运。

杨绛待人和善完全出于仁慈的天性，外文所里的同事，不管是谁有困难，她都会伸出援助之手。外文所里有位年轻同事的母亲和她年龄一样大，患有哮喘病，杨绛每为钱锺书的哮喘病求医问药，都不忘记这位同事的母亲，常常将各种秘方抄给她。外文所里有一位从部队转业的工作人员侯自明，自干校回来后一直患病，要不间断地服用糖浆，但老侯家里孩子多，又加上他长年生病，生活很困难。杨绛得知后，每月为钱锺书买糖浆的时候，就连带着为老侯也买一份，每月25日杨绛就会准时将糖浆送给他。一年多以后老侯的病完全治愈了，杨绛与钱锺书又给他家里寄钱和粮票，在经济上不停地支持侯自明一家，每逢过年过节，也不忘寄些钱去，从70年代到90年代从未间断。杨绛的真情赢得了所里上上下下的爱戴。

杨绛、钱锺书夫妇俩的女婿王德一也在大学里被诬为"五一六"分子而受到围剿，他承认自己总是"偏右"一点，可是他说，实在看不惯那伙"过左派"。他们大学里开始围剿"五一六"的时候，几个有"五一六"之嫌的"过左派"供出王德一是他们的"组织者"，"五一六"的名单就在他手里。那时候他已回校，钱瑗还在工厂劳动，两人不能同日回家。他最后一次离开杨绛的时候说：

"妈妈，我不能对群众态度不好，也不能顶撞宣传队。可是我决不能捏造个名单害人，我也不会撒谎。"

王德一回到学校就失去了自由。阶级斗争如火如荼，钱瑗等在厂劳动的都返回学校了。工宣队领导全系每天三次斗王德一，逼他交出名单。就在杨绛下放干校前夕，他含冤自尽。

多年之后，杨绛在文章中写"文革"时女婿自杀，像什么都没发生过一样。不动声色，巨大的留白，巨大的悲恸。光想想，便令人毛骨悚然。

这不是常人能达到的境界。因而可以说，真正平淡至极的文字当属杨绛。

杨绛是于1970年7月12日动身下干校的。上次钱锺书去干校离开北京时，尚有杨绛、钱瑗、王德一三人送行，而在杨绛出发时却只有女儿一个了。"文化大革命"将中国大地变成了人间"炼狱"，杨绛夫妇的同窗好友吴晗、袁震含冤自缢。1968年，杨绛的妹妹杨必被多次威逼交代在国际劳工局兼职一事，后来因急性心脏衰竭在"睡梦里去世"。不仅如此，在运动中，杨绛父母和三姑母的墓碑也被砸毁……

钱瑗欲哭无泪地送杨绛上了火车，杨绛促她先归，别等车开。看着她孑然一身的背影，杨绛心上凄楚，忙闭上眼睛；闭上了眼睛，越发能看到她在自己破残凌乱的家里，独自收拾整理，忙又睁开眼。车窗外已不见了她的背影。杨绛又合上眼，让眼泪流进鼻子，流入肚里。火车慢慢开动，杨绛离开了北京。

杨绛到了息县的干校，看见钱锺书"又黑又瘦，简直换了个样"，而且他的脸上长了脓疱。这时钱锺书已改行，不再烧锅炉，而是白天看管工具，晚上巡夜，并且还要充当"信差"。用黄裳的话讲："这在那种场合已经算是一种'美差'了，也许是对我们的学者的特殊照顾。"[1]

杨绛与钱锺书"虽然相去不过一小时的路程，却各有所属"：杨绛属于外文所，钱锺书属于文学所，不在一个"连"，他们"得听指挥、服从纪律，不能随便走动"。可是他们可以有书信来往，到休息日才许探亲。不过"休息日不是星期日；十天一次休息，称为大礼拜"。如果有事，大礼拜是可以取消的。这样比起独在北京的女儿，他们"算是同在一处了"。

在杨绛的记忆里，干校的劳动有多种。种豆、种麦是大田劳动。大暑天，清晨三点钟空着肚子就下地。六点送饭到田里，大家吃罢早饭，劳动到午时休息；黄昏再下地干到晚。各连初到，借住老乡家。借住不能久

---

[1]《黄裳文集》第四卷，上海书店出版社1998年4月版，第215页。

占,得赶紧自己造屋。造屋得用砖,砖不易得,大部分用泥坯代替。脱坯是极重的活儿。此外,养猪是最脏又最烦的活儿。菜园里、厨房里弱者居多,繁重的工作都落在年轻人肩上。

有一次,干校开一个什么庆祝会,演出的节目都不离劳动。有一个话剧,演某连学员不怕砖窑倒塌,冒险加紧烧砖,据说真有其事。有一连表演钻井,演员一大群,没一句台词,唯一的动作是推着钻井机打转,一面有节奏地齐声哼"嗯哼!嗯哼!嗯哼!嗯哼!"大伙儿转呀、转呀,转个没停——钻机并不能停顿,得日以继夜,一口气钻到底。"嗯哼!嗯哼!嗯哼!嗯哼!"那低沉的音调始终不变,使人记起曾流行一时的电影歌曲《伏尔加船夫曲》;同时仿佛能看到拉纤的船夫踏在河岸上的一只只脚,带着全身负荷的重量,疲劳地一步步挣扎着向前迈进。戏虽单调,却好像比那个宣扬"不怕苦、不怕死"的烧窑剧更生动现实。散场后大家纷纷议论,都推许这个节目演得好,而且不必排练,搬上台去现成是戏。

有人忽脱口说:"啊呀!这个剧——思想不大对头吧?好像——好像——咱们都那么——那么——"

大家都会意地笑。笑完带来一阵沉默,然后就谈别的事了。

杨绛初下干校,与七八个人一起分在"菜园班"。而菜园是需要日夜看守的,所以"连部"特地在菜地里盖了一个简陋的"窝棚",杨绛被分配在白天单独看守。作为一个勤奋好思的学者,岂肯让时间白白流逝?于是她就利用这个机会看书和写东西,写她每天的见闻和内心感受。其中有许多书信就是写给钱锺书的。钱锺书送信、取信所经过的这条路与杨绛的"窝棚"不过百十来步,所以他每天顺便来到菜园,与杨绛见面,谈谈心,这时候,杨绛便把一天来写的书信或稿子交给钱锺书。这样的田边相会,大约持续了一年光景,杨绛的记叙极为生动:

……那年12月,新屋落成,全连搬到"中心点"上去;阿香也到新菜地去干活儿。住窝棚的三人晚上还回旧菜园睡觉,白天只我一人在那儿看守。

　　班长派我看菜园是照顾我,因为默存的宿舍就在砖窑以北不远,只不过十多分钟的路。默存是看守工具的。我的班长常叫我去借工具。借了当然还要还。同伙都笑嘻嘻地看我兴冲冲走去走回,借了又还。默存看守工具只管登记,巡夜也和别人轮值,他的专职是通信员,每天下午到村上邮电所去领取报纸、信件、包裹等回连分发。邮电所在我们菜园的东南。默存每天沿着我们菜地东边的小溪迤逦往南又往东去。他有时绕道到菜地来看我,我们大伙儿就停工欢迎。可是他不敢耽搁时间,也不愿常来打搅。我和阿香一同留守菜园的时候,阿香会忽然推我说:"瞧!瞧!谁来了!"默存从邮电所拿了邮件,正迎着我们的菜地走来。我们三人就隔着小溪叫应一下,问答几句。我一人守园的时候,发现小溪干涸,可一跃而过;默存可由我们的菜地过溪往邮电所去,不必绕道。这样,我们老夫妇就经常可在菜园相会,远胜于旧小说、戏剧里后花园私相约会的情人了。

　　默存后来发现,他压根儿不用跳过小溪,往南去自有石桥通往东岸。每天午后,我可以望见他一脚高、一脚低从砖窑北面跑来。有时风和日丽,我们就在窝棚南面灌水渠岸上坐一会儿晒晒太阳。有时他来晚了,站着说几句话就走。他三言两语,断断续续,想到就写的信,可亲自捯给我。我常常锁上窝棚的木门,陪他走到溪边,再忙忙回来守在菜园里,目送他的背影渐远。从邮电所回来就急要回连分发信件和报纸,不肯再过溪看我。不过我老远就能看见他迎面而来;如果忘了什么话,等他回来可隔溪再说两句。[1]

　　杨绛所在的菜园班没用机器,单凭人力凿了一眼井。位于淮河边上的干校好在连续两年干旱,没遭逢水灾。可是干硬的地上种菜不易。人家说息县的地"天雨一包脓,天晴一片铜"。菜园虽然经拖拉机耕过一遍,只

---

[1] 杨绛:《干校六记》,见《杨绛作品集》第二卷,中国社会科学出版社1993年10月版,第19~20页。

翻起满地大坷垃，比脑袋还大，比骨头还硬。要种菜，得整地；整地得把一块块坷垃砸碎、砸细，不但费力，还得耐心。他们整好了菜畦，挖好了灌水渠，却没有水。邻近也属学部干校的菜园里有一眼机井，据说有十米深呢，他们常去讨水喝。人力挖的并不过三米多，水是浑的。他们喝生水就在吊桶里掺一小瓶痧药水，聊当消毒，水味很怪。十米深的井，水又甜又凉，大太阳下干活儿渴了舀一碗喝，真是如饮甘露。他们不但喝，借便还能洗洗脚手。可是如要用来浇灌菜园却难之又难……所以他们决计凿一眼灌园的井。选定了地点，就破土动工。

那块地硬得真像风磨铜。那天杨绛费尽吃奶气力，一锹下去，只筑出一道白痕，引得小伙子们大笑。他们也挖得吃力，说得用鹤嘴镘来凿。杨绛"拿手"的是脚步快，动不了手，就飞跑回连，领了两把鹤嘴镘，扛在肩头，居然还能飞快跑回菜园。他们没停手，杨绛也没停脚。壮劳力轮流使鹤嘴镘凿松了硬地，旁人配合着使劲挖。大家狠干了一天，挖出一个深潭，挖到二米时，土就渐渐潮润，开始见水了。

干土挖来虽然吃力，烂泥的分量却更沉重。越挖越泥泞，两三个人光着脚跳下井去挖，把一桶桶烂泥往上送，上面的人接过来往旁边倒，霎时间井口周围一片泥泞。大家都脱了鞋袜。阿香干活儿很欢，也光着两只脚在井边递泥桶。杨绛提不动一桶泥，可是凑热闹也脱了鞋袜，把四处乱淌的泥浆铲归一处。

这样狠干了不知多少天，井已挖到三米深。水渐渐没膝，渐渐没腿，渐渐齐腰。灌园的井有三米多已经够深。杨绛说要去打一斤烧酒为他们驱寒，借此庆功。大家都很高兴。来帮忙的劳力之一是后勤排的头头，他指点了打酒的窍门儿。她就跑回连，向厨房如此这般说了个道理，讨得酒瓶。厨房里大约是防人偷酒喝，瓶上贴着标签，写了一个大"毒"字，旁边还有三个惊叹号，又画一个大骷髅，下面交叉着两根枯骨。瓶里还剩有一寸深的酒。杨绛抱着这么个可怕的瓶子，赶到离菜园更往西二里路的"中心点"上去打酒；一路上只怕去迟了那里的合作社已关门，恨不得把神行太保拴在腿上的甲马借来一用。她没有买酒的证明，凭那个酒瓶，略费唇舌，买得一斤烧酒。下酒的东西什么也没有，可吃的只有泥块似的"水果糖"，她也买了一斤，赶回菜园。

灌园的井已经完工。壮劳力、轻劳力都坐在地上休息。大家兴冲冲用喝水的大杯小杯斟酒喝，约莫喝了一斤，瓶里还留下一寸深的酒还给厨房。大家把泥块糖也吃光——这就是他们的庆功宴。

杨绛所在的这个菜园是中心点。菜园的西南有个大土墩，干校的人称为"威虎山"，和菜园西北的砖窑遥遥相对。砖窑以北不远就是钱锺书的宿舍。"威虎山"坡下是干校某连的食堂，杨绛的午饭和晚饭都到那里去买。西邻的菜园有房子，她常去讨开水喝。南邻的窝棚里生着火炉，她也曾去讨过开水。

杨绛只用三块砖搭个土灶，拣些秫秸烧水；有时风大，点不着火。南去是钱锺书每日领取报纸信件的邮电所。溪以东田野连绵，一望平畴，天边几簇绿树是附近的村落。杨绛以菜园为中心的日常活动，就好比蜘蛛踞坐菜园里，围绕着四周各点吐丝结网；网里常会留住些琐细的见闻、飘忽的随感。

杨绛每天清早吃罢早点，一人往菜园去，半路上常会碰到住窝棚的三人到"中心点"去吃早饭。她到了菜园，先从窝棚木门旁的秫秸里摸得钥匙，进门放下随身携带的饭碗之类，就锁上门，到菜地巡视。胡萝卜地在东边远处，泥硬土瘠，出产很不如人意。可是稍大的常给人拔去；拔得匆忙，往往留下一截尾巴，杨绛挖出来后用井水洗净，留以解渴。邻近北边大道的白菜，一旦捏来菜心已长瓷实，就给人斫去，留下一个个斫痕犹新的菜根。

有一次杨绛发现三四棵长足的大白菜根已斫断，未及拿走，还端端正正站在畦里。他们只好不等白菜全部长足，抢先收割。又有一次杨绛刚绕到窝棚后面，发现三个女人正在拔他们的青菜，她们站起身就跑，不料她追得快，就一面跑一面把青菜抛掷地下。她们篮子里没有赃，不怕追上。

杨绛心想:"其实,追只是我的职责。我倒但愿她们把青菜带回家去吃一顿,我拾了什么用也没有。"

杨绛住在老乡家的时候,和同屋伙伴不在一处劳动,晚上不便和她们结队一起回村。她就独往独来,倒也自由灵便。而且她喜欢走黑路。打了手电,只能照见四周一小圈地,不知身在何处,走黑路倒能把四周都分辨清楚。她顺着荒墩乱石间一条蜿蜒小径,独自回村,近村能看到树丛里闪出灯光。但有灯光处,只有她一个床位,只有帐子里狭小的一席地……

杨绛在菜园班的时候,同班的一位诗人从砖窑里抱回一只小黄狗。诗人姓区。偶有人把姓氏的"区"读如"趋",阿香就为小狗命名"小趋"。诗人的报复很妙:他不为小狗命名"小香",却要它和阿香排行,叫它"阿趋"。可是"小趋"叫来比"阿趋"顺口,就叫开了。好在菜园以外的人,并不知道"小趋"原是"小区"。

这只小黄狗,为枯燥乏味的干校生活增添了些许快乐。杨绛在《干校六记》中专门为小黄狗写了一章:《"小趋"记情》。在她的笔下,"小趋"是可爱的——

默存每到我们的菜园来,总拿些带毛的硬肉皮或带筋的骨头来喂小趋。小趋一见他就蹦跳欢迎。一次,默存带来两个臭蛋——不知谁扔掉的。他对着小趋"啪"一扔,小趋连吃带舔,蛋壳也一屑不剩。我独自一人看园的时候,小趋总和我一同等候默存。它远远看见默存从砖窑北面跑来,就迎上前去,跳呀、蹦呀、叫呀、拼命摇尾巴呀,还不足以表达它的欢欣,特又饶上个打滚儿;打完一滚,又起来摇尾蹦跳,然后又就地打个滚儿。默存大概一辈子也没受到过这么热烈的欢迎。他简直无法向前迈步,得我喊着小趋让开路,我们三个才一同来到菜地。

我有一位同事常对我讲他的宝贝孙子。据说他那个三岁的孙子迎接爷爷回家,欢呼跳跃之余,竟倒地打了个滚儿。他讲完笑个不停。我也觉得孩子可爱,只是不敢把他的孙子和小趋相比。但我常想:是狗有人性呢?

## 杨绛

还是人有狗样儿？或者小娃娃不论是人是狗，都有相似处？

小趋见了熟人就跟随不舍。我们的连搬往"中心点"之前，我和阿香每次回连吃饭，小趋就要跟。那时候它还只是一只娃娃狗，相当于学步的孩子，走路滚呀滚的惹人怜爱。我们怕它走累了，不让它跟，总把它塞进狗窝，用砖堵上。一次晚上我们回连，已经走到半路，忽发现小趋偷偷儿跟在后面，原来它已破窝而出。那天是雨后，路上很不好走。我们呵骂，它也不理。它滚呀滚地直跟到我们厨房兼食堂的席棚里。大家都爱而怜之，各从口边省下东西来喂它。小趋饱吃了一餐，跟着菜园班长回菜地。那是它第一次出远门。

我独守菜园的时候，起初是到默存那里去吃饭。狗窝关不住小趋，我得把它锁在窝棚里。一次我已经走过砖窑，回头忽见小趋偷偷儿远远地跟着我呢。它显然是从窝棚的秫秸墙里钻了出来。我呵止它，它就站住不动。可是我刚到默存的宿舍，它跟脚也来了，一见默存，快活得大蹦大跳。同屋的人都喜爱娃娃狗，争把自己的饭食喂它。小趋又饱餐了一顿。

小趋先不过是欢迎默存到菜园来，以后就跟随不舍，但它只跟到溪边就回来。有一次默存走到老远，发现小趋还跟在后面。他怕走累了小狗，捉住它送回菜园，叫我紧紧按住，自己赶忙逃跑。谁知那天他领了邮件回去，小趋已在他宿舍门外等候，跳跃着呜呜欢迎。它迎到了默存，又回菜园来陪我。

我们全连迁往"中心点"以后，小趋还靠我们班长从食堂拿回的一点剩食过日子，很不方便。所以过了一段时候，小趋也搬到"中心点"上去了。它近着厨房，总有些剩余的东西可吃；不过它就和旧菜地失去了联系。我每天回宿舍晚，也不知它的窝在哪里。连里有许多人爱狗，但也有人以为狗只是资产阶级夫人小姐的玩物。所以我待小趋向来只是淡淡的，从不爱抚它。小趋不知怎么就找到了我住的房间。我晚上回屋，旁人常告诉我："你们的小趋来找过你几遍了。"我感它相念，无以为报，常攒些骨头之类的东西喂它，表示点儿意思。以后我每天早上到菜园去，它就想跟。我喝住它，一次甚至拣起泥块掷它，它才站住了，只远远望着我。有一天下小雨，我独坐在窝棚内，忽听得"呜"一声，小趋跳进门来，高兴得摇着尾巴叫了几声，才傍着我趴下。它找到了出"中心点"到菜园的路！

我到默存处吃饭，一餐饭再加路上来回，至少要半小时。我怕菜园没人看守，经常在"威虎山"坡下某连食堂买饭。那儿离菜园只六七分钟的路。小趋来做客，我得招待它吃饭。平时我吃半份饭和菜，那天我买了正常的一份，和小趋分吃。食堂到菜园的路虽不远，一路的风很冷。两手捧住饭碗也挡不了寒，饭菜总吹得冰凉，得细嚼缓吞，用嘴里的暖气来加温。小趋哪里等得及我吃完了再喂它呢，不停地只顾蹦跳着讨吃。我得把饭碗一手高高擎起，舀一匙饭和菜倒在自己嘴里，再舀一匙倒在纸上，用另一手送与小趋，不然它就不客气要来舔我的碗匙了。我们这样分享了晚餐，然后我洗净碗匙，收拾了东西，带着小趋回"中心点"。[1]

杨绛写得那样克制、那样平静，充满了温情，真可谓"怨而不怒""哀而不伤"，她回避了许多惨剧，这也许是"寄沉痛于幽闲"吧。待过干校的人，对干校生活刻骨铭心。她的《干校六记》体现了杨绛"温柔敦厚"的风格和特点，而杨绛在柔弱温和的背后，性格是极其坚强的。

干校后期，迁往明港。动身前，杨绛的菜园班全部都回到旧菜园来，拆除所有的建筑。可拔的拔了，可拆的拆了。拖拉机又来耕地一遍。临走，杨绛和钱锺书偷空同往菜园看一眼告别。只见窝棚没了，井台没了，灌水渠没了，菜畦没了，连那个扁扁的土馒头也不知去向，只剩了满布坷垃的一片白地……

这时干校的任务，由劳动改为"学习"——学习阶级斗争吧？有人不解"学部"指什么，这时才恍然："学部"就是"学习部"。

看电影大概也算是一项学习，好比上课，谁也不准逃学，钱锺书则因

---

[1] 《杨绛散文戏剧集》，南海出版公司2001年6月版，第22~24页。

眼睛不好，看不见，得以豁免。放映电影的晚上，杨绛他们晚饭后各提马扎儿，列队上广场。各连有指定的地盘，各人挨次放下马扎儿入座。有时雨后，指定的地方泥泞，马扎儿只好放在烂泥上。而且保不定天又下雨，得带着雨具。天热了，还有防不胜防的大群蚊子。不过上这种课不用考试。杨绛睁眼就看看，闭眼就歇歇。电影只那么几部，这一回闭眼没看到的部分，尽有机会以后补看。回宿舍有三十人同屋，大家七嘴八舌议论，她只需旁听，不必泄漏自己的无知。一次她看完一场电影，随着队伍回宿舍。她睁着眼睛继续做自己的梦，低头只看着前人的脚跟走。忽见前面的队伍渐渐分散，她到了宿舍的走廊里，发现不是自己的宿舍。她急忙退回队伍，队伍只剩个尾巴了。一会儿，这些人都纷纷走进宿舍去。她不知道自己的宿舍何在，连问几人，都说不知道。他们各自忙着回屋，也无暇理会她，她忽然好比流落异乡，举目无亲。

　　抬头只见满天星斗。杨绛认得几个星座，这些星座这时都乱了位置。她不会借星座的位置辨认方向，只凭颠倒的位置知道离自己的宿舍很远了。她怕耽误时间，不及沿着小道曲折而行，只顾抄近，直往南去；不防走进了营地的菜圃。她不敢胡思乱想，一手提马扎儿，一手打着手电，每一步都得踢开菜叶，缓缓落脚，心上虽急，却战战兢兢，如临深渊，一步不敢草率。好容易走过这片菜地，过一道沟仍是菜地。简直像梦魇似的，走呀、走呀，总走不出这片菜地。幸亏方向没错，她出得菜地，越过煤渣铺的小道，越过乱草、石堆，终于走上了石块铺的大路。她立即拔步飞跑，跑几步，走几步，然后转北，一口气跑回宿舍。屋里还没有熄灯，末一批上厕所的刚回房，可见她在菜地里走了不到二十分钟。好在没走冤枉路，她好像只是上了厕所回屋，谁也没有想到她会睁着眼睛跟错队伍。她想：假如我掉在粪井里，几时才会被人发现呢？她睡在硬邦邦、结结实实的小床上，感到"享不尽"的安稳。

　　到了明港，干校的条件已有改观："默存和我的宿舍之间只隔着一排房子，来往只需五六分钟。我们住的是玻璃窗、洋灰地的大瓦房。伙食比我们学部食堂的好。厕所不复是苇墙浅坑，上厕所也不需排队了，居处宽敞，箱子里带的工具书和笔记本可以拿出来阅读。阿圆在京，不仅源源邮寄食物，还寄来各种外文报刊。同伙暗中流通的书，都值得再读。宿舍四周景物清幽，可资流连的地方也不少，我们俩每天黄昏一同散步，更胜于菜园相会。我们既不劳体力，也不动脑筋，深惭无功食禄，看着大批有为的青年成天只是开会发言，心里也暗暗着急。"[1]这时，钱锺书随身携带的工具书、碑帖和笔记本可以拿出来阅读。同伴们也暗中流通着各种书籍。杨绛、钱锺书还向"同伙"李文俊借阅了原版的《大卫·科波菲尔》，当然，读时手边还得备好一本小册子或《红旗》杂志，以便遇到情况时拉过来作掩护。此书被读后，页面充满了杨绛夫妇用铅笔所作的"？""×""√""！"等各种批注[2]。

当时与杨绛一起下干校的张佩芬，后来她在《文汇报》撰文回忆她和杨绛的"联床之谊"，十分传神：

我和杨先生进一步相熟，只有短暂时光——在河南息县一座农舍里，自夏至冬，有过半年的"联床之谊"。外文所从农舍乔迁至"中心点"之初，我们又因为看守工具而有缘长谈竟夜。1970年7月，外文所抵达干校那天，气候特别燠热，我、杨先生和另外两位女同事分在同一农家。四人一见曲尺形小屋无门无窗，只能勉强挤进四张床，都沮丧万分。四人中最年轻的那位指着门洞边通风较好的两个位置说："我在这里，你（另一位成分好的同事）在那里。"我正要瞪起眼睛吵架，杨先生脸上的一丝笑意制止了我，但见她指着憋闷的角落平静地说："那么我就在这里啦。"她的"善下之"教育了我，我便一声不吭与她联了床。每日夜晚，人人肮脏不堪，屋里转不开身，又不能在人瞧得见的地方冲凉擦洗，总算在村边

---

1 杨绛：《干校六记》，见《杨绛作品集》第二卷，中国社会科学出版社1993年10月版，第47页。
2 李文俊：《同伙记趣》，1992年2月1日《文汇读书周报》。

一处小山坡上找到一口水井。阳光下野草和灌木丛生的井旁景色显得荒芜杂乱，然而夜色下，尤其是繁星满天的夜晚，闪烁着晶亮光点的水井和草木就会让我觉得颇有歌德《维特》中泉水井台畔的美妙气息。我们时而四人，时而两人，在井边冲凉或洗衣（洗大件衣物当然得等休假日），杨先生又让我经验了她另一种"善利万物"的本领。两年干校生涯中，我最厌烦天天要开会听人说假话。杨先生当然也不可能心情痛快，却总能克制自己，用一种特殊的方式让我们开朗起来。隔了三十年后，再回溯水井边、棚屋里那一次次夜谈，越发感到她的坚强。她坐在不舒服的小马扎儿上，轻声叙说她儿时双亲老家、妹妹杨必、女儿钱瑗和丈夫钱锺书的趣闻逸事，没有丝毫刻意构造的痕迹，随意而流畅，就像一支美丽乐曲流淌出宜人的旋律，飘散着抚慰人的乐音。我无以为报，只能回赠以老母寄自上海的巧克力等零食，当时对我而言，亦属"割爱"之举了。杨先生从不推辞，却也从不和我同享，多少令我觉得奇怪。有一天我清早出工，走在田间，刚取出一枚无花果要吃，迎头撞上了钱先生，便递给了他。他当即剥去包纸塞进嘴里，现出一脸灿烂的笑容。我顿时悟到杨先生不和我同享的原因。难道还可能有别一种不合乎她本性的做法么？

杨绛寄寓杨村的时候，房东家的猫儿给她来了个恶作剧。她们屋里晚上点一只油盏，挂在门口墙上。杨绛的床离门最远，几乎全在黑影里。有一晚，她和同屋伙伴儿在井边洗漱完毕，回房睡觉，忽发现床上有两堆东西。她幸未冒冒失失用手去摸，先打开手电一照，只见血淋淋一只死鼠。她们谁也不敢拿手去拈。杨绛战战兢兢移开枕被，和同伴提着床单的四角，把死鼠抖在后院沤肥的垃圾堆上。第二天，她大老清早就起来洗单子，汲了一桶又一桶的井水，洗了又洗，晒干后又洗，那血迹好像永远洗不掉。

杨绛遇见钱锺书，就把这桩倒霉事告诉他，说猫儿"以腐鼠'饷'我"。钱锺书安慰妻子说：

"这是吉兆,也许你要离开此处了。死鼠内脏和身躯分成两堆,离也;鼠者,处也。"杨绛听了大笑,凭他运用多么巧妙的圆梦术或拆字法,也不能叫她相信他为她编造的好话。她大可仿效大字报上的语调,向他大喝一声:

"你的思想根源,昭然若揭!想离开此地吗?休想!"

这年年底,钱锺书到菜园来相会时,告诉杨绛一件意外的传闻。

当时钱锺书在邮电所,帮助那里的工作同志辨认难字,寻出偏僻的地名,解决不少问题,所以很受器重,经常得到茶水款待。当地人称煮开的水为"茶",款待他的却真是茶叶沏的茶。那位同志透露了一个消息给他。据说北京打电报给学部干校,叫干校遣送一批"老弱病残"回京,"老弱病残"的名单上有他。

杨绛喜出望外。她想:"默存若能回家,和阿圆相依为命,我一人在干校就放心释虑,而且每年一度还可以回京探亲。当时双职工在息县干校的,尽管夫妻不在一处,也享不到这个权利。"

过了几天,他从邮电所领了邮件回来,破例过河来看杨绛,特来报告她传闻的话:回北京的"老弱病残",批准的名单下来了,其中有他。

杨绛已在打算怎样为他收拾行李,急煎煎只等告知动身的日期。过了几天,他来看她时脸上还是静静的。她问:

"还没有公布吗?"

公布了。没有他。他告诉杨绛回京的有谁、有谁。杨绛的心直往下沉。没有误传,不会妄生希冀,就没有失望,也没有苦恼。

杨绛陪丈夫走到河边,回到窝棚,目送他的背影渐远渐小,心上反复思忖。难道自己的丈夫比别人"少壮"吗?她背诵着韩愈的《八月十五夜赠张功曹》,感触万端。她第一念就想到了他档案袋里的黑材料,肯定是这份材料在作祟!

杨绛想起这事仍然心上不服。过一天钱锺书到菜园来,杨绛就说:"必定是你的黑材料作祟。"他说无聊,事情已成定局,还管它什么作崇。杨绛承认自己无聊：妄想已属可笑，还念念在心，洒脱不了。

回京的人动身那天，夫妇俩清早都跑到广场沿大道去欢送。客里送人归，情怀另是一般。杨绛怅然望着一辆辆大卡车载着人和行李开走，忽有女伴把她胳膊一扯说："走！咱们回去！"

回家的是老弱病残。老弱病残已经送回，留下的就死心塌地，一辈子留在干校吧。杨绛痛苦地联想着。

一天，钱锺书路过菜园，杨绛指着窝棚说：

"给咱们这样一个棚，咱们就住下，行吗？"

钱锺书认真想了一下说："没有书。"

杨绛认同：真的，什么物质享受，全都舍得，没有书却不好过日子。他箱子里只有字典、笔记本、碑帖等。

杨绛问："你悔不悔当初留下不走？"

钱锺书说："时光倒流，我还是照老样。"

在杨绛眼里，钱锺书向来抉择很爽快，好像未经思考的，但事后从不游移反复。而自己则不免思前想后，可是两人的抉择总相同。既然是自己的选择，而且不是盲目的选择，到此也就死心塌地，不再生妄想。

干校实在没事干，却是不准离开。火车站只需一小时多的步行就能到达，但没有军宣队的证明，买不到火车票。有一次钱锺书牙痛，杨绛眼睛不好，他们约定日子，各自请了假同到信阳看病。医院新发明一种"按摩拔牙"，按一下，拔一牙。病人不敢尝试，都逃跑了。杨绛夫妇溜出去游了一个胜地——忘了名称。山是一个土墩，湖是一个半干的水塘，有一座破败的长桥，山坳里有几畦药苗。虽然没什么好玩的，但他们逃了一天学，非常快活。

后来杨绛独自到信阳看眼睛，泪道给榾裂了。她提出要回北京医治，军宣队怎么也不答应。而请事假回京，还须领到学部的证明，医院才准挂号。这大约都是为了防止干校人员借回家看病，不再返回干校。

1972年3月，在周恩来总理的特别关照下，杨绛和钱锺书作为这一年的第一批"老弱病残"人员，离开干校，回到了阔别两年的北京。据说周恩来调钱锺书回京是以参加毛泽东诗词的英译工作为名，主要目的是怕他下放干校受折磨而死。

## 第十章

# 著译尖峰

在粉碎"四人帮"以来的新时期里,杨绛除了翻译以外,还积极从事文学创作、理论研究等多项工作,取得了令世人瞩目的累累硕果。杨绛淡淡的怀旧情绪,在她的散文创作中尤其明显,因而使她的作品不但具有很深的文学价值,同时还颇具史料价值。

杨绛

| 一 |

1976年10月,长达十年之久的内乱终于结束了。从此,中国将拨云见日,迎来改革开放的春天!迎来科学的春天!迎来知识的春天!迎来艺术的春天!将原来套在广大知识分子身上的禁锢,碾为齑粉。

杨绛和钱锺书,也于1977年上半年结束了"流亡"生涯,迁居至位于三里河南沙沟的国务院宿舍,新居宽敞而明亮。说起这新居,还是钱锺书的老同学胡乔木关照的结果。杨绛记得,当年的1月间,忽有人找她到学部办公处去。当时有个办事人员就交给她一串钥匙,叫她去看房子,还备有汽车,让她女儿陪她一起去,并对杨绛说:"如有人问,你就说'因为你住办公室'。"

于是杨绛和女儿同去看了房子。房子就是前面所说的三里河南沙沟寓所。他们的许多年轻朋友得知消息,都挺高兴的,帮着搬家,那天正是2月4日立春。

住了新房,杨绛和钱锺书颇费思量。他们连猜了几个人,又觉得不可能。杨绛心想,住办公室已住了两年半,到底是谁让他们搬到这所高级宿舍来的呀!

杨绛他们首先想到了何其芳,何其芳也是从领导变成朋友的。他带着夫人牟决鸣同来看他们的新居。他最欣赏洗墩布的小间,也愿有这么一套房子。显然,房子不是他给分的。这年8月,何其芳同志去世。在他的追悼会上,胡乔木、周扬、夏衍等领导同志都参加了。

10月间，胡乔木造访。他是来"请教"一个问题。早些时候钱锺书翻译《毛泽东选集》时，有一次指出原文有个错误。

钱锺书坚持说："孙猴儿从来未钻入牛魔王腹中。"对此，徐永焕请示上级，胡乔木同志调了全国不同版本的《西游记》查看。结果钱锺书没有错。孙猴儿是变作小虫，给铁扇公主吞入肚里的，铁扇公主也不能说是"庞然大物"。毛泽东就把原文修改两句。

钱锺书虽然没有错，他也够"狂傲"的。胡乔木同志有一次不点名地批评他"服装守旧"，因为钱锺书还穿长袍。当他们夫妇住在办公室期间，胡乔木曾寄过两次治哮喘的药方。钱锺书承他关会，但无从道谢。

这回，他忽然造访，杨绛猜想房子该是他配给的吧，但是他一句也没说到房子。他们的新居共四间房，一间是他们夫妇的卧室，一间给他们的女儿钱瑗，一大间是他们的书房，也充客厅，还有一间吃饭。周奶奶睡在吃饭间里。周奶奶就是顺姐，他们家住在学部时，她以亲戚身份来帮忙，大家称她周奶奶。她说，不爱睡吃饭间。她看中走廊，晚上把床铺在走廊里。

胡乔木这次是偶来夜谈，看到钱宅大门口却堵着一张床。他后来问钱锺书他们："房子是否够住？"

杨绛说："始愿不及此。"这就是他们谢胡的话了。

由此看来，杨绛夫妇的生活环境和工作条件，较"文革"之前已有很大改观。

杨绛和钱锺书一样，仍在原"学部"后更名为中国社会科学院里工作。1978年钱锺书的巨著《管锥编》正式出版，1982年他出任社科院副院长。这时候杨绛除了继续文学研究和翻译之外，还创作了大量散文、小说，迈上了又一个著译巅峰。

前面提到，杨绛早在1959年就选中西班牙大作家塞万提斯的《堂吉诃德》作为翻译的新起点，至"文革"开始已完成译稿的四分之三，"文革"中杨绛这份心爱的译稿几经周折，终于"珠还"，这耽搁的数年反倒成了她的"冷却"期。从"五七干校"回来之后,她不满意旧译,又在原来的基础上从头译起,提高了"翻译度",最后经过"点繁"(一点就点去了几万字),"文革"结束前后她抓紧工作,终于将七十多万字的小说译竣。1978年,汉译本《堂吉诃德》由人民文学出版社出版。它的问世,填补了我国西班牙语文学翻译的一个空白,立即受到西班牙方面的高度评价,西班牙国王胡安·卡洛斯一世亲自向杨绛颁奖。这是我国文学翻译界少有的殊荣,译者当之无愧。杨绛翻译的《堂吉诃德》流利酣畅,她自己说过:"我翻译的时候,很少逐字逐句地翻,一般都要将几个甚至整段文句子拆散,然后根据原文的精神,按照汉语的习惯重新加以组织。"当然这样的译法非常费力,因此杨绛还说:"我翻译很慢,平均每天也不过五百字左右。"[1]可谓,字字皆辛苦。

为了做好《堂吉诃德》的翻译工作,早在六十年代初,杨绛就制订了翻译的计划,她说:我是个死心眼儿,每次订了工作计划就一定要求落实。我订计划的时候精打细算,自以为很"留有余地"[2]。

由此可见,杨绛为翻译《堂吉诃德》付出的努力有多么巨大!如果不是"文化大革命"的阻碍,她的译稿可能更早付梓。

杨绛通过翻译《堂吉诃德》等(包括文学理论、散文、诗歌),积累了不少经验。她谦虚地说:"我翻译的一字一句,往往左改右改、七改八改,总觉得难臻完善,因此累积了一些失败的经验。成功的经验固然难能可贵,失败的经验或许更有实用。"[3]在同一篇文章里,她表述了她的翻译观,她认为,西文冗长,且多复句,一个句子"可以包含主句、分句、形容词组、副词组,等等。按汉文语法,一个句子里容纳不下许

---

[1] 叶廷芳:《杨绛先生印象记》,见《文汇报笔会》辑部编《面对永恒》,文汇出版社1998年4月版,第552页。
[2] 杨绛:《丙午丁未年纪事——乌云与金边》,见《杨绛作品集》第二卷,中国社会科学出版社1993年10月版,第170~171页。
[3] 杨绛:《失败的经验——试谈翻译》,见《杨绛作品集》第三卷,中国社会科学出版社1993年10月版,第228页。

多分句和词组。如果必定按原著一句还它一句，就达不到原文的意义，所以断句是免不了的。可是如果断句不当，或断成的一句句排列次序不当，译文还是达不到原文的意义。怎样断句？……原则是突出主句，并衬托出各部门之间的从属关系。主句没有固定的位置，可在前，可在后，可在中间，甚至也可切断。从属的各分句、名词组都要安放在合适的位置，使这一词组重新组合的断句，读起来和原文的那一句是同一个意思，也是同样的说法。在组合这些断句的工序里，不能有所遗漏，也不能增添。"杨绛在这里表明的意思是，译者要按读者熟悉的语言习惯传达原作的内容，做到"信"与"达"的统一。从而，她还引出了"翻译度"的概念：有的译者"以为离原文愈近愈安全——也就是说，'翻译度'愈小愈妥；即使译文不通畅，至少是'信'的。可是表达不出原意的译文，说不上信。'死译''硬译''直译'大约都是认为'翻译度'愈小愈妥的表现。……'翻译度'愈小，就是说字上贴得愈近，那么，在意思的表达上就愈来愈远。原意不达，就是不信。畅达的译文未必信，词不达意的译文必定不信。我相信这也是翻译的常识了"。[1]这个"翻译度"，就是指译者从原文转化为译文的过程中，经过努力所达到的"信"与"达"的程度。她举出《堂吉诃德》里的一句话为例，这句话可以有三种译文。原句有两层意思：一是"杜尔西内娅受到你的称赞就更幸福，更有名"。二是"别人的称赞都不如您的称赞"。

第一种译法：杜尔西内娅在这个世界上会更幸福更有名，因为曾受到您的称赞比了世界上最雄辩者所能给她的一切称赞。

这段译文"翻译度"是最小的，虽然"严格"按照原句的顺序和语法，在字句的语序上最靠近原句，主句和分句都没有挪窝，但词不达意，实在谈不通，因而也谈不上"信"。

第二种译法：您对杜尔西内娅的称赞，盖过了旁人对她的称赞，能为

---

[1] 杨绛：《失败的经验——试谈翻译》，见《杨绛作品集》第三卷，中国社会科学出版社1993年10月版，第234~235页。

她造福扬名。

　　这段译文通是通的，译者把长句断开了，并从语序上作了调整，"翻译度"增加些，可是看来好像缺少些什么，译文"缺了一块七巧板"。

　　第三种译法：杜尔西内娅有您的称赞，就会增添了幸福和名望；别人怎么样极口赞誉，也抵不过您这几句话的分量。

　　这段译文补足了前两种的缺陷，把复句分断为单句虽然在语序上与原句不同，但译文的含义，更加信达。

　　可见杨绛在翻译《堂吉诃德》时，真正做到"一名之立，旬月踟蹰"，无论是在选字，还是在造句、成章方面，都总是斟酌再三，一丝不苟，力求译文的"信""达""雅"。

　　《堂吉诃德》是举世闻名的杰作，是在西方文学创作里，与《哈姆雷特》《浮士德》并称的杰出典型。杨绛自是十分喜欢这部作品的，译文从1978年问世以来，曾多次重版，每次她都要悉心校订，日臻完善，累计已发行六七十余万册。该译著，还作为教育部《中学语文教学大纲》指定书目，列入中学生课外文学名著必读，由人民文学出版社出版；江苏的译林出版社出版《杨绛译文集》收入了此书；进入新世纪，在2004年人民文学出版社推出八卷本的《杨绛文集》时，也汇集了《堂吉诃德》一书。

　　围绕《堂吉诃德》，杨绛还撰写了一组论文，总共有九篇，它们是：《堂吉诃德和〈堂吉诃德〉》《塞万提斯小传》《再谈〈堂吉诃德〉》《〈堂吉诃德〉译余琐掇》《〈堂吉诃德〉校订本译者前言》《孝顺的厨子——〈堂吉诃德〉台湾版译者前言》《天上一日，人间一年——在塞万提斯纪念会上的发言》《塞万提斯的戏言——为塞万提斯铜像揭幕而作》《〈堂吉诃德〉校订本三版前言》等。

　　上述这些文章都是围绕作品的时代背景、思想内容、艺术特色以及作者介绍和有关史实考订等而展开。杨绛在文章中还道出了翻译的甘苦：翻译是一项苦差使，我曾比之于"一仆二主"。译者同时得伺候两个主人：一个主子是原文作品。原文的一句句、一字字都要求依顺，不容违拗，也不得敷衍了事。另一个主子是本国译本的读者。他们要求看到原作的本来面貌，却又得依顺他们的语文习惯。我作为译者，对"译主子"尽责，只是为了对本国读者尽忠。我对自己译本的读者，恰如俗语的称"孝顺的厨子"，主人越吃得多，或者吃的主人越多，我就越发称心惬意，觉得苦差没有白当，辛苦一场也是值得[1]。鉴于杨绛在外国文学翻译领域的杰出贡献，1982年，她被推举为中国翻译家协会理事。

文学翻译一向较少得到舆论的关注，可是自杨绛将《堂吉诃德》译成中文后，国内的一些报纸，围绕文学翻译的不同观点展开了交锋。事情是从一句西班牙成语的翻译引起的。

2003年8月6日，林一安先生在《中华读书报》发表《莫把错译当经典》一文，批评杨绛在该书中把西班牙成语"de peloen pecho"译为"胸上长毛"是"望文生义的败笔"；此前他对该译本还提过别的指责，认为这个译本还需要"补苴罅漏"。随后，北京、上海的报刊接连发表三篇文章，对林文的观点进行反批评。这些文章指出，根据词典释义，这句成语的原意本指"不畏危险和艰难的人"；但书中这句话，是桑丘形容堂吉诃德的意中人时所讲的。在目前书店销售的五种中译本中，张广森译为"有股子男子气概"，董燕生译为"有股丈夫气"，而杨绛、屠孟超、孙家孟三人均译为"胸上长毛"。对书中此处用这个成语，有人理解，是形容这个女人像男子一样勇敢；另有人则认为，光说勇敢还概括不了，因为这个女人比男人还更有力，而且说这话时是带着某种揶揄的语气。例如，中国社会科学院外国文学研究所副所长陈众议就认为，以"胸上长毛"在此处形容勇力过人的女人，这是杨绛先生"原汁原味地移植了桑丘对堂吉诃德意中人的不屑"，可谓一个妙笔。杨绛自己则这样解释："'胸上长毛'，是男子汉的具体形象，成语，指的是男子汉的气概，是男子汉的抽象概念，按字面直译不失原意，而在桑丘嘴里，会显得更现成，更自然，

---

1 杨绛：《孝顺的厨子》，见《杨绛作品集》第三卷，中国社会科学出版社1993年10月版，第47页。

也更合适。"

"胸上长毛"的译法究竟是败笔还是妙笔，表面上是一句西文成语不同译法之争，但从中却涉及如何评判文学翻译优劣的标准，如何协调词典的义项与文化解读之间的不同诠释，如何看待名家译作中可能存在的"误译"。正是这些译界多年来争议的话题，引发了更多的人对这场争论的关注。

文学翻译不同于商业合同和法律条文的翻译，后者当然要死扣字义，容不得译者有任何想象和艺术修饰；而文学翻译不仅要求传达原意，还要有文采，更要注重文化解读以求完美地体现原作者的创作思想。这样一来，只要不是粗制滥造，不同译者对某些文字作不同的诠释，这是正常的，也应该是允许的，"一千个译者，就有一千个哈姆雷特"。著名翻译理论家尤金·奈达曾明确指出："翻译中绝对的对等是永远不可能的。"林语堂先生更以自己丰富的翻译实践总结说："凡文字有声音之美，有意义之美，有传神之美，有文气文体形式之美，译者或顾其义而忘其神，或得其神而忘其体，决不能把文义、文神、文体及声音之美完全同时译出，……因此，百分之百忠实，只是一种梦想。"可见，评判一部译作是否优秀，从作品全局的把握上看其是否较好地传达了作者在书中想要表达的信息，是否较好地表现了作者独有的艺术特色，理当更为重要。

文学翻译还必须重视接受美学。译文是给别人看的，这就要力求语言通俗易懂，富于形象化。一句"胸上长毛"，使一个"比男人还男人"的壮妇形象跃然纸上[1]。

---

1 李景端：《一句成语翻译引发的争论》，2004年1月8日《文汇读书周报》。

## 二

在粉碎"四人帮"以来的新时期里，杨绛除了翻译以外，还积极从事文学创作、理论研究等多项工作，取得了令世人瞩目的累累硕果。

杨绛淡淡的怀旧情绪，在她的散文创作中尤其明显，因而使她的作品不但具有很深的文学价值，同时还颇具史料价值。纵观杨绛全部的叙事散文，多是在追忆往事。这种写作时间与所写内容发生时间的间离，或许只是个人的一种习惯而已，但是这样一来可以不受所谓"现实"的干扰，对所写的东西能看得清楚透彻；二来经历岁月的冲洗，在感情上反而更贴近记叙的对象，保持事实的真实。所以杨绛的作品从某种意义上讲，是阅历的产物。她的散文作品，已经结集的有《干校六记》《将饮茶》《杂忆与杂写》等，另有集外散文多篇。

1980年，杨绛读了清代沈复的《浮生六记》后，决定要写一写自己的干校经历，题目也以《干校六记》名之。所不同者，沈复以"闺房记乐""闲情记趣""坎坷记愁""浪游记快"等命名里面的篇目；而杨绛的则是"下放记别""凿井记劳""冒险记幸""误传记妄"……

杨绛的《干校六记》是写20世纪70年代"五七干校"的生活的。她以"下放记别""凿井记劳""学圃记闲""小趋记情""冒险记幸""误传记妄"等片断，从容平实地折射了干校中人与人的关系，反映了她以"静"制动的美学追求。其实，当时学部干校作为清查"五一六"大本营的基地，充满了"阶级斗争"的腥风血雨。作为这场运动直接受害者的亲属，她内心肯定承受了巨大的隐痛。虽然《干校六记》中反映的学部干校相对和平宁静，正是体现了她的美学追求——含蓄超脱。钱锺书为杨绛《干校六记》所作的序言中特别点明："'记劳'，'记闲'，记这，记那，那不过是这个大背景的小点缀，大故事的小穿插。"

随着杨绛的回忆走进她和钱锺书当年的学部干校，那意境又似"白头宫女在，闲坐说玄宗"的沧桑，让人犹如置身冬日夕阳。没有激烈的情绪，只是平实的叙述，体现她所追求的大智慧、大淡泊。透过这平实淡泊的叙述，我们分明感受到作者对那扭曲人性的年代所生产的荒谬的抵制、对邪恶的抗争。《干校六记》几场送别的场面，颇能反映平和背后的不满与无奈。

第一次是写杨绛、女儿和女婿为作为"先遣队"一员的钱锺书送行。在那"斗斗斗"的年代，让年老体弱又不会照料自己生活的钱锺书独自一人下干校，杨绛是"心有不甘的"，然而杨绛却说："我们三人就下车，痴痴站着等火车开动。……默存走到车门口，叫我们回去吧，别等了。彼此遥遥相望，也无话可说。我想，让他看我们回去还有三人，可以放心释念，免得火车驰走时，让他看到我们眼里，都在不放心他一人离去。我们遵照他的意思，不等车开，先自走了。几次回头望望，车还不动，车下还是挤满了人。"

第二次写欢送大队人马下干校："文学所和另一所最先下放。用部队的词儿，不称'所'而称'连'。两连动身的日子，学部敲锣打鼓，我们都放了学去欢送。下放人员整队而出，红旗开处，俞平伯和俞师母领队当先。年逾七旬的老人了，还像学龄儿童那样排着队伍，奔赴干校上学，我看着心中不忍，抽身先退。一路回去，发现许多人缺乏欢送的热情，也纷纷回去上班。大家脸上都漠无表情。"

第三次寥寥数笔就勾勒出"离愁别恨"的场面："我们'连'是1970年7月12日动身下干校的。上次送默存，有我和阿圆还有得一（引者按：原文如此，应为'德'）。这次送我走，只剩了阿圆一人；得一已于一月前自杀去世。……阿圆送我上了火车，我也促她先归，别等车开。她不是一个脆弱的女孩子，我该可以放心撇下她。可是我看着她踽踽独归的背影，心上凄楚，忙闭上眼睛；闭上了眼睛，越发能看到她在我们那破残凌乱的家里，独自收拾整理，忙又睁开眼。车窗外已不见了她的背影。我又合上眼，让眼泪流进鼻子，流入肚里。"

## 第十章 著译尖峰

第四次是写钱锺书夫妇送第一批回京的同事："回京的人动身那天，我们清早都跑到广场沿大道的那里去欢送。客里送人归，情怀另是一般。我虽然望着一辆辆大卡车载着人和行李开走，忽有女伴把我胳膊一扯说：'走！咱们回去！'我就跟她回宿舍。她长叹一声，欲言又止。我们各自回房。"

最后一次是写钱氏夫妇作为第二批回京人员，留下者送他们的情景："据说，希望的事，迟早会实现，但实现的希望，总是变了味了。……人家也是客中，比我一年前送人回京的心情慷慨多了。而看到不在这次名单上的老弱病残，又使我愧汗。但不论多么愧汗感激，都不能压减私心的欣喜。这就使我自己明白：改造十多年，再加干校两年，且别说人人在企求的进步我没有取得，就连自己这份私心，也没有减少些。我还是依然故我。"

所有这些写送别的文字怨而不怒、哀而不伤，尽管杨绛的笔调格外的简净冷峻，但正因为如此，更让我们深深地感受出文字之间渗透的无奈与惆怅。大音希声，不事渲染，但这却是极其有力的抗争。

干校艰苦的锻炼，结果正如杨绛所言，"我还是依然故我"。她常常"睁着眼""做我自己的梦"，通过劳动，似乎转变了立场："平时总觉得污泥很脏，痰涕屎尿什么都有；可是把脚踩进污泥，和它亲近了，也就只觉得滑腻而不嫌其脏。好比亲人得了传染病，就连传染病也不复厌恶，一并可亲。我暗暗取笑自己：这可算是改变了立场或立足点吧！"杨绛同时感到，如此"早出晚归"，似乎"渐渐产生一种'集体感'或'合群感'，觉得自己是'我们'或'咱们'中的一员，也可说是一种'我们感'"。可是让这些教授们"奉为老师"的贫下中农，"对干校学员却很见外"，因为"我们不是他们的'我们'，却是'穿得破，吃得好，一人一块大手表'的'他们'"。这些"老师"对"偷拿"十分在行，"我们种的白薯，好几垄一夜间全被偷光。我们种的菜，每到长足就被偷掉"，所以干校要派杨绛等人看管田地，有时她还要追赶偷拿者："其实，追只是我的职责；我倒但愿她们把青菜带回家去吃一顿。"在杨绛看来，贫下中农的生活太苦了。她的仁慈善良之心处处得到体现。

《干校六记》写的是作者的所见所闻，大多采用的是白描手法，较少修饰乃至于不修饰，虽则尽管是日常琐闻，而视野却十分广阔深邃，处处体现了她的深沉、实在、朴素、含蓄，读来使人感到：去接受不能改变的一切，去改变能够改变的一切。洞彻久远，傲视当今。《干校六记》一如杨绛往昔的风格，不乏调侃、幽默，人们在看似轻松的阅读中，体会深邃、体会冷峻、体会杨绛那独特的充满回味的浅笑。

《干校六记》写成后，杨绛自信这部作品将超过她以前的作品。在写作前，她曾将自己的想法告诉钱锺书，钱锺书却"泼冷水"道：写什么"六记"，没有用的。作品完成后，钱锺书觉得很好，立即写出一篇"小引"。这篇"小引"，就是后来《干校六记》出版时的"序言"。钱锺书认为，在"干校"里少不了三类人：一类是"在运动里受冤枉、挨批斗的同志们"，假若他们来写干校生活，应当是"记屈"或"记愤"；一类是一般的群众，"回忆时大约都得写'记愧'：或者惭愧自己是糊涂虫，没看清'假案''错案'，一味随着大伙儿去糟蹋一些好人；或者（就像我本人）惭愧自己是懦怯鬼，觉得这里面有冤屈，却没有胆气出头抗议，至多只敢对运动不很积极参加"。还有一类人，"他们明知道这是一团乱蓬蓬的葛藤帐，但依然充当旗手、鼓手、打手，去大判'葫芦案'"。所以，钱锺书认为作者"漏写了一篇，篇名不妨暂定为《运动记愧》"。这篇"小引"写成于当年12月，反思个人在这场运动中的所为，应该说钱锺书走在了许多人的前面。

由于数十年的文风影响，当时人们还习惯于用严厉或高亢的笔调批判"文革"或过往，《干校六记》这种以委婉笔触写出的反思文字，还不大为人们所接受。当时，甚至有一位著名女作家这样评价：《班主任》是小学级的"反共"，《人到中年》是中学级的，《干校六记》则是大学级的。香港的一位编辑有意出版此作，但当时内地与香港联系起来还颇费周折,这位编辑就让杨绛将书稿送交与海外有联系的三联书店负责人范用,请他转寄香港。

范用接到《干校六记》书稿后,自己先作浏览,印象很好。作为出版家,有好稿在手,当然不愿意让海外先得到发表权,稿子就在范用手里搁了一段时间。但能不能用、敢不敢用,范用一时也拿不准。香港那边等不及了,那位编辑给范用发电报说,"如果你再不把《干校六记》书稿寄我,我就专程飞到北京来取稿子了"。无奈,范用只好将书稿寄出。

在出版单行本之前,香港方面先行将《干校六记》在《广角镜》杂志上刊登了出来,被一贯注重意识形态动向的胡乔木读到了。他随即让邓绍基(社科院文学研究所研究员)传话给社科院文学研究所的负责人许觉民,认为这些文字应该在大陆出版。不久,美国著名的华裔语言学家赵元任先生回国,在国家领导人举行的招待宴会上,胡乔木见到了钱锺书。他郑重地对钱锺书谈到了《干校六记》的出版问题,并对这部作品给出了十六字的评语:"怨而不怒,哀而不伤,缠绵悱恻,句句真话。"

《干校六记》能在国内出版,当然是杨绛所希望的。何况,这部作品中的丰富意味,国内的读者体会起来,定较海外读者更为深切。听到钱锺书告知胡乔木的评价和对出版的意见,杨绛马上想到范用(之前范用曾跟她提及出版的意愿),便给三联书店的董秀玉发去一函,当然,也有给《干校六记》出版者打气,使他们减少政治包袱的意思:"昨晚乔木同志遇见锺书,嘱他向我传话,说他看到《广角镜》上的《干校六记》,他有十六字考语:'怨而不怒,哀而不伤,缠绵悱恻,句句真话。'他认为国内也当出。我记起范用同志也曾说过国内可出……请转问范用同志,三联书店是否愿出?"

接到杨绛来信的第二天,范用立即写出了一份选题报告:"杨绛同志近作《干校六记》,经我的手转寄香港,原来是说出版单行本,未料《广角镜》杂志先发表了。"接着范用谈到自己对出版这类作品的一些认识:"我曾设想三联可以出版一些纪实的作品。这类作品,并非历史,但是当事者的实录,也可以看作'历史的证言'或'历史的侧记'……这类作品,作者对它有感情。对后人,对了解历史多少有些作用,犹如正史之外的野史、笔记之类(不完全恰当,是指它的作用而言)。题(体)裁不拘,但要求是真实的记录,不必完全视作文学作品(因为它是真实的,不能有半点虚构)……杨绛的《干校六记》也可列入。"范用还强调了眼下准备出版该书的具体情形:"此事原拟在讨论三联方针、任务、选题时提出,因杨绛来信,并候回音,所以先单独提请考虑。"同时,范用还附上了胡乔木对《干校六记》的评语,作为在国内出版政治上的保险杠。

随后的办事效率很高,选题报告送上去的当天,人民出版社的负责人曾彦修便读了大部分作品,并签署了自己的意见:"杨绛同志当然不会假借别人名义讲话,我看了前五段,觉得比较平淡,评价不如乔木同志之高……我觉得三联可以出版,但恐怕不会如何轰动。"当然,这些判断从以后的情况来看,略有不足。《干校六记》即使今天看来也仍不"平淡",它在海内外均产生了较大反响。

当年五月范用提交选题报告,到七月,《干校六记》第一版便印出两万册发行了。这一版的封面,请了在北大荒待过多年的画家丁聪先生设计:近前是伸向远方的一片白桦林,另一侧下角有几排整齐却简陋的宿舍——这应该是丁聪心中和记忆里"干校"的情形。书名由钱锺书题写——他们夫妇曾有"互题书名"的约定。

但对于这一版的封面设计,范用及作者杨绛都不够满意。后来谈到这个封面时,范用说:"第一版的封面是请丁聪设计的。丁聪是大家,但这次设计是失败的。杨(绛)先生也不满意。再版时我就重新设计了……设计其实很简单,画一个框,框上再压一个专色框,用作者手书签名。杨先生对这个封面是满意的。"范用亲自设计的这个封面,简朴雅洁,看去十分爽目。可惜书名用了标准字体,没有继续用钱锺书那潇洒的手迹,只是作者签名用了杨绛自己的字迹,算是略略别具风味吧。

虽然该书在香港、大陆两地几乎同时出版,可毕竟香港方面先拿到稿件并先行在杂志上刊出,所以范用还是与香港方面进行了协商,最后达成协议:"大陆版"不要出口,免得影响"港版"的销路。为此,范用特地向"三联"出版部发一内部通知单:"据此,请将此书列为'不出口'。"[1]

《干校六记》写于1980年,1981年甫一出版,立即引起读书界的热烈反响。它被译为日文、英文、法文、俄文等外文。2000年9月,它与钱锺书的《围城》被一起遴选为"百年百种优秀中国文学图书"。

1979年冬,应中国社会科学院近代史研究所之约,杨绛撰写了《回忆我的父亲》《回忆我的姑母》两篇长文,1985年以《回忆两篇》为题,结集交付湖南人民出版社出版。

这是两篇史料翔实、感情真挚的散文。在这里,杨绛记人叙事,一如既往,自然本色,不事修饰,寓隽永于平实。在她的笔下,长辈杨荫杭、杨荫榆等人的形象跃然纸上。人们可以看到,杨绛的父亲杨荫杭是一位辛亥革命前的老同盟会会员,以后又以道义立身,不畏权势,秉公执法,名重天下。然而理想未能实现,抑郁而终,令人扼腕叹息。杨绛的三姑母杨荫榆也曾是中国现代史上的风云人物,作者描写的着墨点是姑母的生活小事,看似琐碎,实则反映她的性格——杨荫榆的怪癖以及不会圆滑处世的个性。

杨绛声称"我也很不喜欢"的姑母杨荫榆,最后死在日本鬼子的枪口下:"1938年1月1日,两个日本兵到三姑母家去,不知用什么话哄她出门,走到一座桥顶上,一个兵就向她开一枪,另一个就把她抛入河里,他们发现三姑母还在游泳,就连发几枪,看见河水泛红,才扬长而去。"

杨绛看似平淡的话语中实则蕴含着无比的义愤,这表明这场全民族的大噩梦在她心灵上刻下的伤痕。

杨绛的散文就是这样,非常贴近生活,看似平淡,其实结构精致;来

---

[1] 杨建民:《〈干校六记〉问世前后》,《风雨同舟》2016年第4期。

## 杨绛

自生活，高于生活，是现代散文百花园中的一朵奇葩。写于20世纪80年代早期的《记钱锺书与〈围城〉》，是她的代表作之一，体现了她的文化取向。已故胡河清博士作了中肯的分析：

《记钱锺书与〈围城〉》一文，即表现出杨绛对于人性的深刻认识。杨绛写钱锺书，主要是以弥漫在他身上的一股"痴气"的内在发展为线索的。"痴气"也者，无非是生命直觉之冲动也。这实际上已包含着属于"魔界"的东西了。而杨绛对此知之甚稔，也自然反映出她文化人格的另一方面。

她以钱锺书小时候的种种"混沌"表现写起。由这"混沌"中生出的"痴气"一开始便带有生命本能自我觉醒的意味。比如杨绛极有趣地描述了钱锺书兄弟俩童年时代戏刺女裁缝女儿宝宝的细节并论曰："兄弟俩觉得这番胜利当立碑纪念，就在隔扇上刻了'刺宝宝处'四个字。……这个大概是顽童刚开始'知慕少艾'的典型表现。""知慕少艾"便点出了钱锺书的"痴气"之真正属性。到了钱锺书读书的时候，这股"痴气"便大大地旺盛起来。杨绛写道："许君上课时注意一女同学，锺书就在笔记本上画了一系列的《许眼变化图》。"这时钱锺书的"痴气"已经具备了体验力，开始窥探别人眼神中变化着的"感情流"了。杨绛实在是参透了钱锺书感情世界的流程。她从不正面写钱锺书的感情历史，而只是带着淡淡的微笑嗔他的"痴气"。然而在这些"痴"的零星表现下，却很深微地展示了钱锺书生命内力积累、孕育成熟的过程。

钱锺书曾戏称自己是个幸福的已婚男人，可见他与杨绛琴瑟之好，情笃深至。然而杨绛在传记文字中却并不正面提及他们夫妇之间的感情生活，只是在笑吟吟地描述钱锺书的"痴气"时，才偶尔透出一些信息来。比如她写到在牛津读书时候的一段轶事，有一次钱锺书趁杨绛午睡未醒之际，在她脸上画了一个大花脸。"他没想到我脸比宣纸还吃墨，洗净墨痕，脸皮像纸一样快洗破了，以后他不再恶作剧，只给我画了一幅肖像，上面再添上眼镜和胡子，聊以过瘾。"其中"他不再恶作剧"一句，用中国传统命学的术语说可谓是"云甲空亡泄天机"。在钱锺书的"痴气"短暂"空亡"的当口，他对杨绛的一片真情便泄露出来。

老子曰"言者不信，信者不言"，确是千古不易的名理。杨绛的文章言情的笔墨极为简约，而她对世界的体认功夫却极其深挚。[1]

杨绛在文章中多侧面地展示了钱锺书"痴气"盎然的各个层面，她从"书痴"说到"痴福"，自然而然地将"他只要有书可读，别无营求"一句一笔带过，使人感慨丛生："钱家人常说锺书'痴人有痴福'。他作为书痴，倒真有点痴福。供他阅读的书，好比富人'命中的禄食'那样丰足，会从各方面源源供应。（除了下放期间，他只好'反刍'似的读读自己的笔记和携带的字典。）新书总会从意外的途径到他的手里。他只要有书可读，就别无营求。这又是家人所谓'痴气'的另一表现。"钱锺书从少年开始，读书"食肠很大"，所谓"博览群书"，毫不夸张。几乎没有他不读的书，无论是诗歌、小说、戏曲，"极俗的书"，还是"精微深奥"的"大部著作"，甚至"重得拿不动的大字典、辞书、百科全书"……他都"甜咸杂进"。这个习惯后来贯彻到学术研究当中，就成为他打通学术壁障的不懈努力。有人考证，百万言的《管锥编》，先引证西方作者就不下千人，著作多达一千七八百种。如果把《谈艺录》《管锥编》《宋诗选注》等书援引的参考书目统计一下，总数恐怕数以万计。然而，读者通过杨绛的笔下了解到：钱锺书是活人，而不是木偶；他固属"书痴"，却不是没有生人气味的"蠹鱼"；他不是书的奴隶，而是书的主人。

杨绛从她的亲身体验，为人们勾勒了一个立体的活灵活现的钱锺书，这正是读者十分感兴趣的："《管锥编》《谈艺录》的作者是个好学深思

---

[1] 胡河清：《杨绛论》，见《灵地的缅想》，学林出版社1994年12月版，第72～73页。

的锺书,《槐聚诗存》的作者是个'忧世伤生'的锺书,《围城》的作者呢,就是个'痴气'旺盛的锺书。"¹这些正是钱锺书丰富个性的多个侧面。

钱锺书、杨绛夫妇世交宋淇的儿子宋以朗证实:"《记钱锺书与〈围城〉》一文中,杨绛曾说钱先生有股'痴气'。以下所述,大概也是他某种痴气的表现。1980年年底,我父亲寄了一些笔给钱锺书,杨绛回信,竟大爆他有咬笔的习惯,很孩子气:'锺书向来不肯用好笔,他爱咬笔杆,每支笔——毛笔、铅笔,以至康克令活动笔都有他的齿痕。竹笔管经常咬扁,所以专用铅笔头头恣意咬。近来惯用圆珠笔,咬笔习气已改掉,但仍喜用破笔。'但父亲为什么要寄笔呢?原来是钱先生字迹太潦草,难以辨认,所以我父亲寄笔时附信说:'兹由平邮寄上小包一件。内有pilot原子笔成双,补充笔芯四支,空邮信纸两册,信封两扎。因友人中多以先生来函太短,有时原子笔太化,字迹难以确认,而墨宝多数又为人所乐于影印流传。前曾嘱子建代奉笔一对,想已遗失,故特再行奉上,略表心意,正所谓纸短心长也。'钱锺书收到纸笔和信,便这样回复:'弟性卞急,而来信须答者又夥,每信手拈败笔作书,累兄目力,疚愧之至,以后当力矫此习。'"²可见共赏钱函已是他朋友圈中一件赏心悦目的雅事。

的确,作为翻译家的宋淇曾说过读钱锺书信的感受:"读来示是人生一乐,妙语层出不穷,智慧与幽默共存,而书法圆浑自如,已臻化境,赏心乐事,莫过于此。"钱锺书给他的信,用毛笔、圆珠笔、打字机的都有,似乎信手拈来,语言主要是文言文,只有第一封是全英文,但实际上每封信都点缀着多国语言,字体是行草之类。宋以朗说:"看他用毛笔写中、英、法、德、意、拉丁文,广东话所谓'舞龙咁舞',我其实真有点

---

1 杨绛:《记钱锺书与〈围城〉》,见《杨绛作品集》第二卷,中国社会科学出版社1993年10月版,第152页。
2 宋以朗:《宋家客厅:从钱锺书到张爱玲》,花城出版社2015年4月版,第106页。

头痛。"有段时间因为钱的信太短,加上圆珠笔字迹易化难认,不便保存流布,因此,便有宋淇给钱锺书寄送一包好笔好纸的事情!

自从1980年钱锺书的《围城》由人民文学出版社重版以来,读者如云,许多人都想了解作者的情况。在胡乔木等人的建议和催促下,杨绛终于写下了《记钱锺书与〈围城〉》(最初收入朱正主编的《骆驼丛书》,由湖南人民出版社出版),从而向世人展示了"文化昆仑"的风采。杨绛在其文中申明"我所记的全是事实","锺书读后也承认没有失真"。1998年1月17日,杨绛在上海《文汇读书周报》上以钱锺书之名发表了《收藏了十五年的附识》:

这篇文章(引者按:指《记钱锺书与〈围城〉》)的内容,不但是实情,而且是"秘闻"。要不是作者一点一滴地向我询问,而且勤快地写下来,有好些事连我自己也快忘记了。文笔之佳,不待言也。

钱锺书识<br>1982年7月4日

杨绛的"附识"是:

我写完《记钱锺书与〈围城〉》,给锺书过目。他提笔蘸上他惯用的淡墨,在我稿子后面一页纸上,写了几句话。我以为是赞美,单给我一人看的,我收了藏好,藏了15年。如今我又看到这一页"钱锺书识",恍然明白这几句是写给别人看的。我当时怎么一点儿也没有想到!真是"谦虚"得糊涂了,不过,这几句附识如果是1968年和本文一起刊出,也许有吹捧之嫌。

读者现在读到,会明白这不是称赞我,只不过说明我所记都是实事。

据此，人们可以相信，《记钱锺书与〈围城〉》，是一篇真实的、可贵的评传，虽然全书一万六千来字，但这丝毫不掩其对钱锺书及其《围城》研究的巨大价值。

杨绛于八十年代中期还创作了长篇纪实散文《丙午丁未纪事——乌云与金边》，这是反映她在"文革"初期经历的力作。1987年，杨绛将它与《回忆两篇》《记钱锺书与〈围城〉》合编为《将饮茶》一书，由三联书店出版，她还写了《孟婆茶（胡思乱想）》，和《隐身衣（废话）》，作为《将饮茶》的代序与代后记，分别刊于书前书后。

杨绛的《孟婆茶》虽平淡，但却使人清醒。杨绛在这里，引入了孟婆这一神秘人物。据《佛学大辞典》"孟婆神"条载："相传孟婆神生于汉代。幼读儒书，壮诵佛经，惟劝世人戒杀吃素。年八十一岁，犹是处女。因姓孟，故称曰'孟婆阿奶'。时有能知前因者，妄认前生眷属，泄露阴机。上帝教令孟氏女为幽冥之神，又探取世俗药物合成似酒非酒之汤，分为甘、苦、酸、辛、咸五味，孟婆神掌之。使鬼魂饮之，以忘前生。"故杨绛要说，"喝它一杯孟婆茶，一了百了！"

虽然语言不平与无奈，其实也是实话。任是何人，到头来总不免要饮一杯孟婆茶。只是，杨绛想推迟喝此茶，这世界山晏河清，她还有许多事要做，不过她觉得老之将至，不免浮想联翩：

我登上一列露天的火车，但不是车，因为不在地上走；像筏，却又不在水上行；像飞机，却没有机舱，而且是一长列；看来像一条自动化的传送带，很长很长，两侧没有栏杆，载满乘客，在云海里驰行。我随着队伍上去的时候，随手领到一个对号入座的牌子，可是牌上的字码几经擦改，看不清楚了。我按着模糊的号码前后找去：一处是教师座，都满了；一处是作家座，也满了，没我的位子；一处是翻译者的座，标着英、法、德、日、西等国名，我找了几处，都没有我的位子。传送带上有好多穿灰色制服的管事员。一个管事员就来问我是不是"尾巴"上的，"尾巴"上没有定座。可是我手里却拿着个座位牌。他要去查对簿子。另一个管事员说，算了，一会儿就到了。他们在传送带放下一只凳子，请我坐下。

……

我悄悄向近旁一个穿灰色制服的请教：我们是在什么地方？他笑说："老太太翻了一个大跟头，还没醒呢！这是西方路上。"他向后指点说："那边是红尘世界，咱们正往西去。"说罢也喊"往前看！往前看！"因为好些乘客频频回头，频频拭泪。

我又问："咱们是往哪里去呀？"

他不理睬，只用扩音器向乘客广播："乘客们作好准备，前一站是孟婆站，孟婆店快到了。请作好准备！"

前前后后传来纷纷议论。

"哦，上孟婆店喝茶去！"

"孟婆茶可喝不得呀！喝一杯，什么可都忘得一干二净了。"[1]

杨绛历经风风雨雨，道路坎坷，但她并不想立刻就上孟婆店，到西方的极乐世界。她说："我夹带着好些私货呢，得及早清理。"[2]从20世纪80年代起，她清理自己脑子里多年的生活往事和经历，写下了诸多美文。

杨绛在《将饮茶》一书的代后记中表达自己善良的愿望：夫妇两人"都要一件隐身衣，各披一件，同出遨游。我们只求摆脱羁束，到处阅历，并不想为非作歹"。并且"消失于众人之中，如水珠包孕于海水之内，如细小的野花隐藏在草丛里，不求'勿忘我'，不求'赛牡丹'，安闲舒适，得其所哉。一个人不想攀高就不怕下跌，也不用倾轧排挤，可以保其天真，成其自然，潜心一志完成自己能做的事"。

杨绛在新时期出版的另一部散文集是《杂忆与杂写》，由花城出版社

---

[1] 杨绛：《将饮茶》，见《杨绛作品集》第二卷，中国社会科学出版社1993年10月版，第53~54页。

[2] 见《杨绛作品集》第二卷，中国社会科学出版社1993年10月版，第56页。

于1992年出版。这部集子的缘由和内容，杨绛在《自序》中有所交代：

我近来常想起十九世纪英国诗人蓝德的几行诗：
"我双手烤着
生命之火取暖；
火萎了
我也准备走了。"
因此我把抽屉里的稿子整理一下，汇成一集。

第一部分是怀人忆旧之作。怀念的人，从极亲到极疏；追忆的事，从感我之深到漠不关心。……

第二部分从遗弃的旧稿里拾取。……

杨必是杨绛的小妹妹，《记杨必》就是杨绛为怀念已去世22年的杨必而作。据杨绛记载，杨必排行第八，因为"必"是"八"的古音，家里就称阿必。阿必是她们父母的"心肝宝贝"，她性情平和，安静。可是自从她刚刚学会走路，就成了妈妈所谓的"两脚众生"（无锡话"众生"指"牲口"），看管不住了。

阿必喜爱猫，常常一人偷偷爬上楼梯，到女佣的楼上去看小猫。一次，妈妈看见阿必一脸狼狈相，鼻子上抹着一道黑，忙问她怎么了，才两岁多的阿必还不大会说话，她装作若无其事，只说："我囫囵着跌下来的。"这么小的孩子从楼梯上滚下来，还说着如此幽默的话，一家人既心疼又想笑。杨绛上学回来，专管阿必睡觉，并给她讲故事，两人很亲密。后来，阿必长大，在震旦女子文理学院上学时，钱锺书正在那里教课，教过她。新中国成立后分配在上海复旦大学外文系任教，业余还翻译外国文学名著，后因急性心脏衰竭遽然去世。对此，杨绛非常痛心她的早逝："竟颠倒了长幼，阿必抢先做了古人。"她还写道：

杨必翻译的《名利场》如期交卷，出版社评给她最高的稿酬。她向来体弱失眠，工作紧张了失眠更厉害，等她赶完《名利场》，身体就垮了。……阿必成了长病号。阿七和我有时到上海看望，心上只是惦念。我常后悔没及早切实劝她"细水长流"，不过阿必也不会听我的。工作拖着不完，她决不会定下心来休息。而且失眠是她从小就有的老毛病，假如她不翻译，就能不失眠吗？不过我想她也许不至于这么早就把身体拖垮。[1]

　　不过，杨必幸运的是，她毕竟是没有病苦。"她终究睡熟了，连呼吸都没有了。'她脸上非常非常平静。'"从字里行间中，分明能够感受到浓郁的亲情。

　　《纪念温德先生》写的是杨绛与钱锺书在清华求学的老师温德。"他是一个丧失了美国国籍的人，而他又不是一个中国人。"他早年来到中国任大学教授，"他爱中国，爱中国的文化，爱中国的人民。"他最早在中国课堂上讲授马克思主义文艺理论，解放前夕，他保护过进步学生和吴晗等人。杨绛追忆道："我们夫妇是他的老学生，他和锺书两人又一同负责研究生指导工作，我们该多去关心他，了解他。我们并不推辞。不久，锺书调往城里工作，温先生就由我常去看望。"到了1955年"肃反"运动，温德被扣上背了"进步包袱"有"问题"的罪名，钱氏夫妇不得不和他划清界限，"偶尔相逢，也不再交谈，我们只向他点个头，还没做'站稳立场'，连招呼也不打"。"文革"前夕，杨绛在王府井大街，"他见了我喜出望外，回身陪我过街，关切地询问种种琐事。我们夫妇的近况他好像都知道"。从那时到1986年，又过去了20年，杨绛再去看望温德时，"他对我看了又看，却怎么也记不起我了"。[2]不久温德去世，杨绛撰写

---

[1] 杨绛：《杂忆与杂写》，见《杨绛作品集》第二卷，中国社会科学出版社1993年10月版，第261页。

[2] 杨绛：《杂忆与杂写》，见《杨绛作品集》第二卷，中国社会科学出版社1993年10月版，第206~209页。

此文，纪念这位中国人民的老朋友。

　　杨绛还善于写她生活中的"小人物"，这些人淳朴善良，与她和家人相处友善。《赵佩荣与强英雄》和《阿福和阿灵》回忆的是建国前她家里的几个佣人和门房，"大概浪漫故事总根据民间实事，而最平凡的人也含有不平凡的胸襟"。阿福是有些畸形的男孩，是门房赵佩荣的同乡，阿灵也是个苦命的女人，杨绛母亲可怜他们，收留在家里做佣人，让他们攒钱。后来"阿灵回乡很风光，不再挨打。她简直像旧时代的'衣锦还乡'或近代的留学回国"！《老王》《林奶奶》《顺姐的"自由恋爱"》所写的三人均为杨绛在"文化大革命"爆发前结识的小人物。一位是热心无私的车夫，另两位则是到了新社会家里仍旧很穷的佣人保姆。然而，他们与杨绛都相处得很好。在杨绛眼里，老王非常乐于助人，且为人大方："有一年夏天，老王给我们楼下人家送冰，愿意给我们家代送，车费减半。我们当然不要他减半收费。每天清晨，老王抱着冰上三楼，代我们放入冰箱。他送的冰比他前任送的大一倍，冰价相等。胡同口蹬三轮的我们大多相识，老王是其中最老实的。他从没看透我们是好欺负的主顾，他大概压根儿没想到这点。""'文化大革命'开始，默存不知怎么的一条腿走不得路了。我代他请了假，烦老王送他上医院。……老王帮我把默存扶下车，却坚决不肯拿钱。他说：'我送钱先生看病，不要钱。'"

　　林奶奶也是一位可怜的老人，诉诸杨绛笔端的是：

　　因为她穿得太破烂肮脏，像个叫化婆子。我猜想她年轻的时候相貌身材都不错呢。老来倒眉塌眼，有一副可怜相，可是笑起来还是和善可爱。她天天哈着腰坐在小矮凳上洗衣，一年来，一年去，背渐渐地弯得不肯再直，不到六十已经驼背；身上虽瘦，肚皮却大。其实那是虚有其表。只要掀开她的大襟，就知道衣下鼓鼓囊囊一大嘟噜是倒垂的裤腰。也系一条红裤带，六七寸高的裤腰有几层，有的往左歪，有的往右歪，有的往下倒。一重重的衣服就都有小襟，小襟上都钉着口袋，一个、两个或三个，上一个,下一个,反面再一个,大小不等,颜色各别。衣袋深处装着她的家当:布票、粮票、油票,一角二角或一元二元或五元十元的钱。她分别放开,当然都有计较。我若给她些什么,得在她的袋口别上一二只大别针,或三只小的,才保住东西不外掉。[1]

林奶奶白天黑夜地干,省吃俭用,总算积攒些钱在城里买了一间小房子。恰逢"文革",她赶紧把房"献"了。她深悔置房子"千不该、万不该","我成了地主资本家"!她还到处受人欺侮,东西被人偷走。杨绛帮她存下的"防老钱",被儿女骗去。最后,病困而死。

杨绛家里的另一位保姆顺姐也是一位可怜的妇人。她是一个地主的小老婆,在解放后仍然遭受夫家的欺凌。总在干活儿,没有享受。她和林奶奶一样,把杨绛当成自家人,心里有什么话,总要对杨绛倾诉。杨绛对她们倾注了深深的同情。

石华父是陈麟瑞的笔名。他和夫人柳无非是杨绛夫妇的老朋友。陈麟瑞不幸于"文革"中"暴病"去世。杨绛从干校一回来就去看望柳无非,得知陈麟瑞在文化大摧残的时期,绝望灰心,只得自吟"劈开生死路,退出是非门"。杨绛记得他生前常对她们讲,他打算写一部有关喜剧和笑的论著,还在继续收集资料。可是他始终没有动笔,而如今连他已写成的作品都不齐全了。

杨绛每念及此,就有无穷的感慨;对他没有心绪写出的剧本和没有时间写出的著作,更有无限向往。杨绛的《怀念石华父》写于1985年。她追忆道:

在我们夫妇的记忆里,麟瑞同志是最随和、最宽容的一位朋友。他曾笑呵呵指着默存对我说:"他打我踢我,我也不会生他的气。"我们每

---

[1] 杨绛:《杂忆与杂写》,见《杨绛作品集》第二卷,中国社会科学出版社1993年10月版,第199~200页。

想到这句话，总有说不尽的感激。他对朋友，有时像老大哥对小孩子那么纵容，有时又像小孩子对老大哥那么崇敬。他往往引用这位或那位朋友的话，讲来满面严肃，好像是至高无上的权威之论。后来那几位朋友和我们渐渐熟识，原来他们和麟瑞同志一样，并不以权威自居。他们的话只是朋友间随意谈论罢了，麟瑞同志却那么重视。他实在是少有的忠厚长者、谦和君子。去年，我在报纸上读到一篇《陈麟瑞先生二三事》，作者吴岩是麟瑞同志在暨南大学教过的学生；据说麟瑞同志是最认真、最严格的老师。我想，他的温厚谦虚，也许正出于他对待自己的严格认真。他对自己剧作的要求，显然比他对学生功课上的要求更加严格认真。[1]

寥寥数语，勾勒出一位谦谦君子的可敬形象。

《读〈柯灵选集〉》一文，是杨绛应约为《现代作家选集》里的《柯灵选集》所作的序言。杨绛以柯灵选集所收的散文、杂文、小说、论文为例，称赞他的为人为文，她说："和柯灵同志略有交往的人，都会感到他和善诚挚。如果无缘和他深交熟识，读了他的文章，就能看出他的和善诚挚不同一般。他和善，因为处处把自己融和在人民群众之间。他诚挚，因为抱有坚定的信念，指引他为国为民，忠贞不渝。用他自己的话说，'人民有不可违拗的意志'，所以他的和善会变成勇猛。而他对自己信念的诚挚，使他在艰苦中也不灰心丧志，能变方换法，为他信奉的理想奋斗。这样的人，聪明不外露而含蕴在内，他并不光芒射人，却能照见别人所看不到的地方。"杨绛认为，柯灵的写景散文，"情景交融，很有诗意"。"可是作者并不像杜少陵那样'此身饮罢无归处，独立苍茫自咏诗'，或陆放翁那样'此身合是诗人未，细雨骑驴入剑门'，露出诗人自我欣赏的姿态。"他的忆旧散文"带些惆怅迷惘之感，可是并非流连过去，而是要冲破陈旧，另开新局。逗留在他记忆里的是那些碌碌终身、默默无闻的艺

---

[1] 杨绛：《杂忆与杂写》，见《杨绛作品集》第二卷，中国社会科学出版社1993年10月版，第347页。

术家，或筵前卖笑的妓女，戏院里卖糖的孩子"。他的悼念之文"充满了作者坚守不渝的信念"；他的杂文是"忧时愤世之作"；他的小说"似散文"，写得亲切自然，"好像随笔记下些身经目击的事"；他的评论文章"不作随声附和的判断，而有独到的见地，并流露出他从不卖弄的丰富学识"。杨绛的评论，有据有实，客观自然，不愧为一篇文情并茂的序文。

傅雷也是杨绛夫妇交往多年的老朋友，"文革"风云骤起，傅雷夫妇双双饮恨而亡。但是，杨绛与钱锺书时常怀念傅雷夫妇，常"会记起傅雷家的夜谈"，特别是杨绛，她在《〈傅译传记五种〉代序》中为世人留下傅雷特有的性格和形象，读了为之击节：

> 梅馥称傅雷为"老傅"。我回家常和锺书讲究：那是"老傅"还是"老虎"，因为据他们的乡音，"傅"和"虎"没有分别，而我觉得傅雷在家里有点儿老虎似的。他却自比为"小老鼠"！但傅雷这话不是矫情，也不是谦虚。我想他只是道出了自己的真实心情。他对所有的朋友都一片至诚。但众多的朋友里，难免夹杂些不够朋友的人。误会、偏见、忌刻、骄矜，会造成人事上无数矛盾和倾轧。傅雷曾告诉我们：某某"朋友"昨天还在他家吃饭，今天却在报纸上骂他。这种事不止一遭。傅雷讲起的时候，虽然眼睛里带些气愤，嘴角上挂着讥诮，总不免叹人心叵测、世情险恶，觉得自己老实得可怜，孤弱得无以自卫。他满头棱角，动不动会触犯人；又加脾气急躁，止不住要冲撞人。他知道自己不善在世途上圆转周旋，他可以安身的"洞穴"，只是自己的书斋；他也像老鼠那样，只在洞口窥望外面的大世界。他并不像天上的鹤，翘首云外，不屑顾视地下的泥淖。傅雷对国计民生念念不忘，可是他也许遵循《刚第特》的教训吧？只潜身书斋，做他的翻译工作。
>
> 傅雷爱吃硬饭。他的性格也像硬米粒儿那样僵硬、干爽；软和懦不是他的美德，他全让给梅馥了。朋友们爱说傅雷固执，可是我也看到了他的固而不执，有时候竟是很随和的。他有事和锺书商量，尽管讨论得很热

## 杨绛

烈,他并不固执。他和周煦良同志合办《新语》,尽管这种事锺书毫无经验,他也不摈弃外行的意见。他有些朋友(包括我们俩)批评他不让阿聪进学校会使孩子脱离群众,不善适应社会。傅雷从谏如流,就把阿聪送入中学读书。锺书建议他临什么字帖,他就临什么字帖;锺书忽然发兴用草书抄笔记,他也高兴地学起十六帖来,并用草书抄稿子。

……

我只看到傅雷和锺书闹过一次别扭。1954年在北京召开翻译工作会议,傅雷未能到会,只提了一份书面意见,讨论翻译问题。讨论翻译,必须举出实例,才能说明问题。傅雷信手拈来,举出许多谬误的例句,他大概忘了例句都有主人。他显然也没料到这份意见书会大量印发给翻译者参考。他拈出例句,就好比挑出人家的错来示众了。这就触怒了许多人,都大骂傅雷狂傲,有一位老翻译家竟气得大哭。平心说,把西方文字译成中文,至少也是一项极繁琐的工作。译者尽管认真仔细,也不免挂一漏万,译文里的谬误,好比猫狗身上的跳蚤,很难捉拿净尽。假如傅雷打头先挑自己的错作引子,或者挑自己几个错作陪,人家也许会心悦诚服。假如傅雷事先和朋友商谈一下,准会想得周到些。当时他和我们两地间隔,读到锺书责备他的信,气呼呼地对我们沉默了一段时间,但不久就又回复书信来往。

傅雷的认真,也和他的严肃一样,常表现出一个十足地道的傅雷。有一次他称赞我的翻译。我不过偶尔翻译了一篇极短的散文,译得也并不好,所以我只当傅雷是照例敷衍,也照例谦逊一句,傅雷怫然忍耐了一分钟,然后沉着脸发作道:"杨绛,你知道吗?我的称赞是不容易的。"我当时颇像顽童听到校长错误的称赞,既不敢笑,也不敢指出他的错误。可是我实在很感激他对一个刚试笔翻译的人如此认真看待。而且只有自己虚怀若谷,才会过高地估计别人。

傅雷对于翻译工作无限认真,不懈地虚心求进。只要看他翻译的这传记五种,一部胜似一部。《夏洛外传》是最早的一部。《贝多芬传》虽然动笔最早，却是十年后重译的，译笔和初译显然不同。他经常写信和我们讲究翻译上的问题，具体问题都用红笔清清楚楚录下原文。这许多信可惜都已毁了。傅雷从不自满——对工作认真，对自己就感到不满。他从没有自以为达到了他所求的翻译标准。他曾自苦译笔呆滞，问我们怎样使译文生动活泼。他说熟读了老舍的小说，还是未能解决问题。我们以为熟读一家还不够，建议再多读几家。傅雷怅然，叹恨没许多时间看书。有人爱说他狂傲，他们实在是没见到他虚心的一面。

……

傅雷翻译这几部传记的时候，是在"阴霾遮蔽整个天空的时期"。他要借伟人克服苦难的壮烈悲剧，帮我们担受残酷的命运，他要宣扬坚忍奋斗，敢于向神明挑战的大勇主义。可是，智慧和信念所点燃的一点光明，敌得过愚昧、褊狭所孕育的黑暗吗？对人类的爱，敌得过人间的仇恨吗？向往真理、正义的理想，敌得过争夺名位权力的现实吗？为善的心愿，敌得过作恶的力量吗？傅雷连同他忠实的伴侣，竟被残暴的浪潮冲倒、淹没。可是谁又能怪傅雷呢？他这番遭遇，对于这几部传记里所宣扬的人道主义和奋斗精神，该说是残酷的讽刺。但现在这五部传记的重版，又标志着一种新的胜利吧？读者也许会得到更新的启示与鼓励。傅雷已作古人，人死不能复生，可是被遗忘的、被埋没的，还会重新被人记忆起来，发掘出来。

在杨绛的记忆中，傅雷的印象是永远不可磨灭的。他们互相交往，一起品文谈艺，一起探索……然而，这极有价值、极富意义的交往，随着翻译家的含冤去世而终止。

杨绛20世纪80年代以来在文学创作上蔚为大观。特别是散文创作较之40年代有了很大的突破。80年代她的散文创作，无论是遣词造句，还是谋篇布局，都浑然一体，竟无矫揉造作，一切似乎都在不经意中完成，正应了一句古诗："庾信文章老更成。"读杨绛的散文，恰如品味一壶明前龙井，清雅、醇和、隽永，令人难忘，回味无穷。

杨绛的散文，开创了新时期散文美学的新天地，文章表现出的静观的态度，与"采菊东篱下，悠然见南山"的陶渊明的"静穆"，可有一比。

首先，杨绛具有对于人生、历史和社会的深刻理解，没有这种理解，就不可能有这种静观的态度。

其次，从根本上讲，她深入地把握人生、社会和历史，从容地写出命运的事情，表现人类的痛苦，她的散文作品反映了20世纪中国知识分子心灵激荡的历史。

第三，杨绛这种静观的态度使她能够在创作过程中，无论所介绍的内容是有关别人的，还是她自己的，行文都含蓄、简约，其思想、情感，不予以特别强调，宁肯少说一点儿，给人多些可以回味的东西。所以杨绛的散文处处散发着大气的美，成熟的美。

## 第十一章

# 笔耕不辍

在杨绛的笔下，没有高大的英雄人物，只有很平常、很普通的人物，不管是可亲可爱的，还是可憎可恶的，抑或是可悲可叹的人物，他们在日常生活中很常见，演绎的是这些寻常人物的家长里短，因而更带有生活气息。

| 一 |

杨绛的小说创作,成绩斐然。她的短篇小说集《倒影集》,分别由香港文学研究社、人民文学出版社于1981年、1982年出版。这一集子共收录《璐璐,不用愁!》《"大笑话"》《"玉人"》《鬼》《事业》等五篇短篇小说,除《璐璐,不用愁!》是作者于1934年秋第一次试作的短篇小说外,其余均作于1977年至1980年,内容全部反映三四十年代的女性生活。杨绛曾就为何起名《倒影集》解释道:"故事里的人物和情节,都是旧社会的。在我们的新时代,从前的风俗习尚,已陈旧得陌生,或许因为陌生而变得新奇了;当时见怪不怪的事,现在也会显得岂有此理而使您嬉笑、使您怒骂。这里收集了几个故事,好比是夕照中偶尔落入溪流的几幅倒影,所以称为《倒影集》。"她还对读者说:

我希望这几个小故事,能在您繁忙之余,供您片刻的消遣,让您养养心歇歇力,再抖擞精神投入工作。这就是我最卑微的愿望。假如您看完后,觉得还有点意思,时间消耗得不算无谓,那就是我更高的愿望。[1]

此文写于1980年6月,杨绛当时年近七旬,这是一位不知疲倦的老作

---

[1] 杨绛:《〈倒影集〉致读者》,见《杨绛作品集》第一卷,中国社会科学出版社1993年10月版,第208页。

家对广大读者的最好奉献。

杨绛的《"大笑话"》写的是发生在国民党时期,北京平旦学社内的故事。学社位于北京南郊的温贝子坟园,"社员名额控制很严,须有学位,有著作,由指定的名流推荐,经专设的委员会批准。学社的经费充足,社员生活优裕,家眷住在园内,称为温家园。里面设备应有尽有,自成天地"。这里面的社员——高级知识分子——的太太生活优渥富足,往往无事生非,演绎出一幕幕闹剧,死水微澜,风波迭起。《"大笑话"》就是由这些女人构成的世界。

作品的人物有平旦学社副社长蔡达的夫人朱丽,民法专家林子瑜的夫人周逸群,生物学家褚家麟的夫人褚太太,金融史专家王亚孚的夫人沈凤,平旦学院社总务长冯彦献的夫人沈秀,近代史学家程涣的夫人李淑君,以及已故王世骏博士的遗孀陈倩,等等。

故事是从在上海的陈倩在王世骏死后两年"翩然临社"开始。陈倩清秀高雅,落落大方,被这群女人称为"高汤",她们见到陈倩,"在关怀的幌子下,无耻地好奇,无耻地盘问,风度斯文的陈倩被她们问得很有点恼怒的意思,两颊红晕,双目放光,只顾咬嘴唇"。陈倩原来到京只是拿回王世骏的遗物,但这群女人不罢休,硬要留她住下来,她们的做法"简直把陈倩当个口袋似的翻了一个过儿,把她的老底都翻出来了",还想为她介绍男朋友。故事一开始,就把这群女人揭人隐私、互相吹捧的丑行暴露出来。

这个男人是一位据说"很不错的大夫",名叫赵宋恒,他与周逸群、朱丽都有瓜葛。周逸群是个虚荣的女人,年纪四十一岁,比赵宋恒大四岁。七年前虽然不如二十多岁时鲜妍美丽,可是"身段还很苗条,脸盘儿还不嫌肥大"。那时候,赵宋恒对她有"非礼之求",她"拒绝"了他的身体,却霸占了他的心。从此两人保持了不即不离的情人关系,赵宋恒对周逸群言听计从,有什么事毫无隐瞒。虽然有人说些闲话,逸群觉得自己"纯洁"得"不同凡俗"。

可是后来人称"奶油咖喱汤"的朱丽从中作梗，赵宋恒开始与她相好。朱丽年龄只比周逸群小几岁，但总打扮得花枝招展，她"眼睛不大，特把眉毛修镊描画得又长又弯又细又黑。她下颚稍尖，嘴微阔，要和长眉呼应，总把嘴唇涂得丰满浓艳"。自从她勾引了赵宋恒以后，赵宋恒对周逸群渐渐变了态度，说话不尽不忠，"甚至把从前承认和朱丽的关系都赖个干净，好像他们俩的交情，也像他和逸群的关系一样'纯洁'。逸群听他有些话分明是朱丽教的"，周逸群觉得赵宋恒被朱丽拉到污泥里去了。而朱丽自视颇高，她仗着年轻漂亮，又是副社长太太，不把周逸群放在眼里。

对此周逸群当然于心不甘，她和其他太太合谋，利用刚来的陈倩，让陈倩去做赵宋恒的朋友，以对付其新的情人朱丽。可是陈倩出污泥而不染，她既没有这些太太们的心机，也不清楚为她介绍男朋友的动机。周逸群等一帮太太们与朱丽围绕赵宋恒展开了一场明争暗斗。就在她们的纷争中，谁也没有想到陈倩竟然对周逸群的丈夫林子瑜产生了一丝情感，他们俩人有说有笑，很是契合。林子瑜对温家园的太太们的争风吃醋和勾心斗角很是讨厌，也对清纯的陈倩很有好感，并给她以理解与鼓励。

朱丽发现了陈倩与林子瑜之间的微妙关系，突然改变策略，采取请吃冰激凌、留字条等手段企图抓住陈、林两人的把柄，放出"大笑话！要抢人家的情人，给偷掉了自己的丈夫"的谣言。陈倩觉得很冤枉，她想尽快脱离温家园这个是非之地。作品最后写道：

陈倩想，她还找谁解释呢。她的旅行包早已整理好，半空的，很轻，她发了褚家老妈子的赏钱，听说褚太太在沈凤家。她得去找褚太太面辞一声，也打算向孙秀辞行，不管卧铺车票能否买到，反正她马上动身了。

陈倩到沈凤家，听见里面大说大笑，十分热闹。她刚一露脸，大家立即鸦雀无声，沈凤脸上的笑容还未敛尽。褚太太呆着脸迎上来，孙秀也在那里。陈倩硬着头皮，老着面皮，向题目辞行道谢，说种种搅乱了题目。

孙秀说："待会儿我们送送你。"陈倩辞谢，含糊说还要进城买点东西，题目并不坚持要送。她刚转身出来，客厅里那群人就轰然大笑，孙秀的"嘘"也禁压不住，像个大炮似的把陈倩直轰出去，跟跟跄跄跑回褚家，取了东西，赶上班车。

她上了火车只觉得身心俱惫。忽见一个高高的个子，穿一身浅灰西装，好像在远处找人。难道是找她吗？她料想不可能有谁找她。车已经开动，她只怕会有人找她，忙伸出头来，向那边挥手绢儿。反正认错了人，人家也不认识她。她缩回脑袋，擦掉眼角的泪，自觉可笑。全列火车的轮子，有节奏地齐声说：

"大笑话！大笑话！大笑话！"

刚才那笑声，一路直追着她。[1]

《"大笑话"》就这样结束了。杨绛在这里为人们展示的似乎是一幅特殊女人所构成的百丑图。照我看来，与其成为"大笑话"，还是趁早离开这帮整天无聊的女人。读到陈倩坐上火车，擦干眼泪，我真替她庆幸。如果说，《"大笑话"》是女人的群像的话，那么下面的《"玉人"》《鬼》《事业》诸篇，则是女人的独影。

《"玉人"》描写的是与《"大笑话"》不同的男人。大学毕业的郝志杰是中学英文教师，他的妻子是附小老师；"玉人"则是郝志杰十多年前读大学在苏州刘家花园里所遇见的园主独生女儿枚枚小姐。当时枚枚小姐大概只有十五六岁，她长着新鲜的脸容、轻盈的体态，一口苏侬软语叫着"郝家哥哥"，叫得很亲热，郝志杰很喜欢她，还曾为她攀折过篱笆高处的月季花。假期中这段快乐而短暂的生活，给郝志杰留下一个"玉人"的美好回忆，常常引起他无尽的情思。郝志杰怀念过去无忧无虑的岁月，似有如无的情意，写了一首诗：

---

[1] 杨绛：《"大笑话"》，见《杨绛作品集》第一卷，中国社会科学出版社1993年10月版，第108页。

杨绛

## 玉人何处

常记那天清晨,
朝霞未敛余晕,
她在篱旁采花,
花朵般鲜嫩!
冰雪般皎洁!
白玉般莹润!
如初升的满月,
含苞的青春,
美好的想望,
蠢动的欢欣!
几度星移月转,
往事皆已成尘,
伊人今复何在?
空自怅惘怆神。

  这首诗是郝志杰为思慕"玉人"而写的,写得缠绵悱恻。多年以来,尽管他已成家立业,已有妻儿,仍难改变他对"玉人"的一往情深。

  郝志杰的妻子田晓非常贤惠,相夫教子,是郝志杰"日常生活里少不了的实际妻子",她常想,"反正你想你的'玉人',我尽我的本分"。他们的生活负担虽然沉重,郝志杰又因车祸腿上摔断了一根骨头绑上了石膏,但田晓能够同他患难与共,整天忙家务带小孩,还要抽出时间做家庭教师,赚钱贴补家用,到医院照料他,并为他另租了新房。

  郝志杰一家搬进新租的房子,房东许太太是一个既抽大烟又搓麻将的再醮女人。她那被大烟熏得很黑的面孔用胭脂搽得通红,令人实在看不顺眼,被郝志杰的儿子取了个绰号叫"猴屁屁"。这位许太太是个十足的小市民，爱沾光贪小便宜。她自家有厕所，却不准佣人使用。田晓问房东的佣人事出何故，他们回答："少奶奶不答应啊。那一间好比是她的小厨房。她的精致好小菜都在里面那只绿纱橱里。还有小电炉——煨莲子桂圆的——她不让说——怕你们不肯多摊电费。她自己的尿是香的！我们放个屁就熏臭了她的火腿、熏鱼、肉松、香肠。还怕我们偷嘴呢！"

于是田晓就为自家的厕所配了钥匙，但许太太趁田晓不注意偷了一把钥匙，又自配了两把给佣人。瞅准田晓不在家时，打开郝家厕所大行其事，乱倒马桶、痰盂，把厕所弄得臭气熏天。对此，郝家人很气愤。郝志杰出院回家，峰回路转，他一眼认出这位房东许太太，原来竟是他朝思暮想的"玉人"——枚枚！这真是绝妙的讽刺！

故事讲到这里，结局也十分明白：许太太的小厨房当然只好开放。不过她居然找到了买房子的主顾，买主急要租户出屋，直接和田晓交涉，很慷慨地按硬币折算了那笔押租。志杰家不久就搬入二乐中学的储藏室。他们搬家那天，许太太把脸搽得比往常更红，娇滴滴一口苏州话："郝家哥哥、郝家嫂嫂，有空来白相相，叉两圈小麻将。"但她家将搬到哪里去呢？志杰夫妇当然没问。

志杰不免还要发他的"牛脾气"，田晓照旧还说："找你的'玉人'去吧！"于是她嘴角的细酒窝一现，加上一句苏白："有空来白相相，叉两圈小麻将。"志杰气呼呼地说："好了，好了，你那位'玉人'已经砸得粉碎了！"

"我那位'玉人'也许是砸碎了；你的'玉人'却砸不碎，好比水里的月亮，碎了又会拼上。"

杨绛在这篇作品中，将高超的讽刺艺术呈现在读者眼前。

在读了杨绛另一篇短篇小说《鬼》后，同样使我们感到憋气，不过故事里的贞姑娘还是值得同情的。小说写的是家庭教师遇见"鬼"的故事。那是1932年秋天，胡彦大学刚毕业，经人介绍得了一个补习英文的馆地，东家姓王。他在王家教一个多病的大少爷，他俩还谈得来，他的工作量并不重。胡彦"独在王家外书房过了中秋节",这天凄凄凉凉,他正"对月伤感",恰巧在此时他碰见了"女鬼"。他一把揪住了"女鬼"。"不揪时万事全休,这一揪啊,他立即着了鬼迷。他刚接触那只鬼手的时候,还觉得彻骨冰冷。一碰之后,却感到了温软。看她回眸一笑,只见楚楚可怜,柔媚动人。"胡彦这时失掉了理智和意志,不由自主地像《聊斋》里的书生一样,把女鬼拥入帐中。翌日早上醒来,他很害怕,托故离开了王家,从此再也不回来了,逢人便讲这个可怕的遇鬼故事。

其实,胡彦夜遇的不是什么"女鬼",而是王家大少爷讨来的婢女。王家少爷结婚十年没生孩子,他的寡母做主为他讨小,讨了一个女子贞姑娘做二房奶奶。这位贞姑娘到了王家实际上还要做婢女的差使。她爱上了家庭教师胡彦,但不敢公开表白。于是一天晚上她化了装,穿上一双白布底的绣花鞋,悄悄地溜进胡彦的房间,与他私会。可是,贞姑娘还没有时机向胡彦诉说衷肠,她不知道他的名字,也没有他的地址,她十分气馁。而胡彦也不晓得她的真实身份,还自以为真的遇上了"女鬼"。

贞姑娘很快被发现怀孕了,为王家接上了传宗接代的香火。但却被迫由少奶奶"替"她生产,也许少奶奶装怀孕装得太过分了,"生产"下小孩后,竟然阴错阳差,害产褥热而死去——

少奶奶的娘家和亲戚朋友,陆续不断地给少奶奶送月子。淡的白炖蹄膀,淡的白煮鸡汤,淡的鲜剑鱼汤……少奶奶在人前总得呷两口。强不过少爷的关切,还得勉强吃点。她产前已有一星期不思饮食,产后吃这些淡而腻的东西,不胜其苦。她"怀孕"九个月,实在够吃力的。当然都是靠沈妈的艺术,可也难为她始终没露马脚,从"爱吃酸"到"只吃淡气",模仿都力求适合身份,谁也没觉察她不合真实。

天下事常出人预料,所谓"人有千算,天有一算"。往往说来万无此理的,却会真有其事。少奶奶装产妇装得太像,竟害"产褥热"去世。她只连发几天高烧,就昏迷不救。

少奶奶初发病，太太只以为她是寒暖不调，当着人捂得太热，背着人把被全掀掉，下床也不披上些。少奶奶平时小有病痛，总请她信任的老西医来家诊视……[1]

杨绛以慧黠的笔调，讽刺了这一闹剧。最后，杨绛意味深长地写道，贞姑娘升做了夫人，接过了象征地位的一串钥匙。"贞姑娘紧紧握着这串钥匙。短短一年多，她已经眼看自己和旁人的许多希望、许多算计，都像小皂泡似的吹出来又破灭了。这串钥匙虽是铜的、铁的，安知不也只像肥皂泡一样？可是少爷母子对她母子的这一片心，她只有感激惭愧……预定她儿子已是一家之主了。儿子总会认得妈妈，可怜的只是少奶奶。"[2]

杨绛塑造的贞姑娘形象比较成功，她不满命运的安排，却没有公开反抗命运的胆量，她虽然被扶了正，但终究是一个悲剧。叶至善曾在一篇文章中嫌贞姑娘这个人物的反抗性格不够突出[3]。但这正是她性格的可悲之处，在于其典型意义和社会认知价值。

杨绛短篇小说的风格以诙谐幽默见长，在潜沉往复的笔调中，有诸多调侃与讽刺。《事业》这篇小说塑造了正面的人物形象，与前几篇作品风格迥然不同。

《事业》的主人公是私立求实女中校长周默君（小说中称"默先生"）。故事是以她与她的一群学生为线索，并贯穿于求实女中的兴衰起落。默先生倾家办学，以校为家，一辈子都为学校奉献，而她自己的生活却极为简朴，只"靠很小一笔存款的利钱过日子"。学生都说她为学校"鞠躬尽瘁，死而后已"，并称赞："'求实'是默先生扩大的自我！"大家都很崇拜默先生，要为她立铜像。默先生为学校的事业，耽误了自己

---

[1] 杨绛：《倒影集》，见《杨绛作品集》第一卷，中国社会科学出版社1993年10月版，第162~163页。

[2] 杨绛：《倒影集》，见《杨绛作品集》第一卷，中国社会科学出版社1993年10月版，第166页。

[3] 叶至善：《致〈倒影集〉作者》，《读书》1982年第9期。

的婚事，成了老姑娘，但她还是很乐观，可爱可敬，不偏执，不怪僻。她与一群青年学生关系密切，很好地相处，她为人和蔼可亲，喜欢这些天真浪漫的学子。在作品中，这些活泼的女孩都有诨名，如陈倚云名为"晨莺"、华绳以名为"花生米"、裘亦善名为"皮球"、刘霭青取名"小矮"、吴澍取名"呜呼"，等等。随着她们的言语交谈，人物形象跃然纸上，个个显得生动活泼。她们虽然喜欢打趣开玩笑，并在背后议论自己的老校长，但内心对老校长却充满了敬佩爱戴之情，即使毕业后，还不时联袂回校拜访老校长。

小说中的求实女中，她们所在的城市在抗战时沦陷，默先生不得不在上海复课。这时，我们可以看出陈倚云似乎带有杨绛的影子：毕业后随丈夫出洋留学，乘船回国途中，丈夫在香港下船转入内地，默先生请她出任复校的求实校长。因为出于怕暴露身份等考虑，默先生再三要求陈倚云做校长，她起先不肯，后来她望着"默先生灰白的两鬓和枯瘦的面颊"，不忍违拂老校长的厚望，终于答应下来了。陈倚云的诙谐机灵，对工作的全身投入以及不爱"当官"，分明与作者十分相似。

读完《事业》这篇小说，我要说的是，作品中的默先生一心办学，受到学生的尊敬。可是在她的学生中，恐怕没有一个人真正理解她。而她自己也未必了解本人，只因为这是母亲留下来的"事业"，不管遇到什么逆境，她都得勇往直前，想尽办法将学校办下去。而一个人具有这种百折不挠的精神，应该是值得人们尊敬的。

杨绛在她的小说中，用一支普普通通的笔，塑造出陈倩、周逸群、朱丽、田晓、许太太、贞姑娘、默先生、陈倚云等人物，在是与不是、似与不似之间漫步，在新时期的文学形象中比肩而立。

在杨绛的笔下，没有高大的英雄人物，只有很平常、很普通的人物，不管是可亲可爱的，还是可憎可恶的，抑或是可悲可叹的人物，他们在日常生活中很常见，演绎的是这些寻常人物的家长里短，因而更带有生活气息。由于作者长期生活在都市之中，对都市人群的善恶，有着敏锐的洞察。她的作品，针砭了一些人物的虚伪自私，褒扬了一些人物的善良可爱，下笔恰如其分，对了解都市人生的真相是有益的。因为在现实世界中，除了假、恶、丑之外，肯定还有真、善、美，这也正是人们生活的真谛所在。

| 二 |

杨绛在新时期的文学创作中，其代表作当推《洗澡》，这也是作者迄今为止唯一一部长篇小说。

《洗澡》是反映知识分子生活的作品。杨绛出身知识分子家庭，家学渊博，而从受教育的背景来看，对西方文化，尤为熟稔。本人又是一位文学家、翻译家，生活在上层知识分子的圈子，对于当代中国知识分子的生活习性、思想状态、个性的群体特征等多有体认，尤其对知识分子的优点，特别是弱点有相当真切的把握。这在她的短篇小说集《倒影集》里，已初见端倪。《洗澡》则充分展现了这种生活，通篇采用了幽默和讽刺的笔法，描摹了知识分子在建国之初的众生相。

杨绛的书名为什么起名"洗澡"，她是如何思考的，又是如何下笔的呢？作者在前言中简明扼要地告诉读者：

这部小说写解放后知识分子第一次经受的思想改造——当时泛称"三反"，又称"脱裤子"的说法，因此改称"洗澡"，相当于西洋人所谓"洗脑筋"。

……

小说里的机构和地名纯属虚构，人物和情节却据实捏塑。我掇拾了惯见的嘴脸、皮毛、爪牙、须发，以及尾巴，但决不擅用"只此一家，严防顶替"的货色。

1952年前后，与"三反"运动同时进行的是知识分子的思想改造运动，杨绛亲身经历了这场运动。三十多年后，她调动了自身的生活经验和积累的丰富素材，根据亲身的体会和感受，写下了脍炙人口的《洗澡》。作品中的人物与情节虽然是虚构的，但它们都"据实捏塑"，作者的经历加上合理的想象，构成了作品的内容，这里面既有杨绛本人，也有作者周围的烙印。有研究者经过研究，就曾推测："《洗澡》中的姚宓的经历，我想很有可能就是杨绛的'假设性'自传。"[1]当然，杨绛动笔撰写这部小说，也是为了尝试创作长篇小说。她说："我没有写过长篇小说，只是看过很多，我有点手痒，所以想过过瘾。"

杨绛在《洗澡》的前言里还写道："写知识分子改造，就得写出他们改造以前的面貌，否则从何改起呢？凭什么要改呢？改了没有呢？"因此，《洗澡》共分三部分，这三部曲构成了"洗澡"的前奏、过程以及洗后的结果。每部分包含若干章，每部的标题取诸先秦诗文的名句，意蕴深长。整个作品是用男女主人公许彦成、姚宓的爱情故事串连起来的，准确地说，是以两人的精神恋爱为主线的。

小说第一、第二部的题目均采自《诗经》，司马迁曾云："《诗》三百，大抵圣贤发愤之所为也。"杨绛正是从这层意思上引用的。第一部名为《采葑采菲》，源自《邶风·谷风》。《谷风》的主人公是一位勤劳的已婚妇女，后来她的丈夫移情别恋，另娶女人，要把她抛弃。她对丈夫说"采葑采菲，无以下体"，葑菲是葡萄蔓茎之类，其根有好有坏，"采之者不能以根恶并妄其叶"。[2]杨绛用这一诗句来比喻小说中的余楠有"花心"，他好色不好德，又是一毛不拔的"铁公鸡"，他爱上胡小姐

---

1 胡河清：《杨绛论》，见《灵地的缅想》，学林出版社1994年12月版，第70页。
2 王吟风：《走出魔镜的钱锺书》，金城出版社1999年1月版。

后欲遗弃贤惠的妻子宛英，宛英在家里相当于"没工钱，白吃饭"的老妈子。杨绛的另一层含义也许包含了新建立的中国需要不拘一格采集人才，不因一些知识分子有旧思想或因品德不好而抛弃他们，用他们的一技之长为建设国家服务。余楠之流在解放之初被录用就是证明。这些知识分子有些是品行端正、学有专长的，如许彦成、姚宓等，而有些则如余楠、施妮娜、丁宝桂之类，这就是"洗澡"成为必然的理由。

第二部名为《如匪浣衣》，源自《邶风·柏舟》："心之忧矣，如匪浣衣。"谓内心的思绪像未经洗涤的脏衣服一样。这里比喻许彦成与姚宓纯洁的爱情，受夫人杜丽琳的监视，姜敏制造的"桃色新闻"的各种干扰。透过许姚两人的精神恋爱，从"洗澡"的角度，当然可以理解为"文学研究社"里不少知识分子的思想像脏衣服那样沾满污泥，亟需"洗澡"。

第三部名为《沧浪之水清兮》，源自《十三经》之一的《孟子·离娄上》引《孺子歌》："沧浪之水清兮，可以濯吾缨；沧浪之水浊兮，可以濯吾足。"这里比喻许彦成与姚宓两人之间的爱情升华，如清澈之水，不染任何杂质。同时也可以理解为，"洗澡"之水本是干净清洁的，可以洗涤人们的尘垢，但是诸如余楠、施妮娜之流不仅没有洗干净身体，反而玷污了清水，反成浑水。这些人肮脏的灵魂，恐怕不是一两次"洗澡"可以解决问题的。

小说中的姚宓、许彦成是作者褒扬的人物。姚宓不得不放弃了留学的打算，很早便挑起了维持家庭生计的重担，成了一名默默无闻的图书管理员。从姚宓身上所透出的浓浓书卷气，可以感受到她独特的气质。有人分析道："杨绛在《洗澡》中对姚宓双亲的籍贯提及不多，但看姚宓的气质，却既有京都才女的淳厚蕴藉，又有江南闺秀的冰雪聪明。南北之气于此抟成一体，好比幽谷里的兰草，移到燕地群山中种下，开出的花儿不改资质的秀媚,而且又隐隐源出一种北国女侠的英气。"[1]姚宓身上毫无俗气,因而得到许彦成的爱慕。许彦成是有妇之夫,他的妻子杜丽琳出身于天津的豪富人家,后又留学美国,人也极为聪明大方,但她缺少姚宓的涵养,缺少经过苦难洗礼出来的平等慈怀心,她漂亮有风度,被杨绛称之为"标准美人"。因而,许彦成舍杜丽琳而取姚宓,但是在杨绛的笔下,许姚两人的爱情是纯洁无瑕的,胡河清下面的论述对此有独到的见解:

《洗澡》是中国文学中少有的一部以精神恋爱为题旨的小说。许彦成也是一个"痴人",他有的是真性情,一点不会做假。他也因此在感情生活上很难得到满足。他的夫人杜丽琳,既有高贵的家世,又有豪奢的财富,风度教养都极佳。在世间一般的男子看来,能赢得这样一位夫人的一片痴情,也可说是福泽深厚之极的了。然而正因为许彦成"痴",他倒未必很看重这种天生的福气。相反他是感到"标准美人"杜丽琳似乎少了点什么东西。这样也就慢慢地疏远了她。

许彦成爱上姚宓,并不是偶然的。姚宓身上,凝聚着一股中国书香名门传了几代人的仙气。而要呼吸领会之,非得有许彦成那股"痴气"不可。这"痴气"的真实内涵,是指大本之人有所情痴,其感应力不是凡俗之流可及的。在此意义上说,许彦成和姚宓的这段因缘,乃是有宿根的。

许彦成和姚宓这时已重归平静。他们有迫切的话要谈,无暇在痴迷中陶醉。不过他们彼此间已有一千年的交情,他们俩已经相识了几辈子。

这里的"一千年""几辈子",就是凤缘的意思。在中国文学史上,自从《红楼梦》以后,很少有人像杨绛先生这样凝炼地写出过这种具有东方神秘主义色彩的心灵经验。因缘流转,如恒河沙数,唯两心相契而臻完美之境,则能于一瞬中参透往昔无量劫。这种超越个体生命大限的心理感觉,表明精神恋爱已达到了极致的境界。

---

[1] 胡河清:《杨绛论》,见《灵地的缅想》,学林出版社1994年12月版,第68页。

《洗澡》中顶有趣的情景，莫过于许、姚两人游西山之事了。先是许彦成约了姚宓去游山，可一夜下来，又觉得懊悔，因为他感到这样一来就对不起杜丽琳。而姚宓也是很心高气傲的。她并不对许彦成的反悔感到气恼，她的自尊心不允许她作如是想。可她的道行再高，毕竟还有些赌气。所以就决定独自一人去游山。许彦成放心不下，于是跟了去。姚宓发现他跟着去，而且还在同一节公共汽车车厢里，怎么也要想法子避开他。避来避去，就生出诸多细节来。

杨绛在《洗澡》中一再征引《诗经》，我觉得这段情景描写，也倒很可以使人联想到《诗经》中的一则名诗——《蒹葭》。《蒹葭》写的是青年人的爱情，"伊人"却总如缥缈如孤鸿影，怎么也追不到。而《洗澡》中却是成年人的爱情，大家都想躲避对方，躲来躲去，心里却好像彼此已经认识了一千年，又好像会通灵术那般默契。我有时在想，杨绛的这段描写，也许可以称之"反《蒹葭》"。而其诗意之神妙，倒是与《蒹葭》对等的。

按照东方哲学的智慧，盛极而衰，高丘之下必有深谷。姚许在小室中相对而坐的一刻实在已达到了精神恋爱的极致，这种心灵经验是难以逾越的，也是不容重复的，故他们从此之后的恋情已有"衰势"。杨绛对恋爱心理之微妙逻辑的准确把握，于此可见一斑。[1]

作者假许彦成之口说："我认为知识分子应当带头改造自我。知识分子不改造思想，中国就没有希望。我只是不赞成说空话。"杨绛以平淡自如的笔调，细腻地描述"洗澡"前后的众生相。

余楠留过洋，"学贯中西"，解放前在上海一个杂牌大学教课，并在一个反动政客办的杂志当主编，下笔很快，要什么文章，他下笔即来。他迷上了胡小姐，为了利用她达到出国的目的，他想抛弃发妻与女儿，乘机

---

[1] 胡河清：《杨绛论》，见《灵地的缅想》，学林出版社1994年12月版，第73页。

一走了之。但是，余楠非常吝啬，不肯花费一分钱，结果被胡小姐甩了。上海解放后，他虽然对新中国心有芥蒂，但还要吹牛被北京的文学研究社"录用"。

文学研究社成立时，来了许多"专家教授"，社长马任之，副社长傅今，他新娶的夫人、女作家江滔滔，江滔滔的密友、研究苏联文学的"河马夫人"施妮娜，法国文学专家朱千里，"专修国学"的丁宝桂，以及国外留学归来的许彦成和杜丽琳夫妇，还有新分配来的大学毕业生姜敏、罗厚、陈善保等人。这些人当中，余楠最会"演戏"，标榜自己追求进步，"因为他确定自己是爱上了社会主义，好比他确信自己决不抛弃宛英一样"。为了自己的私利，他讨好拉拢傅今。经过激烈的竞争，外文组分成四个小组，形成一个专家带领一个助手的格局。余楠一组，带一个年轻助手陈善保；朱千里一组，带着罗厚；杜丽琳一组，带姜敏；许彦成一组，带姚宓。杜丽琳为了更好地监视许彦成与姚宓，建议两组合二为一，成为"夫妻组"。而那个不学无术的施妮娜所在的苏联文学组单设一组，一副凌驾于各组的态势。杨绛让这些各色人等，依次登场，各自表演，上演一出出知识分子善良与丑恶、追求与堕落、良知与鄙俗之间较量的令人发噱的喜剧。

"三反"开始了，每个知识分子都得"洗澡"，叫作"人人过关"。不管是"大盆""中盆"，还是"小盆"，也不管像余楠那样积极靠拢组织的，还是像朱千里那样连"三反"到底反什么也弄不清楚的，反正概莫能外。大家都得像范凡所作的动员报告那样："要抛掉包袱，最好是解开看看，究竟里面是什么宝贝，还是什么肮脏东西。有些同志的旧思想、旧意识，根深蒂固，并不像身上一个包袱，放下就能扔掉，而是皮肤上陈年积累的泥垢，不用水着实擦洗，不会脱掉；或者竟是肉上的烂疮，或者暗藏着尾巴，如果不动手术，烂疮挖不掉，尾巴也脱不下来。我们第一得不怕丑，把肮脏的、见不得人的部分暴露出来；第二得不怕痛，把这些部分擦洗干净，或挖掉以至割掉。"在动员大会上，满座的年轻人个个正襟危坐，神情严肃，一张张脸上漠无表情，显然已经端正态度，站稳立场。不要说平时与这些年轻人不大接触的丁宝桂、朱千里觉得他们严冷可怕、不可理喻，就连平日和年轻人相熟的许彦成，也觉得自己忽然站到群众的对立面去了。他们几位坐立不安，觉得芒刺在背。

动员会以后，就要发动群众对这些改造对象或者称为"浴客"的知识分子给予帮助和启发。杨绛写道："'帮助'和'启发'不是一回事。'启发'只是不着痕迹地点拨一句两句，叫听的人自己觉悟。'帮助'却像审问，一面问，一面把回答的话仔细记下，还从中找出不合拍的地方，换个方向突然再加询问。"自觉没有什么问题的丁宝桂第一个接受启发和帮助，却被指责为"还没有端正态度"，"还在抗拒"。接下来，朱千里要求在大会上作检讨，对自己大骂一场，"每个细节都不免夸张一番，连自己的丑恶也要夸大其辞"，结果，被激怒的群众举起拳头齐喊口号："不许朱千里胡说八道，戏弄群众！""不许朱千里丑化运动！"朱千里被打了下去，他"像雷惊的孩子，雨淋的蛤蟆，呆呆怔怔，家都不敢回"。表面上一向要求进步的余楠苦思冥想地准备自我检讨，反复罗织罪名。他"不慌不忙，摆出厚貌深情的姿态，放出语重心长的声调，一步一步检讨，从小到大，由浅入深，每讲到痛心处，就略略停顿一下，好像是自己在胸口捶打一下"，想不到检讨不到一半，群众就认为他"狡猾"而被打断了。余楠像被打残的癞皮狗，趴在屋檐下舔伤口；朱千里自杀未遂，还继续洗；丁宝桂说："洗伤了元气了！洗螃蟹似的，捉过来，硬刷子刷，掰开肚脐挤尿，一之为甚，其可再乎？"他们几位"浴客"被反复洗了几次澡，才获通过。倒是杜丽琳声泪俱下，"给大家一个很好的印象"而一次通过了检讨。"问题不如别人严重"的许彦成没有打好底稿，没说自己是洋奴，也没人强迫他承认，作完检讨，"大家就拍手通过了"。就这样，文学研究社的"年轻人互相批评接受教育，不必老先生操心。老先生的洗澡已经胜利完成"。

在小说的结尾处，杨绛意味深长地说：

当时文学研究社不拘一格采集的人才，如今经过清洗，都安插到各个岗位上去了。

一切都在不言之中。杨绛以一位女作家特有的慧眼、慧心，静观与体味这一运动的发展，叙述了"洗澡"的前因后果，引人入胜。她的如行云流水般的平淡自然的风格，相信给众多的读者留下难忘的印象。其从容、温文、幽默的笔触真实记录了男女主人公的爱情，以及知识分子"洗澡"的种种处境，读来令人叹息，掩卷长思。

杨绛的《洗澡》出版后，被文学家施蛰存评价为"半部《红楼梦》加上半部《儒林外史》"。杨绛却自谦道："《洗澡》是我的试作，我想试试自己能不能写小说。"从散文、翻译到剧本、小说，这个"试"是一种从容不迫的平常心，没有一丝跳着跑着争名夺利的浮躁。

胡乔木曾经向翻译《钢铁是怎样炼成的》的梅益推荐："你一定要看看杨绛的《洗澡》。"

梅益便向杨绛讨要该书。杨绛给了，给的时候心里嘀咕："他怎么不去买一本呢？或者，把《钢铁是怎样炼成的》回赠我一本？"

后来又一次见面的时候，杨绛大胆地说："你把《洗澡》拿了去，也该把你翻的《钢铁是怎样炼成的》送我一本吧。"梅益这才回赠。

| 三 |

除了文学创作和翻译之外，杨绛这一时期还撰写了不少文学评论的文章，在报刊上发表，并先后结集出版。她的论文集《春泥集》于1979年10月由上海文艺出版社出版，其中共收论文六篇：《堂吉诃德和〈堂

吉诃德〉》《重读〈堂吉诃德〉》《萨克雷〈名利场〉》《斐尔丁的小说理论》《艺术与克服困难——读〈红楼梦〉管窥》《李渔论戏剧结构》。出版于1986年的《关于小说》（三联书店版）则收录了杨绛新时期所写的六篇论文，它们是：《事实—故事—真实》《旧书新解——读〈薛蕾丝蒂娜〉》《有什么好？——读奥斯汀的〈傲慢与偏见〉》《介绍〈小癞子〉》《补"五点文"——介绍〈吉尔·布拉斯〉》《砍余的"五点文"》。

这里，除第一篇是小说理论的研究外，其余都是对作品的评论。对于这些论文，杨绛自己有过解释："关于小说，有许多深微的问题值得探索，更有无数具体的作品可供分析。可是我苦于对超越具体作品的理论了解不深，兴趣不浓，而分析西洋小说，最好挑选大家熟悉的作品作为事例。"（《自序》）

《事实—故事—真实》一文揭示的是从古今中外文学现象总结出来的创作规律。以小说为例，作为文学创作的小说，虽然是虚构的"故事"，可它依据"事实"，从而表达"真实"。也就是说，文学作品是由"事实"而加以想象构思写成"故事"，表达出贴合人生真相的"真实"，如果套用公式的话，便是"事实—故事—真实"。因而，杨绛告诉人们：

> 尽管小说依据真人真事，经过作者头脑的孕育，就改变了原样。便像历史小说《三国演义》里披发仗剑的诸葛亮，不是历史上的诸葛亮。小说是创造，是虚构。但小说和其他艺术创造一样，总不脱离西方文艺理论所谓"模仿真实"。"真实"不指事实，而是所谓"贴合人生的真相"，就是说，作者按照自己心目中的人生真相——或一点一滴、东鳞西爪的真相来创作。[1]

在此，杨绛非常强调想象在艺术创造中的作用，她指出："小说家没

---

[1] 杨绛：《事实—故事—真实》，见《杨绛作品集》第三卷，中国社会科学出版社1993年10月版，第144页。

有经验,无从创造。但经验好比点上个火,想象是这个火所发的光。没有火就没光,但光照所及,远远超过火点儿的大小。《水浒传》写一百零八个好汉,《儒林外史》写各式各样的知识分子,《西游记》里的行者、八戒,能上天、入地、下海,难道都是个人的经验?法国小说《吉尔·布拉斯》写的是西班牙故事,作者从未到过西班牙,可是有人还以为那部小说是从西班牙小说翻译的。这都说明作者的创造,能远远超出他人的经验。"杨绛认为,作者的经验固然重要,但小说里的人物不是现成的真人,而是创造,或者说是"捏造",即把不同来源的成分"捏"成一团。

在艺术创造中,想象极其重要,但它必须贴切真实,离不开"判断力"的调控。杨绛通过对众多作品的分析,理出形象思维与逻辑思维的关系:"小说家的构思,一方面靠想象力的繁衍变幻,以求丰富多彩;一方面还靠判断力的修改剪裁,以求贴合人生真相。前者是形象思维,后者是逻辑思维,二种思维同时并用。想象力任意飞翔的时候,判断力就加以引导,纳入合情合理的轨道——西方文艺理论所谓'或然'或'必然'的规律,使人物、故事贴合我们所处的真实世界。因为故事必须合情合理,才是可能或必然会发生的事,我们才觉得真实。人物必须像个真人,才能是活人。作者喜怒哀乐等感情,必须寄放在活人心上,才由抽象转为真实的感情。……作者写一部小说,也是要读者置身于他虚构的境地,亲自领略小说里含蕴的思想感情;作者就把自己的感受,传到读者心里,在他们心里存留下去。"杨绛的这番话,确实道出了小说创作的个中三昧。

杨绛在文章中还探讨了真人真事进入小说以及小说虚构的规律等。她的论文通篇像漫谈,充满慧见卓识,读来常常使人感到耳目一新。

杨绛的《旧书新解》介绍的是《薛蕾丝蒂娜》(简称《薛婆》),这部小说里讲的是一个恋爱故事。漂亮阔绰的葛立德少爷爱上美貌的裴府独生女玫丽小姐。葛少爷央薛婆作纤头,和裴小姐互通情愫,约定半夜在裴府花园幽会。花园墙高,葛少爷幽会后逾墙登梯失足,堕地身亡。裴小姐亦因跳塔自杀。薛婆贪贿,不肯和葛家二小厮分肥,因被刺杀;二小斯随后被捕处死。对于这样一个故事，杨绛说："假如《堂吉诃德》是反骑士小说的骑士小说，《薛婆》可算是反爱情故事的爱情故事。"这是一部打破小说传统而别具风格的西班牙古典小说，又称为"喜剧"或"悲喜剧"。这部作品内容虽然陈腐，在艺术表现形式上却匠心独运。

杨绛认为，"薛婆"虽以戏剧的形式出现，全部是人物对话，但实际上用的是史诗或小说式的叙事结构。如果被称为小说，却又和传说的小说不一样。"《薛婆》这个'喜剧或悲剧'读来既像小说，有人干脆就称为小说，有个仅译十六出的英译本竟加上副题，称为'对话体的小说'。但作者究竟不是有意识地写小说，尽管称为小说，只是未合传统的小说，我们现在有意识地把它当小说读，就觉得像一部打破了传统的新小说，和近代某些小说家所要求的那种不见作者而故事如实展现的小说颇为相近。"[1]杨绛在这里揭示了《薛婆》的创新之处。其一，小说在表现形式上是戏剧，但结构却是史诗性的。而且，作品只有人名和对话（包括旁白和独白），作者单凭对话来叙说故事，刻画人物，并描述人物的内心活动。作品没有人物的面貌、身段、服饰、动作等提示性的话，成为名副其实的"对话体小说"。整部小说是二十一出的史诗性结构，好比二十一章，从头到尾只有对话，因而对话便成了主要内容。从人物的对话，"口气里可以听出身份，语言里可以揣想性格"，甚至"人物的状貌服饰"也可以对话来形容。对话自然生动，竭尽其妙。

文章的最后，杨绛评价道：

当然，小说家以"无所不知"的作者身份，自有种种方法来描摹现实，不必用对话体。而且，作者出头露面就一定损坏小说的真实性吗？小说写得逼真，读者便忘了有个作者吗？小说写得像"客观存在的事物"，"客观存在的事物"未经作者心裁，怎样摄入小说？这等等问题都还待研

---

[1] 杨绛：《旧书新解》，见《杨绛作品集》第三卷，中国社会科学出版社1993年10月版，第160页。

究检验。不过《薛婆》这部分"对话体的小说",确像人世间发生的客观现实。我们把这部十五世纪末年的"喜剧或悲剧"当作小说来读,会有新的收获。这也可算是古为今用吧。[1]

杨绛的《关于小说》集子里的第三篇题为《有什么好?》。这里,杨绛翻出一部"老"作品来印证"新"与"旧"的联系和关系,并且对"意识流"小说等要求作者隐去的主张提出了一系列的疑问。显然,杨绛在这里含蓄地给读者建议:"我们不妨多信任一点自己的直觉和常识,对所谓'权威'和时新的小说多打几个问号再来决定自己的取舍。"这是一个随笔式的标题,却颇为新奇,居简得要,与众不同。杨绛在文中说:"很多人读小说不过是读一个故事——或者,只读到一个故事。"而此文所涉及的那部小说的"故事平淡无奇,没有令人回肠荡气、惊心动魄的场面。情节无非家常琐碎,如邻居间的来往、茶叙、宴会、舞会,或驾车游览名胜,或到伦敦小住,或探亲访友,等等,都是乡镇上有闲阶级的日常生活。人物没有令人崇拜的英雄或模范,都是日常所见的人,有的高明些、文雅些,有的愚蠢些、鄙俗些,无非有闲阶级的先生、夫人、小姐之流。有个非洲小伙子读了这本书自己思忖:'这些英国的夫人小姐,和我有什么相干呢?'我们也不禁要问,十九世纪外国资产阶级的爱情小说,在我们今天,能有什么价值呢?"[2]现在杨绛提出"有什么好",正是为读者释疑解惑的。

那个非洲小伙子读的"这本书",指的是英国作家简·奥斯汀所写的《傲慢与偏见》。杨绛说:"奥斯汀显然故意选择平凡的题材,创造写实

---

[1] 杨绛:《事实—故事—真实》,见《杨绛作品集》第三卷,中国社会科学出版社1993年10月版,第175~176页。
[2] 杨绛:《有什么好?》,见《杨绛作品集》第三卷,中国社会科学出版社1993年10月版,第178页。

的小说。"[1]"我们不能单凭小说里的故事来评定这部小说。"[2]她条分缕析,细细分说它"有什么好"。杨绛在这里既是品尝,又是鉴定,既是对一部小说的探索,也是对一位作家的研究。让人们通过小说中的凡人琐事、世态人情,领略奥斯汀所寄托的弦外之音。文中说:"奥斯汀对她们挖苦取笑的人物没有恨,没有怒,也不是鄙夷不屑。她设身处地,对他们充分了解,完全体谅。她的笑不是针砭,不是鞭挞,也不是含泪同情,而是乖觉的领悟,有时竟是和读者相视莫逆,会心微笑。"[3]又说:"奥斯汀不正面教训人,只用智慧的聚光灯照出世间可笑的人、可笑的事,让聪明的读者自己去探索怎样才不可笑,怎样才是好的和明智的。梅瑞狄斯认为喜剧的笑谈启人深思。奥斯汀激发的笑就是启发人深思的笑。"[4]杨绛的这些叙述,都不是凭空立论,是在列举实例、引证原文、分析了具体作品之后的点睛结穴。读者至此,也不禁"相视莫逆,会心微笑",感到这里也有一盏"智慧的聚光灯",照彻了小说的深层及其作者的心曲[5]。

杨绛的《介绍〈小癞子〉》一文,开首便交代了她写此文的目的:"我翻译的西班牙名著《小癞子》,经过修改和重译,先后出过五六版。我偶尔也曾听到读者说:'《小癞子》,我读过,顶好玩儿的。'这正合作者"前言"里的话:'就算他(读者)不求甚解,也可以消闲解闷。'至于怎样深入求解,阅读者似乎不大在意。我作为译者,始终没把这本体积不大的经典郑重向读者介绍,显然是没有尽责。"[6]文章说得十分谦

---

[1] 杨绛:《有什么好?》,见《杨绛作品集》第三卷,中国社会科学出版社1993年10月版,第179页。
[2] 杨绛:《有什么好?》,见《杨绛作品集》第三卷,中国社会科学出版社1993年10月版,第181页。
[3] 杨绛:《有什么好?》,见《杨绛作品集》第三卷,中国社会科学出版社1993年10月版,第179页。
[4] 杨绛:《有什么好?》,见《杨绛作品集》第三卷,中国社会科学出版社1993年10月版,第184页。
[5] 谷林:《书边杂写》,辽宁教育出版社1995年3月版,第13~14页。
[6] 杨绛:《介绍〈小癞子〉》,见《杨绛作品集》第三卷,中国社会科学出版社1993年10月版,第197页。

虚，题目也是十分平实，然而杨绛用娓娓道来的文笔，详细介绍了这部小说的内容及其在文学史上的地位，不啻"书林导游"。篇末的一段话更像神妙之笔，令读者豁然开朗："《小癞子》原名《托美思河的小拉撒路传》。《新约全书》的《路加福音》里有个癞皮化子名叫拉撒路，后来这个名字泛指一切癞皮化子，又泛指一切流氓恶棍。我国唐五代时的口语就有'赖子'这个名称，指无赖而说；古典小说像《儒林外史》和《红楼梦》里的泼皮无赖，每叫作'赖子'或'辣子'，跟'癞子'一音之转，和拉撒路这个名字意义相同，所以我译作《小癞子》。"[1]

杨绛的《补"五点文"》和《砍余的"五点文"》，评论的是法国名著《吉尔·布拉斯》，因前文已有介绍，此地不再赘述。

20世纪90年代末期，杨绛还发表了一些纪实散文，如《方五妹和她的"我的老头子"》《钱锺书离开西南联大的实情》《〈钱锺书集〉代序》《为有志读书求知者——记〈钱锺书手稿集〉》，等等。2000年4月，辽宁人民出版社出版了她的最新译作《斐多》。它是由古希腊哲学家柏拉图所著，记叙哲人苏格拉底就义的当日，与其门徒就正义和不朽的讨论，以及饮毒酒致死的过程。

《斐多》体现了杨绛自己特有的翻译风格和准则。她曾说过："我最厌恶翻译的名字佶屈聱牙，而且和原文的字音并不相近，曾想大胆创新，把译名一概中国化，历史地理上的专门名字也更加简洁，另作'引得'或加注。"(《〈傅译传记五种〉代序》)。十几年以后，杨绛翻译《斐多》，再次实践了这个创新。她在"前言"中说："人名地名等除了个别几个字可翻译，一般只能音译。一个名字往往需要许多字，这一长串毫无意义的字并不能拼出原字的正确音，只增添译文的涩滞，所以我大胆尽量简化了。不过每个名字不论简化与否，最初出现时都附有原译的英文译名。"杨绛的这种做法，既是创新，又不失谨严。

---

[1] 杨绛：《介绍〈小癞子〉》，见《杨绛作品集》第三卷，中国社会科学出版社1993年10月版，第213页。

译文虽然只有六万余字，但在杨绛笔下，字字珠玑。译文老到流畅，像舞台上的戏剧台词，连人物的嘀咕、动作，辩论中的高潮起伏，全部活灵活现，丝毫没有读哲学著作那种晦涩深奥之感。如此通俗又有韵味的译文，不管谁读都会感觉是一种享受。正如杨绛在"后记"中所云："我是按照自己翻译的惯例，一句句死盯着原文而力求通达流畅。苏格拉底和朋友们的谈论，该是随常的谈话而不是哲学论文或者座谈会上的讲稿，所以我尽量避免学术语，努力把这篇盛称有戏剧性的对话译成如实的对话。"因此，读者是应该感激杨绛的这番劳作的。著名出版人赵武平在评论她的这一译作时，深情说道：

很早前就听说，杨先生在翻译一部难度很大的古典著作，但对书名和内容一无所知。不久前，朋友陪同金圣华女士前往探望先生回来，告知所译乃是柏拉图的《斐多》。我当时闻之备感怅然，因为斐多描绘宗师的辞别场面，胸怀充满悲喜交集的心情；而杨先生译此书前，也刚刚送走两位最亲近的家人。我们不得不钦佩这位耄耋老人的镇定自若。[1]

笔墨不多，却也道出了众多读者的心声。

对于杨绛而言，翻译《斐多》的意义也许还不仅仅在于"投入全部心神而忘掉自己"。《斐多》描述的是苏格拉底就义当日，与门徒辩论灵魂不朽，然后从容不迫饮鸩赴死的情形。在书中，苏格拉底对门徒说："真正的追求哲学，无非是学习死，学习处于死的状态。"投入全副心力去翻译这本关于灵魂不朽的书，大约也是杨绛先生本人关于生命归宿的叩问。这种叩问，不是对于个体生命存在形式的执著，而是对超越生死界限的交流的渴望。

---

[1] 赵武平：《杨绛笔下的苏格拉底》，2000年9月13日《中华读书报》。

第十二章

# 生活侧影

杨绛在三里河南沙沟的寓所四室一厅，家里摆设非常简朴，没有豪华装饰和家具，地面是光光的黄木地板，没有铺设地毯。门左边有一间大约二十多平方米的房间，这是兼作书房的会客室，屋里只有五个中型书架并排着，给人一种坐拥书城的感觉。

| 一 |

随着噩梦般的"文革"的结束,迎来了改革开放的新时期。钱锺书、杨绛伉俪在中国和国际的学术界重新露面。

1979年春天,杨绛与钱锺书同机出发赴法,钱锺书转机赴美参加中国社会科学院派出的第一个访美代表团;杨绛则留在巴黎,参加由梅益为团长的中国社会科学院访法代表团,进行为期近一个月的访问。这是一个包括中国社会科学各专业学者的学术访问,目的是为了加强中国与法国的文化交流,考察学习西方国家先进的学术成果。

杨绛如饥似渴地汲取国外的研究成果,她看到了许多未曾看到的书籍,并利用这个机会,购阅了不少自己需要的书刊,她满载着丰厚的收获回国了。

杨绛因翻译《堂吉诃德》而获西班牙政府颁发的大奖,并通过西班牙驻华大使馆邀请她出访:第一任大使邀请,杨绛谢绝了;第二任大使送来正式的书面邀请,杨绛正式地以书面形式谢绝了;第三任大使通过中国社科院领导马洪去请,杨绛感到实在"赖不掉了",才答应下来。说起此事,钱锺书无不得意地说:"三个大使才请动她!"[1]

杨绛是于1983年11月,随中国社科院代表团一道到西班牙和英国去做

---

[1] 徐泓:《孜孜不倦,落索自甘——钱锺书夫妇印象》,见罗思编《写在钱锺书边上》,文汇出版社1996年2月版,第119页。

学术访问的。这次访问，她也有很大的收获。

杨绛就在这匆忙的访问中，不时思考着学术问题，利用各种机会，解决文学翻译上的疑难杂症。杨绛曾谈过中国明代天启年间，意大利耶稣会神甫艾儒略用文言文撰写的《职方外纪》，这是一部记述"绝域风土"的书籍，其中讲到西班牙的一节说："国人极为好学，有共学在撒辣蔓加与亚尔加辣二所，远近学者聚焉。高人辈出，著作甚高，而陟禄日亚与天文之学尤精。古一名贤，曰多斯达笃者，居俾斯玻之位，著书最多，寿仅五旬有二。所著书籍，就始生至卒计之，每日当得三十六章。每章二千余言，尽属奥理。后人给彼像，两手各执一笔，章其勤敏也。"杨绛思忖，书中提及的这位从出生到死，每日撰写七万多字的"名贤"究竟是谁呢？她翻译《堂吉诃德》时，发现堂吉诃德提到的一个人名字"托斯达多"很像"多斯达笃"。她顺藤摸瓜孜孜矻矻，终于考证出多斯达笃（即"托斯达多"）就是西班牙阿维拉主教的译音，"陟禄日亚"是神学的译音，两所"共学"便是指撒辣蔓加与亚尔加辣两所大学。而"托斯达多"是绰号，不是人名，意思是"焦黄脸儿"。可是他为什么绰号"焦黄脸儿"，他的身世如何，杨绛"总觉不放心"。

杨绛处处留意，她在旅馆的早餐桌上，发现"备有各式面包的盘里，照例有两片焦黄松脆的面包干，封在玻璃纸里，纸上印有'Pan tosotado'二字"，于是她猜想到"托斯达多"的脸色，大概就是这种焦黄色。后来，杨绛游览托雷多古城的大教堂，看到一间屋里陈列的历任主教像，没有托斯达多的像。她向导游请教。原来，托斯达多的像在阿维拉，这位主教血统里混有吉普赛人的血，面色焦黄，不像一般西班牙人的肤色是白的，所以绰号"焦黄脸儿"。托斯达多的著作叠起来有他本人一样高，他是本国文献里最早出现的西班牙作家。杨绛在此得知"焦黄脸儿"（"多斯达笃"）的缘由，感到"出乎意外的高兴"。正是：踏破铁鞋无觅处，得来全不费工夫。

杨绛又随代表团到西班牙的塞维利亚市访问，参观了当地的印第安总档案馆（Archivo general de Indias），看见陈列的塞万提斯亲笔信一页。那是当年塞万提斯呈送国王菲利普二世的申请书，自陈曾为国家效力，想在美洲殖民地谋个官职。印第安总档案馆馆长得知代表团成员杨绛是《堂吉诃德》翻译者后，特地将这封信原件复制一份，赠送给她留存。

杨绛在英国首都伦敦访问的时候，躲开各种琐事，偷得一个多星期时间，到大英博物馆悉心阅览许多在国内看不到的书籍与稿本，她嗜书如命的性格在国外也时时"发作"，于是博览群书，如愿以偿[1]。

杨绛与钱锺书一样，是中外文化交流的友好使者。她除了出访国外，还在寓所中接受了海外学者的多次采访，交流信息，增进友谊，他们当中有来自英、法、美、德、日、俄、新加坡等地。

杨绛在中外文化的殿堂中驰骋多年，深知外语的重要，因此，对于青年人的外语学习十分关注。她非常喜欢和年轻人聊天，总是问寒问暖，关怀备至。1992年9月的一天，杨绛在接待社科院计算室的两位年轻科研人员董磊、孙小玲的时候，听到他们抱怨外语难学，口语不行，听力也差。她鼓励道："多会一门外语，好比多一把金钥匙，每一把金钥匙都可以打开一座城。城里有许多好看好玩的东西，好像一个大游乐园。你们如果不懂外语，就会比别人少享受很多东西。不要因为自己在学外语的某一方面困难就放弃外语，这样就太可惜了。"她略加思索，接着又说："我当初学习西班牙语的时候，是没有老师教的。但是只要刻苦和努力就会学好的。"[2]她亲切地笑了笑，这样的见识往往给予年轻人很大的信心。

---

[1] 杨绛：《〈堂吉诃德〉译余琐掇》，见《杨绛作品集》第三卷，中国社会科学出版社1993年10月版，第39～43页。
[2] 董磊、孙小玲：《钱锺书、杨绛先生寄语青年》，见何晖、方天星编《一寸千思：忆钱锺书先生》，辽海出版社1999年9月版，第425页。

## 第十二章 生活侧影

## 二

杨绛在三里河南沙沟的寓所四室一厅，家里摆设非常简朴，没有豪华装饰和家具，地面是光光的黄木地板，没有铺设地毯。门左边有一间大约二十多平方米的房间，这是兼作书房的会客室，屋里只有五个中型书架并排着，给人一种坐拥书城的感觉。清净的空间，体现了主人不尚繁华的气质。

在我印象当中，杨绛的住宅是一栋老式的多层红楼。若在几十年前，这楼的质量算是相当好的，主要分配给领导干部和各界名人，可现在无论是建筑材料还是房间格局都显得"落伍"了。杨绛的室内好像从来就没有像现在流行的那样大动干戈地装修过，仍保持着"老模老样""原汁原味"。墙是白灰粉刷的，地是水泥抹平的。家具很简单，客厅里没有太多的陈设，最显眼的是墙上挂的七言条联，上联"二分流水三分竹"，下联"九日春阴一日晴"，是主人的乡贤、清代金石学家吴大澂[1]的篆书。吴大澂的篆书很有名，小篆与金文融为一体，古拙洗练，工整精绝。壁悬名联，室内顿生高雅之气。另一个显眼的是，杨绛的书柜上还摆着钱锺书的照片。访者看着照片，既羡慕钱锺书的才学，也同情杨绛晚年的际遇。

走进杨绛、钱锺书的家里，只觉得满室书香。他们把客厅与书房合二为一了，主要空间都被书柜和书桌占据着。两张老式的单人沙发挤在一隅，权且待客。

---

[1] 吴大澂（1835—1902），初名大淳，字止敬，又字清卿，号恒轩，晚号愙斋，江苏吴县（今江苏苏州）人。清代官员、学者、金石学家、书画家、民族英雄。清同治七年（1868年）进士。善画山水、花卉，精于篆书。皆得力于金石鉴赏修养。在第二次鸦片战争之后的1886年，在天时地利人和一个不占的谈判桌上，吴大澂据理力争，迫使沙俄重立土字碑，并对中国的出海权进行妥协：图们江口的出海权虽不能共享，但中国船只可以借道出海，俄国不得阻止。吴大澂又设法延长谈判，迫使沙俄归还了黑顶子山地区（今吉林珲春敬信镇）。其战略眼光与爱国精神令后人称颂。

简朴的房间里,最醒目的是大小书柜放满书籍:中文与外文、古典与现代杂陈,显示着两位主人中西文化贯通。《围城》的英、俄、德、日文译本也夹杂在其中。

杨绛曾称钱锺书为"书痴",其实夫妇两人均嗜书如命,乐此不疲。新的、旧的、中文的、外文的,但凡到手都要翻翻看看。好在供他们阅读的书,如富人"命中的禄食"那样丰足,会从各方面源源供应。外文书刊也从不断炊。只要手中有点外汇,他们就张罗着买书,国外出版社的稿酬,他们一般不取现金,而是开出书单子,请对方以实物支付。

屋里一横一竖两张旧书桌,大的面西,是钱锺书的;小的临窗向南,是杨绛的。

"为什么一大一小不一样呢?"人家问道。

"他的名气大,当然用大的;我的名气小,只好用小的!"杨绛回答。

钱锺书马上抗议:"这样说好像我在搞大男子主义,是因我的东西多嘛!"

杨绛笑吟吟地改口:"对,对,他的来往信件比我多,需要用大书桌。"看钱锺书案头,确实堆满信札和文稿。他坐在桌旁,举着毛笔告诉我:"每天要回数封信,都是叩头道歉,谢绝来访。"

在钱氏夫妇的客厅里,听两位世纪老人谈话,清言妙语,谈笑风生,真是一种享受。尤其那逸兴湍飞的淘气话儿,时不时似珠玉般涌出,语惊四座,令人忍俊不禁。他们的幽默与众不同,有一股洞达世情又超出物外的味道,使人仿佛置身于一个智慧的世界里。特别是杨绛人如其文,在云淡风轻的谐趣之中,有潜沉的洞彻与谦和的宽容。"珠联璧合"用在他们身上毫不为过。难怪夏衍先生赞叹他们道:"这真是一对特殊的人物!"

杨绛待人接物,一招一式无不透出中国传统文化的底蕴。陈子谦曾告诉读者他"一直难以忘怀"的一件小事,他写道:"1984年5月我去拜访钱锺书先生,那天是杨先生开的门,她是那样温文尔雅,一副娇小文弱的样子。当钱先生让我坐下以后,杨先生从里屋用旧式茶盘端出两杯茶来,递一杯给我,递一杯给钱先生,然后双手托着茶盘一直背朝里屋退下,直到我告别时她才从里屋出来,满脸微笑送我到门口,我连忙请杨先生留步,只有钱先生送我下楼。杨先生端茶的动作,特别是她的'却行'显然是一种旧式礼节,这在当时我真还觉得不好理解,特别是对一位后生晚学,何必如此'讲礼',这般客气?联系着钱先生当时穿的那件对襟布褂,我真是谜一般地猜不透他们的心蕴。现在看来,这就叫文化,这就是我们的传统,不管你如何飘洋过海,懂得多少门外语,受多少西洋风气的影响,到头来骨子里还是本民族的东西,根子还得牢牢地扎在民族文化的传统中。杨绛尽管留学过巴黎,翻译过《堂吉诃德》,写过现代剧本和小说以及理论著作,但到底还是中国传统文化熏陶出来的女性,所以才是那样的'文质彬彬''温柔敦厚',写《干校六记》那样的作品也是'怨而不怒'……"[1]

20世纪80年代以来,关心钱氏夫妇的人越来越多,许多仰慕他们的来访者络绎不绝,特别是"钱迷"们,杨绛只好出面挡驾。她告诉我们:"我经常看到锺书对来信和登门的读者表示歉意,或是诚诚恳恳地奉劝别研究什么《围城》,或客客气气地推说'无可奉告',或者竟是既欠礼貌又不讲情理的拒绝。一次我听他在电话里对一位求见的英国女士说:'假如你吃了鸡蛋觉得不错,何必认识那下蛋的母鸡呢?'我真担心他冲撞人。"[2]为了得到平常人的那份安宁,钱氏夫妇杜门谢客实属无奈。两人居家生活,相敬如宾。"杨绛练书法"的轶事,便是一例。

据高莽介绍:"杨先生是钱先生的理发员,钱先生是杨先生的书法老师。年逾七旬的杨先生拿起毛笔练字,她请钱先生当教员,钱先生慨然接受。但提出严格要求:学生必须每天交作业,由他评分,认真改正。钱先

---

[1] 陈子谦:《"天赋通儒自圣狂"》,见李明生、王培元编《文化昆仑:钱锺书其人其文》,人民文学出版社1999年7月版,第153~154页。
[2] 杨绛:《记钱锺书与〈围城〉》,见《杨绛作品集》第二卷,中国社会科学出版社1993年10月版,第128页。

生审批杨先生写的大字，一丝不苟或画圈儿或打杠子。杨先生嫌钱先生画的圈不够圆，找到一支笔管，让他蘸印泥在笔画写得好的地方打个标记。杨先生想多挣几个红圈儿。钱先生了解杨先生的心理，故意调侃她，找更多的运笔差些的地方打上杠子。我见过杨绛先生的大楷'作业'，她很重视钱先生的批示。两位老人童心不泯，感情纯真如初。"[1]

住在杨绛对门的邹家华，是邹韬奋的长子，曾任中央政治局委员、国务院副总理。他与杨绛相处很好，教会她做大雁功。杨绛再教给钱锺书，两人一起做大雁功健身。

1989年，他们的女儿钱瑗第二次去英国伦敦做访问学者，回国时为两老买了一辆脚踏的健身车，于是两人每日各踩十五分钟健身车权作锻炼。若遇到晴好的天气，再双双散步一二十分钟。这些活动，给颐养天年的老人带来恬适和惬意。

杨绛总有交好的近邻，她在与谢蔚英（中国社科院文学所图书室）做邻居的时候，杨绛多次问她生活有无困难，还变着法儿帮忙她，借口要找人抄《堂吉诃德》译作，找谢的大女儿帮着抄，每每抄了一段后，总要付给多数倍的稿酬，让人真不知该如何报答才好[2]。

| 三 |

随着岁月的流逝，杨绛和他的丈夫钱锺书年事渐高，她常常自比"红木家具"。她常说："年纪大了，别看咱们外表挺结实，其实是红木家

---

[1] 高莽：《钱锺书与杨绛》，1999年4月12日《解放日报》。
[2] 谢蔚英：《和钱锺书做邻居的日子》，1999年2月26日《北京晚报》。

具。你知道红木家具吗？那是一种用胶水粘起来的家具，摆在那里挺好看的，就是不能搬动。"

从1994年开始，钱锺书身体一直欠佳。先是因发烧而住院，医生查出他膀胱部位有癌变，手术中又发现他右肾萎缩坏死。在成功切除癌变组织的同时，医生把坏肾也拿掉了。住院治疗期间，杨绛五十多天不离左右前后，在丈夫的病房内安放一床日夜服侍。待钱锺书病好出院时，杨绛也摇摇晃晃快成纸做的了。住院期间，医生、护士、朋友们多次劝她回家由别人替换替换，她却一往情深地说："锺书在哪儿，哪儿就是我的家。"说话时，她倦乏憔悴的脸上呈现出静静的笑容。

张建术的《魔镜里的钱锺书》，真实地记录下杨绛夫妇医院病床对谈的情景：夜渐深，敲窗的雨声时缓时紧，大颗小粒的雨珠沿着玻璃拉长，零碎地折射进星星点点的光亮。

"季康，不是说咱们找的人手明天就来吗？明天你就回家吧。"黑暗里钱锺书说。

"这怎么行，咱这只是从帮忙辅助的意义上找的人，我不走。"折叠床上的杨绛说。

"你可以站在一旁看看她做，看过了你总该放心，就明天一天啊。"

"默存，我发现《槐聚诗存》上有几处我抄错了字，书都印出来了，这可怎么好？"

"打岔，说你该回家的事。"

"我怎么能把你的诗抄错了呢？真是的。我怎么会抄错了呢……"小床上她叹着气。

"明天你就回家去吧……"

没有回答。在被街衢道路包围的医院里，夜深时总能听见车声。雨地过车声又有不同。床头柜那边传来钱锺书摸索的动静。杨绛问："找安眠药？"

"睡不着，闹离愁了吧？吃一片吧。不用你，不用开灯。"

杨绛起身，按亮壁灯，端上温开水，看着丈夫服下舒乐安。她自己也拈出一片，钱锺书伸手接住。杨绛争道："这不公平，在家时不是我吃安眠药你也陪着吃吗？你说过中毒俩一块中，岂可让我独中乎？"

钱锺书拉着她的手臂："你不失眠，最近睡得挺好，白天一累，夜里呼噜打得跟咱家原先养的猫似的……你告诉浙江文艺（指出版社），他们不是让我给你的散文集题字吗？我写。"伉俪感情之深笃，于此可见一斑。

钱锺书这次病愈不久，又生病住院，一住四年余，终于不治。先是感冒发烧，医生检查时，又发现膀胱颈上长癌。动手术，不料术后发生急性肾功能衰竭。抢救多天，做血液透析，插管子进行血液体外循环。在这个过程中，杨绛一直陪伴在钱锺书身边，她非常着急，寝食难安。

打这以后，钱锺书一直住院。这一时期，由于药物治疗的副作用，他不能正常说话，语言功能基本丧失，但头脑依然清楚。在这几年里，他已经不能正常进食，只能采取鼻饲的办法。这需要杨绛每天在家里熬了鸡汁或鱼汁送到医院，以便与医院的营养液合在一起。这样，就得每天准时送到。准备工作虽有保姆帮忙，杨绛却必须亲自照料。忙里忙外，她又感到十分疲惫。

杨绛在一封给友人的信中说："我实在太疲劳了，不得不要女儿代我送去，让我休息几天。但我女儿工作极忙，我又心疼我的女儿。"她每天晚上都睡得很晚，有时甚至夜里两点钟才就寝。

杨绛不仅悉心呵护钱锺书的身体，对《围城》的改编也十分关注。《围城》是钱锺书的传世之作，在荧屏上再现围城故事，一直是电视文艺工作者的宿愿。孙雄飞、屠传德、黄蜀芹等人改编了剧本，专门征询钱锺书、杨绛的意见，时在九十年代初期。杨绛对此倾注了不少心血。孙雄飞曾撰文作了回顾，他说：

第一次访问，太出乎我们的意外。热情的接待，真诚的鼓励，使我和黄蜀芹心里都觉得热乎乎的。我们相约9月7日下午再次拜访，聆听他们对剧本的意见。

为了我们7日那天的拜访，杨绛这一天半中一直坐在书案边，读了两遍剧本，并逐段写出了修改的意见。

"现在的剧本比我们想象的要好。"杨绛在肯定剧本的基础上说，"我对剧本最大的意见是开头。小说是文字写的，轻描淡写记载了几桩事，不是给人很深的印象。现在变成形象，这个印象就深了，好像方鸿渐是个骗子，从这个女人追到另一个女人。其实方鸿渐这个人心肠软，意志弱，略有才学，却不能干。他的性格是被动的。什么都不主动，他反抗了一下老太爷，被一骂，就不声不响地坐下来……"

钱锺书补充道："方鸿渐是个被动的主角。Things happen to him."

杨绛说："实际上，是苏文纨在追他，而且还受了鲍小姐的骗，现在的开头容易给人以不好的一个印象。追女人呀，很荒唐啊，品德完全不可取的形象。听蜀芹同志讲过，现在的剧本要改成十集，我有一个大胆的想法，干脆把船上的戏砍掉。戏从下船起，鲍小姐这个人物不要，用照片，用苏小姐的几句话把过去的事交代出来……"

她为我们设计了一个较详细的修改方案。接着，她谈了结尾的钟、方鸿渐游学四年等数十条意见。在纠正剧中人怎样称呼太太、老爷时，钱先生学着叫化子的腔调说："先生，先生娘娘……应该是这样叫的。"引得我们笑了起来。"上次孙同志提到《围城》的内涵，我这里写了一段。"杨绛继续说，"现在只用春川菜馆筵席上褚慎明的议论，只用了一点，不清楚。这一段文字可以在片头上做字幕，也可以用作旁白。"她把纸条递给我，纸上写着这么一段文字：

《围城》的主要内涵："围在城里的想逃出来，城外的人想冲进去。对婚姻也罢，职业也罢。人生的愿望大都如此。"[1]

---

[1] 孙雄飞：《钱锺书、杨绛谈〈围城〉改编》，见沉冰主编《不一样的记忆：与钱锺书在一起》，当代世界出版社1999年8月版，第341~342页。

杨绛对小说《围城》含义的概括，言简意赅，后来在电视连续剧每集的片头出现，并配上旁白。

# 第十三章

# 抵抗不幸

杨绛的家庭充满着恩爱、和谐的气氛，但是，短短两年，杨绛屡遭不幸。先是爱女先老人而去，钱锺书又一直在重病中。翌年，钱锺书也离开了杨绛。事属意料之中，但毕竟相濡以沫整整一辈子，杨绛的痛苦可想而知。

杨绛传

一

杨绛的家庭充满着恩爱、和谐的气氛，但是，短短两年，杨绛屡遭不幸。先是爱女先老人而去，钱锺书又一直在重病中。翌年，钱锺书也离开了杨绛。事属意料之中，但毕竟相濡以沫整整一辈子，杨绛的痛苦可想而知。

女儿钱瑗的病，是累出来的。钱瑗固然淡泊名利，但非常重视肩上的责任。因为学校人手不够，她作为博士生导师，除了研究生的课之外，还开本科生的课。加上她住在城里，来往不便，十分疲惫。但她的精神亢奋而紧张。北京交通高峰时常堵车，遇到这种情况，平时沉稳而有风度的钱瑗，则像热锅上的蚂蚁，心急如焚。为了不误课，只有一个办法：早起早走。一次她因夜间工作起得晚了，匆匆梳洗后出门，一路急走，赶到车站，盼车，挤车……总算到了学校，松了口气，可上教学楼的台阶时，一低头，发现自己穿的布鞋竟是两样颜色，真是忙中出错！怎么办呢？只好请一位住校的老师赶紧回家把他夫人的鞋拿来换上。乍看起来，这只是一件令人发笑的小事，可也说明钱瑗精神的紧张程度。她像一架上紧发条的机器，已经松不下来了。有人问她近况如何，她答："心力交瘁。"人家好意地劝她赶紧"勒马"，她说："我是骑在虎背上……"

据钱瑗的老同学章廷桦透露："钱瑗的头衔确是不少：中英合作项目负责人，英国《语言与文学》编委，全国高校外语专业指导委员会和北师大学术委员会、学位委员会的各种委员……一个个头衔和职务就像套在身上的一条条绳索，勒得钱瑗动弹不得。再加上她是出名的'死心眼'，办

## 第十三章 抵抗不幸

事认真得让人吃惊，也让人敬佩。拿一年一度的职称评定工作来说，钱瑗是校评审委员，外语学科评审组组长，事务繁忙，耗时费心，而且还有全国各地为提职称而寄来的一篇篇论文和一本本专著，请她评审。要评审，必须研读，这是多大的工作量啊！一次，外省某大学寄来一篇论文，钱瑗读后有似曾相识之感，再读则更觉得有抄袭之嫌，然此事干系重大，不可贸然下定论。于是根据回忆，翻遍书架，终于找到原书，再从头通读，列出抄袭部分的页码和段落。事后该校写来了感谢信，可他们并不知道钱瑗为此付出了多少精力。"[1]

人非钢铁，而钢铁"过度疲劳"也会发生断裂。长期超负荷工作，使钱瑗这块钢铁出现了裂纹。她先是咳嗽，继而腰疼。让她去看病，她说不要紧，休息休息就能好，实在不行，就在回家时顺路买点药丸吃吃，就算"治"了病。1996年春，钱瑗腰疾加剧，一日清晨竟无法坐起，她瞒着老母杨绛，悄悄地打电话到北师大外语系求助。尽管她不愿意，可还是被"押送"到医院，检查发现是骨结核，脊椎有三节病变，并且不排除有癌细胞的可能。以后再查，又发现肺有问题，住进北京温泉胸科医院，经专家会诊，确诊为肺癌，晚期，肺部积水，癌细胞扩散，已是病入膏肓了。

这一消息，对杨绛来说无疑是雪上加霜。她的丈夫钱锺书已重病在身，在医院卧榻不起。这时女儿钱瑗又病倒了，她非常着急，分身照顾两个病人。但是，钱瑗不让母亲来看望，怕母亲见到自己那副样子痛心。

钱瑗的病情发展很快，缠绵病榻无几，便告病危。1997年3月初，她提出想见母亲杨绛，大概已预感到最后的日子来临了。3月4日下午，钱瑗的心脏停止了跳动。白发人送黑发人，是何等沉重的打击啊。但是，杨绛坚强地挺住了。她打起精神，全身心地照顾丈夫。

杨绛夫妇的挚友柯灵的夫人陈国容谈道，这几年来杨绛先生实在辛苦，女儿先走了，丈夫卧病在床，她每天都去医院，而外界围绕钱锺书

---

[1] 章廷桦：《同窗钱瑗》，1997年9月6日《文汇读书周报》。

的是非纷扰不断，她自己也是八十岁的老人了。陈国容说，她真的很坚强。[1]四年来，杨绛天天带着自己做的便于钱锺书食用的饭食到医院探望。他俩在一起时，有时用无锡话交流，有时讲英文。杨绛真诚地祈祷钱锺书能够战胜病魔。

1998年11月20日，钱锺书在北京医院度过了他最后一个生日。

第二天，北京的天空瑞雪纷飞。中共中央政治局委员、中国社科院院长李铁映在副院长王忍之的陪同下，冒雪来到北京医院，祝贺钱锺书八十八岁华诞。当李铁映来到病房门口时，杨绛热情地表示感谢。李铁映和王忍之举起两只花篮送给杨绛。花篮上分别写着："祝钱锺书先生八十八华诞。李铁映贺。""祝钱老八十八华诞。中国社会科学院敬贺。"

| 二 |

刚刚度过生日的钱锺书在此后的十多天里，病情十分平稳。但在12月初，却突发高烧。钱锺书的病情不仅使杨绛寝食难安，也牵动着中央领导同志的心，牵动着中国社科院领导同志的心。北京医院的专家多次会诊，采用各种办法，但他的高烧仍持续不退。

钱锺书大行前最后一句话是："好好活！"大家都知道钱先生乃无神论者，尽管著作里常援引宗教经典；而杨绛则相反，尽管她并未皈依任何宗教。我们读到杨绛记述诀别场景的文字，脑海里立即浮现出一幅生死契阔的图像。能够想象的是，钱锺书望着妻子哀痛欲绝的面容，不希望她萌生与自己相聚地下之念，于是便有了这最后一次思想交流。

---

[1] 徐春萍：《渊博睿智风范长存》，1998年12月24日《文学报》。

## 第十三章 抵抗不幸

人们没有想到，12月19日清晨，钱锺书匆匆而去。这位德高望重、学贯中西、成就卓著的学者，对自己的身后事早已作了最简朴的安排。他给夫人杨绛留下这样的遗嘱："遗体只要两三个亲友送送，不举行任何悼念仪式，恳辞花篮花圈，不保留骨灰。"钱锺书的丧事，留给了与他六十余年相濡以沫的妻子——杨绛。

新华社消息还称："在钱锺书先生住院的病重期间，江泽民总书记和中央其他领导同志一直惦记着钱锺书先生，多次向有关方面问及钱先生的近况。李瑞环、李岚清、李铁映、荣毅仁、王兆国、胡绳等领导同志也曾多次前去探望，打电话表示慰问。"这些都给钱锺书和杨绛带来很大安慰。

钱锺书在弥留之际没有经受痛苦，杨绛始终陪伴在他身旁，不停地用家乡无锡话在他耳边轻轻祝福着。钱锺书的呼吸停止了，杨绛亲吻了他的额头，久久地贴着他的脸颊。

钱锺书逝世的消息发布后，来自全国各地和海外的唁电唁函传给杨绛和中国社科院，时任法国总统希拉克在给杨绛的唁电中高度评价了钱锺书的学术造诣和他对法中文化交流所作的贡献……

按照钱锺书的遗愿，丧事一切从简。杨绛也一再对社科院的领导表示，要尊重钱先生的意愿。12月21日上午八时三十分，北京医院事先征得杨绛同意后，对钱锺书遗体进行病理解剖。十一时，医院工作人员为钱锺书穿上他生前喜欢的衣服。其中有些衣服，是杨绛亲手编织的，杨绛曾打算捐出去救灾，但钱锺书用双手护住，说："这是'慈母手中线'，其他衣服可以捐，这几件留着。"

十一时三十分，钱锺书遗体被送至北京医院告别室。杨绛同意钱锺书遗体在北京医院告别室作短暂停留，以便有关领导在这里向钱锺书作最后凭吊。遵照钱锺书的意愿，告别室内没有挽联，没有挽幛，没有鲜花，也没有播放哀乐，只有洁白的床单和常青松柏、万年青。钱锺书身着一件黑色呢子大衣，戴深蓝色贝雷帽，系灰色围巾，安卧在一具简易棺椁中。杨绛把她亲手扎制的插有紫色勿忘我和白玫瑰的花篮摆放在钱锺书的身旁。

杨绛

　　下午一时四十五分，中共中央政治局委员、中国社会科学院院长李铁映来到北京医院，看望杨绛并为钱锺书送行。他握着杨绛的手说："党中央、国务院的很多领导同志对我说，他们都是钱先生著作的热心读者。他们让我转达对钱先生的悼念之情和对您的问候！社科院同志们都很怀念钱老，都想来告别，遵照钱老后事一切从简的遗愿，由我代表全院干部职工前来送行。王忍之同志去八宝山为钱先生送行，既是作为生前好友，也是代表院党组和全院干部职工的。"杨绛对此表示深切感谢。

　　一时五十分，钱锺书的遗体被送上灵车。杨绛撒了少许鲜花的花瓣，然后拉着曾经协助她看护钱锺书的女护工，一起上了灵车，灵车缓缓西行。随车送行的人群中，只有钱锺书的家人和王忍之等数人。

　　二时四十分，钱锺书的灵柩被暂时安置在八宝山火葬场第二告别室。灵堂里依旧没有任何摆设，也没有哀乐。在八宝山的灵堂里，全国政协原副主席、原社科院院长胡绳专程来向钱锺书告别，中共中央政治局委员、中宣部部长丁关根委托中宣部副部长白克明赶来为钱锺书送行。现场没有出现人山人海、络绎不绝的场面，到场送行的始终只有二十多人，包括钱锺书的女婿、外孙、外孙女，他的学生，以及几位闻讯赶来的朋友。

　　三时许，钱锺书的遗体被送至火化车间。杨绛把白布掀开，微微仔细凝视钱锺书，并将眼镜摘下，目视遗体送进火化间。火化间的门关上时，旁人劝她离开，她说："不，我要再站两分钟。"钱锺书的遗体火化后，根据他生前的意愿，骨灰当晚就近抛撒。在杨绛主持下，钱锺书后事从停止呼吸到火化完毕，历时五十七个小时。

　　钱锺书的后事安排非常感人，体现了钱锺书、杨绛人格的高度净化。钱锺书生前有遗嘱，但假如不是杨绛坚持按照钱锺书遗愿办，丧事也很难办得如此简朴庄重。有关方面出于好意，希望能够帮助杨绛把钱锺书的丧事办得隆重些。杨绛却坚持说："锺书走了，他只有这么一点点遗愿，希望大家能够体谅，能够予以满足。"亲友们也都希望送送挽联、鲜花，但都被杨绛谢绝了。

杨绛非常坚强。她说，锺书不喜欢人家哭他，但悲痛与劳累使她显得很疲惫。李铁映请有关负责同志征求杨绛的意见，安排她去想去的地方休养。社科院的有关负责同志还定期到杨绛家里探望。杨绛家里陈设如故，客厅里五六十年代老式的书架上，依然摆放着钱锺书生前阅读的外文书、线装书、人物传记以及读书笔记等。杨绛会客时常着黑色衣裤，钱锺书的家人以及生前的司机、保姆仍沉浸在悲伤之中。

据舒展介绍说，钱锺书离世后，他的老伴去看望杨绛，一进门还没说话，只见杨绛孤身一人，老伴就抑制不住抽泣，后来干脆放声大哭起来。杨绛拉着她的手，让她坐到沙发上说："你比钱瑗小四岁吧？傻孩子，我都挺过来了，你还这样哀伤？你不懂呀，如果我走在女儿和锺书前面，你想想，钱瑗、锺书受得了吗？所以，这并不是坏事，你往深处想想，让痛苦的担子由我来挑，这难道不是一件好事吗？"

舒展的老伴回来向他转述以后，他说："瞧你这点出息，让你去安慰老太太，反倒成了被安抚者。"

| 三 |

这时，杨绛已经八十多岁了。身体却远没有后来好，她非常瘦弱，走路颤颤巍巍，得扶着墙。因为她长期心力交瘁，奔波于一西一东两家医院，照料病重的女儿和丈夫。

女儿和丈夫先后离去，受到致命打击的杨绛陷入重度失眠，夜里需要吃两次安眠药，先吃两颗安定，睡到半夜醒了，再吃一次，接着睡。

杨绛读了许多古圣哲的书，最后选择了柏拉图对话录中的《斐多篇》，反复读了很多遍，最后决意翻译这篇对话。

杨绛说过:"悲痛是不能对抗的,只能逃避。"她的逃避方式便是埋头翻译柏拉图的《斐多篇》,苏格拉底相信灵魂不灭,坚持自己的信念,因信念而选择死亡。书中苏格拉底就义前从容不惧与门徒讨论生死问题的情景深深打动了杨绛,给了她一个人生活下去的勇气。杨绛想借翻译自己不识的希腊文,投入全部心神而忘掉自己。

杨绛在钱锺书生前曾撰文写道:"我们感谢社科院领导同志的关注,我尊奉大夫嘱咐,为他谢客谢事,努力做'拦路狗',讨得不少人的嫌厌,自己心上还直抱歉。偶有老友过访,总说:'啊呀,你们还这样成天忙啊?'其实哪里是'忙',锺书只是'锺书'而已,新书到手忍不住翻阅一下。至于我,健忘症与年俱增,书随读随忘,'温故'如'新',倒也'不亦乐乎'。"[1]

钱锺书逝世后,杨绛一如既往,杜门谢客,潜心读书。她的闭门读书不是消极避世,不通人情世故,而是"追求精神享受"。她说:"我觉得读书好比串门儿——'隐身'的串门儿。要参见钦佩的老师或拜谒有名的学者,不必事前打招呼求见,也不怕搅扰主人。翻开书面就闯进大门,翻过几页就升堂入室;而且可以经常去,时刻去,如果不得要领,还可以不辞而别,或者另找高明,和他对质。不问我们要拜见的主人住在国内国外,不问他属于现代古代,不问他什么专业,不问他讲正经大道理或聊天说笑,却可以挨近前去听个足够。我们可以恭恭敬敬旁听孔门弟子追述夫子遗言,也不妨淘气地笑问'言必称亦曰仁义而已矣的孟夫子',他如果生在我们同一个时代,会不会是一位马列主义老先生呀?我们可以在苏格拉底临刑前守在他身边,听他和一位朋友谈话,也可以对斯多葛派伊匹克悌忒斯的《金玉良言》思考怀疑。我们可以倾听前朝列代的遗闻轶事,也可以领教当代最奥妙的创新理论或有意惊人的故作高论。反正话不投机或言不入耳,不妨抽身退场,甚至砰一下推上大门——就是说,啪地合上

---
[1] 沉冰主编:《不一样的记忆:与钱锺书在一起》,当代世界出版社1999年8月版,第1页。

书面——谁也不会嗔怪。"杨绛非常珍视如此读书的自由,她还感叹道:"壶台悬挂的一把壶里,别有天地日月,每一本书——不论小说、戏剧、传记、游记、日记,以及散文诗词——都别有天地,别有日月星辰,而且还有生存其间的人物。我们很不必巴巴地赶赴某地,花钱买门票去看些仿造的赝品或'栩栩如生'的替身,只要翻开一页书,走入真境,遇见真人,就可以亲亲切切地观赏一番。……尽管古人把书说成'浩如烟海',书的世界却真的'天涯若比邻',这话绝不是唯心的比拟。世界再大也没有阻隔。佛说'三千大千世界',可算大极了。书的境地呢,'现在界'还加上'过去界',也带上'未来界',实在是包罗万象,贯通三界。而我们却可以足不出户,在这里随意阅历,随时拜师求教。谁说读书人目光短浅,不通人情,不关心世事呢!这里可得到丰富的经历,可以识各时各地、多种多样的人。经常在书里'串门儿',至少也可以脱去几分愚昧,多长几个心眼儿吧?"[1]杨绛读书时的惬意,无疑也是众多读书人心向往之的精神世界。

  杨绛是一位作家,写作是她的生命所在。《软红尘里》是她拟写的一部小说,现在面世的只是一个"楔子",还没有正文。杨绛在楔子里勾勒了一个虚拟的世界,女娲和太白星君是这个世界的主人。尘世之外的女娲,俯视着人间,看着芸芸众生的行踪,不由得发出感叹:"怎么得了啊!天,穿了窟窿,臭氧层破裂了。地,总是支不稳:这里塌,那里陷,这里喷火,那里泥石流,再加上捣乱的暴风,随处闯祸。兵者不祥之器,威力却日见强大。从未偃息的战火,放定是愈烧愈烈。瘟疫的种类,现在也愈出愈奇。机械发达,把江湖海洋全都污染了。芸芸众生蒙在软红尘里,懵懵懂懂,还只管争求自己的幸福。我这片小天地,看来破败得不堪收拾了。"悲天悯人的女娲还发出了对人世间的希望:

---

[1] 《杨绛散文》,浙江文艺出版社1994年12月版,第311页。

杨绛

我不要求过多，只愿他们一代代求得的智慧，能累积下来，至少一脉流传，别淤塞，别枯竭。只求他们彼此之间，能沆瀣一气，和协一致，大家同心同德，把这个世界收拾得完整些，美好些。可是，当今的一代鄙弃过去的一代，亿万人又有亿万个心。说起来倒是目标相同，却为了救济世界，造福人类。可是道不同不相为谋。那伙自封的英雄豪杰，一个个顶天立地，有我就没有你。请瞧吧，古往今来，只见你挤我，我害你。个人之间，是人与人的互相倾轧。大家永远停留在彼此排挤、互相伤害的阶段上，能有什么成就可说呢？他们活一辈子，只在黑暗中挣扎，我又何苦为他们操心呢？[1]

其实，我们完全可以把这番话视作杨绛的心声，可以看作杨绛对人类的劣根性的鞭挞和对人类前途的关怀。

杨绛在一篇文章中，透露了钱锺书曾为她创作的小说代拟了无题诗七首，她说："'代拟'者，代余所拟也。余言欲撰小说，请默存为小说中人物拟作旧体情诗数首。默存曰：'君自为之，更能体贴入微也。'余笑曰：'尊著《围城》需稚劣小诗，大笔不屑亦不能为，曾由我捉刀；今我需典雅篇章，乃托辞诿乎？'默存曰：'我不悉小说情节，何从著笔？'余乃略陈人物离合梗概，'情意初似"山色有无中"，渐深渐固，相思缠绵，不能自解，以至忤情绝望犹有余恨，请为逐步委婉道出。'并曰：'君曾与友辈竞拟《古意》，乃不能为吾意中痴儿女代作《无题》数首耶？'默存无以对，苦思冥搜者匝月，得诗七首掷于前曰：'我才尽此，只待读君大作矣。'余观其诗，韵味无穷，低徊不已。绝妙好辞。何需小说框架？得此空中阁楼，臆测情节，更耐寻味。若复黏着填实，则杀尽风景。余所拟小说，大可不着一字，尽得风流也。"[2]我们不知杨绛的这部小说即前述《软红尘里》何时出版，读者热切地期待着。

---

[1]《杨绛散文》，浙江文艺出版社1994年12月版，第314页。
[2] 钱锺书：《槐聚诗存》，三联书店1995年3月版，第133～135页。

## 第十三章 抵抗不幸

尽管杨绛年事已高，身体也不是很好，但她置自己的健康于不顾，在钱锺书的生前身后，悉心整理他的文稿，交付出版。

《槐聚诗存》是钱锺书颇为看重的一部旧体诗集，用杨绛的话说，"《槐聚诗存》的作者是个'忧世伤生'的锺书"。[1] "文革"前夕，钱锺书曾"自录一本"，删弃了一些篇什，杨绛"恐遭劫火，手写三册，分别藏隐，幸免灰烬"。[2]

《槐聚诗存》属于自家赏玩的诗作，平常秘不示人。但是，自从杨绛的《记钱锺书与〈围城〉》向世人披露这本旧诗集后，许多读者迫切希望能够早日读到这部诗集。三联书店早就有意出版此书，但一再被婉拒。这一次，大概是他们说动了杨绛，再由杨绛游说钱锺书。"……绛谓余曰：'与君皆如风烛草露，宜自定诗集，卑免俗本传讹。'"因助余选定推敲，并力疾手写。余笑谓：他年必有搜集妄余，矜诩创获，且凿空索隐，发为弘文，则拙集于若辈冷淡生活，亦不无小补云尔。钱锺书的序文作于1994年元月。同年五月，三联书店以杨绛钢笔字抄录者为底本，线装影印，古色古香。翌年三月，出版了平装排印本，共收录诗作二百八十首。

后来，杨绛在整理抽屉里的稿子时，逐一翻阅钱锺书的旧稿，不意竟检出《石语》。这篇文章原系1932年除夕，著名诗人、学者陈衍招钱锺书度岁，"退记所言，多足与黄曾樾《谈艺录》相发"。

杨绛检出这篇长达二十一页的手稿，逐页粘衬起来，并由女儿钱瑗订成一册。钱锺书读罢，写了寥寥不足三十字的小序。这部《石语》，由中国社会科学出版社于1996年1月出版，除影印了全部手稿，还附点校过的排印稿。研究者认为，这篇谈话录不失为一篇研究近现代文学史、学术史乃至钱锺书本人学术思想不可多得的重要资料。

《钱锺书散文》由浙江文艺出版社于1997年7月出版，杨绛审定收录的全部篇目，其中部分篇目的文字，杨绛还亲手校订。

---
1 《杨绛散文》，浙江文艺出版社1994年12月版，第189页。
2 钱锺书：《槐聚诗存》，三联书店1995年3月版，第1~2页。

收录钱锺书全部著述的规模空前的《钱锺书集》，新世纪伊始由三联书店隆重推出，全书繁体横排，凡十种十三册。它的出版，饱蘸了杨绛巨大的心血。杨绛为此作序，她谦虚地说：

钱锺书绝对不敢以大师自居。他从不厕身大师之列。他不开宗立派，不传授弟子，也不号召对他的作品进行研究——严肃认真的研究不用号召的，号召能招来什么？《钱锺书集》不是他的一家言。[1]

《钱锺书集》的出版，是中国文化事业的一件大事，杨绛功不可没。

| 四 |

钱锺书去世后，杨绛所做的感动教育界的一件大事就是，她决定，把他们夫妇的全部稿酬版税，包括21世纪初刚出版的《钱锺书集》以及《钱锺书手稿集》（四十卷）、《宋诗纪事补正》等的稿酬版税，捐赠给清华大学设立"好读书"奖励基金，以奖掖那些好学上进、成绩优秀的学生。"好读书"奖学金的设立，不仅会帮助一些学子实现他们的梦想，而且，作为一种精神表征，它寄寓着两位文化前辈的魂魄与期待。

杨绛晚年轻易不外出，她一直闭门谢客，特别是在钱锺书离她而去的那些日子。然而，对教育的关切，对清华的深情，让她走出了家门。2001年9月7日，清华大学"好读书"奖学金捐赠仪式上，当杨绛宣布将钱锺书、杨绛夫妇当年上半年所获稿酬七十二万元，以及以后出版作品获得

---

[1] 杨绛：《〈钱锺书集〉代序》，2001年1月13日《人民日报》。

报酬的权利,捐赠给清华大学教育基金会时,全场立即响起一片热烈的掌声。随后,杨绛和清华大学党委书记贺美英代表双方在协议上签字,清华的代表将书有"功存教育,义声长孚"的荣誉证书颁赠给这位"腹有诗书气自华"的九旬老人杨绛先生。

这样,从捐赠当天开始,在《中华人民共和国著作权法》规定的保护期内,钱锺书、杨绛夫妇作品发表权和使用权由清华大学享有,并负有全面维护钱、杨著作权以及与著作权有关的义务。

这天,杨绛端庄朴素,气色很好,神态安详,孕育于江南水乡的温婉气质与知识分子特有的典雅,使这位老人看上去还是那么迷人、万般隽永。一名年轻的清华学子献上大束嫣丽的鲜花,杨绛小心地接过捧在胸前,对着鲜花,她凝视良久,一丝微笑挂在嘴角。

轮到杨绛发言了。"我个子小,要站起来说。"她微笑着婉拒了会议主持人让她坐着发言的好意。

"这次是我一个人代表三个人说话,代表我自己、已经去世的钱锺书和女儿钱瑗。"杨绛的语调轻柔舒缓,然其言切切,载着深情,"我只说三句话:在1995年钱锺书病重时,我们一家三口共同商定用全部稿费及版税在清华设立一个奖学金,名字就叫'好读书',而不用个人名字。奖学金的宗旨是扶助贫困学生,让那些好读书且能好好读书的贫寒子弟,能够顺利完成学业;期望得奖学金的学生,永记'自强不息、厚德载物'的清华校训,起于自强不息,止于厚德载物,一生努力实践之。"

对于钱锺书和杨绛夫妇来说,读书已经不仅仅是职业,而且还是他们的精神支点。书中的知识和智慧已经通过深刻的感悟内化为个人的精神信念,引导他们走向完美的人生。当主持人介绍钱锺书先生的生平,提到他曾获得过英国牛津大学文学副博士学位时,杨绛坦然而又坚决地纠正道:"不是副博士,是学士学位。"

杨绛的礼貌体现出她那一代知识分子特有的良好修养。讲话完毕,她真诚地鞠躬说:"谢谢清华大学帮助我实现了我们一家三口的心愿。"

清华的校友介绍说，这位海内外闻名的大学者，过九十岁生日时，不想张扬，就在清华校园的招待所住了一个星期，每天在学校参观散步。其间，只与极少数的亲友在一起吃了顿面条和一个小蛋糕。她坚持自己花钱，说是自己过生日，要请大家吃饭。

杨绛认为，在信息无边的网络社会，需要有很好的学识去鉴别好书与坏书。"钱锺书比我强，他鉴别得很好，他的底子厚。"

捐赠仪式气氛庄重热烈，杨绛慈祥地凝视着满屋年轻的身影，达观地说："他们是嫩芽芽，我是日薄西山。"[1]

清华大学中文系教授徐葆耕是钱氏夫妇的好友，他撰文披露了这一奖学金设立的前前后后：

> 最近，我有幸拜谒杨绛先生，当问及其基金何以设立在清华时，先生答道："我们一家三口都最爱清华大学。"杨绛先生"三进清华"和清华为钱锺书"两次破格"的佳话都已广为人知。对他们的女儿钱瑗来说，清华园是她童年美梦的摇篮。清华园的魅力何在？在于"读书"。初降世间就倾情于书的钱锺书，一迈进清华就被"巘架巍巍"的图书馆迷住。他读书之博，见解之精，令同辈叹为观止。杨绛先生一进清华就同"二书"结缘：一为读书，二为"锺书"——因爱读书，而爱爱读书的"锺书"，因爱锺书而更爱读书。
> 
> 她在《光明日报》上发表的近作《我爱清华图书馆》中称，自己本来可以在宿舍里读书的，但偏爱去图书馆。她说，读书如"串门儿"，而站在图书馆的长长的书架前，"家家户户"自由出入，兴会无穷。可见杨绛在读书上也是一位饕餮者。"好读书"可以说是钱、杨的共同志趣，也是联结两人情缘的一条红线。石遗老人于钱、杨结婚时的赠诗中有"旁行书满腹，同梦笔生花"，可以作为他们六十余年相伴相随的写照……

---

[1] 刘江：《"好读书"和杨绛》，2001年9月27日《人民日报》。

钱、杨先生提倡的"好读书"中的"好"字大有深意存焉,即读书首先应成为一种"爱好",或曰"嗜好"。读书治学就是他们的生命本身,就是他们选择的生命存在方式与价值所在。《论语》说"学为己",读人文之书首先是精神上的需要,而不是功利的需要。[1]

"好读书"奖学金是怎么运作、运转的? 据杨绛后来披露:"由钱锺书和我的作品收入所得、于2001年建立的'好读书'奖学金,设在我们的母校清华大学。截至2011年5月,基金已由起初的72万元,增至929万元。为268名品学兼优的清华学子颁发了奖学金,获奖的学生中有的也是我和钱锺书作品的读者。他们手写书信给我,谈谈自己的成长和校园生活,我由此得知现代大学生的一些状况和心态。有的同学说我与清华同岁,邀我百年校庆时回校与清华同过生日。我曾请获奖同学来家作客。大家说说笑笑顶高兴。他们争着翻阅钱锺书批注的'韦氏大辞典',对老学长的精深细致惊叹不已。'好读书'奖学金由清华大学教育基金会管理,他们运作得很好。我们的信托协议中有约:清华大学教育基金会在享有钱、杨作品的财产权利的同时,有保护钱锺书、杨绛作品著作权及其人身权利的义务,我对基金会认真履行约定感到满意。'好读书'奖学金在清华大学教育基金会众多的项目中,基金数额不是很高,但他们很重视这项奖学金的人文含蕴和它背后的故事,我们合作愉快。时任清华大学教育基金会会长贺美英女士是贺麟先生的女儿,我们住干面胡同时的邻居小友,她和基金会的同志对我很关心,常来看望,大家成了朋友。钱锺书逝世十周年,基金会请来锺书在社科院的同事罗新璋、薛鸿时先生演讲,介绍钱锺书的学术人生。夜晚,同学们聚集大草坪,用烛光、朗诵和提琴演奏追思他们的老学长。我年老,未能身临其境,但深为他们的真诚感动。"[2]

在实际生活当中,杨绛是非常简朴的,她摆脱了世俗的陋见。如今她

---

[1] 徐葆耕:《垂馨百代共筑昆仑》,2001年9月5日《光明日报》。
[2] 《坐在人生的边上——杨绛先生百岁答问》,2011年7月8日《文汇报》。

所住的房间水泥地、白灰墙，比照当今一些教授们新迁的住宅，可谓简陋之极，但所有房间都干净、整洁、雅致，涌流着一股沁人心脾的书卷气。杨绛的服饰朴素无华，毫无珠光宝气。她心系科教兴国，毅然将自己的积蓄全部捐赠给"好读书"的学子。这一慷慨之举，是值得世人敬仰和效仿的。

## 五

1998年钱锺书去世以后，年近九旬的杨绛用了无数个日日夜夜，将钱锺书留下来的零散而残破的手稿，一张一张精心拼贴起来，井井有条地整理好，并陆续付梓。杨绛曾笑称自己现在还是"钱办主任"，是他们家留下来"打扫战场"的。多亏有了杨绛这样的"主任"，钱锺书先生仍然不断有作品出版，使世人得以了解一个文化巨人丰富的精神成果。

据杨绛介绍说，钱锺书的手稿多年来一直跟随他们颠簸，去过干校，也住过办公室，有时装在箱子里，有时甚至装在麻袋里、枕套里，历经了多少磨难才保存下来。她十分珍视钱锺书遗留下来的手稿。钱锺书尚在卧病的时候，就有人来电话问，可不可以出版他的东西。那时候钱锺书就说：

"我的东西，非得要经过我自己审过，才可以出版。"

后来出版钱锺书手稿，杨绛反复说明："我这么做，出版他的东西，他本来是不同意的呀！可是我怎么办呢？难道我亲手毁了它们？我下不了这个手呀。我想来想去，还是想，把它们当作资料留下来吧。"

钱锺书大量的手稿，有些已经破损模糊，有些本来钱先生记时就是勾勾画画，所以整理手稿的事务就落到了最了解钱锺书的杨绛身上。但是杨绛不懂德文、意大利文和拉丁文。翻译《围城》的德国汉学家莫芝宜佳博士自告奋勇，编排了全部外文笔记，但还是有大量中文以及中英文相杂的笔记等待杨绛一页一页地辨认、收拾。这件事成了杨绛晚年最大的动力和压力，她每天把手稿摊一桌子，一点点儿地粘贴。

杨绛多次说："我来日无多，总怕来不及做完这件事，常常失眠，睡不着觉。"

睹物思人。在拼贴手稿的日子里，杨绛是怎样的心境，无人知晓。有一天，《钱锺书手稿集》的责任编辑郭红到杨绛家取资料，看见临窗的桌前摊满了钱锺书先生残破的手稿，旁边还摆放着剪刀和胶水。杨绛的眼睛异样地红肿，她说正在拼对钱锺书的手稿呢。每天，她就这样仔细辨认那些因年久而模糊的蝇头小楷，并把它们准确地粘贴起来。这只能是一个学者，一个真正爱书的人，一个了解并尊重钱锺书真正价值的人，也是一位深情的妻子的唯一选择……

这些年来，杨绛整理钱锺书的笔记，计有外文笔记一百七十八册，三万四千页，中文笔记部分大体数量与此相当。另有"日札"二十三册，二千余页，合在一起足足有四十卷。在为《钱锺书手稿集》写的序言中，杨绛说："许多人说，钱锺书记忆力特强，过目不忘。他本人并不以为自己有那么'神'。他只是好读书，肯下功夫，不仅读，还做笔记。不仅读一两遍，还会读三遍四遍，笔记上不断地添补。所以，他读书虽多，也不易遗忘。"

早在1991年，杨绛要求钱锺书为自己构思中的小说人物写几首情诗。钱锺书苦思冥搜数月，得诗七首。其中"梦魂长逐漫漫絮，身骨终拼寸寸灰"两句，竟成了后来杨绛整理钱锺书遗稿时的精神写照。

北京《读书》杂志2001年第9期上发表了杨绛撰写的《为有志读书求知者存——记〈钱锺书手稿集〉》，详细介绍《钱锺书手稿集》的有关情况。她说，钱锺书"做笔记的习惯是在牛津大学图书馆读书时养成的。因为饱蠹楼的图书向例不外借。去那里读书，只准携带笔记本和铅笔，书上不准留下任何痕迹，只能边读边记。……做笔记很费时间。锺书做一遍笔记的时间，约摸是读这本书的一倍。他说，一本书，第二遍再读，总会发现读第一遍时会有很多疏忽。最精彩的句子，要读几遍之后才发现。锺书读书做笔记成了习惯。但养成这习惯，也因为我们多年来没个安顿的居处，没地方藏书。他爱买书，新书的来源也很多，不过多数的书是从各图书馆借的。他读完并做完笔记，就把借来的书还掉，自己的书往往随手送人了。锺书深谙'书非借不能读也'的道理，有书就赶紧读，读完总做笔记。无数的书在我家流进流出，存留的只是笔记，所以我家没有大量藏书"。

杨绛还说："锺书的笔记从国外到国内，从上海到北京，从一个宿舍到另一个宿舍，从铁箱、木箱、纸箱，以至麻袋、枕套里出出进进，几经折磨，有部分笔记本已字迹模糊，纸张破损。锺书每天总爱翻阅一两册中文或外文笔记，常把精彩的片段读给我听。我曾想为他补缀破旧笔记，他却阻止了我。他说：'有些都没用了。'哪些没用了呢？对谁都没用了吗？我当时没问，以后也没想到问。"

杨绛在钱锺书去世后，找出他的大量笔记，经反复整理，共分出三类。她介绍说：

第一类是外文笔记（外文包括英文、法文、德文、意大利文、西班牙文、拉丁文）。除了极小部分是钱锺书用两个指头在打字机上打的，其余全是手抄。笔记上还记有书目和重要的版本以及原文的页数。他读书也不忽略学术刊物。凡是著名作家有关文学、哲学、政治的重要论文，他读后都做笔记，并记下刊物出版的年、月、日。他自从摆脱了读学位的羁束，就肆意读书。英国文学，在他已有些基础。他又循序攻读法国文学，从15世纪到19世纪再到20世纪。也同样攻读德国文学、意大利文学的历代重要作品，一部一部细读，并勤勤谨谨地做笔记。这样，他又为自己打下了法、德、意大利的文学基础。以后，他就随遇而读。钱锺书在国内外大学攻读外国文学，在大学教书也教外国文学，"院系调整"后，他也是属于文学研究所外国文学组的。但他多年被派去做别的工作，以后又借调中国古典文学组，始终未能回外文组工作。他原先打算用英文写一部论外国文学的著作，也始终未能如愿。那些外文笔记，对他来说，该是"没用了"。但是对于学习外国文学的人，对于研究钱锺书著作的人，能是没用吗？

第二类是中文笔记。他开始把中文的读书笔记和日记混在一起。1952年知识分子第一次受"思想改造"时，他风闻学生可检查"老先生"的日记。日记属私人私事，不宜和学术性的笔记混在一起。他用小剪子把日记部分剪掉毁了。这部分笔记支离破碎，而且都散乱了，整理很费功夫。他这些笔记，都附带自己的议论，亦常常前后参考、互相引证。以后的笔记他都亲自记下书目，也偶有少许批语。中文笔记和外文笔记的数量，大致不相上下。

第三类是"日札"，即钱锺书的读书心得。日札是"思想改造"运动之后开始的。最初的本子上还有涂抹和剪残处。以后他就为日札题上各种名称，如"容安馆日札""容安室日札""容安斋日札"；署名也多种多样，如"容安馆主""容安斋居士""槐聚居士"等。还郑重其事，盖上各式图章。这些日札共二十三册，两千多页，分八百零二则。每一则只有书目，没有篇目。日札基本上是用中文写的，杂有大量外文，有时连着几则都是外文。不论古今中外，从博雅精深的历代经典名著，到通俗的小说院本，以至村谣俚语，他都互相参考引证，融会贯通，而心有所得。他的《管锥编》就是把日札里的心得，经发挥充分而写成的文章。例如《管锥编·楚辞洪兴祖补注》十八则，共九十五页，而日札里读《楚辞》的笔记一则，只疏疏朗朗记了十六页；《管锥编·周易正义》二十七则，共一百零九页，而日札里读《周易》的笔记，只有一则，不足十二页。

杨绛发自内心地说："这大量的中、外文笔记和读书心得，锺书都'没用了'。但是他一生孜孜矻矻积聚的知识，对于研究他学问和研究中外文化的人，总该是一份有用的遗产。我应当尽我所能，为有志读书求知者，把锺书留下的笔记和日札妥为保存。"

四十卷的《钱锺书手稿集》是由商务印书馆出版的。2004年面世的是前三卷《容安馆札记》。杨绛依照与钱锺书在世时的约定,为此书题写了书名。

据该书的责任编辑郭红介绍,在出版过程中,出版社曾提出是不是把手稿整理出来,做成印刷体,方便读者。但是这却要面临一个巨大的障碍:这么多的语种,这么大的量,有谁有这个能力来做呢?因为即使是中文笔记,里面也不时有外文出现,七种外文里,又夹杂着大量的中文。杨绛自己也发愁:我只识得里面的英文、法文和西班牙文,别的不认识,可怎么办呀?就算是找到了懂得这些语言的人,但涉及面那么广,笔记中的文本考证工作又要花多大的力气才能完成?经过慎重考虑,决定还是把手稿的原貌保存下来,以后慢慢整理。

这些手稿,有的年代久远,几经搬腾;有的遭过日晒雨淋,许多都已模糊破损。大部分手稿的纸张已经发黄,有的已经薄软到拿不起来的地步,甚至连字迹都已经很难辨识了。加之钱锺书做笔记还有一个特点就是非常节省纸张。无论是小小的笔记簿,还是堂皇的十六开的大纸,他都一视同仁:统统写满,不留空隙。第一遍写的笔记是按照纸的标准内芯写的,但是接下来,就会有对某一句的补充和添加,就会有一道线条远远地拉到边上,用蝇头小楷写上新的内容。一张稿纸上,经常会有四种不同颜色的笔作出的记号,字迹互相重叠,估计除了钱锺书本人之外,别人很难辨认出来。他写的时候也许是为了多写一些字,也许是想把相关的内容挨得近一些,总之为了写下它们,他就向任何有空白的地方去写。这样,在阅读的时候,需要把纸转过来掉过去地看,也许一页的内容读下来,一本书就整整地转了一圈呢。钱先生在做笔记的时候,有时还会"顽皮"起来,在密密麻麻的文字中画上一幅小小的插图,有时是几笔勾成的名人肖像,有时是淘气的漫画,非常生动,使严肃的手稿活泼起来。

最大限度地保存手稿的内容,使它更清晰,易于辨认,是一项艰巨的任务。商务印书馆技术部的同志们在扫描过程中发现,只有一种方法才能最大程度地保存手稿的信息量,那就是把每页稿子都划分为许多小区域,然后把每一小块都放大,除去其中的污点,同时调整它的清晰度,直到达到最佳效果。这样的方法,使最终收入书中的手稿,比原稿更清晰。但同时,这种方法极大地增加了工作量,降低了扫描进度,使整个工作周期比预期的要拉长很多,投入也更大。但是为了高质量地完成这项出版工作,他们没有丝毫怠惰。

出版钱锺书的手稿,是一个需要远见与胆识,并且对于文化的积累和文物的保护具有强烈责任心的重大决定,也是一个巨大的工程。这首先是因为钱先生的手稿数量很大,需要巨大的资金投入,而此类书的销量又没有先例可资保证。2000年的秋天,商务印书馆的总经理杨德炎在全面考虑了各方面的情况以后,特批了这个预计需要投入将近三百万的项目,并立即指示下属的技术部门斥资购进了最先进的扫描仪器,指定专人负责此项目,还专门聘请了技术熟练并有相当经验和责任心的扫描员进行手稿的扫描工作。经过两年的悉心整理和工作,备受国内学者瞩目的这套珍贵的文化遗产,终于陆陆续续地面世了。但是,它的出版,仅仅是第一步。当它能为"有志读书求学的人"提供最有价值的资料和便利条件,并且促进学术的进步时,才真正彰显出了它的价值与意义。

当然,"有志读书求学的人"也应当感谢杨绛为此所作的巨大贡献。

## 第十四章

# 文化担当

钱锺书去世后，已经九十余岁高龄的杨绛依然手不释卷，并还在孜孜笔耕不辍，仍在用双手、用生命之火的暖流回报人民，回报社会。当然人老了不免会有病来侵袭，但杨先生很注意锻炼，前些年只要天气好，她一定会出来走走。

杨绛

| 一 |

杨绛和钱锺书一样，一生淡泊名利，人们对其家庭生活一向不甚了解。其实，这是一个普通的三口之家，一个长期身居陋室、吃苦耐劳、只知埋头做学问的典型中国知识分子之家。

唯一的女儿和一生的伴侣相继离去，杨绛晚年之情景非常人所能体味。天上人间，阴阳隔断，却难断亲情、挚情。在人生的伴侣离去四年后，92岁高龄的杨绛独伴青灯，用心记述他们这个特殊家庭六十多年的风风雨雨、点点滴滴，结成回忆录《我们仨》。在这部书里，她向彼岸的亲人倾诉心声：

……一家三人就此失散了。就这么轻易地失散了。"世间好物不坚牢，彩云易散琉璃脆"。现在，只剩下了我一人。

我清醒地看到以前当作"我们家"的寓所，只是旅途上的客栈而已。家在哪里，我不知道。我还在寻觅归途。[1]

九旬老人杨绛先生还在"寻觅归途"。很可能所有仍正常活着的人都不知道家究竟在哪里，但是，其中有少数人已经看明白，它肯定不在我们暂栖的这个世界上。

---

[1] 《杨绛作品精选·散文（二）》，人民文学出版社2004年5月版，第133页。

## 第十四章 文化担当

　　杨绛的《我们仨》品质高贵，趣味高洁且盎然，加之其家庭独特的文化背景，因而深受广大读者的青睐。也许只有靠结实的情感，或饱经岁月的人，才能用这样单纯的笔墨来慢慢地叙述自己的生活，用这么温暖的语调来思念去世的家人。杨绛的新作《我们仨》就给人这么一种印象。在书里，杨绛把最痛心的日子，写成了一个万里长梦，事情像是子虚乌有，云一样抓握不住，情感却是沉着的，能把握的是这个家里坚定的家常日子。接着，她就把过去的生活，从1935年和钱锺书结婚，1937年女儿钱瑗出生，到最后分散，写成一篇细致的回忆录。

　　《我们仨》分作三部分。其中，第二部分是全书的浓墨，正是写那一段不堪回首的日子的。第一部分仅几百字，记一个真实的梦，引出第二部分的"万里长梦"。第三部分篇幅最大，回忆与钱锺书结合以来及有了女儿后的充满情趣的岁月。前者只写梦，后者只写实，只有第二部分的"万里长梦"，是梦非梦，亦实亦虚，似真似幻。作者采用这样的写法，也许是要给可怕的经历裹上一层梦的外衣，也许是真正感到可怕的经历像梦一样不真实，也许是要借梦说出比可怕的经历更重要的真理。

　　杨绛的确以"我们仨"自豪："我们仨是不寻常的遇合。""我们仨都没有虚度此生，因为是我们仨。"这样的话绝不是有着寻常家庭关系的人能够说出的。这样的话也绝不是有着寻常生命态度的人能够说出的。因而使得"我们仨"最后的失散，令人痛心之极。第二部分的标题是"我们仨失散了"，第三部分的首尾也一再出现此语，这是从心底发出的叹息，多么单纯，又多么凄惶。读整本书时，读者听到的始终是这一声仿佛轻声自语的叹息：我们仨失散了，失散了，就这么轻易地失散了……这是一本已连续列入畅销榜的书。当然，杨绛老人写此书，根本就无意于"畅销"。这就是所谓"桃李不言，下自成蹊"吧。杨绛把"我们仨"相依为命的往事，"失散"之后的落寞和无尽的思念，写成了一个"万里长梦"。从她的"梦"中，我们读到如许的温暖和单纯。话语也许是多余的，还是掀开书页静静地去读吧，用如她一般的宁恬心境。由此，92岁的杨绛再次成为人们追逐的明星。

据2004年1月10日《新闻晚报》报道，在《谁是2003年中国最有影响力的女性人物？》的标题下，称"杨绛——她用《我们仨》感动中国"。报道说，她被人评说，"瘦小的身躯里蕴藏着感动中国的力量"。2003年，她的新书《我们仨》出版，使人们在字里行间看到了一个知识女性的操守和深情。还有她对待媒体的态度也始终如一，不肯出现在镜头前，既是一种坚持，也是一种智慧。人们很早就尊称她为杨先生，原因在于，在她的身上，人们看到了更多的智慧。她在三年前译《柏拉图》时，自称"力不能及"，只为"投入全部心神而忘掉自己"。没想到，钱氏父女走后，她靠着生来的坚倔，靠着哲学的救助，将钱锺书先生留下的大量读书笔记补上。人类进入新的世纪，她再一次进入了新的人生境界。

差不多与此同时，2003年度中华文学人物的评选揭晓，巴金先生获得本年度的"文学先生"称号，而杨绛女士成为本年度的"文学女士"，二位作家均以全票通过。本次评选由人民文学出版社《中华文学选刊》杂志社、中国当代文学研究会、《南方都市报》、《南方文坛》、新浪网等五家机构联合国内百家媒体共同参与。评委会主任、中国作家协会副主席张炯说，"文学先生"与"文学女士"的称号是对作家全面的考量，除了文学成就，对其人品的评判也是必不可少的指标。

2004年7月，杨绛的《我们仨》问世整整一年，销售近五十万册。其时，三联书店推出《我们仨》珍藏本，并于7月10日、11日下午二时分别在三联韬奋图书中心二层和北京图书大厦四层，举办"《我们仨》与杨绛"主题读书活动，现场销售加盖钱锺书、杨绛和钱瑗三人印章的《我们仨》珍藏本，但和以前一样，一生低调的杨绛仍然缺席。

《我们仨》出版一年以来，不断有读者给杨绛写信，她也不知道这些信究竟有多少，反正天天有。她每天都会看这些信，心里觉得特别高兴。读者对她的关心让她特别感动。她认为："我没写什么大文章，只是把自己个人的思念之情记录了下来，不为教育谁用。书在外面受到人们欢迎的情况,我也实在承担不起。我习惯清静了,我愿意在家里清静清静……"杨绛的家人说,杨先生一直很健康,她每天自己打理自己的事,但是"不是很留意人们的赞美之词,看过高兴一下,也就不会再去提起"。她说过:"我只不过写了我自己想写的一些文字,完成了自己给自己布置的一个任务。大家能喜欢,我特别感谢。"

2004年,适值杨绛从事创作七十周年之际,人民文学出版社定于同年5月隆重推出汇集杨绛先生迄今主要创作作品和翻译作品的《杨绛文集》。作为迄今为止汇集杨绛先生作品以及图片最为完整的作品集,《杨绛文集》在修订原有发表作品的基础上,还收入《钱锺书离开西南联大的实情》《怀念陈衡哲》等新文章,杨绛撰写的《作者自序》和《杨绛生平与创作大事记》以及她亲自为文集选定的大量珍贵文献和人物图片。《杨绛文集》从一个侧面反映了我们时代的演进轨迹,堪称一代知识分子的心路历程的缩影。

杨绛的这套文集共约二百五十万字。其中一至四卷为创作部分,第一卷"小说卷"选收长篇小说《洗澡》和七篇短篇小说。第二、三卷"散文卷"选收《干校六记》《将饮茶》《杂写与杂忆》以及20世纪90年代中后期至新世纪之初所创作的全部重要散文。第四卷"戏剧文论卷",收入尘封已久的两部喜剧《称心如意》和《弄真成假》,"文论"部分汇编了作者评析外国文学名著的理论作品以及她论述《红楼梦》和谈文学创作与谈翻译等的论文十四篇。第五至八卷译文部分则收入她的重要译作《堂吉诃德》《吉尔·布拉斯》《小癞子》《斐多》等。值得注意的是,《杨绛文集》卷首的《作者自序》简略说明自己的创作情况及《文集》的编选规则;卷尾的《杨绛生平与创作大事记》,是杨绛先生根据回忆和记录亲自撰写和编订的,它相当于一部微型的《杨绛传记》。《杨绛文集》八卷本还收入了作者选定的照片和插图80幅,其中大部分图片都为首次发表,是一套相当有价值的研究资料以及个人藏书。为了符合各个层次读者的阅读需要,出版社在出版《杨绛文集》的同时,还推出一套平装本的《杨绛作品精选》（三卷本），精选作者散文作品两卷（包括《干校六记》《我们仨》等），以及小说和戏剧一卷。出版《文集》并不是杨绛先生创作的终止，她表示，只要身体健康，她还将再写一些回忆性散文。2004年3月27日，《文汇报》率先刊登了《杨绛文集》自序，其中谈到：

我不是专业作家，文集里的全部作品都是随遇而作。我只是一个业余作者。

早年的几篇散文和小说，是我在清华上学时课堂上的作业，或在牛津进修时的读书偶得。回国后在沦陷的上海生活，迫于生计，为家中柴米油盐，写了几个剧本。抗日战争胜利后，我先在上海当教师；解放战争胜利后，我在清华大学当教师，业余写短篇小说和散文，偶尔翻译。"洗澡"（知识分子改造）运动后，我调入文学研究所做研究工作，就写学术论文；写论文屡犯错误，就做翻译工作，附带写小量必要的论文。翻译工作勤查字典，伤目力，我为了保养眼睛，就"闭着眼睛工作"，写短篇小说。1979年社科院近代史所因我父亲是反清革命运动的"人物之一"，嘱我写文章讲讲我父亲的某些观点。我写了《一份资料》。胡乔木同志调去审阅后，建议我将题目改为《回忆我的父亲》，我随后又写了另一篇回忆。我又曾记过钱锺书的往事，但不是我的回忆而是他本人的回忆。我就在研究和写学术论文的同时，兼写小说和散文，还写了一部长篇小说。1987年退休后，我就随意写文章。钱锺书去世后，我整理他的遗稿，又翻译了一部作品，随事即兴，又写了长长短短各式各样的散文十来篇。

全部文章，经整理，去掉了一部分，把留下的部分粗粗分门别类。一半是翻译，一半是创作。创作包括戏剧、小说和散文。散文又有抒情、写意、记事、记人、论学、评书等。文章既是"随遇而作"，按时期编排较为方便。

不及格的作品，改不好的作品，全部删弃。文章扬人之恶，也删。因为可恶的行为固然应该"鸣鼓而攻"，但一经揭发，当事者反复掩饰，足证"羞恶之心，人皆有之"，我待人还当谨守忠恕之道。被逼而写的文章，尽管句句都是大实话，也删。有"一得"可取，虽属小文，我也留下了。

我当初选读文科，是有志遍读中外好小说，悟得创作小说的艺术，并助我写出好小说。但我年近八十，才写出一部不够长的长篇小说；年过八十，毁去了已写成的二十章长篇小说，决意不写小说。至于创作小说的艺术，虽然我读过的小说不算少，却未敢写出正式文章，只在学术论文里，谈到些零星的心得。我写的小说，除了第一篇清华作业，有两个人物是现成的，末一篇短篇小说里，也有一个人物是现成的，可对号入座，其余各篇的人物和故事，纯属虚构，不抄袭任何真人真事。锺书曾推许我写小说能无中生有。的确，我写的小说，各色人物都由我头脑里孕育出来，故事由人物自然构成。有几个短篇我曾再三改写。但我的全部小说，还在试笔学写阶段。自分此生休矣，只好自愧有志无成了。我只随笔写了好多篇文体各别的散文。承人民文学出版社几位资深编辑的厚爱，愿为我编辑《文集》，我衷心感谢，就遵照他们的嘱咐，写了这篇序文，并详细写了一份《杨绛生平与创作大事记》。

杨绛谢绝了他人策划的参加个人作品研讨会的邀请，她对来人说："我把稿子交出去了，剩下怎么卖书的事情，就不是我该管的了。而且我只是一滴清水，不是肥皂水，不能吹泡泡，所以开不开研讨会——其实应该叫作检讨会，也不是我的事情。读过我书的人都可以提意见的。"

她一向认为研讨会应该叫作"检讨会"，否则"它对作家来说就没有多大意义。我不参加'检讨会'，不是不打算接受批评，我已经把多年来收到的批评，改在了实际作品中"。

2005年，杨绛所在的中国社科院外国文学研究所举行了建所四十周年纪念会。从1964年10月建所以来，外国文学研究所经过几代人的开拓进取，不断壮大，四十年来取得了丰硕的成果。该所黄宝生所长在讲话中高度评价杨绛以及冯至、卞之琳、李健吾、戈宝权、罗大冈、罗念生等所内老一辈学者，他说，"优秀的人才、优良的学风、优秀的成果"一直是外文所所追求的学术目标，经过四十年的历史积累，它已经成为外文所的学术传统。在老一辈学者开创的良好学风指引下，新时期的中青年学者努力进取，在研究和翻译介绍外国文学方面处在国内学术前沿。为配合建所四十周年纪念活动，外文所还举办了"建所四十年优秀成果展"和"《杨绛文集》座谈会"。黄宝生、郭宏安、薛鸿时、黄梅、陈众议、郑土生等和杨绛共过事的专家学者分别在会上发了言。

杨绛一直喜欢读书看报，2004年3月31日她在读了近期的上海《文汇读书周报》后，忽然想起当年她和钱锺书与上海一家生活书店的交往及期间发生的一件小事。"这件小事唤起了我当年的感受：生活书店是我们这类知识分子的精神家园"……于是提笔，特为该报，更是为广大爱书人写下了"几句话"——

解放前钱锺书和我寓居上海。我们必读的刊物是《生活周报》。寓所附近有一家生活书店，我们下午四点后经常去看书看报。在那儿会碰见许多熟人，和店里工作人员也熟。有一次，我把围巾落在店里了。回家不多久就接到书店的电话："你落了一条围巾。恰好傅雷先生来，他给带走了，让我通知你一声。"傅雷带走我的围巾是招我们到他家去夜谈，嘱店员打电话是免我寻找失物。这件小事唤起了我当年的感受：生活书店是我们这类知识分子的精神家园。

生活书店后来变成了三联书店。四五十年后，我们决定把《钱锺书集》交三联出版，我也有几本书是三联出版的。因为三联是我们熟悉的老书店，品牌好，有它的特色。特色是：不官不商，有书香。我们喜爱这点特色。

杨绛平时很少出门，但对窗外事，她还是很关心的，主要的渠道是报纸。2004年12月，《财经》杂志探望她时，她说自己最想不通的就是利息税："利息为什么要征税呢？"

《财经》随即刊出文章，称杨绛呼吁取消利息税。

2007年，全国"两会"期间，经济学家吴敬琏在两会上提议取消利息税，并说这一想法最早是由杨绛提出的。

吴敬琏后来见到杨绛，笑道："您向我们经济学界开炮啦。"

| 二 |

时光流逝，杨绛的爱女钱瑗去世已有经年，但是亲友师生心中的钱瑗并没有随着时光一同消失。

杨绛称爱女钱瑗为她"平生唯一杰作"，钱瑗的英年早逝，是杨绛心头难以弥合的痛，也成为钱瑗师友一直关注的焦点。为了回应各界对这位已故的杰出知识分子的怀念，三联书店于2005年8月出版了《我们的钱瑗》一书，该书讲述了钱瑗的一生。该书由杨绛以及钱瑗的继子、继女、师长学生、同事好友等合著，描绘出一个为人真诚、治学严谨、孝顺谦和、富有情趣的钱瑗。书中收入大量的照片，包括钱瑗生活照片、一家三口往来信件，钱瑗的素描、手稿，其中还有钱锺书批改的钱瑗作文，每幅照片都有杨绛亲笔写下的说明文字，读来饶有趣味。

钱瑗生前是北京师范大学英语系教授，她治学严谨，开创了英语"文体学"；她关怀学生，为人刚正。逝世后得到许多学生、同事、同学、好友的缅怀。他们说："我们不会忘记钱瑗。"这话并非虚言，钱瑗离世七年，钱瑗的两位香港学生回北师大，一位捐款一百万港币，设立了"钱瑗教育基金"，另一位在《香港文学》上刊出了《纪念钱瑗专辑》，钱瑗的学生和同事友好闻讯后，纷纷写文章纪念钱瑗，《我们的钱瑗》这本书便是在此基础上编辑出版的。从中，人们可以清晰地看到钱瑗真诚和积极的一生，她会带给人们极大的激励、认真的思索和深深的敬意。

在书中，读者看到了杨绛夫妇是如何引导孩子自学，如何以自身的行为影响孩子，最终培养出一个为人真诚、治学严谨、孝顺谦和、富有情趣的钱瑗。许多平常生活的细节，都能看到一个学者家庭对孩子独特的教育方式。

杨绛在《我们的钱瑗》中以《尖兵钱瑗》作为代序，说钱瑗："她既然只求当尖兵，可说有志竟成，没有虚度此生。"杨绛回忆早年与丈夫钱锺书在探讨女儿个性时，钱锺书说她："刚正，像外公；爱教书，像爷爷。"[1]两位祖父迥不相同的性格，在钱瑗身上都很突出。杨绛在文章中提及钱瑗坚强不屈，正直不阿。北师大曾和英国合作培养"英语教学"研究生。钱瑗常和英方管事人争执，怪他们派来的专家英语水平不高，不合北师大英语研究生的要求。结果英国大使请她吃晚宴，向她道歉，同时也请她说说她的计划和要求。钱瑗的回答头头是道，英大使听了点头称善。杨绛听女儿讲了，也明白她是在建立一项有用的学科。

钱瑗的去世，却让人扼腕痛惜。杨绛说："钱瑗热心教书，关怀学生，赢得了学生的喜爱。她为人刚正，也得到学生和同事的推重。她去世的告别会上，学生和同事都悲伤得不能自制。钱瑗的确也走得太早了些。"因为种种原因，杨绛常痛惜"钱瑗这'可造之材'未能成才，'读书种子'只发了一点芽芽"，可又说"这只是出于父母心，不是智慧心"。她说：

如今钱瑗去世快七年半了。她默默无闻，说不上有什么成就，也不是名师，只是行伍间一名小兵。但是她既然只求当尖兵，可说有志竟成，没

---

[1] 杨绛：《尖兵钱瑗》，见《我们的钱瑗》，三联书店2005年8月版，第21页。

有虚度此生。做父母的痛惜"可造之材"未能成才，"读书种子"只发了一点芽芽，这只是出于父母心，不是智慧心。我们夫妇常说：但愿多一二知己，不要众多不相知的人闻名。人世间留下一个空名，让不相知、不相识的人信口品评，说长道短，有什么意思呢。钱瑗得免此厄，就是大幸；她还得到许多学生、同事、同学、好友的缅怀，更是难得。我曾几次听说"我们不会忘记钱瑗"，这话并非虚言。"文革"期间钱瑗的学生张君仁强，忽从香港来，慨然向母校捐赠百万元，设立"钱瑗教育基金"，奖励并培养优秀教师。张君此举不仅得到学校的重视，也抚慰了一个妈妈的悲伤。他的同学是名编辑，想推出"纪念钱瑗小辑"，他们两人相约各写一篇。钱瑗的学生和同事、好友闻讯后，纷纷写文章纪念钱瑗，没几天就写出好多篇。我心上温暖，也应邀写了这篇小文。[1]

在《我们仨》中，杨绛对女儿钱瑗的温馨回忆感动了许多读者，也引发了许多读者对钱瑗的关注，希望更多地了解她。《我们仨》中没有提及钱瑗夫婿，引发读者诸多猜测，网络报章也有一些文章谈及其婚姻，但因各种原因有诸多不尽不实之处。《我们的钱瑗》中，杨绛先生和钱瑗前夫王德一生前同窗好友分别撰文讲述钱瑗这段婚姻始末，读者从中可以看到这个家庭一段温暖而又辛酸的经历。钱瑗的继子继女也在书中撰文回忆钱瑗与第二任丈夫杨伟成的家庭生活。

《我们的钱瑗》自推出以后，即重印了好几次，它是继杨绛的《我们仨》之后，对钱家的再次关注。这种关注不是对一个家庭私生活的津津乐道，而是对一个时代的知识分子的生活状态、生存空间的"同情的了解"。

---

[1] 杨绛：《尖兵钱瑗》，见《我们的钱瑗》，三联书店2005年8月版，第23~24页。

## 三

2005年，中译本中发行量最大的、由杨绛翻译的《堂吉诃德》引起争议，有的媒体干脆报道称：杨绛译《堂吉诃德》被当"反面教材"。

这年恰逢世界文学名著《堂吉诃德》问世四百周年。在中国，《堂吉诃德》的译本已有一二十种，其中一位译者董燕生，在接受媒体采访时称："不畏前辈权威，敢把杨绛译文当反面教材。"董燕生说，"认为杨绛译本就是最好的版本完全是个误解"，"她太自信了，该查字典的地方没有去查字典"；他还批评杨绛译本中"胸上长毛""法拉欧内""阿西利亚"等译法，并指责杨绛译本比他的译本少了11万字，"可见她翻译时删掉了其中的部分章节"；最后他说："我现在是拿它当翻译课的反面教材，避免学生再犯这种错误。"[1]董燕生此论一出，舆论哗然。

对于这一批评，资深出版人李景端甚感惊讶，因为杨绛将《堂吉诃德》中的一句成语译为"胸上长毛"在西班牙语界，有人称它为败笔，也有人称它为妙笔，对涉及翻译学不同诠释的学术问题，见仁见智，不能断然下结论。李景端曾电话向杨绛求证，但杨绛一听说这事就批评了李景端，说："你怎么还像个毛头小伙子爱管闲事！对那种批评，我一点不生气，不想去理它，随他怎么说吧。"

经过"软磨"，杨绛才告诉李景端："《文史通义》中讲到刘知几主张对文章要进行'点烦'，要删繁就简，点掉多余烦琐的文字，翻译涉及两种文字的不同表述，更应该注意'点烦'。《堂吉诃德》的译文，起初我也译有八十多万字，后经我认真地'点烦'，才减到七十多万字，这样文字'明净'多了，但原义一点没有'点掉'。比如书中许多诗歌，可以

---

[1] 许嘉俊：《杨绛译〈堂吉诃德〉被当"反面教材"，众译家据理驳斥译坛歪风》，2005年8月26日《文汇读书周报》。

去查查，原诗是多少行，我少译了哪一行？搞翻译，既要为原作者服务好，又要为读者服务好，我'点烦'掉十多万字，就是想使读者读得明白省力些，何况这一来我还少拿了十多万字的稿费呢。"对此，有一位资深翻译家认为，原作者塞万提斯讲话十分啰嗦，适当"点烦"，确实会使语意更加突出，情节更加紧凑。

这里仅以《堂吉诃德》（上册）两章的标题为例。如第33章标题，董燕生译本为：这里讲到一个死乞白赖想知道究竟的人；屠孟超译本为：一个不该这样追根究底的人的故事；杨绛则译为：何必追根究底（故事）。又如第35章标题，董译本为：堂吉诃德勇猛大战红葡萄酒皮囊和《死乞白赖想知道究竟的人》故事结尾；屠译本为：《一个不该这样追根究底的人的故事》结束；杨绛则译为：堂吉诃德大战盛满红酒的皮袋，《何必追根究底》的故事结束。仅对比第33章的标题，杨绛译文的字数，比董、屠译本少了一半或近一半，但读来并不会产生误解或歧义，反而感到言简意明。

中国社科院外文所研究员叶廷芳则认为，翻译绝不是一门语言的技术，而是一门语言的艺术，而艺术有时是不认规律的，诸如语法或某个词的常用词义等。凡伟大作家的作品，都是从深厚的文化底蕴中来的，译者没有相应的文化底蕴，其译作就休想攀上原作的高度。再就文学的风格讲，《小癞子》和《堂吉诃德》都是具有巴洛克文学特征的作品。巴洛克文学在17世纪的南欧和中欧盛极一时，后被埋没，20世纪又重新崛起。杨先生那么喜欢译巴洛克小说（或流浪汉小说），她分明看到了这种非正统文学的野性基因的强大生命力及其前途。这就是文化底蕴使然，不知董燕生看到了其中的奥秘没有。

翻译家、歌德学者杨武能指出，专挑名家名译的"错儿"，攻其一点不及其余，贬低他人抬高自己，是这些年译坛的歪风之一。如果发难者系无名小卒，不可理睬，以免成就其踩着名家的肩膀爬进名人堂的美梦。董燕生似非无名之辈，据理予以驳斥确属必要。

不过，杨绛本人却淡看这一《堂吉诃德》译本争端，认为不必"小题大做"。9月2日她在《文汇读书周报》上发表声明,希望化"误解"为"了解"——

今天我在《文汇读书周报》上看到《……驳斥译坛歪风》(2005年8月26日《文汇读书周报》刊登的《杨绛译〈堂吉诃德〉被当"反面教材",众译家据理驳斥译坛歪风》引者注)的文章,觉得这是小题大做了。董燕生先生对我的批评,完全正确,说不上"歪风"。世间许多争端,往往出于误会。董先生可以做我的老师,可惜我生得太早,已成了他的"前辈"。他"不畏前辈权威",勇于指出错误,恰恰是译界的正风,不是歪风。媒体传言,一传再传,往往失真。董先生要把我的译文"当反面教材"云云,引起了李景端先生的误解,他评董先生的文章里,把"反面教材"夸大了,说成是"文革"时的语言。因而又引起许多朋友为我仗义执言,我很感激。但是我认为不应该让"误解"发展,该及早解释清楚。

董先生说我"太自信,该查字典的地方不去查字典"。这是董先生误解了我。我有一本1966年出版的《简明西汉词典》,全书只薄薄375页。董先生提的那两个字,词典里没有。那时出版社还没有统一的人名、地名,译者都按自己的读音译音。(拙作《文集》出版前,"法老"等错译已改正。)当时我买不到适用的西汉词典。我用的是María Moliner编的《西班牙语辞典》二厚册,还有厚厚一册《带图解的西班牙语辞典》,都是用西班牙语解释的。遇到不识的字,得查《西英大辞典》。三个月前,我因拙作《文集》将第三次印刷,忙将《堂吉诃德》又校订一过,改正了一些错误,但忽略的错误,想必还难免。

"点烦"云云,是我大胆尝试。这是一道艰巨的工序。一下子"点"掉十来万字,我自己也很吃惊。董先生的误解是完全合理的。不过"点烦"只限译文,不简原文(详见《翻译的技巧》)。究竟这道工序功效如何,还有待译界同仁一起商讨呢。

至于"胸口生毛",我就像小学生般要和董先生解释一下。这个词儿如果出于任何别人之口,该说是错。但桑丘用字往往不恰当,例如把美人的眼睛比作珍珠。吉诃德先生就说:"你只能说'牙如珍珠',眼睛怎能像珍珠呢!"又如他说某牧羊女嘴上"还长着些胡子"。他用"胸口生毛"的形容词前面还有两个形容词,据编注者马林(Marin)注:桑丘用的三个形容词都适用于男人,用在女人身上都不合适。桑丘引用成语,往往成双成串,紧接"胸口生毛"下的一句也是成语,我也直译了。成语直译,"纸老虎"就是一例。如果西语专家、行家们都认为"胸口生毛"不能直译,我当尊重专家、行家的意见酌改。

匆匆解释几句,希望化"误解"为"了解"。我真心诚意地声明:我是一个很虚心的译者,对自己的译文一改再改,总觉得不好。希望专家行家们多多指教。[1]

相对有些专家充满"火药味"的言辞,杨绛的一番话显得非常心平气和,透出的却是一种谦虚求真的大家风范。她感到讨论这些是非没有什么意思,没有必要再继续下去了,所有要说的话她已经在声明中表达出来了。中国翻译家协会会长刘习良有感而发:"我觉得大家讨论问题应该平和一些,而不应该像现在这样咄咄逼人。"

《文汇读书周报》同时刊发《编者的话》说,杨绛的书信,谈论的似乎只是治学或翻译的细节,但内中透出的却是一种谦虚求真的大家风范。[2]

把杨绛译本当作反面教材显然是不合适的,她的译本显而易见地比以前的版本有很大的进步,其他人对于董燕生的批评也过于尖锐了。大家应该是先将原著与几种译本作对照之后再提出恳切意见,是问题就谈问题,勿作人身攻击。不能否认,多年来,中国学界的一些正直、有识之士一直希望和呼唤能开展正常的批评和反批评。这批评不管出自何人之口,也不管来自界内界外,只要有理有据,哪怕就是尖锐些,我们也还是应该允许

---

[1] 杨绛:《不要小题大做》,2005年9月2日《文汇读书周报》。
[2] 综合2005年8月26日、9月2日《文汇读书周报》。

人家把话说出来，并且要抱着欢迎的态度，有则改之，无则加勉。

## 四

杨绛毕生爱好读书，在家闲暇时，她常与钱锺书各坐餐厅长桌一端，钱先生面前高高一摞中文线装书，而杨先生面前则全是外文版书籍，夫妇俩乐此不疲神游于浩瀚书海中……

钱锺书去世后，已经九十余岁高龄的杨绛依然手不释卷，并还在孜孜笔耕不辍，仍在用双手、用生命之火的暖流回报人民，回报社会。杨绛的体形属于那种长寿型的老人，瘦小轻盈，走路不弯腰驼背，白发里还裹着些许黑发，牙齿基本完好，思维敏捷，九十多岁的高龄还在著书写作便是最好的明证。当然人老了不免会有病来侵袭，但杨先生很注意锻炼，前些年只要天气好，她一定会出来走走。如今，杨先生不大在院子里散步了，但每天要在家里坚持走7000步。院子里的人说她能活到120岁。她听了笑笑说："活那么久太苦了。"可见她对生死的豁达。

德国学者莫芝宜佳记得："令我记忆犹新的是她多次背给我听的那首古老而有趣的健身'八段锦'，更忘不了她'摇头摆尾去心火'地教我锻炼身体的样子。令我最钦佩的是杨绛在钱锺书最后四年生病的艰难日子里所表现出的坚强和从容。钱先生去世以后，杨绛虽精疲力尽，却差不多没有休息，就出版了钱先生的遗著。记得她在信里提过这个巨大工作。"[1]

平时，杨绛见到院子里的人时，总是笑眯眯地打招呼。她对小孩子尤为喜爱，见了孩子总会停下脚步，摸摸他们的小脸蛋，与他们玩玩。遇到

---

[1] ［德］莫芝宜佳：《钱锺书与杨绛二三事》，《读书》2006年第10期。

院子里的绿化员工,她会提个建议,提出哪些树木的布局不够合理,相互遮挡阳光,枝叶枯萎了应当梳理。

学者毕冰宾为了了解杨绛先生在英国研读英国文学的情况,2006年3月9日给杨绛打电话要求方便时录音采访。[1]电话里杨绛说她已经九十六岁高龄,"我现在是个大聋子",谁来都要在耳边大声喊,她也会情不自禁大声回答,那样谈学术问题太累,身体不能承受。但毕冰宾心想,毕竟杨先生这个年龄还在翻译写书,思维如此活跃,记忆力如此强健,表达如此流畅,连走路的步态都还那么硬朗,怎能仅因为一个聋就放弃一个大好的机会记录下她的一段别人不曾关注过的经历?

所以他一再表示,我们不对谈,只提了问题,请她小声独白,自己录音,然后整理录音即可。她说她不愿意被录音,即使录了音,也没有精力帮采访者确认录音稿。于是干脆地说那就简单聊几句吧。"我说,你听。"

杨绛说她在牛津是自费旁听,不是正式学生。但作为"补课",她跟着钱先生读了很多英国文学作品,从古典时期到19世纪的作家都读了个遍。但因为不参加考试,也不拿学位,所以就没有研究谁,也说不上特别喜欢谁。在毕冰宾的一再要求下,杨绛就举了Gorge Eliot和Jane Austen等例子,说很喜欢。特别说到Austen,塑造人物鲜活,过目不忘。为此,杨绛强调小说情节很重要,人物塑造栩栩如生,这是好小说的要素。相比之下她不喜欢Charlotte Bronte,说Jane Eyre不是纯粹的创作,有大量个人的影子在其中。顺便说到她的《洗澡》就没有一点个人的影子,人物都是纯粹虚构。她特别让他记住,好小说一定得塑造鲜明的人物,一定要有生动的情节。

就这样,杨绛在电话里大声喊了半天,毕冰宾深怕她累病,就一再说您的这些话不录下来让读者了解太可惜了。她才妥协说,你可以写个采访

---

[1] 毕冰宾:《杨绛撤消一次采访的理由》,2006年3月31日《文汇读书周报》。

提纲寄去，她"看情况可能会回答你"。没想到的是，她在第二天傍晚就让家里的阿姨小吴打来电话，说可以在电话上回答问题。杨绛的声音依然那么清晰，纤柔的无锡口音普通话，柔中带刚，而且这完全不是敷衍，而是个长谈。

杨绛在电话里提到："你说的我的小说，我是想搞创作，但那么多年也是因为觉得不配，就也没写什么。到了85岁上觉得和40多岁还差不多，还能写，才写了《洗澡》，别的没什么创作。我自己一辈子很惭愧，要做的没做成，所以就没什么可说的……"

| 五 |

2007年夏天，年近期颐的杨绛推出了《走到人生边上——自问自答》一书，此书在坊间很流行。书名叫作《走到人生边上》，可是，真的走在人生边上，多少觉得有点玄乎，甚至感到不可思议。

距2003年的回忆录《我们仨》过去四年了，老人家坚强地走了过来。这四年应该是老人家难过的日子，孤身一人回忆往事。她为什么要在九十六岁高龄又推出此书呢？

原来在2005年，杨绛患病住院期间，躺在病床上一直在思索《走到人生边上》这个题目。病愈回到家后好像着了魔，她给这个题目缠住了，想不通又甩不掉，然后通过读书帮助自己思索。她思路不通时换一条思路再想，这样往往一坐就是半天，能够想通一些问题。思考之余，她开始动笔。终于在两年半与老、病、忙的斗争中写成了这本书。这是杨绛以丰富的人生历练经验，来书写自己的心路历程，因而全书充浸着人性的美感。

书分两个部分，前面一部分是论述，后面是"注释"，其实是独立成篇的散文。

《走到人生边上》这个题目，恰好描述了老人此时的境况，人已到了人生的尽头，在边缘处回首往事。另一方面，也回应了钱锺书先生当年的书名《写在人生边上》。钱锺书先生曾经说过，人生据说是一部大书，这本书真大！一时不易看完，就是写过的边上也还留下好多空白。[1]杨绛在书中则称，自己已经"走到人生边上"，再往前走，就是"走了""去了"。她在书中，将知识分子"安身立命"的话语重新书写了一次：神和鬼的问题，人的灵魂、个性、本性，灵与肉的斗争和统一，命与天命以及人类的文明等种种问题，融会了文学、哲学、伦理学、精神分析等学科的知识，并形成了自己的思考。老人家特有的人性的美感与知性彻悟，是人生经验的结晶，杨绛先生是从自己的亲身经历来探讨这些玄理的，所以读起来趣味盎然。

每个人迟早都要面对死亡，无论是佛教、道教还是基督教，对于死亡都有一套自己的解释系统。《走到人生边上——自问自答》可以看作是杨绛对于生死以及人的本性、灵魂等哲学命题的一次终极思考。按照她自己的说法："我试图摆脱一切成见，按照合理的规律，合乎逻辑的推理，依靠世纪生活经验，自己思考。我要从平时不在意的地方，发现问题，解答问题，能证实的予以肯定，不能证实的存疑。这样一步一步自问自答，看能探索多远。好在我是一个平平常常的人，无党无派，也不是教徒，没什么条条框框阻碍我思想的自由。而我所想的，只是浅显的事，不是专门之学，普通人都明白。我正站在人生的边缘上，向后看看，也向前看看。向后看，我已经活了一辈子，人生一世，为的是什么呢？我要探索人生的价值。向前看呢，我再往前去，就什么都没有了吗？当然，我的躯体火化了，没有了，我的灵魂呢？灵魂也没有了吗？有人说，灵魂来处来，去处去。哪儿来的？又回哪儿去呢？说这话的，是意味着灵魂是上帝给的，死

---

[1] 钱锺书：《写在人生边上·人生边上的边上·石语》，三联书店2002年10月版，第7页。

了又回到上帝那儿去。可是上帝存在吗？灵魂不死吗？"[1]所以，摆脱了羁绊和束缚的杨绛先生，在书中更多地体现的是个人的感悟。唯其此，尤为可亲。但是，《走到人生边上》的前半部，让人看着心疼。老人家九十多岁，快到生命的尽头，还思考人生的意义、生命的本原，而且一丝不苟，还极认真地反思自己年轻时的过错。

《走到人生边上——自问自答》与人们的思考逻辑大异其趣，一些流传于民间的口口相传的故事，被杨绛从记忆的深源和生活的隐秘所在发掘了出来，诸如老农讲述的"鬼打墙"，杨绛自己到过的凶宅……杨绛先生的父亲不信鬼，钱锺书先生和他们的女儿从来不怕鬼，但杨先生从小就怕鬼，住在清华园的时候，家人把清华几处众人说鬼的地方瞒着她，免她害怕。后来搬进城里才告诉她。杨绛先生说："我知道了非常惊奇，因为凡是我感到害怕的地方，就是传说有鬼的地方。"从她家到温德先生寓所要经过横搭在小沟上的一条石板，有一天晚上，杨绛先生独自一人经过，却怎么也不敢过那条石板，三次鼓足勇气想冲过去，却像遇到"鬼打墙"似的，感到前面一片黑气，阻止她前行，只好退回家。后来才知道那是当年日寇屠杀大批战士和老百姓的地方。

除此之外，杨绛还引用了孔子对神鬼的看法以及古书记载，据此推断"谁也不能证实人世间没有鬼"。"我本人只是怕鬼，并不敢断言自己害怕的是否实在，也许我只是迷信。但是我相信，我们不能因为看不见而断为不存在。这话该不属迷信吧？"[2]不过，杨绛并不悲观，她从万物之灵的角度对人类和人类文明及其价值进行了肯定，并提出人需要锻炼和修身，继而追问人生的价值。

《走到人生边上——自问自答》的后面一部分由多篇散文构成，延续了杨绛一贯的文字风格，明白如话地回忆一些往事，讲讲听来的故事，说一点孔子的八卦。书中引得最多的是《论语》，杨绛对《论语》有很独特

---

1 杨绛：《走到人生边上——自问自答》，商务印书馆2007年8月版，第15页。
2 杨绛：《走到人生边上——自问自答》，商务印书馆2007年8月版，第22页。

的见解。她说《论语》最有趣,"读《论语》,读的是一句一句话,看见的却是一个一个人,书里的一个个弟子,都是活生生的,一人一个样儿,各不相同。"杨绛提到了钱锺书和自己都认为,孔子最喜欢的弟子是子路而不是颜回,最不喜欢的是不懂装懂、大胆胡说的宰予。据《论语趣》披露,钱锺书曾对杨绛说:"你觉得吗?孔子最喜欢子路。"[1]杨绛也有同感,孔子最爱重颜渊,但偏宠的却是子路。子路聪明有才能,对孔子最忠诚,经常在孔子身边,为人言行最为真率。孔子常常不由自主地称赞他,但批评起来也毫不客气,不像对其他弟子那样总是很有礼。

杨绛和钱锺书是两位性情豁达的老人,即使在最困难的时候也保有一份对生活的童心。这本书仍然是这样,和杨先生以前的文字一样,平实沉着。比如《阿菊》那篇,写到家里厨房着火了,火苗快到屋顶,形势危急。火灭了后,一家人仍能有说有笑坐下来吃饭。

与《我们仨》相比,《走到人生边上——自问自答》中牵涉钱锺书的内容比较少,有的是她家相貌丑陋的阿姨、和名妓谈恋爱的三叔、爬树抓猫的老先生、劳神父、乞丐、闹鬼、窗外筑巢但死了子女的一对喜鹊……总体来说,笼罩全书的思想大概就是对鬼神、灵魂半信半疑,但倾向于信,劝人为善,要培育"灵性良心",做一个生命有价值的人。杨绛先生在书中以一个司机相隔十年把捡来的四万元钱交给公安局给该书作结,用此一例证再次说明了"灵性良心"的现实存在。她说得好:"良心出自人的本性,除非自欺欺人,良心是压不灭的。"[2]与人为善的人性的美感是永存的。

杨绛在文学语言上的成功是有目共睹的,她在《走到人生边上——自问自答》中运用淡定简洁的语言,看起来平平淡淡,无阴无晴。然而平淡不是贫乏,阴晴隐于其中,在经过漂洗的苦心经营的朴素中,有着本色的绚烂华丽。干净明晰的语言在杨绛先生笔下变得有巨大的表现力。

---

[1] 杨绛:《走到人生边上——自问自答》,商务印书馆2007年8月版,第135页。
[2] 杨绛:《走到人生边上——自问自答》,商务印书馆2007年8月版,第191页。

耄耋之年的杨绛为了写《走到人生边上——自问自答》，找了很多参考书，有以前读过的，如《四书》《圣经》《伦理学》《管锥编》，有以前从未读过的，如美国白璧德的作品、法国布尔热的《死亡的意义》。书里还引到一些图书报刊，都是近年新出版的，如中国电影出版社2005年出版的《弗洛伊德的智慧》以及《读书》2005年第3期、美国《国家地理杂志》2005年第3期，提到的报纸有两种：《文汇报》（2006年10月18日）和《新民晚报》（2006年5月24日）。这样一位老人，如此读书看报，真应了一句老话："活到老，学到老。"她老而不休，笔耕不辍，令人肃然起敬。

2008年7月17日，是杨绛先生九十七岁诞辰。据说那天，各路媒体记者纷纷打电话到杨绛寓所，要求采访。杨绛向来喜欢清静，多亏由杨绛的挚友吴学昭女士挡驾。

笔者在上海致电杨绛先生，我在电话中向她老人家表示了由衷的祝贺，她连声致谢。

2010年7月，三联书店出版了杨绛的《杂写与杂忆》（增订本），该书初版选收了杨绛怀人忆旧的文章三十余篇，这次增订本新增了二十余篇文章，多为作者九十高龄以后所写。

第十五章

# 百岁年纪

2011年7月17日,杨绛迎来了她的100周岁生日。闭门谢客多年的杨绛的这个百岁生日,和往年一样平静。"你们在家替我吃一碗寿面。"她对身边的亲友说。

## 一

2011年春节，全国政协主席贾庆林登门拜访，握住百岁老人杨绛的手说："您是国家的宝贵财富！"并称赞："您崇高的精神境界、淡泊谦逊的人生态度、孜孜不倦的学术追求，我们感到由衷地敬佩。"

周国平这样评价杨绛："这位可敬可爱的老人，我分明看见她在细心地为她的灵魂清点行囊，为了让这颗灵魂带着全部最宝贵的收获平静地上路。"

杨绛深居简出，多年来对媒体采访多为婉拒，除了书以外，很少能看到她的公开言论。

2011年，恰逢杨绛百岁生日，社会各界非常关心她，希望得到她的讯息。而杨绛近年闭门谢客，海内外媒体采访的要求，多被婉辞；对读者热情的来信，未能一一回复，她心上很感歉疚。她的朋友建议在百岁生日来临之际，通过答问与读者作一次交流，以谢大家的关心和爱护。杨绛同意，并把提问的事交给了这些年来投稿较多、比较熟悉的《文汇报·笔会》。该报记者周毅获此机会，与杨绛作了一次长篇笔谈。

当年7月初，《文汇报·笔会》刊登的杨绛笔谈专访，是杨先生难得一次对外公开谈论各种话题。尤其是杨绛个人的百岁感悟，令众多读者非常感动。她说："我今年一百岁，已经走到了人生的边缘，我无法确知自己还能往前走多远，寿命是不由自主的，但我很清楚我快'回家'了。我得洗净这一百年沾染的污秽回家。我没有'登泰山而小天下'之感，只在自己的小天地里过平静的生活。""细想至此，我心静如水，我该平和地迎接每一天，过好每一天，准备回家。"

在这篇笔谈专访中，《笔会》记者周毅首先对杨绛表示："尊敬的杨先生，请允许我以提问来向您恭祝百岁寿辰。"她问道："您的生日是1911年7月17日。仔细论起来，您出生时纪年还是清宣统三年，辛亥革命尚未发生。请问，7月17这个公历生日您是什么时候用起来的？"

杨绛回答说：

> 我父亲是维新派，他认为阴历是满清的日历，满清既已推翻，就不该再用阴历。
>
> 他说："凡物新则不旧，旧则不新，新旧年者，矛盾之辞也，然中国变法往往如是。旧法之力甚强，废之无可废，充其量不过增一新法，与旧法共存，旧新年特其一例而已。""今人相问，辄曰：'汝家过旧历年乎，抑或新历年乎？'答此问者，大率旧派。旧派过旧历年，新派过新历年。但此所谓过年，非空言度过之谓，其意盖指祭祖报神……今世年终所祭之神，固非耶教之上帝，亦非儒家之先圣先贤，不过五路财神耳。此所谓神，近于魔鬼，此所谓祭，近于行贿。"
>
> 7月17这个公历生日是我一岁时开始用起来的。我一岁时恰逢中华民国成立。我常自豪说："我和中华民国同岁，我比中华民国还年长一百天！"7月17日是我生日，不是比10月10日早一百天吗？[1]

杨绛从小进的启明、振华，长大后上的清华、牛津，都是好学校，而她父母家训就是：如果有钱，应该让孩子受好的教育。在回答"怎样的教育才算'好的教育'"时，杨绛说："教育是管教，受教育是被动的，孩子在父母身边最开心，爱怎么淘气就怎么淘气，一般总是父母的主张，说

---

[1] 《坐在人生的边上——杨绛先生百岁答问》，2011年7月8日《文汇报》。

'这孩子该上学了'。孩子第一天上学，穿了新衣新鞋，拿了新书包，欣欣喜喜地'上学了！'但是上学回来，多半就不想再去受管教，除非老师哄得好。"

"我体会，'好的教育'首先是启发人的学习兴趣、学习的自觉性，培养人的上进心，引导人们好学，和不断完善自己。要让学生在不知不觉中受教育，让他们潜移默化。这方面榜样的作用很重要，言传不如身教。我自己就是受父母师长的影响，由淘气转向好学的。爸爸说话入情入理，出口成章，《申报》评论一篇接一篇，浩气冲天，掷地有声。我佩服又好奇，请教秘诀，爸爸说：'哪有什么秘诀？多读书，读好书罢了。'妈妈操劳一家大小衣食住用，得空总要翻翻古典文学、现代小说，读得津津有味。我学他们的样，找父亲藏书来读，果然有趣，从此好（hào）读书，读好书入迷。"杨绛表示。

杨绛忆述道：

我在启明还是小孩，虽未受洗入教，受到天主教姆姆的爱心感染，小小年纪便懂得"爱自己，也要爱别人"，就像一首颂歌中唱的"我要爱人，莫负人家信任深；我要爱人，因为有人关心。"

我进振华，已渐长大。振华女校创始人状元夫人王谢长达太老师毁家办学，王季玉校长继承母志，为办好学校"嫁给振华"贡献一生的事迹，使我深受感动。她们都是我心中的楷模。

爸爸从不训示我们如何做，我是通过他的行动，体会到"富贵不能淫，贫贱不能移，威武不能屈"古训的真正意义的。他在京师高等检察厅厅长任上，因为坚持审理交通部总长许世英受贿案，宁可被官官相护的北洋政府罢官。他当江苏省高等审判厅厅长时，有位军阀到上海，当地士绅联名登报欢迎，爸爸的名字也被他的属下列入欢迎者的名单，爸爸不肯欢迎那位军阀，说"名与器不可假人"，立即在报上登启事声明自己没有欢迎。上海沦陷时期，爸爸路遇当了汉奸的熟人，视而不见，于是有人谣传杨某瞎了眼了。

正是前辈的耳提面命、潜移默化，让杨绛终生难忘，她与钱锺书对女儿钱瑗，也从不训示。女儿见父母嗜读，也猴儿学人，照模照样拿本书来读，居然渐渐入道。她学外文，有个很难的单词，翻了三部词典也未查着，跑来问爸爸，锺书不告诉，让她自己继续查，查到第五部辞典果然找着。杨绛称："我对现代教育知道得不多。从报上读到过美术家韩美林作了一幅画，送给两三岁的小朋友，小孩子高高兴兴地回去了，又很快把画拿来要韩美林签名，问他签名干什么，小孩说：'您签了名，这画才值钱！'可惜呀，这么小的孩子已受到社会不良风气的影响，价值观的教育难道不应引起注意吗？"

杨绛在与《笔会》的答问中表达了对丈夫的一往情深："我由宽裕的娘家嫁到寒素的钱家做'媳妇'，从旧俗，行旧礼，一点没有'下嫁'的感觉。叩拜不过跪一下，礼节而已，和鞠躬没多大分别。如果男女双方计较这类细节，那么，趁早打听清楚彼此的家庭状况，不合适不要结婚。抗战时期在上海，生活艰难，从大小姐到老妈子，对我来说，角色变化而已，很自然，并不感觉委屈。为什么？因为爱，出于对对丈夫的爱。我爱丈夫，胜过自己。我了解钱锺书的价值，我愿为他研究著述志业的成功，为充分发挥他的潜力、创造力而牺牲自己。这种爱不是盲目的，是理解，理解愈深，感情愈好。相互理解，才有自觉的相互支持。"

她说："我与钱锺书是志同道合的夫妻。我们当初正是因为两人都酷爱文学、痴迷读书而相互吸引走到一起的。锺书说他'没有大的志气，只想贡献一生，做做学问'，这点和我志趣相同。我成名比钱锺书早，我写的几个剧本被搬上舞台后，他在文化圈里被人介绍为'杨绛的丈夫'。但我把钱锺书看得比自己重要，比自己有价值。我赖以成名的几出喜剧，能够和《围城》比吗？所以，他说想写一部长篇小说，我不仅赞成，还很高兴。我要他减少教课钟点，致力写作，为节省开销，我辞掉女佣，做'灶下婢'是心甘情愿的。握笔的手初干粗活免不了伤痕累累，一会儿劈柴木刺扎进了皮肉，一会儿又烫起了泡。不过吃苦中倒也学会了不少本领，使我很自豪。钱锺书知我爱面子，大家闺秀第一次挎个菜篮子出门有点难为情，特陪我同去小菜场。两人有说有笑买了菜，也见识到社会一角的众生百相。他怕我太劳累，自己关上卫生间的门悄悄洗衣服，当然洗得一塌糊涂，统统得重洗，他的体己让我感动。诗人辛笛说钱锺书有'誉妻癖'，锺书的确欣赏我，不论是生活操劳或是翻译写作，对我的鼓励很大，也是爱情的基础。"

杨绛称："我是一位老人，净说些老话。对于时代，我是落伍者，没有什么良言贡献给现代婚姻。只是在物质至上的时代潮流下，想提醒年轻的朋友，男女结合最最重要的是感情，双方互相理解的程度，理解深才能互相欣赏吸引、支持和鼓励，两情相悦。我以为，夫妻间最重要的是朋友关系，即使不能做知心的朋友，也该是能做得伴侣的朋友或互相尊重的伴侣。门当户对及其他，并不重要。"

访谈中，《笔会》记者周毅提问道："创作与翻译，是您成就的两翼。特别是历经'大跃进''文革'等困难年代，最终完成的《堂吉诃德》的翻译，已是名著名译的经典，曾作为当年邓小平送给西班牙国王的国礼。很难想象这个工作是您47岁自学西班牙语后开始着手进行的。您对堂吉诃德这位骑士有特别的喜爱吗？您认为好的译者，有良好的母语底子是不是比掌握一门外语更重要？"

杨绛答道：

这个提问包含两个问题。我先答第一个。

我对这部小说确实特别喜爱。这也说明我为什么特地自学了西班牙语来翻译。堂吉诃德是彻头彻尾的理想主义者，眼前的东西他看不见，明明是风车的翅膀，他看见的却是巨人的胳膊。他一个瘦弱老头儿，当然不是敌手，但他竟有胆量和巨人较量，就非常了不起了。又如他面前沙尘滚滚，他看见的是迎面而来的许多军队，难为他博学多才，能数说这许多军队来自哪些国家，领队的将军又是何名何姓。这等等都是象征性的。

我曾证明塞万提斯先生是虔诚的基督教徒，所以他的遗体埋在三位一体教会的墓园里；他被穆尔人掳去后，是三位一体教会出重金把他赎回西班牙的。虽然他小说里常有些看似不敬之辞，如说"像你妈妈一样童贞"，他也许是无意的，也许是需要表示他的小说不是说教，但他的小说确是他信仰的产物。

现在我试图回答第二个问题。

"作为好的译者，有良好的母语底子是不是比掌握外语更重要？"

是的。翻译是一项苦差，因为一切得听从主人，不能自作主张，而且一仆二主，同时伺候着两个主人：一是原著，二是译文的读者。译者一方面得彻底了解原著；不仅了解字句的意义，还需领会字句之间的含蕴，字句之外的语气声调。另一方面，译文的读者要求从译文里领略原文，译者得用读者的语言，把原作的内容按原样表达；内容不可有所增删，语气声调也不可走样。原文弦外之音，只能从弦上传出；含蕴未吐的意思，也只附着在字句上。

译者只能在译文的字句上用功夫表达，不能插入自己的解释或擅用自己的说法。译者须对原著彻底了解，方才能够贴合着原文，照模照样地向读者表达，可是尽管了解彻底未必就能照样表达。彻底了解不易，贴合着原著照模照样地表达更难。

末了我要谈谈"信、达、雅"的"雅"字。我曾以为翻译只求亦信亦达，"雅"是外加的文饰。最近我为《堂吉诃德》第四版校订译文，发现毛病很多，有的文句欠妥，有的辞意欠醒。我每找到更恰当的文字或更恰当的表达方式，就觉得译文更信更达，也更好些。"好"是否就是所谓"雅"呢？（不用"雅"字也可，但"雅"字却也现成。）福楼拜追求"最恰当的字"（Le mot juste）。用上最恰当的字，文章就雅。翻译确也追求这么一个标准：不仅能信能达，还要"信"得贴切，"达"得恰

345

当——称为"雅"也可。我远远不能达到这个目标,但是我相信,一切从事文学翻译的人都意识到这么一个目标。

杨绛的丈夫钱锺书先生天分、才学过人,加上天性淘气,臧否人事中难免显示他的优胜处。曾有人撰文感叹"钱锺书瞧得起谁啊"!对此,杨绛为自己辩护为什么从来不承认钱锺书的骄傲,她说:

钱锺书只是博学,自信,并不骄傲,我为什么非要承认他骄傲不可呢?

钱锺书从小立志贡献一生做学问,生平最大的乐趣是读书,可谓"嗜书如命"。不论处何等境遇,无时无刻不抓紧时间读书,乐在其中。无书可读时,字典也啃,我家一部硕大的《韦伯斯特氏(Webster's)大辞典》,被他逐字精读细啃不止一遍,空白处都填满他密密麻麻写下的字:版本对照考证,批评比较,等等。他读书多,记性又好,他的旁征博引、中西贯通、文白圆融,大多源由于此。

钱锺书的博学是公认的,当代学者有几人能相比的吗?

解放前曾任故宫博物院领导的徐森玉老人曾对我说,如默存者"二百年三百年一见"。

美国哈佛大学英美文学与比较文学教授哈里·莱文(Harry Levin)著作等身,是享誉西方学坛的名家,莱文的高傲也是有名的,对慕名选他课的学生,他挑剔、拒绝,理由是"你已有幸选过我一门课啦,应当让让别人……"。

就是这个高傲的人,与钱锺书会见谈学后回去,闷闷冒出一句"我自惭形秽"。(I'm humbled!)陪同的朱虹女士问他为什么,他说:"我所知道的一切,他都在行。可是他还有一个世界,而那个世界我一无所知。"

钱锺书自己说:"人谓我狂,我实狷者。"狷者,有所不为也。譬如锺书在翻译《毛泽东选集》的工作中,就"不求有功,但求无过"。他乖乖地把自己变成一具便于使用的工具，只闷头干活，不出主意不提主张。他的领导称他为"办公室里的夫人"，他很有用，但是不积极。

人家觉得钱锺书"狂"，大概是因为他翻译《毛选》，连主席的错儿都敢挑。毛著有段文字说孙悟空钻到牛魔王的肚里，熟读《西游记》的锺书指出，孙猴儿从未钻到牛魔王的肚里，只是变了只小虫被铁扇公主吞入肚里。隐喻与原著不符，得改。

钱锺书坚持不参加任何党派，可能也被认为是瞧不起组织，是骄傲。其实不然，他自小打定主意做一名自由的思想者（free thinker），并非瞧不起。很多人有点儿怕钱锺书，因为他学问"厉害"，他知道的太多，又率性天真，口无遮拦，热心指点人家，没有很好照顾对方面子，又招不是。大家不怕我，我比较收敛。锺书非常孩子气，这方面就像永远长不大的孩子。但钱锺书也很风趣，文研所里的年轻人（新一代的知识分子）对他又佩服又喜爱。最近中国社会科学院编辑出版的《钱锺书先生百年诞辰纪念文集》几十篇文章的作者，都是对他又敬又爱的好友。

杨绛在访谈中再三强调自己"甘当一个零"，她说："我这也忍，那也忍，无非为了保持内心的自由，内心的平静。你骂我，我一笑置之。你打我，我决不还手。若你拿了刀子要杀我，我会说：'你我有什么深仇大恨，要为我当杀人犯呢？我哪里碍了你的道儿呢？'所以含忍是保自己的盔甲，抵御侵犯的盾牌。我穿了'隐身衣'，别人看不见我，我却看得见别人，我甘心当个'零'，人家不把我当个东西，我正好可以把看不起我的人看个透。这样，我就可以追求自由，张扬个性。所以我说，含忍和自由是辩证的统一。含忍是为了自由，要求自由得要学会含忍。"

言谈之中，流露出阵阵戾气，杨绛能忍，只因头上悬刀一丝。有人不禁感慨："我估计世界上的文学大师，在100岁的时候还在使用诸如刀、杀我、杀人犯、深仇大恨这类词语的，恐怕不多。悲夫！悠悠诗国，戾气何重之至此！"

一百岁的人了，平日间写写读读，周围兰茂书香，其人儒雅高贵，淡泊慈祥。却不料一开口，这位百岁老人就说到刀子，说到"人家不把我当个东西"。可以想见一辈子是如何地含辛茹苦，忍辱负重。一代人杰，却只想当个"零"，为避开刀子而忍着。"要求自由得要学会含忍"。一般来说，自由是不忍的结果。忍出来的自由，倒也是一种地方性知识。自觉地把自己处理成某种"零"，不仅仅是杨绛个人的人生之道，恐怕也是同时代许多知识分子的人生之道。

　　杨绛的"零"并非空洞无物。只有做"零"状，她才能自由地做自己想做的事情，写自己想写的书，说自己想说的话。其实在杨绛答问的字里行间，使人感觉到的不是老人百岁的开朗豁达、淡泊释然，而是深层的苦笑；她只是把刀子之类的戾词，吐得更轻、更慢、更温雅些而已。

| 二 |

　　2011年4月4日，《北京晨报》刊登记者刘婷的《罗银胜以小见大写杨绛》，报道称，"今年恰逢著名作家、文学翻译家杨绛百岁生日，由传记作家罗银胜撰写的《百年风华：杨绛传》[1]由京华出版社出版。该书引用、融合了诸多杨绛著作中的记载，以大量历史、人物为背景，让读者了解了这位杰出女性的传奇人生。从杨绛幼年时期的家庭生活到青年时期的求学经历，从成年后与钱锺书的历经风雨到之后随社会变迁所经历的历次风浪和运动，杨绛的人生和动荡年代的坚持和把握的人性柔光，在作者以小见大的行文下得以彰显。读者亦可从中对杨绛的生平、文学创作、翻译

---

[1] 本书是《百年风华：杨绛传》的修订版。

著述有所了解。"

作为为数不多的依然健在的民国名媛、文学大师，杨绛先生的名字已如星光闪耀。她富有老派中国知识分子特有的学术精神和人格魅力，在历经风风雨雨后，仍然温柔敦厚、哀而不伤。正如夏衍先生有言"你们捧钱锺书，我捧杨绛"，不失为对杨绛先生的莫大肯定。

钱锺书在世的时候，几乎不见媒体记者。钱锺书去世后，杨绛先生也如出一辙，她曾对记者说："我其实很羡慕做一个记者，假如我做记者我就做一个像《焦点访谈》那样的跟踪记者，或者战地记者，有一定危险性和挑战性。但是，我不愿做追逐名人的记者，访什么名人呀！"

一次，江苏省无锡市的领导代表家乡人民到北京看望杨绛，并提出出于对文化保护与建设的需要，想修复钱锺书故居、杨绛家的老宅，目的并不在于简单地修复房子，而是希望能从这些名人所创造的精神财富中汲取养分。杨绛先生一听，连连表示："我们不赞成搞纪念馆。"

杨绛已经整整一百岁了，她还是一如既往地保持着一份清明与淡泊，甚至有一点特立独行。她的存在，是这凡俗人间的一丝光亮。因为多年从事杨绛生平与作品的研究，先后出版了《杨绛传》和《百年风华：杨绛传》，著者这年接受了多家媒体的采访。

6月23日，上海《青年报》的报道表示：

下个月的17日，钱锺书夫人、文化老人杨绛就要年满100岁了。本报记者昨天拨通了老人北京家中的电话，接电话的是老人的保姆，她说，老人除了耳朵有点听不清之外，一切均好。对于记者采访老人的要求，保姆说："杨绛先生说过了，她百岁生日不接受采访。先生向来为人低调，这是你们知道的。"

自1997年女儿钱瑗，1998年先生钱锺书相继去世后，十几年了，杨绛就一直在家里与保姆相伴生活，她并不愿意与外界有太多接触，也很少谈自己的事情。最近刚出版的《百年风华：杨绛传》的作者罗银胜与杨绛先生有过很多次接触。"杨绛先生是为钱先生而活的啊,她始终默默地继续着他的事业。"昨在接受本报专访时,罗银胜感叹道。

杨绛与钱锺书感情之深,是常人很难想到的。罗银胜告诉本报,杨绛先生在钱锺书去世之后闭门谢客,其实她一直在坚持整理先生的笔记。被称为"文化昆仑"的钱锺书先生的手稿往往用中文和英、法、德等外文来记录,因此整理起来难度比较大,杨绛先生便在学生的帮助之下艰难地工作至今,并出版了《钱锺书手稿集》等。

在罗银胜印象中,杨绛先生是一位具有内秀之美的老人,每当谈到先生钱锺书,她总是将自己放在一个辅助的位置上。为了《百年风华:杨绛传》的写作,罗银胜曾与杨绛有过多次通信,在一封回信中杨绛写道:"我是一个平凡的人,不值得你们作家写……我干脆劝你放弃这项工作,花点功夫多研究钱先生的学问吧。"[1]

千里之外的《辽沈晚报》非常热情,多次敦请采访我,记者王莹经采访后,写了《低调杨绛:自称是钱锺书的拦路狗》,本书转引如下:

日前,记者独家专访了《百年风华:杨绛传》的作者罗银胜,他用一种平常的眼光去看待自称为"平凡"的杨绛,解读她的处世之道,揭示了她作为一个妻子为丈夫的付出,为人们讲述了杨绛"百年风华"背后的真实。

### "低调"中的幸运和成功

《干校六记》《洗澡》《我们仨》,单凭这三部作品,杨绛在中国文坛的女性作家中已是非同一般了,更何况还要加上她在翻译上的贡献。可

---

[1] 记者郦亮、实习生周冰倩:《杨绛低调迎百岁大寿,仍在整理先生钱锺书笔记》,2011年6月23日《青年报》。

就是这样一个上得厅堂、下得厨房的人，生活却是如此的低调，甚至会给人高傲、远离尘世的感觉，杨绛的低调从何而来？

记者：形容杨绛先生，总是少不了"低调"这个词，那在您的印象中，杨绛先生是否真的如此，她的低调从何而来？

罗银胜：为何杨绛和钱锺书会选择"低调"的生活方式，一心研究学问？这其实可以说是他们两人的生存之道。联系到社会与时代的大背景，可以想象在当时中国这样一个"左右"为难的时代中，他们夫妇二人都是高级知识分子，"不问世事"的选择是一种明智之举。他们更愿意选择低调、从容、"自我"的生活，这也是"有心计"和考量后的结果。

夫妇二人埋头钻进了学问中，并在其中自得其乐，在钱锺书走后，年事已高的杨绛毅然坚持整理钱锺书的文稿，一丝不苟，态度严谨。而不问世事其实也是他们专心做学问的一种表现，处事和做学问相同的严谨态度，也让他们在低调中做到了幸运和成功，这对于一般人来说都是极为困难的。

记者：您这样的猜想是否得到过杨绛先生的认可呢？

罗银胜：虽然我对于他们低调行事的猜想杨绛并没这样说过，但通过写她的传，我觉得这与她的内心还是很吻合的。

## 百岁高龄坚持每天读书

现在的杨绛已经淡出了人们的视野，即便是有电话来了，她也只是淡淡地感谢大家的关心，说自己年岁已高不想接受采访了。杨绛现在每天会拿出很大一部分时间来整理钱锺书的书稿和手稿，并在钱锺书过世后，出版了多部著作。罗银胜曾说，杨绛先生是为钱先生而活的。

记者：您曾说"杨绛先生是为钱先生而活的"，如何来理解这句话呢？

罗银胜：这样说是因为两点，一是，杨绛曾说自己是钱先生的拦路狗，在钱先生走后，她应该为钱先生谢世、谢客；二是，钱先生过世后，她所做的事情都在围绕着钱先生，通过这样两点我总结的这句话。但在我看来，这样的活法并没有这个必要，因为每个人都只有一次生命，应该为自己的理想和信念而活，但我尊重杨绛的选择。

杨绛现在每天从事的整理钱先生书稿和手稿的工作，意义也很大。他们多年来换过多次地方，到现在很多手稿都已经模糊，甚至有页数不齐的，整理起来都需要花费大量的时间和精力，杨绛现在的这份付出和牺牲已经是克服了她精力和体力上的困难，实属不易。可是这样的不易也是值得的，毕竟是将钱先生的学问发扬光大、造福于后学了，我们要感念她。

记者：杨绛先生总是说自己是一个平凡的人，您如何看待她所说的"平凡"二字呢？

罗银胜：她并不是一个平凡的人，无论是从创作上还是她的翻译工作上，她都在做着不平凡的事情。但她说自己是一个平凡的人，或许这也是她低调生活方式的一种表现，是她保护自己的一种方式。

记者：在杨绛目前的生活中，几乎可以说是与书相伴，据您了解，杨绛最喜欢的书籍有哪些呢？

罗银胜：别看杨绛现在年岁已高，但读书几乎每天都会有。她近两年读的书有《陆羽》、"四书"、《圣经》、钱锺书的《管锥编》，以及美国白璧德的作品、法国布尔热《死亡的意义》、伊壁鸠鲁的伦理学等，除了书籍外，北京和上海的各大报纸也在她的阅读范围之中，《文汇读书周报》、美国的《国家地理》杂志都是她喜欢的读物。

另外，虽然她有些看不起张爱玲，但张爱玲的作品也是摆在她的书架上，成为了她读的众多书籍之一。

记者：您现在与杨绛先生联系得还密切吗？

罗银胜：由于杨绛已百岁高龄，耳朵有些聋了，让人很不忍打扰她，两年前给她打电话的时候就需要大喊大叫她才能听到，沟通起来也就比较困难了，所以近两年联系得比较少了。[1]

---

[1] 王莹：《低调杨绛：自称是钱锺书的拦路狗》，2011年7月5日《辽沈晚报》C10版热度关注。

## 第十五章 百岁年纪

《中国图书商报》的记者潘启雯，认真敬业，他采访过多位学者、作家及出版人士，与读者一起从侧面回眸杨绛这位杰出女性的人格魅力和时代价值，以及其所走过的传奇人生。我接受《中国图书商报》记者采访时，认为"杨绛这位祖籍江苏无锡的江南女性，身上蕴含了中国传统女性所有理想化的特征。世人皆知的杨绛，大多是作为'钱锺书夫人'面貌呈现的。而杨先生自己也非常中意这个称呼，并未因为自己的文学和翻译成就而要求别人称她'翻译家、散文家杨绛'。如果要我用一句话来形容杨先生，那么一定是'落花无言，人淡如菊'——温柔和婉，聪颖贤惠"。我强调：

杨绛一生最打动人的是她所具备的中华民族传统的沉静之美、内秀之美，还有她的甘做"灶下婢"的奉献精神。从她的本意上，她并不希望我们小辈去写她。当我采访她时，她很谦虚地说，不要写她，不值得写。杨绛在一封回信中如此写道："我是一个平凡的人，不值得你们作家写……我干脆劝你放弃这项工作，花点功夫多研究钱先生的学问吧。"但又很能提携后辈，对寄去的书稿，她仔细修改后，又给寄回。[1]

发行量居全国晚报之首的上海《新民晚报》，在杨绛百岁生日的前夕，7月16日发表记者乐梦融的报道，他采写说："杨绛是我国当代著名的作家、文学翻译家，她的名字在中国文坛如星光闪耀。明天是她百岁生日，上海传记作家罗银胜著《百年风华：杨绛传》近日推出。"

"回望百年，杨绛从名门闺秀到今天的文学大家，无论居于何地位，留给人的都是恬静、低调、不问世事、埋头做学问的印象，富有'老派'中国知识分子的学术精神和人格魅力。罗银胜说，写杨绛传记，他以大量真实的历史事实、人物为背景，融入了诸多杨绛本人的忆述。作为传记作

---

[1] 潘启雯：《再过几天就是杨绛百岁生日——学者、作家及出版人士共话杨绛的人格魅力和时代价值》，2011年7月12日《中国图书商报》。

家,他用平常的眼光去看待杨绛,解读她的处世之道,揭示她作为妻子对丈夫的付出,让读者了解这位杰出女性的传奇人生。"文章称。

报道还说:"罗银胜透露,杨绛已经淡出了人们的视野,少接电话少社交,不过,她每天会拿出一部分时间来整理丈夫钱锺书的书稿和手稿。"1

| 三 |

2011年7月17日,杨绛迎来了她的100周岁生日。闭门谢客多年的杨绛的这个百岁生日,和往年一样平静。"你们在家替我吃一碗寿面。"她对身边的亲友说。

杨绛临近百岁的时候,钱锺鲁带着孙女去看她,带着蛋糕,钱锺鲁特别想孩子们能从老奶奶身上学到东西。杨绛并不像个百岁老人,特别会说话,有趣,口齿清晰,常叫钱锺鲁要听陈霞清的话,不听话就要陈霞清告诉她。还把孩子们送的生日小帽戴在头上照相,做八段锦给他们看,说自己身体很好,前些年她还带着陈霞清她们送的计步器在院子里走路。她已经超越了生死。

陈霞清说,每次去看杨绛,都预先跟保姆说好,不能去太早。杨绛要梳妆打扮,陈霞清也特别佩服大嫂这点,穿的衣服全是半新不旧的,可是特别有派,百岁老人还有她自己的气度。

这种气度,在钱锺鲁看来,是天生的。他特意举出杨绛在"文革"时

---

1 乐梦融:《记述百岁杨绛传奇人生,〈百年风华:杨绛传〉出版》,2011年7月16日《新民晚报》。

的例子来佐证：当时杨绛在"人民群众"揭发钱锺书张贴的大字报下贴小字报，讲清钱锺书没有反革命行径，结果被拉到千人大会上示威，要求她讲清楚。会上给她锣鼓，她一面跺脚，一面顶嘴，后来干脆就使劲敲锣。"人民群众"闹翻了天，押她去游街，众人始知杨先生不是娇小姐。到晚年和钱锺鲁说到此事，她还很高兴："文革"中，外文所就她一人敢于和"革命群众"发脾气。她解释，在艰难忧患中，能吃苦是最重要的品质，"有信念"，就能克服艰难困苦，就像老百姓常说的"有念想"一样。

杨绛百岁生日前后那些天最忙的是家里的吴阿姨，楼上楼下跑接各界送来的鲜花、贺卡，每天接很多的祝寿电话，还有就是婉辞前来给杨绛祝寿的各界人士。去探望的人们都说，杨绛家里的花篮已经多得放不下，书桌还是整洁布置。

百岁大寿这一天，杨绛是跟美国回来的三姐的孩子一起过的，其他跟往常一样。杨绛曾对比较亲密的几位朋友说，天太热，别来祝寿了："你们在家替我吃一碗寿面，别麻烦大家了。"虽然有记者到杨绛先生在北京的家采访，但被婉拒，"她太累了，让她休息休息吧"。

同时，各界送来了很多礼物，而其中最贵重的可能是《钱锺书手稿集·中文笔记》，商务印书馆赶在杨绛大寿之时，特地赶制了几套送给杨绛。即将出版的《钱锺书手稿集·中文笔记》全套二十册，依钱锺书手稿影印而成，所收中文笔记手稿83本，形制各异，规格大小不一，商务印书馆用三年多时间影印编辑完成。杨绛的原工作单位中国社科院以及三联书店和人民文学出版社，都知道杨绛的脾性，都没有在这一天开热闹的祝寿会议，不过三联书店和商务印书馆不约而同地都推出杨绛著作专柜。杨绛的好友、出版人董秀玉也说，以往大家都是在杨绛生日前几天或者晚几天去她家，"今年先生太累了，过了这热闹阵子，再去拜访她"。

著名作家邵燕祥在杨绛生日当天发表《勇者寿》，称颂杨绛"真正意义上的达人在您这里"，文章说："多年来，我从您做人和为文中，读到您生命力的坚韧，并为您感到骄傲，您不忌讳这两个字吧？您是百炼钢化为绕指柔，柔能克刚的那一类型。但同时，我也感到微微的怅惘：像您这样的人不会再有了。您这个'人'，是百年沧桑和您自己家世身世阅历通过您的个性研磨造就的。在您身上，我才懂得了'学养'两个字。一般的'博学''审问'，有自觉的努力可以做到，'慎思''明辨'就不那么容易。这里有您天生的悟性，书香的熏陶，尤其是亲经几乎空前甚至绝后的得天独厚的时代剧变（谁还能重历一遍辛亥、'五四'、抗日、内战和1949年后的光影斑驳），您以好奇、探询、思考为生活，包容东西方文明形成的教养玉成了您的一生。说您'世事洞明'，自然当之无愧，而您更达到了超越世俗的人生（不仅是人生边上的）智慧。这是难得的通达和透彻（不是机巧和小聪明）。现在媒体经常炒作所谓'达人'，真正意义上的达人在您这里！"[1]

中国作家协会主席铁凝和中国作家协会党组书记、副主席李冰如约前去祝寿，据李冰追述，当时在杨宅的情形颇为温馨：

在杨绛先生百岁寿辰时，我和铁凝去祝寿。杨绛先生听力不太好，视力却奇好，看书不用戴眼镜，特别是思维仍很清楚。老人见了铁凝相谈甚欢。她谈起"五四"运动爆发时，她才8岁，跟随游行的学生去东交民巷，走到天安门广场附近，遇到军警，队伍被冲乱，她躲到了水沟边的土坎后面。讲起当时的细节，杨绛先生记忆犹新，脸上泛出兴奋的红晕，被铁凝称为"婴儿红"。还是铁凝细心，她发现天花板上有几个手印，就问了一句。杨绛先生的回答让我们着实吓了一跳。老人说那是她换灯管时按下的。杨绛先生家里用的是半个世纪前普遍使用的棒状日光灯。有一次灯管坏了，老人家便挪来一张桌子，高度不够，又叠加一把椅子，然后爬上去换灯管。无处可扶，只有用手撑住天花板以求平衡。老人登那么高，还要一只手把坏灯管用力抽下来，其惊险和难度不亚于杂技里的高空椅子

---

[1] 邵燕祥：《勇者寿——致杨绛先生》，2011年7月17日上海《文汇报》。

顶。我猜想,老人身边当时可能再无旁人,否则谁肯让老人冒险呢?身边无人保护,万一失手摔下来怎么办!等别人来更换不行吗?也许老人急需光亮,特别是晚上要读书写字。可家里其他房间灯也坏了吗?想来想去,一个个假设的理由都不成立,唯一的解释是,老人刚强,内心里不服老,一些事要自己动手做。[1]

尽管已经100岁高寿了,杨绛的日常起居照常如初,她往往到凌晨一点才睡觉,六点多起来,年事虽高,九、十点钟还是下楼在小区"遛弯儿",吃完午饭后再睡个午觉,作息有规律,每天坚持写作,甚至练字。她希望把《洗澡》的续集写出来,而且她还在做《红楼梦》研究,也会写一些有关的文章。

此前在接受采访时,杨绛透露,自己从年初开始再次用毛笔练小楷,抄写钱锺书的《槐聚诗存》,一天写几行,"练练字,也通过抄诗与他的思想诗情亲近亲近"。到6月19日凌晨2时,这部作品全部抄完。有时她也写点小文章,多属杂忆与杂写之类,等将来攒到一定数量,当结集出版。

对此,钱锺书的侄女钱静汝感慨地说:"一个人活到100岁,女儿走了,丈夫也先走了,她一个人能这么挺下来,不容易的。"

---
[1] 李冰:《说说杨绛的刚强》,《作家通讯》2015年第2期。

第十六章

# 拍卖风波

在这场发生在2013年至2014年之间，持续将近一年的书信手稿拍卖案中，102岁高龄的杨绛取得了完胜，表现出铮铮硬骨的一面，没有半点柔弱，有的只是刚强。

杨绛

| 一 |

　　步入百岁的杨绛久未露面，过着恬静闲适的生活。

　　杨绛的生活很有规律，爱清静，过年也不喜热闹，常常是几个人一起过。她一日三餐吃得很固定：早饭吃得最多，一起床，先喝两杯白开水，再来一勺蜂蜜，接着再喝几口白开水。稍歇，吃个苹果，随后是一大碗牛奶麦片粥，加一颗煮鸡蛋。上午看书之余练一会儿八段锦。中午，吃一点点米饭，菜是一小段清蒸的鱼，一份绿颜色的蔬菜，再吃一碟用大棒骨肉冻化开后热拌的黑木耳，撒上香菜和香油。午觉睡醒后吃点儿水果。晚上，喝好几种杂粮熬成的粥。

　　有人曾指着电视里的烹饪节目问杨绛："您馋不馋哪？"

　　"以前都享受过，还是清淡的东西最好。"杨绛摇摇头。

　　杨绛对饮食的自控力非常强，数年内，仅有一次因为多嗑了几颗松子而肠胃不适。

　　杨绛有个窍门，就是在同样的时间里，尽量利用不同的身体器官，做不同的事情。比如，吃饭的时候听广播、看电视，看书的时候在桌子底下打毛衣。另外，还要利用零碎时间，做零碎的事情，积少成多，就能做出像样的事情了。

　　这就是杨绛百岁前后一段安详、恬静的时光。

　　然而在2013年，杨绛平静的生活被突如其来地打破了。

　　据5月21日《光明日报》和5月22日《东方早报》报道：110件钱锺

书、杨绛、钱瑗书信及手稿首次曝光,内容既有钱锺书、杨绛关于稿件出版的种种细节,又有钱锺书对于事件的看法、对于他人评价的直抒胸臆的表达,因而真实反映了钱锺书性情、情趣及其为学做人,是解读钱氏之学的宝贵资料,这些书信、手稿将于6月22日在北京万豪酒店上拍。"《也是集》——钱锺书书信手札专场"研讨会将于6月8日在现代文学馆举行。

据称,将于6月22日举行的"钱锺书书信手札专场",涉及钱锺书一家书信及手稿等共计110件作品。手稿包括钱锺书207页笺纸钢笔《也是集》手稿,杨绛6页《干校六记》校勘等重要的文学研究资料;书信包括60份钱锺书毛笔书信,8件钱锺书钢笔及圆珠笔书信,12封杨绛钢笔书信,6封钱瑗钢笔书信等。

操办这次拍卖活动的中贸圣佳国际拍卖有限公司负责人胡兰杰介绍,此批钱氏信札内容丰厚,装裱完好,均未曾公布。钱锺书书法信札大多采用文言文、八行笺(古代的一种信纸,以竖排的八列为一整张,每页信纸都是八列,从右向左书写),密密麻麻,是钱锺书的书法写作特点。

这些书信多是钱氏一家与香港《广角镜》杂志社总编辑李国强的书信往来。从书信内容可知,钱家与李国强相识于1979年,至钱瑗病逝、钱锺书病重,两家始终保持着密切联系。李国强于1979年至1998年期间,在《广角镜》月刊工作并担任总编辑,因邀请钱锺书撰稿与其结识,前后出版《干校六记》(1981年)、《也是集》(1984年)。此后,钱锺书又托李国强用稿费买西方书籍,因此通信颇频。

有钱学专家在见过这批手稿后表示,其中最有价值的是钱锺书书信部分,书写内容简短精炼,言辞恳切又不乏钱氏的诙谐、幽默、戏谑。

公开资料显示,这批钱锺书的书信横跨1979年至1991年,贯穿了《也是集》的整个出版过程。从1979年至1984年,《也是集》的出版历经五年,通过这些书信可见,钱锺书从最开始的"不合作"到与李国强成为挚友,最终使著作得以出版。

尽管这批信札涉及不少对历史和学人的评判,有着重要的文献和研究价值，但是由于这些信札关涉个人隐私，一旦内容公开，必将引起杨绛的强烈不满。

102岁高龄的杨绛于5月20日在家中得知拍卖消息时，很是吃惊，她立即给远在香港的收藏人李国强打去电话，表示"我当初给你书稿，只是留作纪念。通信往来是私人之间的事，你为什么要把它们公开？""这件事情非常不妥，你为什么要这样做？请给我一个答复。"李国强回应杨绛说："这件事情不是我做的，是我朋友做的。"他承诺要给杨绛一封书面答复。当记者联系67岁的李国强时，其表示对拍卖信札一事无可奉告。

而拍卖公司则回应说"本意是出于对钱锺书和杨绛的尊重，书信及手稿具有非常重要的文献价值和文学研究价值"，"研讨会和拍卖时间将提前"。

26日，杨绛通过《新民晚报》《光明日报》等九家媒体发布公开信表示，坚决反对钱锺书及其本人与女儿的私人书信被拍卖，如果拍卖举行，她将诉诸法律，维护自己和家人的合法权利。公开信全文如下：

近来传出某公司很快要拍卖钱锺书、我以及钱瑗私人书信一事，媒体和朋友很关心我，纷纷询问，我以为有必要表明态度，现郑重声明如下：

一、此事让我很受伤害，极为震惊。我不明白，完全是朋友之间的私人书信，本是最为私密的个人交往，怎么可以公开拍卖？个人隐私、人与人之间的信赖、多年的感情，都可以成为商品去交易吗？年逾百岁的我，思想上完全无法接受。

二、对于我们私人书信被拍卖一事，在此明确表态，我坚决反对！希望有关人士和拍卖公司尊重法律，尊重他人权利，立即停止侵权，不得举行有关研讨会和拍卖，否则我会亲自走向法庭，维护自己和家人的合法权利。

三、现代社会大讲法治，但法治不是口号，我希望有关部门切实履行职责，维护公民的"通信自由和通信秘密"这一基本人权。我作为普通公民，对公民良心、社会正义和国家法治，充满期待。[1]

针对此次拍卖引发的诸多法律问题，当天，来自清华大学、北京大学、中国人民大学的民法、知识产权法和宪法领域的法律专家，进行了专题研讨。包括中国民法学研究会会长、中国人民大学副校长王利明，中国宪法学研究会副会长、清华大学法学院院长王振民在内的专家一致认为：未经作者同意，拍卖私人信件严重侵害作者及他人的隐私权和著作权，违反公共秩序和善良风俗，应当依法禁止。

专家认为，私人信件本质上是个人之间基于相互信任进行的私密通讯，涉及作者和他人的隐私。我国《侵权责任法》明确保护公民个人的隐私。未经作者同意拍卖私人信件，势必导致信件中的私人信息向第三方甚至社会公众公开。对此，书信作者有权采取措施，制止侵权行为的发生。此外，《宪法》第四十条规定，公民的通信秘密是我国公民享有的基本权利。未经许可，拍卖私人信件侵犯公民的通讯秘密权。

专家还认为，书信的著作权属于书信作者，不因信件所有权的转移而转移。收信人或拍卖公司在拍卖过程中，为宣传推广，向社会公众展示信件原件或复制件，或者向公众提供该信件内容全部或部分复制件的行为，侵犯书信作者依据《著作权法》第十条所享有的发表权、复制权、发行权等合法权益。

专家指出，私人信件的性质特殊，体现了发信人对收信人的个人信赖。"收信人虽对信件享有所有权，但是并不能随意处分这些信件。收信人在行使所有权时，应当尊重公共秩序和善良风俗，不得伤害发信人对自己的信赖，不得侵害发信人和第三方的合法权益。"

---

[1] 2013年5月27日《新民晚报》A13版。

杨绛

| 二 |

针对数家媒体曝光"钱锺书杨绛手稿首次大规模面世并将于6月22日拍卖"一事，杨绛认为此事不妥，她坚决叫停此次拍卖。

此次拍卖的这批手稿基本上是在20世纪80年代的通信，从著作权法的角度来看，还在50年的保护期之内。由于书信的著作权归属于写信人，著作权本身也是可以继承的。因此，无论是钱锺书的，还是杨绛的手稿，如果未经杨绛的允许，是不可以出版的。但拍卖行的图录，也许并非是公开出版物，是否应得到杨绛的允许，可以存疑。

可从著作权法的另一角度论，收信者拥有所有权，但如果没有获得发信者的同意，不得随意公开信件。虽然从拍卖的角度来说，是所有权的转移，但在未经著作权人允许的情况下，是不能通过预展或者图录的形式将手稿内容公开的。

但是，我们也应该看到，对于委托人来说，其拥有对于手稿的处分权利，是通过拍卖，还是捐赠，与著作权人没有关系。即使通过拍卖的手段，只要不展示出手稿的内容也是可行的。从这一点来看，此次负责拍卖的有关机构，将信件的内容公开无疑是欠考虑的。

手稿所具有的文献价值和文物价值是有目共睹的。虽然现代印刷技术使作品的传播更加便捷，但作品内外的丰富内涵仍未能完整体现，而手稿作为一个原生态的文本，既可还原印本之缺，又能为研究者提供丰富的信息，探寻作者的心路历程。但无论意义如何巨大，手稿拍卖不仅与委托人有关，还涉及著作权人；手稿的研究价值再大，其交易的范围也应该受到法律的约束。

这项拍卖已经酿成公共事件，一时间成为舆论焦点。

5月29日，中国作家协会主席铁凝发表谈话，声援杨绛。铁凝认为："公开和出售别人的隐私，有悖于社会公德与人的文化良知。"

铁凝说:"关于钱锺书杨绛私人书信被拍卖一事,我看到《文汇报》上一些法学专家的意见,我是同意的。这一行为侵犯了他人的隐私权。以往国内外也有类似的案例被裁定。在当事人不知情或不同意的情况下,擅自公开拍卖和公开出版的性质完全相同,最重要的在于'公开'。任何未经许可的公开都是对隐私权的侵犯。"

铁凝认为:"私人间的通信是建立在相互尊重、信任的基础上的。利用别人的信任,为了一己之私,公开和出售别人的隐私,有悖社会公德与人的文化良知。在当事人坚决反对的情况下,如果还执意要这样做,是对当事人更深的伤害。"

铁凝指出:"钱锺书和杨绛先生是我国著名的文学大家、翻译大家,深受国内外众多读者的喜爱,对中国文学乃至中国文化产生了重要影响。杨绛先生是亲历'五四'运动,唯一仍在世的中国作家。钱锺书、杨绛二人把一生全部的稿费和版税捐赠给母校清华大学,设立'好读书'奖学金,至今捐赠累计逾千万元,受益者已达数百位学子。如今,102岁的杨绛先生精神矍铄,身体康健,我认为这是中国文学界和文化界的幸事和喜悦之事。拍卖之事让这位年逾百岁的老人在安宁和清静中被打搅,她的情感、精神受到伤害。让这样一位老人决意亲自上法庭一定是许多喜爱钱锺书、杨绛作品的读者不希望看到的,一定也是善良的国人不乐意看到的。人心的秩序,人际关系中信任、坦诚这些美好的词汇万不可变得如此脆弱和卑微。"[1]

同日,国家版权局回应书信拍卖事件:支持杨绛先生依法维护合法权益。国家版权局版权管理司司长于慈珂表示:"国家版权局支持著作权人依法维护自身合法权益的诉求,并将继续关注事件进展。"他说,就著作权而言,书信作为文字作品,著作权属于作者,即写信人。拍卖活动的相关行为方在对信件进行处分时,未经著作权人同意,不得对书信做著作权

---

[1] 江胜信文,2013年5月30日《文汇报》。

意义上的任何利用，否则涉嫌造成对著作权人合法权益的侵害。比如将书信的全部或部分内容公之于众，就可能涉嫌造成侵犯著作权人的发表权。

他指出，根据现行《著作权法》第四十七条，对于未经著作权人许可发表其作品的侵权行为的，应当根据情况，承担停止侵害、消除影响、赔礼道歉、赔偿损失等民事责任。[1]

5月30日，中国作协官网"中国作家网"报道，近日，未经作家同意拍卖钱锺书、杨绛先生私人书信一事在广大作家中引起了强烈反响。中国作家协会作家权益保障委员会负责人表示，中国作家协会支持杨绛先生依法维权。

该负责人称，书信不同于一般物品，虽然书信所有权属于收信人，但书信内容是写信人创作的作品，其著作权仍属于写信人。从古至今，信札是文人、作家之间联系沟通、交流心得的重要工具。在作者明确表示反对的情况下，拍卖私人信件涉嫌侵害作者的著作权、隐私权及名誉权。开此不良之风会使作家对书信往来有所顾忌，增添将来自己的书信也被拍卖、被公开的担心，从而对作家之间的文笔交流带来不利影响。

该负责人表示，中国作家协会一贯重视维护广大作家的合法权益，反对任何损害作家合法权益的行为。我们对书信持有人见利忘义的行为表示愤慨，同时也希望拍卖公司充分尊重和理解杨绛先生的意愿，停止拍卖钱锺书、杨绛及钱瑗的私人书信。

同一天，中国拍卖行业协会发布回应，表示深切理解并尊重杨绛的感受和反应，并希望委托人能充分尊重杨绛的意愿。

回应强调，中拍协"正协调相关人士，希望委托人能充分尊重杨绛的意愿；同时，建议并督促拍卖企业积极融通各方，在法律的框架内，秉持杨绛一贯遵守的'对文化的信仰'和'对人生的信赖'精神，使问题尽早妥善解决"。

---

[1] 张贺文，2013年5月30日《人民日报》。

## 三

一波未停，一波又起。2013年五六月间，有关钱锺书、杨绛信件上拍的消息频传。

5月27日，杨绛正式委托王登山律师担任其代理人。当天，王登山就向中贸圣佳公司发出了律师函，要求立即停止公开拍卖杨绛等人的私人信件。随后，王登山又向北京二中院提交了责令停止侵害著作权的诉前禁令申请书。

据了解，法院作出裁定前组织双方进行了法庭谈话，中贸圣佳公司称，事先未对拍品的著作权权属进行审查，也未取得著作权人许可。

就在本案进行中，北京保利国际拍卖有限公司也宣布要拍卖钱锺书和杨绛的三封私人书信手稿。

6月1日，为期6天的北京保利春拍在北京亚洲大酒店举槌。其中，原定6月3日上午举行的古籍文献名家瀚墨专场中，有钱锺书和杨绛书信上拍。

据《成都商报》报道，第一件名为"钱锺书信札"，系写给包立民的，写于1989年8月22日。包立民与钱锺书并非熟识朋友，当时包立民在研究聂绀弩20世纪60年代手抄诗稿《马山集》，发现诗册中有一首《柬钱》，涉及一位钱姓之人需要求教。钱锺书在信中表示，《柬钱》不是写给他的，而是另有其人，希望包立民细心访究。属于业务探讨范畴，未提及私人生活。

第二件是"钱锺书、杨绛致同贤先生信札"，其中一封是钱锺书和魏同贤在信中以兄相称，言辞恳切。杨绛在信中主要向魏同贤闲聊家常，介绍钱锺书近况，以及不能去拜访的原因。这两封信分别写于1997年和1999年。同贤即魏同贤，曾任上海古籍出版社社长，中国古典文学研究专家。

第三件是"锺书先生评《〈围城〉里的三闾大夫》"，此拍品为读者季家骥经陈诏介绍，投稿《解放日报》文艺部张曙，谈《围城》改编成电视剧后的观后感。陈诏将投稿复印后交由钱锺书圈阅，钱锺书亲笔对文章内容作说明阐述。此稿为较为难得的钱锺书先生正面批校阐述文本，铅笔书写，历数十年保存至今。

上述书信由透明塑料封皮包裹，纸张较旧，其中给包立民的信是钱锺书在中国社会科学院的便笺上写就。另外两封信钱锺书用毛笔竖行书写，而杨绛一封字体较小。此前北京保利官网显示：第一件拍品估价为1.2万元至1.5万元；第二件估价为3万元至3.2万元；第三件"钱锺书先生评《〈围城〉里的三闾大夫》"，估价是3000至4000元。

5月31日，有媒体记者致电杨绛，其家中接听电话的女士表示，杨绛对此事尚不知情。

到了6月2日，已获知信息的杨绛发表紧急声明，反对北京保利3日上午拍卖钱锺书和她的书信。声明指出：

我于5月26日曾经发表声明，强烈反对北京中贸圣佳国际拍卖有限公司（下称北京中贸圣佳）拍卖我们一家的信件。随后，中国国家版权局、中国作家协会主席铁凝女士、中国作家协会作家权益保障委员会、中国拍卖行业协会以及法学界、文学界权威人士等都发表意见，呼吁有关拍卖公司和个人尊重书信人的著作权、隐私权、通讯秘密权和人格尊严，立即停止有关拍卖和相关宣传活动。我也已经采取了法律行动，保护我们的合法权益。

杨绛在声明中表示："近日来，国内外很多朋友、领导都对我表示关心，对此事的进展表达严重关切，希望国家和社会能够坚守住我们的道德和法律底线。""正在我们热切期待社会正义早日实现，法律权威得以捍卫之时，传来北京保利不顾公众的反对和法律的尊严，公然、肆意践踏、侵犯一位百岁老人的合法权益和人格尊严的消息，我十分意外。"杨绛强调："我只想再次明确表态，坚决反对任何公司、企业和个人未经许可，擅自拍卖钱锺书、我以及女儿钱瑗的书信,我们也从来没有授权任何公司和个人处理、拍卖我们的信件。"

杨绛在声明中要求北京保利立即停止3日上午的拍卖,并再次要求北京中贸圣佳立即停止有关拍卖和宣传活动。

"对于任何其他公司和个人,我也提出同样的要求,希望你们合法经营,尊重法律,尊重公民的基本人权。赚钱的机会很多,不能把人家的隐私曝光在大庭广众之下,拿别人的隐私去做买卖。如果你们一意孤行,我将会亲自走向法庭,维护自己和家人的合法权利。我绝不妥协,一定会坚决维权到底。"杨绛最后表示。

杨绛的代理人王登山也于同日上午向保利拍卖公司发出了书面律师函,并向其管理层发出了律师函电子版。

当晚6时,北京保利在其官网发声明,称撤拍涉及钱锺书与杨绛的信件。

北京保利的撤拍声明中称,在2013年春季拍卖会征集过程中,确有三件钱锺书与杨绛先生的信件(4封书信),并准备上拍。在拍卖前期准备及图录印刷完成后,得知杨绛维权事件,公司已在第一时间决定将三件拍品撤拍,并计划在相关专场拍卖现场公示撤拍信息。

北京保利声明最后说,为表示对钱锺书与杨绛的尊重,特发公开声明。新华社记者随后与北京保利联系确认,撤拍声明为该公司所发。

北京保利发布声明后,其官网上已无上述4封信件的宣传和估价信息。

| 四 |

6月3日,北京市第二中级人民法院作出裁定,要求中贸圣佳国际拍卖有限公司不得实施侵害钱锺书、杨绛、钱瑗写给李国强的涉案书信手稿著

作权的行为。法院在裁定中特别强调,任何人包括收信人及其他合法取得书信手稿的人,对于合法取得的书信手稿进行处分时均不得侵害著作权人的合法权益。

收到裁定书后,杨绛的代理人、北京大成律师事务所高级合伙人王登山律师和其助手王晓慧律师发表谈话。王登山说,裁定书明确指出:"书信作为人类沟通感情、交流思想、洽谈事项的工具,通常是写信人独立构思并创作而成的文字作品,可以成为著作权法保护的作品,其著作权应当由作者即发信人享有。"钱锺书去世后,杨绛作为其唯一继承人,有权依法继承其著作权中的财产权,保护其署名权、修改权,行使其发表权。钱瑗去世后,杨绛和钱瑗的丈夫杨伟成作为其继承人,由于杨伟成明确表示在本案中不主张权利,故杨绛依法有权主张相关权利。

"保利公司撤拍,是我们维权的第一个成果。"王登山说,"今天北京二中院又作出诉前禁令,是第二个成果。"在向北京二中院提起诉前禁令的同时,王登山也代表杨绛向法院提交了民事起诉状,要求保护委托人杨绛及其家人的隐私权、著作权等合法权利。"杨绛已经声明绝不妥协,坚决维权到底。作为代理律师,我们一定会为委托人依法维权竭尽全力。"[1]

6月6日,中贸圣佳国际拍卖有限公司在其官方网站发布消息称,决定停止6月22日"《也是集》——钱锺书书信手稿"的公开拍卖,但该公司同时声明为举办这次拍卖会的前期活动均符合我国法律及拍卖行业的相关规定:

**关于停止"《也是集》——钱锺书书信手稿"公开拍卖活动的决定**

中贸圣佳国际拍卖有限公司(以下简称"我公司")原计划于2013年

---

[1] 袁祥、王逸吟:《法院裁定拍卖公司不得侵害钱锺书杨绛书信手稿著作权》,2013年6月4日《光明日报》。

6月22日举行"《也是集》——钱锺书书信手稿"公开拍卖活动。该拍卖消息公布后,杨季康女士(笔名杨绛)发表了公开反对拍卖的声明并委托代理人向北京市第二中级法院提出了要求"停止侵害著作权"的诉前禁令。

我公司一直高度关注杨季康女士(笔名杨绛)对此事的态度。尽管北京市第二中级法院在2013年6月3日作出的(2013)二中保字第9727号《民事裁定书》,并非裁定要求我公司停止"《也是集》——钱锺书书信手稿"的公开拍卖活动,但我公司出于对杨季康女士(笔名杨绛)的尊重,现决定停止2013年6月22日"《也是集》——钱锺书书信手稿"的公开拍卖。同时,郑重声明我公司为举办本次拍卖会的前期活动均符合我国法律及拍卖行业的相关规定。

最后,我公司衷心感谢社会各界的热烈关注,感谢拍卖界、法律界及世界钱锺书研究学者们对我们的无私支持和帮助。

私人信件免遭拍卖之后,杨绛还想继续"讨个说法"。在中贸圣佳国际拍卖有限公司宣布撤拍钱杨信件的第二天,也就是6月7日,北京市第二中级人民法院向杨绛代理人王登山送达了《受理案件通知书》,决定受理原告杨绛诉被告中贸圣佳国际拍卖有限公司、李国强侵权纠纷民事诉讼案。

《文汇报》记者给杨绛家打电话,接电话的保姆吴阿姨称:"奶奶(杨绛)说,我爸爸就是学法律的,我也懂法,知道法律一定会保护老百姓的通信秘密。"杨绛父亲杨荫杭是辛亥革命志士,法学硕士。杨荫杭先生最著名的事迹是在浙江当高等审判厅厅长时,坚持原则判决了督军的恶霸亲戚;任京师高等检察长时,坚持司法独立,毅然传讯交通总长并搜查其寓所。杨绛此次较真,和她父亲较真,正是同一个理儿——法律面前,没有特权;撤拍,不能只因为她是杨绛。[1]

---

[1] 江胜信:《杨绛继续讨个说法》,2013年6月10日《文汇报》。

按照规定，从法院受理到判决，普通程序将在6个月之内完成。在判决生效前，诉前禁令一直是有效的。

## 五

2014年2月17日上午，北京市第二中级人民法院在官网上公布了杨季康（笔名杨绛）诉中贸圣佳国际拍卖有限公司、李国强侵害著作权及隐私权纠纷一案一审判决结果。法院判决中贸圣佳公司停止涉案侵害书信手稿著作权行为，赔偿杨季康10万元经济损失；中贸圣佳公司、李国强停止涉案侵害隐私权的行为，共同向杨季康支付10万元精神损害抚慰金；中贸圣佳公司、李国强就其涉案侵权行为向杨季康公开赔礼道歉。

杨绛的起诉书称，虽然法院于本案诉前作出停止侵权裁定后，中贸圣佳公司停止了对涉案书信手稿的拍卖，但李国强作为收信人将涉案书信手稿交给第三方的行为以及中贸圣佳公司在司法裁定前为拍卖而举行的准备活动，已经构成对自己著作权和隐私权的侵犯，给自己造成了严重伤害。为使自身权益受到永久性保护，故诉至法院请求判令中贸圣佳公司与李国强立即停止侵犯自己隐私权、著作权的行为，公开赔礼道歉，赔偿因侵害著作权给自己造成的50万元经济损失，支付15万元精神损害抚慰金，支付自己为制止侵权所支出的0.5万元合理开支。中贸圣佳公司辩称，其已履行了审查义务，无法预见涉案行为存在侵权可能性，且诉前裁定作出后并未实施拍卖行为，亦未进行预展活动，仅将相关拍品拍摄成数码照片，刻制成三份光盘向三位鉴定专家提供，故并未侵权。李国强辩称已于2013年4月21日，将涉案书信等转让给案外人，故自己与涉案拍卖活动无关。

而北京市第二中级人民法院经审理认为，涉案书信均为写信人独立创作的表达个人感情及观点或叙述个人生活及工作事务方面的内容，是以文字、符号等形式表达出来的文学、艺术和科学领域内的智力成果，符合作品独创性要求，构成我国著作权法保护的作品。钱锺书、杨季康、钱瑗分别对各自创作的书信作品享有著作权，应受我国著作权法保护。杨季康、杨伟成（钱瑗的配偶）作为钱瑗的继承人，有权依法继承钱瑗著作权中的财产权，依法保护其著作权中的署名权、修改权和保护作品完整权，依法行使其著作权中的发表权。鉴于杨伟成书面表示同意杨季康单独在本案中主张相关权利，故杨季康依法有权主张钱瑗的相关权利。同时，杨季康有权依法继承钱锺书著作权中的财产权，依法保护其著作权中的署名权、修改权和保护作品完整权，依法行使其著作权中的发表权。涉案相关书信均为写给李国强的私人书信，内容包含学术讨论、生活事务、观点见解等，均为与公共利益无关的个人信息、私人活动，属于隐私范畴，应受我国法律保护。钱锺书、杨季康、钱瑗各自有权保护自己的隐私权不受侵犯。杨季康作为钱锺书、钱瑗的近亲属和继承人有权就涉案隐私权问题提起本案诉讼。

中贸圣佳公司作为涉案拍卖活动的主办者，已通过召开研讨会等方式将钱锺书、杨季康及钱瑗的书信手稿向相关专家、媒体记者等披露、展示或提供，且未对相关专家、媒体记者不得以公开发表、复制、传播书信手稿等方式侵害他人合法权益予以提示，反而在网站中大量转载，其行为系对相关书信著作权中的发表权、复制权、发行权、信息网络传播权及获得报酬的权利的侵害，依法应当承担停止侵权、赔偿损失的法律责任。中贸圣佳公司未经杨季康许可，擅自向鉴定专家、媒体记者等展示、提供并放任相关人员在互联网上传播钱锺书、钱瑗、杨季康三人的私人书信及相关隐私，还对相关信息进行了大范围集中转载和传播，构成对相关权利人隐私权的侵害，造成了不良影响，依法应承担停止侵权、赔礼道歉、支付精神损害抚慰金的法律责任。李国强作为收信人，负有保护写信人通信秘密和隐私的义务，况且杨季康已于信中明确要求其将手中书稿信札等妥为保藏。基于此，李国强作为收信人，未经权利人同意擅自以转让或其他方式使得涉案书信手稿对外流转，且未对受让人及经手人等作出保密要求和提示，导致后续涉案侵权行为发生，亦构成对杨季康涉案隐私权的侵害，依法应与中贸圣佳公司承担连带责任。据此，作出了上述判决。

北京二中院一审宣判后，中贸圣佳公司不服，向北京市高院提起上诉。中贸圣佳公司在上诉中认为：现有证据不足以证明杨绛有权依法行使钱瑗（杨绛之女）的涉案权益，公司也已提前取消了研讨活动，不存在主观过错，且早已主动终止了被诉的侵权行为，原审法院判决缺乏事实和法律依据；收信人李国强也认为自己很无辜："我（把书信）卖给了香港画院一位姓叶的经理，他又转卖给另一个人，那个人再拿到北京拍卖。我没有参与拍卖，跟著作权没有关系。"

4月10日下午的终审判决，让持续10个多月的"钱、杨书信拍卖"一案最后落槌。北京市高院宣布维持一审原判，杨绛闻讯后表示很欣慰。15日，她表示将把获赔之后的20万元全部捐给公益组织。

北京市高院终审判决的具体内容为：中贸圣佳公司停止侵害书信手稿著作权的行为，赔偿杨绛经济损失10万元；中贸圣佳公司、李国强停止侵害隐私权的行为，共同向杨绛支付精神损害抚慰金10万元。中贸圣佳公司、李国强就其涉案侵权行为向杨绛公开赔礼道歉。

尽管这与杨绛要求拍卖方中贸圣佳和收信人李国强共同赔偿"50万元经济损失、15万元精神损害抚慰金"的诉讼请求在赔偿数额上存在落差，但杨绛并不看重钱。她生活简朴，乐善好施。面对此次"钱、杨书信拍卖"一案的判赔金额，她再次决定捐赠是顺理成章之举。

杨绛看重的是"理"。维权过程中，她曾两度公开声明强调："维护公民的'通信自由和通信秘密'这一基本人权"，"希望你们合法经营，尊重法律，尊重公民的基本人权。赚钱的机会很多，不能把人家的隐私曝光在大庭广众之下，拿别人的隐私去做买卖。"

在二审中，北京市高院采纳了北京市二中院的审理意见，认为钱、杨

## 第十六章 拍卖风波

均对书信作品享有著作权以及著作权中的财产权、署名权、修改权、保护作品完整权、发表权等。涉案相关书信均为写给李国强的私人书信，内容包含学术讨论、生活事务、观点见解等，均为与公共利益无关的个人信息、私人活动，属于隐私范畴，应受我国法律保护。

"钱杨书信拍卖"一案，有些方面是值得学人反思的。

自20世纪70年代末起，钱锺书出版《管锥编》后，学术界对他的兴趣与日俱浓。1980年小说《围城》的再版畅销与1990年电视剧的热播，使"钱学"渐渐转向"显学"。钱锺书的读者也渐渐从少数象牙塔中人扩展至普罗大众。1982年钱锺书当上中国社会科学院副院长后，不相识的人来函求推荐、作序、题词等也多了起来。读信、复信遂成了晚年钱锺书一项重要工作，连他自己都感叹"几乎成了写信的动物"。

杨绛先生说："每天第一事是写信，他称'还债'。他下笔快，一会儿就把'债'还'清'了。这是他对来信者一个礼貌性的答谢。但是债总还不清，今天还了，明天又欠。"

在近现代学人中，钱锺书应是复信最勤、最多的，他流布海内外的书信数量可能是"前无古人，后无来者"。按杨绛先生的说法计算，后20年一天平均写信3封，流散于外的信札就有两万封之巨（这还不包括1978年前的）。近些年来，钱锺书的信札被别人各怀目的地拍卖和发表，早已违背其当初意愿。2013年，拍卖钱氏手札一事被炒得沸沸扬扬，甚至惊动了百岁老人杨绛。

其实自言大量拥有钱氏手札者大有人在。香港的宋淇先生与晚年钱锺书书信来往密切，去世后留下一大批钱氏手札。其子宋以朗透露，宋淇与钱氏夫妇的通信，10年间共有138封。台湾学者汪荣祖先生说他保存着75封信，曾征求过杨先生的意见，表示不会发表。翻译家许渊冲在一篇《忆钱锺书》的长文中，就收录了近20篇钱先生的来信。

钱锺书不厌其烦地复信、题签，使他赢得了更多人的尊重与理解，满足了一部分粉丝的"追星梦"，也确实激励了一大批青年学人的成长，甚至成了他们的精神导师。但与此同时，这些当初根本没有预料会被拿去拍卖和公之于世的私信（这和胡适、吴宓等把日记当著作写不一样），给钱锺书留下了"无穷后患"。杨绛先生也承认"这些信也引起意外的麻烦"。曾有报道说，钱锺书致吴祖光的信札，不到10行字，2008年12月在上海以1.1万元拍出，翌年5月又在北京以2.3万元成交。

其实最大的问题还不是金额的问题，主要是私信的内容被别人误读和利用，使"一束矛盾"（钱的自嘲语）的钱锺书形象凸显了出来，让钱锺书的公众形象受到质疑。譬如，钱锺书的世故、客套在他的私信中一览无余，在已公布发表的信中早已不是秘密。评论家夏志清就认为钱"写信太捧人了，客气得一塌糊涂"。

确实，事到如今，人们可以清楚地看到，之所以这场拍卖令百岁老人杨绛如此发怒与"较真"，导火线仍是出在那些信札内容上。她以为，他人的这一行动就侵犯了钱锺书及其家人的隐私，她事前未曾料到。但是，钱锺书终究是一位文化名人，几位资深法律界人士共同表明，虽然名人也是公民，其隐私权受法律保护，但通常在业界看来，只须底线不被打破，关于名人的隐私权界定比拟普通人仍是有更大容忍度的。

对熟悉杨绛行事风格的人来说，杨绛的反对原非意外：他们夫妇曾数十年如一日地躲在自家小天地里，躲避瘟疫般谢绝各色人等的滋扰，除却二三知己，素不愿向公众敞开自己的私人空间。即使是"二三知己"，敞开程度也着实有限。

然而，杨绛的《记钱锺书与〈围城〉》和《我们仨》两著作，又提供了大量关于钱锺书一家三口生活的第一手细节，极大满足了读者的好奇心。那么，这里是否存在行事风格上的明显矛盾呢？一边拒绝各路媒体记者的采访，对部长级官员的新年拜访都爱理不理，对他人意欲为钱锺书立传之举不予配合，一边又（主要经由杨绛之笔）写出大量日常生活。

欲在上述貌似矛盾的钱家言行中找到一个逻辑支点，许是"可控"二字。显然，令杨绛反感并高度警惕的，并非自己的日常言行是否可以记述,而是他人对此的歪曲。当钱家掌故由杨绛亲自缕述时,所述内容均处于可控状态,读者只能读到杨绛愿意分享的内容;反之,一旦执笔者为未获授权的他人,对钱、杨故事的叙述就处于不可控状态,当此之际,哪怕对方并未歪曲篡改,钱、杨二人仍可能勃然大怒。那些钱、杨当年并未意识到日后会进入公众视野的书信,突然以拍卖形式公开,就会因其不可控性而令杨绛先生不快。

对此,还是周泽雄说得颇为肯綮:"我理解并敬重钱锺书、杨绛二先生珍爱羽毛、洁身自好之念,但又不得不说,读者希望通过更多途径来加深对钱、杨学术的理解,也情有可原,即使某些手稿内容会'不可控'地沦为八卦谈资,亦无损其合理性。这一切的前提是,其中不存在法律上的障碍。"[1]

在这场发生在2013年至2014年之间,持续将近一年的书信手稿拍卖案中,杨绛取得了完胜,表现出铮铮硬骨的一面,没有半点柔弱,有的只是刚强。

---

[1] 周泽雄:《钱锺书、杨绛的尴尬与情理》,2013年5月24日《东方早报》。

第十七章

# 死者如生
# 生者无愧

钱锺书一生酷爱读书，每读一书必作笔记，留下了数量惊人的从未面世的读书笔记，由杨绛一直保存着。杨绛坚定地相信，钱锺书的笔记公之于众是最妥善的保存，她说："但愿我这办法，'死者如生，生者无愧'。"

| 一 |

钱锺书一生酷爱读书，每读一书必作笔记，留下了数量惊人的从未面世的读书笔记，由杨绛一直保存着。

2000年，杨绛与商务印书馆达成协议，将钱锺书的全部读书笔记影印出版，名为《钱锺书手稿集》。共分为《容安馆札记》《中文笔记》《外文笔记》三部分。《容安馆札记》（全三册）已于2003年出版。

钱锺书夫人杨绛精心整理的《钱锺书手稿集·中文笔记》（全二十册）影印版则于2011年由商务印书馆出版。

2011年10月15日，该书的座谈会"品读手稿集——走进钱锺书的读书生活"在首都图书馆举行。与钱锺书、杨绛夫妇相识多年的几位老朋友，钱锺书学术思想的研究专家，手稿集的重要参与整理者——翻译家、原《世界文学》主编李文俊，中国社会科学院外国文学研究所研究员叶廷芳、薛鸿时，副研究员张佩芬，共同追忆钱锺书好读书、好谈书、好借书的生活点滴，品读手稿集中宝贵的文化遗存，感悟一代鸿儒不慕名利、专意治学的文化精神。"莫将精力作人情"，叶廷芳称钱锺书的这句话让他深有感触，他说："钱老一生潜心治学，不愿将精力放在一些社会活动上，这值得现在的学者们学习。"

座谈会上，杨绛发去录音，她说："钱锺书生前对我说，我平生志气不大，就想竭尽毕生精力，做做学问。"据杨绛回忆，钱锺书在清华待了4年，连八大处都没去过。他读起书来不择精粗，极俗的书他也能看得哈

## 第十七章 死者如生 生者无愧

哈大笑,像《全唐诗》那样极厚的书也能慢慢啃完,而且每读一书,必做笔记。

《钱锺书手稿集·中文笔记》所收手稿八十三本,内容主要为钱锺书阅读中国古代典籍所做的笔记,其书写时间从20世纪30年代至90年代,原稿多达一万五千页左右,为中外文化研究,尤其是为国学研究提供了很多新命题、新材料和新方法。这套出版物,依据钱锺书先生手稿影印而成,凡二十册。其中收录中文笔记七十九册,按时代先后排序,依次为九本残页,二十五册大本,三十四册硬皮本,十一册小本,由杨绛亲自编排而成。发行价格9000元。

《钱锺书手稿集·中文笔记》不仅包括《诗经》《论语》《史记》《全唐诗》《全宋词》《红楼梦》等经典,更大量涉及历代文人诗文别集、笔记小说、野史杂谈、尺牍日札。多种形制、各类语体的读书笔记曾伴随钱锺书走南闯北,历经磨难。"文革"期间,为了保住这些笔记,钱锺书与杨绛把笔记从本上一条条剪下。居无定所之际,杨绛更是用枕套、麻袋装上这些笔记本从一个家运到另一个家,没丢掉一本。钱锺书辞世前曾说,这些笔记都没用了。但杨绛不同意,"他(钱)一生孜孜矻矻积聚的知识,对于研究他学问和研究中外文化的人,总该是一份有用的遗产"。2003年《容安馆札记》出版后,《钱锺书手稿集·中文笔记》开始了扫描工作,编辑陈洁回忆说:"那时候扫描很费劲,不像现在这么先进,因为手稿很珍贵,技术部买了好几台高精的扫描仪,专门弄了间房间,聘请两个专人扫描手稿。光扫描就用了一两年,扫完还要一一调版,工程量很大。"

2008年年初,陈洁正式开始了编辑工作,但是很快她便发现"这项工作的复杂性远远超乎最初的想象"。

"有些笔记本掉页儿了,卷边儿了,磨损了,字迹残缺不全,而有些原本完好,排版时一不小心,校样上就缺了角、切了边,得重新调版或扫描。有些批注横跨左右两页,如果排成正反两页,文字之间的联系就被切断了,必须保证每一页都在原来的位置才行。为了避免遗漏,我们得静下心来一页页地核对。"陈洁说。

除了扫描排版,接下来她遇到更大的困难:编目。洋洋洒洒1.5万页中文笔记,如果没有一个清晰完善的目录,对读者来说无异于盲人摸象。"我们钩沉出3000余种书目后,查考大量书目文献,加上规范的书目信息,再根据笔记正文确认版本信息,随后反复核对页码。"

在83本中文笔记里,其中有49本都有钱锺书自己编的目录,甚至内容里添了一段什么,目录里也要插进去一个"参见第××册",而且目录有序号,如果发现哪里错了,他把序号也改了,钱锺书的认真程度可见一斑。

为《钱锺书手稿集·中文笔记》编订分册目录的李小龙说:"刚开始,觉得照着钱先生的目录一一对号就行了,但是一接触,发现会有各种各样的例外情况,所以必须有一个整体的凡例。虽然钱先生自己也做了目录,但是出书的话,直接用钱先生的目录并不方便。他一般只写一个书名,可他看的书太多了,很多书书名一样,作者不同,而且钱先生没有标明卷数,所以还是需要重新做。"

"钱先生的中文笔记数量庞大,任何一个学者都不可能从头看到尾,但是里头信息又很多,它和《管锥编》还不一样,《管锥编》不但有目录,甚至每节还拟有细目,再加上后来又有学者做了《管锥编》和《谈艺录》的索引,所以用起来是很方便的。但是《中文笔记》的数量比起《管锥编》,是百倍以上,里面资料多,他读的生僻的书又很多,读者拿到这套书,可能会不知从何入手,因为到处都是有用的资料。所以做目录的用意,就是给读者提供方便。"李小龙说。

编写目录,时常要不断地揣摩钱锺书的思路。"他看的清人别集很多,有很多人的别集有几十种,他只列了别集的名字,基本都不写卷数,我就要考虑他到底看了哪一种,因为像钱谦益、厉鹗、王士禛等人,别集数量特别多,有全集,有选集,甚至还有后人补辑的集子,我们商量一定要把卷数注出来,这对我们可能很难,但是对于读者和学术界来说可能很

第十七章 死者如生　生者无愧

有用，否则大家不知道他看的是哪个版本。"

钱锺书很重视版本，但是在笔记里他没有著录版本，因为毕竟是笔记，不像写专著时必须标明卷数。"这个问题真的很棘手。钱先生会在正文里提及卷数，比如他只提到了'卷二十'，但是有二十卷本，也有三十卷本，就无法确定。所以我后来很多工作是查原书，看他写了卷二十的哪一个篇目，我在原书里去找有没有这个篇目，如果有就证明很可能是这个版本的，如果没有就可能是另一个版本，这个工作费了不少时间。"李小龙说。

好在《续修四库全书》收了大量清人别集，帮他解决了不少疑问，因为钱先生读的很多书在这里都能找到。但是仍有一些实在攻克不了的难关，在编第一遍目录时，存疑的就有二十多种书，"还有的在他列的目录里面，以为是一本书，结果找了很久怎么也找不到这本书，后来才知道是某本书里的一篇，或者一句话。"李小龙说。

经过反复的核实、查找，这些存疑最后都基本解决了。"不过这只是我们认为解决了，而这个卷数只是个参考，到底是不是钱先生当时看的版本仍很难说，但是起码给读者提供一个查考的途径，一个参考的范围。"陈洁说。

对于钱锺书先生来说，这些笔记不是记在本子上，而是在他脑子里，笔记对他来说只是个辅助工具，所以他要找什么东西很容易，凭他的脑子找，很快。但是对于编辑笔记的人来说，就要费一番周折了。

如果说钱锺书的笔记是一座蕴藏无尽宝藏的名山，那么编目工作就是勾勒藏宝图的路径。

《钱锺书手稿集·中文笔记》的出版不仅引起国内学界关注，也引起了欧美各大图书馆、研究机构的关注，因为钱锺书在欧美学界声望很高，很多汉学家也对中文笔记手稿期待了很久，因此笔记出版不久，海外订购信息便纷至沓来。

杨绛

| 二 |

《钱锺书手稿集·外文笔记》（*Manuscripts of Qian Zhongshu: Foreign Languages Notes*）是经国家新闻出版广电总局立项，国家出版基金资助，由商务印书馆组织承担的一项标志性出版工程。该项目采用影印方式出版钱锺书先生的外文笔记手稿。这些手稿数量惊人，书写时间从20世纪30年代至90年代，由杨绛妥善保存至今。

总共四十八册的《钱锺书手稿集·外文笔记》（全）的篇幅相当于前两部分的总和，是现存钱锺书笔记中分量最重、内容最丰富、价值最可观的部分，约计3.5万页，共211个笔记本，是他自1935年至去世前，循序渐进阅读英语、法语、德语、意大利语、西班牙语等7种语言书籍所做的笔记。这是钱锺书不间断阅读西方文献的忠实记录，涉及哲学、语言学、文学批评、文艺理论、心理学、人类学等众多领域。

《钱锺书手稿集·外文笔记》从2014年起，由商务印书馆陆续出版。它的出版，可以部分弥补钱锺书未能完成西方文学和文化研究著作的遗憾，也可使读者全面了解他对西方学术的阅读视野和思考深度。钱锺书一生攻读大量外国文学著作，本打算用英文写一部研究外国文学的著作，但始终未能如愿。

2014年5月29日，商务印书馆召开了《钱锺书手稿集·外文笔记》（第一辑）新书首发式暨出版座谈会。

《钱锺书手稿集·外文笔记》第一辑（全三册）是钱锺书在欧洲留学时所作的读书笔记，书写时间为1935年至1938年。主要包括英、法、德、意四种语言。内容有对艾略特、洛夫乔伊、简·奥斯汀、查尔斯·狄更斯、艾兹拉·庞德、古尔蒙、阿尔封斯·都德、巴尔扎克、福楼拜、维克多·雨果、弗里德里希·罗高、但丁等人作品的摘录及钱锺书读书时所作的札记。第一辑的先期推出，将为全面展示钱锺书在外国文学及相关人文

## 第十七章 死者如生 生者无愧

社科领域的研究成果拉开序幕。

当天，不能亲临现场的杨绛发来一段录音："这大量的中外文笔记和读书心得，锺书都'没用了'。但是他一生孜孜矻矻积聚的知识，对于研究他学问和研究中外文化的人，总该是一份有用的遗产。我应当尽我所能，为有志读书的求知者，把锺书留下的笔记和日札妥为保存。""锺书的笔记从国外到国内，从上海到北京，从一个宿舍到另一个宿舍，从铁箱、木箱、纸箱，以至麻袋、枕套里出出进进，几经折磨，有部分笔记本已字迹模糊，纸张破损。锺书每天总爱翻阅一两册中文或外文笔记，常把精彩的片段读给我听。我曾想为他补缀破旧笔记，他却阻止了我。他说：'有些都没用了。'哪些没用了呢？对谁都没用了吗？我当时没问，以后也没想到问。"

杨绛从容的语调之中饱含着大欣慰，"他一直想写一部论外国文学的著作，最终未能如愿，他为之长期所做的外文笔记对他来说，已'没用了'，但是对学习外国文学的人，对于国内外研究钱锺书著作的人，用处还不小呢！感谢商务印书馆继出版《钱锺书手稿集·容安馆札记》和《中文笔记》之后，又投入大量人力物力，整理出版他的外文笔记。这是一项巨大繁复的系统工程。2011年《钱锺书手稿集·中文笔记》出版时，我不敢指望却十分盼望有生之年还能亲见外文笔记出版。承蒙德国汉学家莫芝宜佳和她的丈夫莫律祺热心帮助，清华大学、国家出版基金会支持，如今外文笔记出版了第一辑，全书问世也指日可待了。"

在录音中，杨绛感谢了多人。商务印书馆总经理于殿利说："我们最要感谢的人，是杨先生。如果没有杨先生的妥善保存和分类整理，钱锺书手稿集不可能那么顺利出版。"

曾经翻译《围城》的德国汉学家莫芝宜佳博士在会上说："钱锺书的读书笔记是他生命的一部分，从中可以读出他的热情、知识，以及对生活的好奇和兴趣。"

1999年夏天，莫芝宜佳应杨绛邀请，为笔记进行整理和编目。第一次见到了外文笔记，她这样描述当时的感受："一瞬间，叹为观止的西方文学全貌展现在我眼前，充满尚未解开的秘密。"莫芝宜佳博士利用两年暑假的时间为笔记编出了一份最初的目录。2012年，《外文笔记》重新整理和编目。杨绛再次请来通晓多国语言的莫芝宜佳和她的丈夫莫律祺，共同承担起这项艰巨的任务。经过近3年夜以继日的不懈努力，他们将全部笔记按时间先后重新排序，分为6辑。

莫芝宜佳说："钱锺书的外文笔记涉及的题材包括美学、历史、政治、心理学、文学等，他的笔记有时是优美的诗歌，有时是个通俗的笑话、语言游戏等，读起来像是与一个有趣的人沟通，总让你有新发现……通过笔记可以看出他对一些著作是一读再读，可以看到一个大学者和艺术家的工作过程和思路。"

作为钱锺书外文笔记的整理者，莫芝宜佳将这些笔记视作"世界奇迹"，像一座"万里长桥"，把中国与世界联系在一起。在莫芝宜佳女士展示的幻灯片中，出现了英国牛津的一座桥，波光粼粼的河水旁，静立着一对年轻的伴侣，杨绛用娟秀的钢笔字写上注解："1936年冬，钱锺韩（钱锺书堂弟）来牛津小住，为我俩摄于牛津大学公园的桥上和桥下。"

彼时，彼处，是《外文笔记》开始的地方。牛津大学图书馆以其丰富的藏书，喂饱了钱锺书这条大书虫，他因此把该图书馆戏译为"饱蠹楼"。"饱蠹楼"的图书不外借，到那里读书，只能携带纸笔，书上不准留下任何痕迹。钱锺书在《饱蠹楼读书记》第一册上写道："廿五年（1936年）2月起，与绛约间日赴大学图书馆读书，各携笔札，露钞雪纂、聊补三箧之无，铁画银钩，虚说千毫之秃，是为引。"第二册题词如下："心如椰子纳群书，金匮青箱总不如，提要勾玄留指爪，忘筌他日并无鱼。"

第一册、第二册……孜孜矻矻，集腋成裘，直至20世纪90年代病重住院，钱锺书竟留下了211本外文笔记。离世之前，提起这些跟随了他半个多世纪的宝贝，钱锺书淡淡说道："没有用了。"

真的没有用了么？真的将随着主人的离去而沉寂么？而今，它们以

## 第十七章 死者如生 生者无愧

《钱锺书手稿集·外文笔记》的方式复活了，用影印的方式，原生态呈现着飘逸的笔迹，跃动着记录之初的鲜活心思，展陈着一遍遍添补时的思维轨迹。因原始而质朴，因原始而情真，因原始而缤纷，像一座知识的宝库，让淘宝者目不暇接，流连忘返。其学术价值，被钱锺书早年的学生、93岁的著名翻译家许渊冲比作"建设文化强国的一块基石"，被中国社会科学院外文所诸专家尊奉为"比较文学史上的一座丰碑"。

整理外文笔记的莫芝宜佳女士说："西方文学作家和作品是伴随我们长大的，早已为我们熟知，尽管如此，我们还是常常感到，（外文笔记）摘记内容的选择如此睿智，让我们刮目相看。"早在1999年，杨绛在邀请德国波恩大学的莫芝宜佳教授前来北京整理外文笔记的信中写道："我想make your mouth water（让你们垂涎欲滴），它们都是golden lines（锦言妙句）。"

钱锺书外文笔记是攻读英语、法语、德语、意大利语、西班牙语、拉丁语、希腊语等七种语言的历代书籍所做的笔记，题材涉及文学、哲学、语言学、心理学、历史学、政治学、文艺批评、书信、自传、诗歌、幽默故事等诸多领域。掌握其中六门语言且一直从事比较文学研究的莫芝宜佳夫妇一方面出于对钱先生的景仰，另一方面难抵杨绛的"诱惑"，开始了浩繁的整理工作。

他们用"叹为观止"来形容阅读钱锺书外文笔记的感受，"这些笔记跟钱先生本人是分不开的，是他生命的一部分，反映出他对书籍的热情、惊人的语言知识和对生活的好奇和兴趣。我们从这些笔记可以看到一位大学者和艺术家的工作过程和思路。笔记的吸引力在于出人意料地重新组织在一起的引文，是有意识地不与他自己的想法混杂在一起。在博学和谦虚的摘录背后难道不正隐藏着独特的创造意识，甚至是向一个全新的文学类别的迈进吗？"

杨绛坚定地相信，钱锺书的笔记公之于众是最妥善的保存，她说："但愿我这办法，能使'死者如生，生者无愧'。"

第十八章

# 生命之火

一滴水不也能折射太阳的光辉么？所以，当268万字容量的《杨绛全集》静静摆上货架，那抹光辉，仿佛火焰，驱散黑暗，驱散寒冷，驱散孤苦，照亮明天也照进读者的心房，已经可以牵动视线。

杨绛

| 一 |

钱锺书与杨绛谱写了人间不朽的爱情诗篇。早年，钱锺书为了感激妻子，短篇小说集《人·兽·鬼》出版后，他在自留的样书上写下这样一句话："赠予杨季康，绝无仅有结合了各不相容的三者：妻子、情人、朋友。"

2014年6月4日，杨绛在上海《文汇报》发表《钱锺书生命中的杨绛》。文章写道：

我原是父母生命中的女儿，只为我出嫁了，就成了钱锺书生命中的杨绛。其实我们两家，门不当，户不对。他家是旧式人家，重男轻女。女儿虽宝贝，却不如男儿重要。女儿闺中待字，知书识礼就行。我家是新式人家，男女并重，女儿和男儿一般培养，婚姻自主，职业自主。而钱锺书家呢，他两个弟弟，婚姻都由父亲做主，职业也由父亲选择。

钱锺书的父亲认为这个儿子的大毛病，是孩子气，没正经。他准会为他娶一房严肃的媳妇，经常管制，这个儿子可成模范丈夫；他生性憨厚，也必是慈祥的父亲。

我最大的功劳是保住了钱锺书的淘气和那一团痴气。这是钱锺书的最可贵处。他淘气、天真，加上他过人的智慧，成了现在众人心目中博学而又风趣的钱锺书。他的痴气得到众多读者的喜爱。但是这个钱锺书成了他父亲一辈子担心的儿子，而我这种"洋盘媳妇"，在钱家是不合适的。

但是在日寇侵华，钱家整个大家庭挤居上海时，我们夫妇在钱家同甘苦、共患难的岁月，使我这"洋盘媳妇"赢得我公公称赞"安贫乐道"；而他问我婆婆，他身后她愿跟谁同住，答："季康。"这是我婆婆给我的莫大荣誉，值得我吹个大牛啊！

我于1938年回国，因日寇侵华，苏州、无锡都已沦陷，我娘家、婆家都避居上海孤岛。我做过各种工作：大学教授，中学校长兼高中三年级的英语教师，为阔小姐补习功课，还是喜剧、散文及短篇小说作者，等等。

但每项工作都是暂时的，只有一件事终身不改，我一生是钱锺书生命中的杨绛。这是一项非常艰巨的工作，常使我感到人生实苦。但苦虽苦，也很有意思，钱锺书承认他婚姻美满，可见我的终身大事业很成功，虽然耗去了我不少心力体力，不算冤枉，钱锺书的天性，没受压迫，没受损伤，我保全了他的天真、淘气和痴气，这是不容易的。实话实说，我不仅对钱锺书个人，我对全世界所有喜读他作品的人，功莫大焉！

这篇文章收入当年由人民文学出版社出版的《杨绛全集》当中。

这年杨绛103岁了。在如此高龄出全集，世所罕见！对喜爱杨绛的读者来说，这是喜讯；对媒体而言，属重量级文化新闻。

人民文学出版社原想开个出版座谈会或新闻发布会，为九卷本的《杨绛全集》以及中篇小说《洗澡之后》单行本发行造造声势，被杨绛轻轻一句"我说过，我是一滴清水，不是肥皂泡"挡了回去。

"我是一滴清水""穿隐身衣""甘当一个零"……正是杨绛长此以往一以贯之的生活追求和治学态度。

但一滴水不也能折射太阳的光辉么？所以，当268万字容量的《杨绛全集》静静摆上货架，那抹光辉，仿佛火焰，驱散黑暗，驱散寒冷，驱散孤苦，照亮明天也照进读者的心房，已经可以牵动视线。

据了解，杨绛不主张开出版座谈会还有一个理由："这（《杨绛全集》）和'文集'（《杨绛文集》）差得不多。"

真的"差得不多"吗？其实不是这样，从2004年出版的《杨绛文集》的八卷本扩充成《杨绛全集》的九卷本，可以把增加的近20万字容量大致概括为"一部小说，两个孤本，六首诗作，多篇散文"。

一部小说：杨绛98岁动笔的中篇小说《洗澡之后》是《杨绛全集》的最大亮点。5年间多次大动小改，直到全集出版前夕仍在字斟句酌。

两个孤本：《杨绛全集》首次收录了杨先生于20世纪40年代创作的剧本《风絮》和翻译的理论著作《1939年以来英国散文作品》这两个孤本。《风絮》创作于1945年，讲的是一个有志青年带着叛逆的富家小姐出身的妻子到农村发展教育，最终失败的故事。译作《1939年以来英国散文作品》出版于1948年，是英国文学评论家约翰·黑瓦德的专著，论述第二次世界大战期间英国散文创作的状况及其发展趋势。

据了解，除喜剧《称心如意》《弄真成假》和悲剧《风絮》之外，杨绛还写过一个"三幕闹剧"，名叫《游戏人间》。1944年，该剧由上海苦干剧团搬上巴黎大戏院。如今，剧本已无从寻觅，只剩下上演时印制的"说明书"封面和带有一段文字说明的图片两帧，令人扼腕。

六首诗作：《杨绛全集》新收入六首诗，分别是《中秋》《哀圆圆》《忆锺书》《自嘲》和《悲王季玉先生（两首）》（王季玉即杨绛在《我们仨》中一再提到的振华女校校长）。在小说、散文、戏剧、文论、译作之外，读者将第一次接触到杨先生的诗。

这六首诗集中创作于2010年九、十月间，钱锺书百年诞辰纪念日在即，又值中秋。杨绛遥对秋月，发出如下喟叹——

**中秋**

离合悲欢世间事，
阴晴圆缺凭天公。
我今无意酬佳节，

## 第十八章 生命之火

但觉凄凄秋意浓。

这六首诗均采用古体诗的形式,除《自嘲》是七绝外,其余全为七律。钱锺书和杨绛都爱古体诗,背诗、考诗、作诗、对诗成为他们日常生活中的一大乐事。

钱锺书著有《槐聚诗存》,汇聚了他1934年至1991年的诗作。杨绛曾于1993年至1994年间、2003年和2011年数度抄写《槐聚诗存》。2012年6月,杨绛用毛笔誊录的《槐聚诗存》宣纸线装本出版。2013年7月4日,杨绛为《槐聚诗存》加写"前言"回忆道:

"钱锺书每日习字一纸,不问何人、何体,皆摹仿神速。我曾请教锺书如何执笔,锺书细思一过,曰:'尔不问,我尚能写字,经尔此教,我并趋写字不能矣。'我笑谓锺书如笑话中之百脚。有人问,尔有百脚,爬行时,先用右脚抑先用左脚?百脚对曰,尔不问,我行动自如。经尔此问,我并爬行亦不能矣。"

杨绛因爱诗而誊录,因誊录而回忆,往日的两情相悦是那么生动,对丈夫的爱、崇拜和思念一直在延伸。

2010年10月2日,当中秋的满月已变成细小的月牙,当国庆节的热闹渐渐消退,杨绛写下了《忆锺书》:

与君结发为夫妻,
坎坷劳生相提携。
何意忽忽暂相聚,
岂已缘尽永别离。
为问何时再相见,
有谁能识此天机。
家中独我一人矣,
形影相吊心悲凄。

在旁人眼里，杨绛一向内敛而节制，而在诗中，她的思念和忧伤是袒露的，仿佛亲人就在眼前，倾诉不需要设防。

杨绛将自己的诗作小心收着，像收着一个又一个隐秘的心思，从来没有想过发表。要不是编辑和好友借着出版《杨绛全集》的机会反复劝说，称"缺了诗，就没法称全集了"，她断然是不会交出这六首诗的。尽管这六首诗只是杨绛诗作中的一小部分，但它们的发表有着不一般的意义，不仅为《杨绛全集》新增了一类体裁，更让读者看到了杨绛的内心世界。

多篇散文：晚近10年，杨绛创作了大量散文。《杨绛全集》新编入了她于2007年出版的单行本《走到人生边上——自问自答》和十余篇单篇。

这十余篇单篇除了前引《钱锺书生命中的杨绛》之外，还包括《不官不商有书香》《尖兵钱瑗》《请别拿我做广告》《"杨绛"和"杨季康"》《剪辫子的故事》《介绍莫芝宜佳翻译的〈我们仁〉》《魔鬼夜访杨绛》《俭为共德》《汉文》《漫谈〈红楼梦〉》《坐在人生边上》《锺书习字》等。这些文章几百字到数千字不等，不算长，贵在浓缩、凝练，不注水。

2011年杨绛百岁寿辰前夕发表于《文汇报》"笔会"的《坐在人生的边上——杨绛先生百岁答问》可视为《走到人生边上》的姊妹篇。同样是"人生边上"，一个是"走到"，一个是"坐在"，显示出境界的微妙差别，杨绛似乎已进入一个更为从容的境界。

《走到人生边上》《坐在人生的边上》等新作不断问世，《风絮》《1939年以来英国散文作品》等孤本浮出水面，此外又整理出"文集"尚未收入的作品多篇，如诗作以及本世纪初同西班牙语文学研究界就翻译理论问题论争的相关文章等，这些因素共同构成了八卷本《杨绛文集》"升级"为九卷本《杨绛全集》的契机。

出版社在《杨绛全集》稿件的编排中，遵照杨绛的意见，将原《文集》中的散文卷和文论卷的相关篇目做了调整，序文归入散文卷，研究论文归入文论卷。排序上，全部作品按文体分类，在相同文体内，又以发表时间为序。创作部分具体分为"小说卷""散文卷"（上中下）和"戏剧·文论卷"；"译文卷"（共四卷）则在原格局不动的情况下，直接加上《1939年以来英国散文作品》的译文单行本。卷末附上"杨绛生平与创作大事记"，记述日期直至本书发印之际。

既为"全集"，那么《杨绛全集》是不是反映了作者文学创作和外国文学研究与翻译的全貌了呢？并非如此。

除了如前文所述，《游戏人间》等散佚作品未能收入之外，杨绛还特意排斥了某些作品，她在自序中说："不及格的作品，改不好的作品，全部删弃。文章扬人之恶，也删。因为可恶的行为固然应该'鸣鼓而攻'，但一经揭发，当事者反复掩饰，足证'羞恶之心，人皆有之'。我待人还当谨守忠恕之道。被逼而写的文章，尽管句句都是大实话，也删。有'一得'可取，虽属小文，我也留下了。"所以，读者在《杨绛全集》中看不到由于历史原因造成的文人之间公开化的恩恩怨怨。

《俭为共德》或可算作杨绛所说的"一得"小文。该文中，杨绛先后将钱锺书刊于1921年3月29日《申报》上的遗文《说俭》和近日偶阅的清王应奎撰《俭为共德》分别做了摘录，并抒发了自己的感慨："当世奢侈成风，昔日'老生常谈'今则为新鲜论调矣。"

这里我们把《杨绛全集》各卷提要罗列如下，以备参考：

卷一收入短篇小说七篇，以及长篇小说《洗澡》及中篇小说《洗澡之后》。《洗澡》描写了新中国成立之后知识分子所经历的第一次思想改造，字里行间流露出对世情的了然，又处处是令人拍案的讽喻，在知识界产生了广泛影响，被誉为新时代的《儒林外史》。

卷二收入散文《干校六记》《丙午丁未年纪事》《将饮茶》和《杂论与序文》四辑。前两辑记述作者在"文化大革命"中的亲历亲见，以及她在那场运动中充当"陪斗者"的种种感受；《将饮茶》包含《回忆我的父亲》和《记钱锺书与〈围城〉》等重要作品；《杂论与序文》收入了作者的讲演、发言和有感而发的小品文，以及为自己和他人作品所写的序和前言等。

卷三为"杂写与杂忆"，收入作者怀人忆旧作品数十篇。其中如《林奶奶》和《顺姐的"自由恋爱"》等，既是散文，读来又如小说般引人入胜；《怀念陈衡哲》和《我在启明上小学》是两篇重要的忆往文章；《锺书习字》和《忆孩时》，则是2013年最新写作和发表的。另有"书信三封"和"诗六首"。

卷四收《我们仨》《走到人生边上——自问自答》和《坐在人生的边上——杨绛先生百岁答问》三部作品。《我们仨》以细腻的笔触记述了作者一家三口数十年来的风雨历程，以及后来的"失散"，抒发了"世间好物不坚牢，彩云易散琉璃脆"的哀痛；《走到人生边上》则是一个耄耋老人对人生价值和意义的追寻，探讨了"生、老、病、死"这一人生规律。

卷五分为戏剧与文论两部分。前者包括《称心如意》《弄真成假》和《风絮》三部作品，后者包括《李渔论戏剧结构》等中国古典文学研究专论和《菲尔丁关于小说的理论》等外国文学研究专论。

卷六、卷七分别为《堂吉诃德》（上）、（下）。

卷八收入《吉尔·布拉斯》一至八卷，以西班牙历史为背景，描写一个城市青年一生的冒险经历，塑造了吉尔·布拉斯这样一个跌不倒、打不垮的人物形象。

卷九收入《吉尔·布拉斯》九至十二卷及《小癞子》《斐多》和《1939年以来英国散文作品》。卷末所附"杨绛生平与创作大事记"，是研究作者文学创作与实践活动的最翔实最完整的资料，也是弥足珍贵的史料。

杨绛曾经说过："锺书逃走了，我也想逃走，但是逃到哪里去呢？我压根儿不能逃，得留在人世间，打扫现场，尽我应尽的责任。"至2014年，钱锺书的中文笔记、外文笔记都整理好了，杨绛自己也出了《全集》，"现场"似乎打扫干净了。她接下来会做些什么呢？

"我相信她还会写。一边写，一边像杨先生所说的，'心静如水'，'准备回家'。"常去探望杨绛的中国社会科学院外国文学研究所所长陈众议回答得很肯定,"杨先生思路清晰,身体也不错。写作是她的习惯,这和我们要吃饭、睡觉是一样的。"

"你看,光是2013年9月间,杨先生就写了5篇回忆文章。"陈众议指的是《回忆我的母亲》《三姊姊是我的'启蒙老师'》《太先生》《五四运动》和《张勋复辟》5篇文章。"近两年,杨先生这样的回忆文章比过去写得多了些。"陈众议说,"她在长达一个世纪里遇到的人、经历的事是独一无二的,如果不把这些记下来,它们就没有痕迹了。"这一点,杨绛自己心里或许也是清楚的,她在《五四运动》一文中这样写道:"现在想来,五四运动时身在现场的,如今只有我一人了。"

"我很期待看到杨先生更多的散文。"陈众议说,"她的散文很有特点。"胡乔木曾用"怨而不怒,哀而不伤,缠绵悱恻,句句真话"来形容杨绛的《干校六记》。"她的散文比我好。"钱锺书承认,"是天生的好,没人能学。"女儿钱瑗一语道破:"妈妈的散文像清茶,一道道加水,还是芳香沁人。爸爸的散文像咖啡加洋酒,浓烈、刺激,喝完就完了。"

而读者则用"购买"来表达对杨先生散文的喜爱,仅拿《我们仨》来说,就已重印了十多次,销售了100多万册。

透过杨绛散文,能看到一处别致的景观,这就是"人文生态"。她记录了文人之间很多小故事和小细节,有趣而隽永。这些在文人学者正式发表的文学作品和学术文章里是很难看到的,但杨绛用她细腻的情感、灵敏的观察和惊人的记忆力写了下来。这些小故事、小细节在特有的历史底色上发生,描绘了时代洪流中的微观的人文生态。

"杨先生并不是只跟历史发生循环,她是和这个时代一同呼吸的。"陈众议说,"她天天读报纸、看杂志,看别人寄给她的书,也看电视,知道外面的世界是什么样子。"[1]

不过,也有学者对《杨绛全集》的出版,表示了不同意见[2],这里略

---

[1] 江胜信:《为她铺陈一张纸——〈杨绛全集〉试读杨绛》,2014年8月28日《文汇报》。
[2] 钱之俊:《〈杨绛全集〉何日能全?》,2016年6月1日《中华读书报》。

杨绛

加胪列，立此存照：

杨绛先生的书很受欢迎，因为畅销，书以各种形式印得很频繁。据我所见，单是文集就有好几种，如《杨绛作品集（三卷）》（中国社会科学出版社1993年出版）、《杨绛散文》（浙江文艺出版社1994年出版）、《杨绛译文集（三卷）》（译林出版社1994年出版）、《杨绛散文选集》（百花文艺出版社1995年出版）、《杨绛散文戏剧集》（南海出版公司于2001年出版）、《杨绛小说集》（南海出版公司2001年出版）、《杨绛作品精选（三卷）》（人民文学出版社2004年出版）、《杨绛文集（八卷）》（人民文学出版社2004年初版）、《杨绛文集（四卷）》（人民文学出版社2009年9月出版）等。值得一提的是，收录较全的《杨绛文集》于2004年5月出版，当年9月即重印，此后在2009年6月、2010年5月、2013年6月和9月又先后重印，总印数达1.6万套。最近，我于书店又看到北京三联书店2015年以单行本形式出版的杨先生作品集（创作部分）。应该说，读者对杨先生的著作已经很熟悉了，如再出版"全集"，应该对已经出版和没有出版过的文字全部予以收录，以让读者有个全面的了解。但，事实并非如此。

2014年8月，《杨绛全集》（九卷）由人民文学出版社出版。这套书我买得迟，翻得也迟，因为杨先生一些重要著作的单行本和单篇文章我大多见过，只是以收藏心理购之，并不急着看。近日，我偶然翻查杨先生于1998年发表的一篇重要文章《吴宓先生与钱锺书》，随手查阅《杨绛全集》，竟遍寻不到！这就奇怪了，这样一篇众人皆知的文章，《全集》居然没有！

疑惑之下，我这才将《杨绛全集》第一卷前的《出版说明》与《作者自序》仔细看了一遍。看完后，忽觉有种受骗之感。这次《杨绛全集》的出版，是基于"多篇新作的问世和两部重要作品（译作）的复现"，"为反映作者文学创作和外国文学研究与翻译的全貌，我们决定隆重推出《杨

第十八章 | 生命之火

绛全集》（九卷本）"（《出版说明》）。实际上，新作及新发现的著作，加在一起才二十来万字。即使这样，文章与著作是不是收录齐了呢？也没有。在《作者自序》（这篇《自序》很奇怪，居然还是作者于2003年为《杨绛文集》的出版而写的序，只字未动）中，作者清楚地写道：

全部文章，经整理，去掉了一部分，把留下的部分粗粗分门别类。一半是翻译，一半是创作。创作包括戏剧、小说和散文。散文又有抒情、写意、记事、记人、论学、评书等。文章既是"随遇而作"，按时期编排较为方便。

不及格的作品，改不好的作品，全部删弃。文章扬人之恶，也删。因为可恶的行为固然应该"鸣鼓而攻"，但一经揭发，当事者反复掩饰，足证"羞恶之心，人皆有之"。我待人还当谨守忠恕之道。被逼而写的文章，尽管句句都是大实话，也删。有"一得"可取，虽属小文，我也留下了。

这篇序放在《杨绛文集》里，一点问题没有，因为"文集"不是"全集"，文字有取舍，无可争议。但是一旦出版"全集"，可就另当别论了。"全集"，顾名思义，汇集了一个人一生全部之文字，否则算不得"全"。一般情况下，出版全集者，多非在世者，因为人还健在，难保不再动笔，很易失之于"不全"。当然，除了杨先生，也有健在者出版全集的，如《张岱年全集》（河北人民出版社1998年出版）、《李教大全集》（中国友谊出版公司1999年、2000年、2010年出版）等。作者健在，出版《全集》也有好处，那就是自己把关，容易收全自己一生的文字，不至于让后人费劲去搜集考证。但像杨先生这样出版《全集》的标准，实已失去"全集"的意义。"全集关键在乎'全'，不在乎'好'。"（郭娟《"全集"不全》）现在一些"全集"，之所以"不全"，是有不得已的客观原因，比如文字佚失或暂未发现（如《胡风全集》《张爱玲全集》），或意识形态不允许（如《胡适全集》《傅斯年全集》）等，也有家人刻意为尊者讳而不收一些特殊时期文字的（如《三松堂全集》）。而

399

由健在的"全集"作者自定标准、任意取舍的很少。

依杨先生的标准,像《答宗璞〈不得不说的话〉》《从"掺沙子"到流亡》《吴宓先生与钱锺书》等"扬人之恶"或引起过争议的文章都删去了。像《一个嫖子》(曾收在《杂忆与杂写》《杨绛作品集》《杨绛散文戏剧集》等集中)这样从标题到内容都显得刺眼,与杨先生惯常的温文尔雅形象不符的文章,也没有出现在《全集》中。其实,这些文章已经收录在公开出版的文集中,很易查得,有必要刻意删弃吗?还有些如《我爱清华图书馆》(《光明日报》2001年3月26日,收《杨绛散文戏剧集》等集中)等很平实的文章也未见收录。"三幕闹剧"《游戏人间》,因为找不到底稿,没有收录,情有可原(最好列在目录中作存目)。

我个人觉得,删去几篇文章也不是什么大事(我们很容易找到),真正应该收入《全集》而未收的文字才是顶重要的。杨先生的日记、书信、诗歌、笔记,各时期的检查书、声明等,《全集》多付之阙如。这是最不该的。《全集》第三卷只收录书信三封,诗六首,日记、笔记等一字未收。但就日记言,在杨先生的文字中应该占着很大的比重与分量。杨先生与钱锺书先生一生都有记日记的习惯,一直保持到晚年(拙文《钱锺书的日记》可参)。《全集》第九卷后附的《杨绛生平与创作大事记》,记录"最翔实最完整"(《内容提要》),应该是其日记的缩影,可见一斑。杨先生晚年花极大精力,影印出版钱锺书先生的手稿笔记,受到学界一致称赞。她相信,公之于世才是最妥当的保存,她祈愿这个办法能使"死者如生,生者无愧"。那么,杨先生在有生之年,既然要出版《全集》,为什么不能亲自将未公开的日记、书信、诗歌、笔记、检查等搜集整理交付出版呢?如今,这已成为一个巨大的遗憾。

杨先生是个生命奇迹,得享高寿,且晚年思想活跃,思路清晰,百岁以后还笔耕不辍,这是令人羡慕与尊敬的。在《杨绛文集》多次印刷后,杨先生出版自己"钦定"的《杨绛全集》,其完善自我、给自己正名定位的心理我们是能看出来的,也能理解。这个"洁本"《杨绛全集》,她显然希望是定本，以后不要再搞真正的"大全集"了。从她在近百岁之年续写小说《洗澡》（即《洗澡之后》）不难发现，她生怕别人狗尾续貂，毁其形象。《洗澡之后》"前言"里，她解释道："我特意要写姚宓和许彦成之间那份纯洁的友情，却被人这般糟蹋。假如我去世以后，有人擅写续集，我就麻烦了。现在趁我还健在，把故事结束了吧。"小说"结束语"中，她再次强调："许彦成与姚宓已经结婚了，故事已经结束得'敲钉转角'。谁还想写什么续集，没门儿了！"（《杨绛全集》第一卷第515页）杨先生是多虑了。其小说，在当下这个文学消费环境里，不可能像《围城》那般受欢迎而有被续写的危险。老实说，《洗澡之后》并不成功，"大团圆"的结局太显直接，已无法和《洗澡》的高度相比。过于强求"圆满"的结局，往往并不让人"称心如意"。

平心静气地说，对一些争议长短的文字，没有回避的必要，刻意回避，反而会引起莫须有的联想，产生不必要的误会。一些已发表而无争议的文章更不该失收。编选《全集》仍以尊重历史、忠于历史、全部收录为主要原则为好。杨先生曾言及钱锺书先生对他早年作品的态度，"他早年的作品唤不起他多大的兴趣。'小时候干的营生'，会使他'骇且笑'，不过也并不以为见不得人。谁都有个成长的过程，而且，清一色的性格不多见"。（杨绛《钱锺书对〈钱锺书书集〉的态度》）同样的道理，不会因为几篇文章，就降低了杨先生在读者心中的地位，就毁了自己在公众中的形象。这几天，在网上听到另一种声音，说杨先生"生前其实并未达到解脱的境界"，她处处维护钱锺书的声誉，对"钱学"研究划框框，因此认为："钱杨夫妇本质上是传统的知识分子，能洁身自好是其长，不能奋勇担当是其短。"（萧三匝《在杨绛忌日，说几句不合适宜的话》）话虽言重，但也足以让人深思。对杨绛的研究者和爱好者来说，杨先生又何尝不是在给自己"划框框"呢？

常言"天要落雨，娘要嫁人"，世间个人左右不了的事太多了。杨先生去世后，她原来的意愿估计不久会变成一厢情愿了。冯友兰《三松堂全集》已出版到第三版，我敢断言，《杨绛全集》定会出版第二版第三版，这只是个时间问题。早知如此，生前杨先生若以开放的心态，将全部文字交予出版社，那该多好。是非功过，历史会给出结论的。

## 二

　　《洗澡之后》即杨绛长篇小说《洗澡》的续篇。《洗澡》结尾部分，心有灵犀、互相倾慕的许彦成和姚宓约定，只作君子之交。原是同事的他们被重新分配到新的岗位，告别时，"彦成凄然说：'你的话，我句句都记着。'姚宓没有回答。她低垂的睫毛里，留下两道细泪，背着昏暗的灯光隐约可见。她紧抿着嘴点了点头，想说什么，没说出来……"如果说钱锺书的《围城》读出来的是进入死胡同般的无奈和认命，那么杨绛的《洗澡》读出来的则是对有情人难成眷属的抱憾和不甘心。小说的最后一句是童话的风格，"姚太太和女儿女婿（编者注：指许彦成和姚宓）从此在四合院里，快快活活过日子"。

　　这个称心如意的结局体现了老人特有的仁慈宽厚和善良心肠。

　　笔耕不辍的杨绛每每会给读者惊喜，隔三差五佳作叠现，最新一例就是在103岁生日之际又有新作《洗澡之后》问世。

　　《洗澡之后》是杨绛先生98岁动笔的一部中篇小说，她5年间多次大动小改，直到正式出版前夕仍在字斟句酌，此作品如同一坛精心酿制的老酒，醇厚香浓，回味悠长。

　　杨绛在漫长的岁月与文学事业相伴厮守，不离不弃，著书立说，翻译研究外国文学，对中国当代文学贡献殊多。尽管年事已高，杨绛先生却仍然不停地用文字回顾自己的生活和写作。而在她103岁生日之际，长篇小

## 第十八章 生命之火

说《洗澡》的续篇《洗澡之后》的出版,不啻老人送给自己的一份纪念贺礼。

据了解,《洗澡之后》的写作过程还颇费一番周折,杨绛从2009年以98岁高龄开始动笔写,因为总有事情打扰,这部作品一直处于没有最后完成的修订状态中,直到2014年4月才交到责编手中。其间推倒重来反复写了好几稿。她最开始写,有朋友就跟她说,《洗澡》自20世纪80年代出版后,历经30多年,已经成为经典。如果再续写,万一续写不成功,就会伤害这部经典的作品。于是,杨绛先生便试着写成另外一个故事。但是她写着写着发现,新写的故事,剧情和人物跟《洗澡》仍然有千丝万缕的联系。索性她还按照原来的思路,就写《洗澡》的续集,取名《洗澡之后》。

《洗澡》是反映知识分子生活的作品。杨绛出身知识分子家庭,家学渊博,而从受教育的背景来看,对西方文化,尤为熟稔。本人又是一位文学家、翻译家,生活在上层知识分子的圈子,对于当代中国知识分子的生活习性、思想状态、群体特征等多有体认。《洗澡》则充分展现了这种生活,通篇采用了幽默和讽刺的笔法,描摹了知识分子在建国之初的众生相。

在《洗澡》中有着纯洁感情的男女主角,如今在续作《洗澡之后》中,有了一个称心如意的结局。杨绛先生在《洗澡之后》的前言中把重新提笔写小说的原因说得明明白白:"《洗澡》结尾,姚太太为许彦成、杜丽琳送行,请吃晚饭……有读者写信问我:那次宴会是否乌龟宴?我莫名其妙,请教朋友。朋友笑说:'那人心地肮脏,认为姚宓和许彦成在姚家那间小书房里偷情了。'我很嫌恶。我特意要写姚宓和许彦成之间那份纯洁的友情,却被人这般糟蹋。假如我去世以后,有人擅写续集,我就麻烦了。现在趁我还健在,把故事结束了吧。这样呢,非但保全了这份纯洁的友情,也给读者看到一个称心如意的结局。我这部《洗澡之后》是小小一部新作,人物依旧,事情却完全不同。我把故事结束了,谁也别想再写什么续集了。"

　　杨绛想要精心演绎爱情故事，她担心姚宓和许彦成之间那份纯洁的友情被人曲解，又怕别人写续集，这双重担心，恰恰可见杨绛先生对《洗澡》的牵挂，多年之后她仍旧放心不下小说中的人物，以及人与人之间的那份美好感情。

　　那么为什么会产生杨绛所嫌恶的误读？只要反复细读《洗澡》，便可以发现有可能造成这种误读的唯一一处地方，在第二部第十八章里面，写杜丽琳去姚家小书房里找她的丈夫，"她站在门口，凝成了一尊铁像。许彦成和姚宓这时已重归平静……"尽管文字并未传递苟且之意，且后文也有多处表明两人是君子之交，但有些读者可能误读了。因此，杨绛出版《洗澡之后》就带有守护至真至纯的爱情的韵味了。

　　杨绛笔下的《洗澡之后》是一部所写时间跨度比《洗澡》更长的作品。杨绛先生重点要表现的是在"整风运动""反右运动"之中人与人之间美好的情感。在作品中，姚太太、姚宓、罗厚、陆舅舅夫妇、许彦成像一家人那样亲密，他们在困难中相互扶持，甚至住在一个屋檐下。陆舅舅与姚宓的同学小李一家还保持着过去的风度，讲究礼节，风度翩翩，即使在那个风雨动荡的年代，小李依旧像大家闺秀一般，听从父亲的教导，"补读些必读的旧书"。他们虽然关注住房、家具、陈设，但更注重人的内在气质与涵养。传统文化中的修养、修为，在这里得到尊重，得到延续。

　　《洗澡之后》可以被视作一部爱情小说，与《洗澡》相比，《洗澡之后》人物依旧，但故事有所不同，《洗澡》中有着纯洁感情的男女主角，在《洗澡之后》终于有了一个称心如意的结局。小说中的姚宓、许彦成是作者褒扬的人物。姚宓不得不放弃了留学的打算，很早便挑起了维持家庭生计的重担，成了一名默默无闻的图书管理员。从姚宓身上所透出的浓浓书卷气，可以感受她独特的气质——既有京都才女的淳厚蕴藉，又有江南闺秀的冰雪聪明，南北之气于此抟成一体。杨绛在她身边安排了一个仗义侠气的罗厚,看护着她。眼见各种政治运动已经开始波及普通人的生活,姚宓依靠智慧和内心的宁静,并没太受左右。正因为姚宓身上毫无俗气,因而得到许彦成的爱慕。许彦成才情学识俱佳,又混沌天真,宛如赤子,但他是有妇之夫,他的妻子杜丽琳出身于天津的豪富人家,后又留学美国,人也极为聪明大方,但她缺少姚宓的涵养,缺少经过苦难洗礼出来的平等慈怀心,她漂亮有风度,被杨绛称为"标准美人"。杨绛先生花了许多笔墨,让读者体会到许、杜二人的隔阂。

因而,许彦成舍杜丽琳而取姚宓,但是在杨绛的笔下,许、姚两人的爱情是纯洁无瑕的,许、姚二人,志趣相投,不知不觉被对方吸引,情不自禁。等双方自觉时,已深陷其中。爱无法防备,这是人性。但对爱的处置,却更能试出人品的质地。

在杨绛营造的爱情世界里,为了要让许彦成和姚宓终成眷属,就得让许彦成先变为自由身。许彦成的妻子杜丽琳因在鸣放中积极表态,被打成"右派",下放干校劳动过程中与同为"右派"的叶丹相互爱慕。这样,回京后她就主动提出了与许彦成离婚,使两个人的精神都得到了解脱,各自找到了称心的感情归宿。那么罗厚怎么办呢?他一直敬重、守护姚宓,这好办,把姚宓的同学小李"介绍"给他……杨绛先生要给他们一个结局,从此以后,没人再来改写他们的命运。小说的结束语是这样的:"中秋佳节,李先生预备了一桌酒席,一来为姚太太还席,二来也是女儿的订婚酒。时光如水,清风习习,座上的客人,还和前次喜酒席上相同,只是换了主人。许彦成与姚宓已经结婚了,故事已经结得'敲钉转角'。谁还想写什么续集,没门儿了。"总而言之,菩萨心肠的杨先生在《洗澡之后》里撮成了三对儿,事事圆满,成就了杨绛版的爱情故事。

这样一个带有"皆大欢喜"和"称心如意"意味的结局,可以说是作者对自己喜爱的角色一个"敲钉转角"的命运交代和分配。而这样安排,又与杨绛先生的爱情婚姻理念密切相关。她曾经说过:"我是一位老人,净说些老话。对于时代,我是落伍者,没有什么良言贡献给现代婚姻。只是在物质至上的时代潮流下，想提醒年轻的朋友，男女结合最最重要的是感情和双方互相理解的程度。理解深才能互相欣赏吸引、支持和鼓励，两情相悦。夫妻间最重要的是朋友关系，即使不能做知心的朋友，也该是能做得伴侣的朋友或互相尊重的伴侣。门当户对及其他，并不重要。"[1]杨绛先生是这样说的，也是这样做的，在实际生活中，杨绛先生就是钱锺书先生眼里"最贤的妻，最才的女"，《洗澡之后》则是在艺术上再现了两情相悦的爱情，给人们以爱的力量。[2]

| 三 |

2015年1月7日，由《出版人》杂志主办的"中国书业年度评选"颁奖典礼在京举行，著名作家、戏剧家、翻译家杨绛被评为2014"年度作者"。由她翻译的《堂吉诃德》被公认为翻译经典之作。

在2015年2月份由《当代》杂志社主办的"《当代》长篇小说年度论坛"上，经评委现场投票，杨绛的《洗澡之后》与贾平凹的《老生》、徐则臣的《耶路撒冷》、闫真的《活着之上》及严歌苓作品《妈阁是座城》五部，被评为2014年度五佳小说。

2015年初夏，清华大学新任校长邱勇看望老校友杨绛，并送上了一份特别的礼物，就是当年"好读书"奖学金的所有获奖学生分别写给前辈杨绛的信。

当看到其中一名获奖学生撰写的书法作品《兰亭集序》时，杨绛高兴

---

[1] 《坐在人生的边上——杨绛先生百岁答问》，2011年7月8日《文汇报》。
[2] 罗银胜：《〈洗澡之后〉：杨绛给了一场"敲钉转角"的圆满》，2014年11月7日《新京报》。

地说:"我从小就会背诵。"

杨绛曾说过:"很多人开玩笑,说杨绛先生喜欢清华两个'书'——一个是读书,一个是钱锺书。"而设立"好读书"奖学金,不仅体现了杨绛爱书的品格,更寄寓了她让更多穷孩子也爱读书的美好愿望。

据统计,"好读书"基金在过去的十余年里,一共积累了逾千万元的助学奖金。这不是一笔小数目,用巨资形容并不夸张。这些钱,杨绛没有用来享乐,而是全都拿出来捐赠,令人钦佩。有人评价:"钱这东西对穷人来说是恩物,对先生来说是俗物。俗物是可养人,但对神仙来说全是赘物。"在杨绛先生看来,钱财也许就是赘物,但是,把稿费和版税捐出来,既让人读懂了她的高洁,更让人感受到她的纯真。

杨绛生活极其俭朴。《杨绛文集》的责任编辑王瑞曾透露一个细节,"有一次,看杨绛先生穿的鞋还挺别致,她说是钱瑗的,当时我都快哭了。"淡泊名利,生活朴素,却对慈善出手大方,这是一种境界,非常人所能为。

杨绛曾告诫年轻人,一个人经过不同程度的锻炼,就获得不同程度的修养,不同程度的效益。好比香料,捣得愈碎,磨得愈细,香得愈浓烈。那些家境贫寒的清华穷学生,有了"好读书"奖学金的资助,也许更有动力求学,也许更珍惜来之不易的厚望。据不完全统计,得到"好读书"奖学金资助的清华本科生和研究生,已达数百位。不知道他们领取奖学金时是什么感受,希望更多的学子受益于奖学金,更希望这些学子不负老人的期许。

2015年5月14日,人民文学出版社在清华大学举办了"晚清名流手札钱氏百年珍藏——钱锺书、杨绛藏《复堂师友手札菁华》出版座谈会"。历经十年整理、影印,由钱锺书的父亲钱基博收藏的《复堂师友手札菁华》,首次展现在世人面前。

《复堂师友手札菁华》是晚清著名学者、词人谭献的师友书信集。这些信札涉及一百多人,大多是谭献中晚年所交之友,如戴望、许增、陈豪、陈三立等，多为名臣循吏、才子经生。信件五百余封，共一千多页。《文学遗产》副主编、编审张剑认为，古人信札书写对象较多，收集起来非常困难。《复堂师友手札菁华》之珍贵，在于其集中、系统地反映出一位文人的交友脉络，展现出一个时代的文化图景。

晚清名人谭献（1832—1901），号复堂，晚年又号半厂居士，浙江仁和（今浙江杭州）人。谭献一生经历了清代后期的道光、咸丰、同治、光绪四朝，虽然仕途并不显达，但其在学术研究和文学创作方面很有影响。

谭献曾一度为词坛盟主，交游十分广泛。其早年所识，主要是师长、同学，如薛时雨、马新贻、陈炳、俞之俊等；中年而后，步入仕途，结交渐广，既有名臣如张之洞、张荫桓、陶模、梁鼎芬、薛福成等，也有文人学者庄棫、戴望、王尚辰、许增、陈豪、袁昶等，还有名士俞樾、李慈铭、樊增祥、陈三立等，后辈则有章太炎、况周颐、廖平等人。

1911年春，谭献之子谭紫镏委托友人带话，请钱基博为袁昶夫人做寿文一篇。钱基博不仅答应撰文，且不收润笔费，谭氏非常感激，就将家藏复堂师友存札作为酬谢相赠。至此，这些珍贵的手札被钱基博珍藏，后传给钱锺书。

钱基博、钱锺书父子所藏的《复堂师友手札菁华》无论在数量上，还是在质量上，都是目前所知的、体量最大的谭献师友书信集。这批信札对了解晚清的社会历史、文人生活，以及学人交游、学术品评，有着非常重要的参考价值。

《复堂师友手札菁华》内容包括评议时政、论文论学、买书购帖、托人请故等，既有关涉国家社会、名臣行迹的重要信息，也有丰满的生活细节，具有很高的史料和文物价值。

信札中记录了章炳麟与维新派的殴斗，收录了章炳麟至谭献的一封书信，其中详细记述了他在《时务报》馆时，与维新派康有为的门徒梁启超、麦梦华、梁作霖等人冲突的过程，以及双方的姿态。这是关于维新派与革命派矛盾的一段重要史料。

## 第十八章 生命之火

信札中还收录了致袁世凯的密信。信札中的最后一封信,是某人致袁世凯的一封密信,信中谈到沙俄和蒙古的形势,沙俄军队与蒙古旗兵联合进攻我守军,迫使我军退出满洲里一带,致使呼伦贝尔落入沙俄手中。写信人同时还提供了一些应对建议。此信虽然篇幅不大,但涉及内容重大,是一件重要的史料。

信札中还涉及广泛的学术话题。例如,谭献认为戴震在清代只能算二流的学者,他的好友戴望则坚持认为戴震是继朱熹之后的第一流学者。为了说服谭献,戴望在其信中较为全面地评述了戴震的学术业绩及其开创风气的作用。

钱基博不仅对这些书信做了精心整理编订,还为部分写信人撰写了小传,与书信一起粘贴在毛边本上,大本五册,小本三册,题曰"复堂师友手札菁华"。

这批钱基博锺爱的手札,后由钱锺书、杨绛夫妇继承保存,二人十分爱惜。2005年,杨绛决定将这一宝贵的文献文物捐献给中国国家博物馆,同时授权人民文学出版社出版。

由于手札珍贵,杨绛建议出版社来家中影印。于是在两周多的时间里,出版社的技术人员每天带着扫描仪,到杨绛家中工作。就在影印过程中,杨绛发现"第五册有好多空白面,上面贴的手札已剥掉,一处竟剥出四个窟窿,一处剪去四面,一处剪去十面,共缺失二十六面左右"。

为此,杨绛亲手撰写了《手札若干纸失窃启事》,对这批手札的来历、整理等情况做了简单的说明,并特别提到部分信札"失窃"的遭遇,表达了希望能够找回的愿望:

这八册手稿由钱锺书收藏。第五册曾有人借阅并转借他人。最近我因这部手稿将捐赠,请人民文学出版社影印出版。这第五册归还时,钱锺书没有检点,所以没有觉察。我记得他曾说:"他们想复制,但信纸红色,印不出来。""他们"不知是谁。钱锺书和借阅者皆已去世,事隔二三十年，已无从查究。缺失的手札如有人觅得交我，当有酬谢；一旦如在市场出现，那就是赃物出手了！请大家注意。[1]

经过十年的影印、整理、出版，这部尘封多年的手札终于以高清扫描、全彩影印的方式呈现出来。为了让世人接触到这些珍贵文献，杨绛无偿将原件提供给出版社，只提了一个要求："书出版后不要卖得太贵。"

《复堂师友手札菁华》的收藏历程中，钱氏两代学人的学养风范令人感叹，而杨绛对文化传承的珍视更令人敬佩。

| 四 |

同样是百岁高龄的周有光非常惦念杨绛，两位老人在2015年完成了"历史性的会面"。

据《逝年如水——周有光百年口述》策划人、责编叶芳介绍，学者们分享的间隙，还有一些画面让人印象深刻。这年5月22日，周有光在协和医院与杨绛先生见面。"周老得知杨绛先生住院，便提出想去探望，一开始杨绛先生拒绝了，她觉得自己应有更好的状态见周老。我们觉得错过今天，他们也许再也没有机会见面了，于是保姆将周老推到病房，杨绛先生一脸羞涩，彼此说的第一句话便是'久闻大名'。"叶芳说。[2]

会面后，周有光走出病房，走廊的窗外一边是满园绿色，一边则是车水马龙的马路。周老靠着马路这边停留了许久……

---

[1] 李苑：《晚清文事信中存》，2015年5月20日《光明日报》。
[2] 周渊：《"我是认真地思考了这个世界的"》，2016年1月11日《文汇报》。

## 第十八章 生命之火

2015年7月17日，杨绛104岁生日这天，中国社会科学院外国文学研究所所长陈众议前去探望她，祝贺她生日快乐。陈众议知道杨绛老人喜欢国宝大熊猫，就买了一个电动仿真大熊猫作为生日礼物送给她。大熊猫包装在一个精美的纸盒里。

陈众议问杨绛："这是我送给您老的生日礼物，不知您老是否喜欢？"

杨绛兴奋地说："喜欢，我喜欢！"

陈众议笑着说："您老还没打开看是什么呢？怎么肯定就一定喜欢？"

杨绛精神矍铄，流露出的欣喜之情就像一个十七八岁的少女得到一个漂亮的发卡一样，她高兴地回答："这和看没看没有多大关系，快乐是可以事先决定的。我喜不喜欢，并不取决于你送的是什么，而在于我怎样安排我的想法。不管你送的是什么，我已经决定喜欢它。这么多年来，我每天早晨起床后，都要做这样的决定：喜欢。我喜欢我就快乐，我快乐我就喜欢！我一直坚持五条简单易行的快乐法则：一是心中不要存在憎恨，二是脑中不要存在担忧，三是生活简单一点，四是对他人多点给予，五是对自己少点期盼。"[1]

杨绛能够长寿，原因有很多，但"喜欢"这个她所拥有的"长寿药"肯定起了重要作用。

女儿、丈夫等至亲离开快二十年了，杨绛独自留下打扫战场，凭着她的倔强和坚忍，一点一点地实现亲人未竟的心愿，也为世上的读书人留下一个又一个文化瑰宝。

杨绛在《我们仨》中写了一个很长很长的梦，梦中他们一家三口时聚时散，读来很是伤感。她想离自己至爱的人再近一点，于是又做了一个梦，这就是亲手整理出版《钱锺书手稿集》。2003年商务印书馆出版

---

[1] 邵火焰：《百岁老人的"长寿药"》，2016年7月24日《新民晚报》。

了《容安馆札记》（全三册），2011年出版了《中文笔记》（全二十册），2015年年末，《外文笔记》（全四十八册附一册）出版，这套历经15年、涵盖72卷册的鸿篇巨制终成完璧。杨绛的梦圆了。

2016年春节前夕，当杨绛拿到《外文笔记》最后几册新书时，虽然没有多说什么，但白皙的面庞上流露出淡淡的笑意，犹如冬日的暖阳一般。责编陈洁给她念新书简介时，她一边看一边静静地听着，丝毫不嫌聒噪。偶尔，她靠在沙发背上闭目养神，那么的放松，如释重负……

2011年《中文笔记》的出版工作结束后，心急如焚的杨绛便将《外文笔记》提上日程。钱锺书年轻时就是攻读和讲授外国文学的，之后因为各种原因长期借调到中国古典文学组，但他从来没有停止过对外国文学的阅读和研究，写了大量的笔记，其中积累了很多材料和理念，更有将古今中外的书籍互相比较参证、融会贯通所获得的心得，总想有朝一日能够整理条贯，用英文写一部论外国文学的著作，不料晚年"多病意懒"未能实现，成为他一生的遗憾。杨绛深知这些笔记积聚了钱先生毕生读书所得，即便他用不上了，但对那些有志读书、研究中外文化的知音来说，总该是有用的。她说："我衷心期盼能在有生之年亲见《外文笔记》出版，不知是否奢望。"

然而《外文笔记》的篇幅多达三万五千余页，相当于《中文笔记》两倍有余，特别是涉及英、法、德、意、西、希腊和拉丁语七种外语，近五千种书目。如何像《中文笔记》一样编出详细的目录？哪里去找能够胜任这项工作的多语种专家？这谈何容易。当陈洁跟杨绛讲述《外文笔记》起步维艰时，她点点头，没说什么，却眼角微湿。不久，杨绛托朋友请来了德国波恩大学教授、《围城》德文版译者莫芝宜佳和她的丈夫莫律祺整理汇编《外文笔记》，他们都精通多门外语，两人加起来足以解决七种语言问题。

《外文笔记》浩如烟海，即使可以梳理出笔记的先后顺序，如何划分段落？莫芝宜佳当机立断，紧紧抓住钱锺书夫妇一生的几个转折点，大刀阔斧地划分为六辑：第一辑（全三册），钱锺书在欧洲时期（1935—1938）的笔记；第二辑（全三册），作为年轻的作者和学者时期（1938—1949）的笔记；第三辑（全十五册），生活在新中国时期（1949—1972）的笔记；第四辑（全十册），国内外名人时期（1972—1992）的笔记。其次，再将打字稿散页整理成第五辑（全十一册），把以期刊为摘录对象的笔记本整理成第六辑（全六册）。编辑人员在与外国专家反复协商和研究之后，为全书确定了整体完善的体例：全书有序言、前言、出版说明、凡例及各辑简介，均为中、英、德语三种文字对照，以方便中外读者阅读；每册卷首有彩色插页、目录、人名和书名索引，天眉有本页作者、书名标识文字，摘抄报刊杂志的部分有钱锺书先生使用的报刊简称与全称对照表，便于读者检索；最后一册总索引，后附总目，是对全书的总览。最终整理完成的全6辑48册附1册《外文笔记》，从钱锺书手稿中共钩沉出4000多种书目。

这对年逾古稀的德国夫妇连续三个春天来到北京，在清华大学档案馆的大会议室里查看手稿资料，一待就是一整天。每次来京，杨绛都请莫芝宜佳和莫律祺去家中做客，有时讨论书稿，有时畅谈学问，不断增进彼此的了解。他们在《人民日报》撰文写道：

1999年我第一次见到《外文笔记》，当时杨绛先生很细心地把笔记存放在五个大纸盒子里。她已经把笔记分成了两组：一组是手写的笔记本，通常都有钱先生自己写的目录；第二组是厚厚的档案袋，里面是钱先生亲手用打字机打好的散页。有些档案袋上有扉页还有目录，有点儿像要出版的样子。有时，杨先生会在扉页或封皮上写下相关出处或短短几个字的评语。

那时候，杨先生身体非常虚弱，因为她刚刚失去患病多年的丈夫和唯一的女儿。她非常担心笔记将来得不到妥善的保存，而这是她绝对要避免的事情。这些笔记本跟钱先生如影随形，是他生命的一部分，杨先生认为

杨绛

最好也是最安全的办法就是出版这些笔记。最后她把出版《钱锺书手稿集》的事交给了商务印书馆，2012年又请我们来整理汇编《外文笔记》。杨先生一直期盼着笔记出版，如今终于如愿以偿。[1]

钱锺书《外文笔记》共分六辑，每辑卷首都有两位专家撰写的简介，杨先生每次收到样书，都会戴上老花镜，认认真真地读这些简介，每当看到简介落款中这两个熟悉的名字，她的嘴角就微微翘起来，亲切而满足。特别是在第五辑简介中，读到这一辑笔记全部是打字稿，她说："钱锺书是用两个手指头打的。"我说："对啊，莫律祺先生在简介中也提到了。"并指给她看那段话——"让人惊叹的是钱先生打字错误极少，这可能是因为钱先生是用两指法打字的。"她一再说："谢谢！谢谢！"可见她心里对两位"忘年交"有多满意。

尽管《外文笔记》的工作十分繁重，但莫芝宜佳夫妇深感荣幸。透过这套书里密密麻麻的字迹，他们深深体会到一位东方学者对西方文学的钟爱与眷恋。

在整理外文笔记时，莫芝宜佳用"叹为观止"来形容内心的震撼。"古时候有'七大奇迹'，像巴比伦的空中花园、埃及的吉萨金字塔、菲迪亚斯在希腊奥林匹亚的宙斯神像……《外文笔记》也是一项前所未有的'世界奇迹'。它不是把中国与世界分隔开，而是像一座'万里长桥'，把中国与世界联系在一起。"

莫芝宜佳认为，钱锺书外文笔记内容多种多样，精彩纷呈，每个人都可以从中找到自己喜欢的东西。对钱锺书来说，摘录首先是一种记忆术。这些构思完整、书写整齐的摘录构成一座宝库，一座可以随时进入的大型图书馆，但除此之外，也是帮助他记忆的手段，通过抄录把阅读过的文章深深印在脑子里，自己清晰的字迹就像拍下的照片一样被记了下来。在将

---

[1] ［德］莫芝宜佳、莫律祺：《连接中国与世界的"万里长桥"——汉学家眼里的〈钱锺书手稿集·外文笔记〉》，2016年4月12日《人民日报》。

钱锺书外文笔记与西方世界的各类摘记作品比如蒙田的《随笔录》、叔本华的《附录与补遗》、伯顿的《忧郁的解剖》进行比较时，莫芝宜佳认为"钱先生更向前迈进了一步"，"在早期笔记本里，摘录、心得和议论混杂在一起。但渐渐地，把摘录内容和自己的想法清楚地分开，成了他的独门绝技。他掌握摘录技巧的能力，其他人难以相比……原本分开的引文构成新的关联，形成天衣无缝、可以通顺阅读的文章。虽然是逐字逐句的引文，经过钱先生的选择和综述概观，成为他自己的新作品。"[1]

经过3年多整理，48册《钱锺书手稿集·外文笔记》由商务印书馆影印出版。2016年3月24日，该书出版座谈会在北京举行，责任编辑陈洁感慨："实现了杨绛先生的一个梦。"

钱锺书《外文笔记》于2014年5月先期推出第一辑之后的18个月中，商务印书馆和莫芝宜佳夫妇齐心协力，每隔几个月就有一辑问世，送到杨绛手中。她每次都早早坐在客厅里等候，喜悦急切之情溢于言表。

杨绛望着墙边的矮柜，嘱咐阿姨把钱锺书的《外文笔记》和《中文笔记》皇皇72卷巨制码放到柜子上，旁边还摆着钱锺书和女儿钱瑗的照片。是不是这样就能离亲人更近一点？

"他准是又高兴，又得意，又惭愧，又感激。"杨绛说，"我是他的老伴儿，能体会他的心意。"

亲人离开快二十年了，杨绛独自留下打扫战场，凭着她的倔强和坚忍，一点一点地实现亲人未竟的心愿，也为世上的读书人留下一个又一个文化瑰宝。

---

[1] ［德］莫芝宜佳、莫律祺：《连接中国与世界的"万里长桥"——汉学家眼里的〈钱锺书手稿集·外文笔记〉》，2016年4月12日《人民日报》。

## 第十九章

# 哀思绵绵

对于一位已经105岁的高龄老人来说，尽管前几天传出她病危的消息后很快被辟谣，但广大读者还是明白这一天终究会到来，而当这一天真的到来了，还是让人难掩心中的悲伤与悸动。唯一值得安慰的是，"我们仨"，终于团聚了。

杨绛

| 一 |

杨绛先生走了，人间再无"我们仨"。

2016年5月25日凌晨1时，著名作家、文学翻译家和外国文学研究家、钱锺书夫人杨绛在京病逝。一个半月后的7月17日，本是她105周岁生辰。据披露，杨绛从前就曾说过，如果去世，则不想成为新闻，不想被打扰。

对于一位已经105岁的高龄老人来说，尽管前几天传出她病危的消息后很快被辟谣，但广大读者还是明白这一天终究会到来，而当这一天真的到来了，还是让人难掩心中的悲伤与悸动。唯一值得安慰的是，"我们仨"，终于团聚了。

杨绛的一生跨越一个世纪，历经沉浮沧桑，然而她却始终以轻盈的姿态来承担生命的沉重；她居于精神的"高处"，却以"不争"的品格寻"平处"而居；她的文字朴素平实，却又隽永风趣，哀而不伤，满载着"走在人生边上"的智慧、豁达和俏皮。

杨绛告别人世的噩耗传开，广大读者陷入悲哀，铺天盖地的悼念消息迎面而来。

一时间，不同职业、不同年龄的人开始转发着吊唁文字，杨绛病逝的消息传遍了朋友圈。新时代的媒介传播着亘古不变的主题，述说着这位百岁老人的独特魅力，以及她给世人带来的力量。比如：

@人民网：今天，我们敬重杨绛先生，不仅因为她的文学造诣，更因为她淡泊名利的"不争哲学"。

网民"应妮"：杨绛的去世，被评论为"一个时代的结束"，带走了那个文学大师辈出的时代。因此，民众对杨绛的怀念，也有一种担心隐然其中，文化老人们留下的宝贵精神财富，是否能被当代人尤其当代知识分子继承和发扬；我们这个时代，又该如何出大师？

网民"苏童"：只望先生一路好走，我们用追忆的方式缅怀，也需要用珍视纯粹文化的风骨，赴这一场文化的苦旅，寻求在字里行间的怡然自得，正如先生所言，世界是自己的，和他人无关。

网民"柯锐"：真正的知识分子，具有独立的人格精神和卓越的专业水准，以追求真理并坚持真理为己任，不屈从权威与俗见。即使外界急功近利，物欲熏天，仍能潜心治学，独立思考。

杨绛果然这样被"刷屏"——多少网站主页上这条消息被列在前列，多少微信圈子里将这条消息广为传播，可是，某些公众所热衷关注先生的是什么呢？一个就是杨绛语录的"心灵鸡汤化"，杨绛的人生感悟几个小时内就被反复编辑推出，就连那篇文气还算贯通的《一百岁感言》也被重新挖出，其实这篇所谓"感言"是由写手拼贴杨绛的零散话语而成篇的；另一个则是杨绛的生平故事，特别是与钱锺书成为伉俪的故事，外加费孝通追求她的轶事，好像这对著名学者夫妇成了萨特与波伏娃那种存在主义契约婚姻的反面。他们毕生相濡以沫，外加女儿形成了"我们仨"的故事。

随着杨绛的离世，网上网下舆情蜂拥，出现了很多纪念她的文章，这其中有她的亲人写的，也有她生前的同事、朋友、学生、晚辈写的。这些纪念文章可以帮助人们从不同的角度来对杨绛先生进行更多的了解，尤其是那些与杨绛先生有过现实交往的人所写的文章，因为具有一定的私密性，所以还可能会有一定的史料价值，意义不容忽视。

权威的《人民日报》5月26日特意在第12版，辟出专版，以《永不相失"我们仨"》为题,深切缅怀刚刚去世的杨绛。编者称,"杨绛先生曾将读书比作'隐身'的串门儿,不必打招呼求见,也不怕打扰主人。所以,我们选择将她的文字连缀成报道,以这种'隐身'的方式读懂先生的一生。先生生前希望用最简单的方式安静地离开这个世界,与另外两个人团聚。请允许我们用这样一种方式,表达不舍"。

《人民日报》拿出近一个版的篇幅,刊登杨绛笔下反映"亲与情""国与民""文与译""生与死"等舌灿莲花般的美文,比如"亲与情"部分:

我这一生并不空虚,我活得很充实,也很有意思,因为有我们仨。也可说,我们仨都没有虚度此生,因为是我们仨。

"我们仨"其实是最平凡不过的。谁家没有夫妻子女呢?我们这个家,很朴素;我们三个人,很单纯。我们与世无求,与人无争,只求相聚在一起,相守在一起,各自做力所能及的事。碰到困难,钟书总和我一同承当,困难就不复困难;还有个阿瑗相伴相助,不论什么苦涩艰辛的事,都能变得甜润。

我们稍有一点快乐,也会变得非常快乐。

1935年7月,钟书不足25岁,我24岁略欠几天,我们结了婚同到英国牛津求学。我们离家远出,不复在父母庇荫之下,都有点战战兢兢。但有两人作伴,可相依为命。在牛津,我怀上孩子了。钟书谆谆嘱咐我:"我不要儿子,我要女儿——只要一个,像你的。"我对于"像我"并不满意。我要一个像钟书的女儿。

1938年回国,因日寇侵华,苏州、无锡都已沦陷,我娘家、婆家都避居上海孤岛。沦陷区生活艰苦,但我们总能自给自足。能自给自足,就是胜利,钟书虽然遭厄运播弄,却觉得一家人同甘共苦,胜于别离。他发愿说:"从今以后,咱们只有死别,不再生离。"

我成名比钱锺书早,我写的几个剧本被搬上舞台后,他在文化圈里被人介绍为"杨绛的丈夫"。但我把钱锺书看得比自己重要，比自己有价值。我最大的功劳是保住了钱锺书的淘气和那一团痴气。这是钱锺书的最可贵处。他淘气、天真，加上他过人的智慧，成了现在众人心目中博学而又风趣的钱锺书。他的痴气得到众多读者的喜爱。

锺书曾逗阿瑗玩，说《围城》里有个丑孩子，就是她。阿瑗信以为真，却也并不计较。

人世间不会有小说或童话故事那样的结局："从此，他们永远快快活活地一起过日子。"人间没有单纯的快乐。快乐总夹带着烦恼和忧虑。锺书于1994年夏住进医院。我每天去看他，为他送饭，送菜，送汤汤水水。阿瑗于1995年冬住进医院，在西山脚下。我每晚和她通电话，每星期去看她。但医院相见，只能匆匆一面。三人分居三处，我还能做一个联络员，经常传递消息。

1997年早春，阿瑗去世。1998年年末，锺书去世。我们三人就此失散了。就这么轻易地失散了。"世间好物不坚牢，彩云易散琉璃脆"。现在，只剩下了我一人。

锺书逃走了，我也想逃走，但是逃到哪里去呢？我压根儿不能逃，得留在人世间，打扫战场，尽我应尽的责任。

这些都是由该报记者葛亮亮精心整理，自《杨绛全集》（人民文学出版社2014年8月版）辑出的。

与此同时，全国各大媒体大多作了重点处理。其中，《中国青年报》——

人们怀念杨绛，因为她的作品让人在浮躁的文学风气中感到一股清新。从创作活跃的年代看，杨绛和"鲁郭茅巴老曹"等现代文学大家属于同代人，但因高寿与晚年旺盛的创作力，她又是不折不扣的当代作家。

人们怀念杨绛，还因为她继承了中国知识分子的优良品格。杨绛出生于1911年，这决定了她要生活在一个从传统走向现代的转折年代。"我和谁都不争，和谁争我都不屑"，这句英国诗人兰德的诗，也是杨绛一生为人处世的写照。杨绛有着传统知识分子的骨气，特别是在日寇侵华期间，她和丈夫钱锺书身陷上海孤岛，面对日本人的威逼利诱，巧妙地与之周旋；她还有着深厚的西学素养，对推动西方文化在中国传播作出了重要贡献。

近年来，每每有文化老人去世，公众都会产生强烈的怀念情绪。这种现象是令人欣慰的，它至少说明了尊重文化和文化人的社会风气没有消失。但是，人们的怀念也蕴含着一句潜台词：像那些文化老人一样的人，在当下是否能够继续出现？文化老人给我们的民族留下了宝贵的精神财富，而继承和创造更多精神财富的责任，落到了当代人的肩上。这也是人们怀念杨绛所要表达的最主要观点。[1]

《环球时报》——

百岁之际，杨绛曾说，她喜欢和人民大众一气的作家，如杜甫，不喜欢超出人民大众的李白。李白才华出众，不由人不佩服，但比较起来，杜甫是她最喜爱的诗人。在公众和媒体的眼中，杨绛是这样一个文化符号——著名学者、钱锺书夫人等。再早一些，是上海出身的文学新女性，从小家庭富裕，接受现代教育，留学西洋。然而，就是这样一位几乎具备一切耀眼头衔的"牛人"，却说自己喜欢和人民大众一气的作家，多少令人吃惊。

然而这并非杨绛先生冠冕堂皇的说辞，而是她终其一生得出的认真结论。那段动荡岁月里，和许多劳改下放的知识分子一样，她在肉体和精神上遭受了前所未有的经历和磨炼。这段特殊的经历，使杨绛先生的思想得

---

[1] 王钟的：《人们为什么如此怀念杨绛》，2016年5月26日《中国青年报》。

到前所未有的修炼，在乡下的劳动改造，意外增加了她对中国农村的了解，增进了对农民的感情，也增强了对劳动之美的认知。

他们夫妻经历了之前想象不出来的种种：种豆、种麦、种菜、凿井、住窝棚、挖防空洞，见识了秸秆围成的厕所。许多具体而微的劳动细节让她记忆犹新，比如用粗绳子捆行李，光用两只手不够，只好用牙齿帮忙。年轻人搬沉重的铁书架用肩膀扛，衣衫磨破，露出肉来，这使她惊叹——最经磨的还是人的血肉之躯。[1]

《新民晚报》——

要读者去通读某位作家所有的书，然后能判断出一段文字究竟是否出自这位作家之手，出自哪部作品——这要求，肯定是不切实际的，特别是一些仿文做得还不错的时候。然而，如果对某位作家有兴趣，读一些他的文字，多了解他的语言风格，对于一些离谱的文字，可能就会有多一点疑惑。我们对文学有尊崇之心，但若不愿意花时间读文学作品，而只满足于朋友圈的转发、点赞，就很难将这尊崇之心落到实处，最终，也不过只是拿文学来做一件遮羞的华丽袍子。

杨绛曾经说到钱锺书的"嗜书如命"："不论处何等境遇，无时无刻不抓紧时间读书，乐在其中。无书可读时，字典也啃。"而她自己，也从幼时起，便学父母的样，找父亲的藏书来读，好读书，读好书入迷。他们为清华学子所设立的奖学金，不用自己的名字，就叫作"好读书"。若你的确仰慕他们的风采，何不学学他们对名利的淡泊，对读书的痴迷，也许，这样，才能真正获得"内心的淡定和从容"。[2]

---

[1] 师力斌：《杨绛先生的人民性修炼》，2016年5月26日《环球时报》。
[2] 夏琦：《最好的怀念，是静静读作品》，2016年5月26日《新民晚报》。

## 杨绛

《新闻晨报》——

杨绛说过,自己"最大的功劳是保住了钱锺书的淘气和那一团痴气"。而更难能最可贵的是,在做一个"最贤的妻"的过程中,她也并没有放弃过身为"新女性"的独立和自由。

温婉恬静、人淡如菊,宽厚隐忍、坚定不屈,在她身上获得最完美的结合。就如她自己所说:含忍和自由是辩证的统一。含忍是为了自由,要求自由得要学会含忍。

在对杨绛的各种评价中,我个人觉得有一句是恰到好处的:杨绛一生,都保持着"少女相"。她是发自内心地热爱她所做的一切——无论是家务还是工作,因此就心无旁骛地去做了。不矛盾,不纠结,不分裂。她所说的,她都信;她所信的,她就做。

先生之美,在于眉目舒展,通透自然。这才是真实、强大的自由之灵魂。[1]

《文汇报》——

纵使先生避世,但新时代的媒介传播,终究抵挡不住各年龄、各职业的人,对先生寄托绵长哀思。千万人传播着生老病死亘古不变的主题,在社交空间是那样哀而不伤。最终,一汩汩细流汇成大河,如水的力量流淌进人心。正如著名文艺评论家吴泰昌对本报记者所言:杨先生的长寿曾让人误以为,她是个永生的人。而她的远去,唤起了我对这位良师贤友最厚重的尊敬与无限涌来的伤悲,更唤醒这世间对于她虽历尽坎坷却始终充盈向上之气的敬仰。先生一定走得很放心,舍不得的却是我们。[2]

---

[1] 齐乔正:《一个女人的自由魂》,2016年5月26日《新闻晨报》。
[2] 王彦:《目送杨绛先生,带着全部最宝贵的收获平静上路》,2016年5月26日《文汇报》。

不过杨绛去世以后,有人根据以往的经验,每当某位名人离世,也会有不少人为了炒作自己,吸引眼球而进行一些牵强附会的创作,硬是把自己和杨绛先生扯上关系。宽容点看,只要这样的文章不会对世人造成误解,不会对杨绛的形象与声誉带来损害,也没有必要太过较真。但是,不管这些纪念文章是真实的,还是虚构的,都算不上是最好的纪念方式,而最好的纪念方式就是去读杨绛的著作,包括她自己创作的,也包括她翻译的;包括各种小说、戏剧作品,也包括散文、随笔,等等。

在这里,读书是对杨绛最好的纪念,这"是因为无论多么情真意切的纪念,总有一个由喧嚣到平淡,由热到冷的过程,这是客观规律使然,但是一位真正的作家留给这个世界的作品,却不会随着时间的流逝而变得暗淡,反而会在专家学者的研究中,在更多读者的阅读中焕发出更夺目的光芒。杨绛先生翻译的世界名著《堂吉诃德》被公认是该著作最优秀的翻译佳作;她于93岁高龄出版的散文随笔《我们仨》,更是风靡海内外,一版再版达到了一百多万册。对于一位德高望重的作家,我们当然可以通过了解和研究她的生平事迹去领会与继承她高贵的精神品格,但我们同样可以通过阅读她的著作来实现这样的目的。而对于以写作为职业,为毕生事业与追求的作家来说,她无疑更加愿意世人去阅读她的作品,去通过作品了解作者。杨绛先生永远地离开了我们,我们可以追悼,可以赞美,可以膜拜,但一定不要忘记了阅读,阅读才是对一位作家最大的尊重与礼遇,对杨绛先生是如此,对国内外其他作家同样是如此"。[1]

《中国文化报》提出:"我们为什么要怀念如杨绛先生这般的'文化老人'?道理其实好简单!这些'文化老人'身上都有着一些我们明知珍贵,但大多数人却真做不到的东西,所以才备感珍惜!"文章强调,在纪念杨绛先生这位"文化老人"的时候,我们所要记住的是这个人以及这个人身上所具有的这个时代所不具有的高贵品质,也要记住她的书,因为她

---

[1] 苑广阔:《读书是对杨绛先生最好的纪念》,2016年6月1日《中华读书报》。

所有的书形成了"她的传记"——这是一位"精神贵族"留给我们的个人历史,而这私人史,恰恰表征了这个时代所能达到的文化的高度![1]

## 二

杨绛去世当天,我接受全国多家媒体的采访,并应约撰文追思杨绛。其中《东方早报》记者采写的报道称:

《杨绛传》作者罗银胜告诉早报记者,他自己与杨绛的交往是"君子之交",来往比较平淡。在罗银胜眼中,杨绛是个内敛谦虚的知识分子。罗银胜说,当他提出写传记的要求时,杨绛一开始是回绝的,她说,"我是一个很平凡的小人,不值得你写传记,要写还不如写钱锺书先生"。"我把传记手稿寄给杨绛,一开始她都压着,半年没有回音,她告诉我,'钱先生身体不好,好多事情我也不方便向他核实'。后来我删掉没有写,她一听到删掉非常高兴。"罗银胜说,杨绛是一个本色的知识分子,还保留了传统文化中优秀的基因。他们与世无争,实际上是这个世道太艰险太复杂了,这是对自己的保护。他回忆,书稿改完后,杨绛拎了两个装着书稿的大信封到邮局,将书稿寄回给了他。"后来她跟我发牢骚,说:'小罗啊,你真累人啊!还花了我好多钱呢!'"[2]

2016年5月26日《新闻晨报》刊登记者徐颖采写的《杨绛与上海的渊

---

[1] 刘悦笛:《我们为什么要怀念杨绛先生》,2016年5月31日《中国文化报》。
[2] 《东方早报》记者石剑峰、徐萧、罗昕、徐明徽、邢春燕、权义、高丹:《杨绛是一位写作者,更是钱锺书文化遗产的看护人》,2016年5月26日《东方早报》。

## 第十九章 哀思绵绵

源：在徐家汇念书，在复兴中路陪钱锺书写〈围城〉》：

杨绛先生与上海颇有渊源。2012年，在杨绛先生101岁生日之际，晨报记者采访了曾两度为杨绛写传记（分别是《杨绛传》和《百年风华：杨绛传》）的作者罗银胜。他特别提到了杨绛先生与上海的渊源："她父亲当年曾在申报馆当主笔。"

父亲杨荫杭对杨绛特别钟爱，她排行老四，个头比前面三个姐姐都矮，爱猫的父亲笑说："猫以矮脚短身者为良。"在父亲的引导下，她开始迷恋书里的世界，中英文的都拿来啃，读书迅速成为她最大的爱好。一次父亲问她："阿季，三天不让你看书，你怎么样？"她说："不好过。""一星期不让你看呢？"她答："一星期都白活了。"说完父女会心对笑。

1920年，杨绛随父母迁居上海，她和三姐跟随大姐同在上海启明女校读书，寄宿在校。

此时，杨绛的父亲杨荫杭应邀在上海申报馆当主笔，在启明女校上学的杨绛曾跟着两个姐姐一起去现在汉口路309号的申报馆看望父亲。到了申报馆，杨荫杭招呼女儿坐下，说："今天带你们去吃大菜。"父女步行到附近青年会去，一路上杨绛握着爸爸的两个指头，走在两个姐姐后面。走不多远就到青年会了。爸爸带她们进了西餐室，杨绛生平第一次用刀叉吃饭，像猴儿似的学着爸爸吃，不过她还是吃错了。她不知道吃汤是一口气吃完的，吃吃停停，伺候的人想撤她的汤，她又吃汤了，伺候的人几次想撤又缩手。杨荫杭轻声对杨绛说："吃不下的汤，可以剩下。"

回家路上，爸爸问她什么最好吃，杨绛因为太专心用刀叉，没心思品尝，只觉得味道都有点怪，只有冰激凌好吃。她们回到申报馆，爸爸带她们上楼到屋顶花园去歇了会儿，杨绛就跟着两个姐姐回校了。

杨荫杭一直教育他的子女要"有志气"，主张自食其力，这给杨绛幼小的心灵塑造产生很大的影响。

## 杨绛

1938年，已在牛津获得学士学位的钱锺书，带着妻子杨绛和女儿，从法国马赛坐邮轮回上海。他们住在辣斐德路609号（现上海复兴中路573号）钱家。就是在这里，杨绛陪伴丈夫钱锺书，完成了长篇小说《围城》。

而谈及对杨绛先生的印象，作者罗银胜说，先生最打动人的是她所具备的中华民族传统的沉静之美、内秀之美，还有她甘做"灶下婢"的奉献精神。"她并不希望我们小辈去写她，我去采访她时，她谦虚地说，不要写她，不值得写，最好还是对钱锺书先生花点精力；她很愿意提携后辈，对寄去的书稿，她仔细修改后，又给寄回。她还开玩笑地说，寄回去的邮费很贵哦。"

我在2016年5月26日的《新京报》发表了《杨绛：我和谁都不争，用生命之火取暖》，现在照录如下，作为本书的结束：

2016年5月25日凌晨1时，著名作家、文学翻译家和外国文学研究家、钱锺书夫人杨绛在北京病逝。一个半月后的7月17日，本是她105周岁生辰。

杨绛从前就曾对责任编辑胡真才说过，如果去世，则不想成为新闻，不想被打扰。她生前留有遗言称"火化后再发讣告"。

杨绛本名杨季康，江苏无锡人。杨绛1932年毕业于苏州东吴大学，1935年至1938年留学英法，回国后曾在上海震旦女子文理学院、清华大学任教。1949年后，在中国社会科学院文学研究所、外国文学研究所工作。

### （一）从"寒素人家"走出"四小姐"

杨绛先生出生于江苏无锡的一个知识分子家庭，用杨绛本人的话说，就是"寒素人家"，她的曾祖父、祖父的身份，无外乎书生、穷官，但都秉性正直，酷爱读书。

杨绛，1911年7月17日（阴历辛亥年六月二十二）出生在北京，原名杨季康，后以笔名杨绛行世。杨绛出生时，上面已有寿康、同康、闰康三个姐姐，所以排行老四。

1920年，杨绛随父母迁居上海，她和三姐跟随大姐同在上海启明女校（现为徐汇区第四中学）读书，寄宿在校。父亲杨荫杭嫌上海社会太复杂，决计到苏州定居。

定居苏州的时候，杨绛开始念中学，进的苏州振华女校，正好十六岁，由于她长得小巧，看上去只有十三四岁。

1928年夏，杨绛准备报考大学。这时，清华大学刚开始招收女生，当年不到南方来招生。于是，杨绛只好就近考入苏州的东吴大学。

杨绛在东吴大学上了一年学以后，学校让他们分科（即分专业）。她的老师认为她有条件读理科，因为杨绛有点像她父亲嘲笑的"低能"，虽然不是每门功课一百分，却都平均发展，并不偏科。

杨绛欲选读法预科，打算做她父亲的帮手，并借此接触社会上各式各样的人，积累了经验，然后可以写小说。杨荫杭虽说任女儿自己选择，却竭力反对她学法律。他自己并不爱律师这个职业，就坚决不要女儿做帮手，况且她能帮他干什么呢？于是，杨绛只好改入政治系。

虽说杨绛进了政治系，可她对政治学却毫无兴趣，只求得功课敷衍过去，她课余时间都花在图书馆里博览群书。

杨绛在东吴大学读三年级的时候，她母校振华女校的校长为她申请到美国韦尔斯利女子大学的奖学金。杨绛告诉父母亲自己不想出国读政治，只想考清华研究院攻读文学。后来她果然考上了，她父母亲当然都很高兴。

### （二）在清华，遇见钱锺书

杨绛在北京的大学生活中，发生了决定她一生命运的事情，这就是与钱锺书的相识与相恋。对此，她母亲唐须嫈常取笑说："阿季脚上拴着月下老人的红丝呢，所以心心念念只想考清华。"

与杨绛同寝室的同学，还有幼年时的苏州好友蒋恩钿。杨绛曾作旧体诗《溪水四章寄恩钿塞外》，送给好友蒋恩钿和未婚夫钱锺书。钱锺书当时已名满清华。杨绛与他相识在1932年春天的清华校园。

那一天清华园的紫藤盛开，幽香袭人。杨绛去看望老同学孙令衔，她和杨绛同来清华借读。孙令衔也要去看望表兄，这位表兄不是别人，正是钱锺书。

孙令衔带钱锺书来到古月堂门外。清华校规，男生不许进女生宿舍。杨绛回忆说："我刚从古月堂钻出来，便见到了他。"

杨绛还记得，后来他俩在典雅的工字厅会客室谈过几次。钱锺书鼓励她报考清华外文系研究生。杨绛自学一年，果然于1933年夏考上清华外文系研究生，她的同班同学有季羡林等。这年夏天，她和钱锺书在苏州订婚。

为了赶在出国前结婚，钱、杨两人决定于1935年夏天举行婚礼。他们的婚礼是在无锡七尺场进行的。这天到场的有很多客人，清华的同学当中有陈梦家、赵萝蕤夫妇。

结婚不久，杨绛随丈夫钱锺书远赴英国。他们不等学期开始就到牛津了。钱锺书已由官方为他安排停当，入埃克塞特学院，攻读文学学士学位。而杨绛正在接洽入学事宜。她打算进不供住宿的女子学院，但那里攻读文学的学额已满，要入学，只能修历史。

这显然不合杨绛的心愿。她曾暗想："假如我上清华外文系本科，假如我选修了戏剧课，说不定我也能写出一个小剧本来，说不定系主任会把我当作培养对象呢。但是我的兴趣不在戏剧而在小说。那时候我年纪小，不懂得造化弄人，只觉得很不服气。既然我无缘公费出国，我就和锺书一同出国，借他的光，可省些生活费。"

钱锺书和杨绛在这里除了听课之外，把业余时间全部泡在读书上面。他们借来一大堆书，涉猎包括文学、哲学、心理学、历史等各种图书，固定占一个座位，一本接一本地阅读。

### （三）沦陷"孤岛"，戏剧创作一鸣惊人

杨绛与钱锺书两人在欧美留学之际，正值第二次世界大战的阴云密布，日本侵略者的铁蹄正在践踏着祖国河山。国难当头，他们中断学业，匆匆踏上归国的征程。

1938年9月，法国邮轮阿多士号正驶向中国。杨绛和钱锺书告别了法国的友人，与女儿钱瑗一起，乘坐在这艘轮船上。

孤岛期间，钱锺书的散文集《写在人生的边上》得以出版，陈麟瑞、李健吾作为审阅人，帮助不少。钱锺书夫妇为了表示谢意，曾一起小聚一次。他们几个人一起吃饭时，谈起了戏剧，陈麟瑞、李健吾竭力鼓动杨绛写剧本。

戏剧是当时人们所喜闻乐见的一种文艺样式。文艺界、戏剧界的著名人士黄佐临夫妇和柯灵、李健吾、陈麟瑞等人先后主持了"上海职业剧团""苦干剧团"等。那时，上海职业剧团已开张了一段时间，他们正在四处物色好的剧本。而在当时，写剧本的为数不多，"但一枝独秀，引起广泛注意的是杨绛。她的《称心如意》和《弄真成假》，是喜剧的双璧，中国话剧库中有数的好作品"（柯灵语）。

杨绛初出茅庐便一鸣惊人，《称心如意》引来阵阵喝彩声。而她步入剧坛，并非偶然，这来自于她对都市小市民生活的体验和知识分子生活的积累。上海滩这个大都市特有的新旧参半、土洋结合的生活形态，正是引发剧作家灵感的渊薮。十里洋场中的小市民生活的灰色平庸，杨绛十分熟稔，剧作深入地表现了上海市民生活的种种尴尬、种种疲软，剧中人物身上的喜剧因素，折射出五光十色的社会万象。

复旦大学教授赵景琛在《文坛忆旧》一书中写到："杨绛女士原名杨季康，她那第一个剧本《称心如意》在金都大戏院上演，李健吾也上台演

老翁，林彬演小孤女，我曾去看过，觉得此剧刻画世故人情入微，非女性写不出，而又写得那样细腻周至，不禁大为称赞。"

随着《称心如意》的成功，杨绛一鼓作气接连创作了喜剧《弄真成假》《游戏人间》，悲剧《风絮》，这是杨绛唯一的一部悲剧作品。最初发表在抗战胜利不久，郑振铎与李健吾合编的大型文学月刊《文艺复兴》上，连载于该杂志的第三、四期合刊和第五期。

钱锺书的《围城》是于1944年动笔、1946年完成的。就如该书原《序》所说"两年里忧世伤生"，有一种惶急的情绪，又忙着写《谈艺录》。他35岁生日诗里有一联："书癖钻窗蜂未出，诗情绕树鹊难安"，正是写这种兼顾不及的心境。这种"灶下婢"精神可敬可爱，正如钱锺书在《围城》序言中所写的："这本书整整写了两年。两年里忧世伤生，屡想中止。由于杨绛女士不断地督促，替我挡了许多事，省出时间来，得以锱铢积累地写完。照例这本书该献给她。"

杨绛为《围城》这一中国现代文学史上的旷世名著的成功问世，作出了自己的贡献。同时，她也分享了"闺房之乐"："每天晚上，他把写好的稿子给我看，急切地瞧我怎样反应。我笑，他也笑；我大笑，他也大笑。有时我放下稿子，和他相对大笑，因为笑的不仅是书上的事，还有书外的事。我不用说明笑什么，反正彼此心照不宣。然后他就告诉我下一段打算写什么，我就急切地等着他怎么写。他平均每天写五百字左右。他给我看的是定稿，不再改动。"

### （四）新生伊始，翻译创作旗鼓相当

上海于1949年5月获得解放。这时，杨绛、钱锺书已接到清华大学的聘函。杨绛举家离开上海，定居北京，从此再也没有离开京城（除"文革"于"五七干校"之外）。杨绛、钱锺书曾在清华求学，度过了终生难忘的学生生涯，此时他们双双又回到母校清华大学，将在这里执掌教鞭。

他们夫妇于8月24日携带女儿，登上火车，26日到达清华。

钱锺书主要是指导研究生。杨绛是兼任教授，因为按清华的旧规定，夫妻不能在同校一起当专任教授。兼任就是按钟点计工资，工资很少。对此她就自称"散工"。后来清华废了旧规，系主任请杨绛当专任教授，她却只愿做"散工"。她自己认为，因为她未经"改造"，未能适应，借"散工"之名，可以"逃会"。在清华初期，杨绛翻译出版了西方文学史上首部流浪汉小说——《小癞子》。

1953年初，根据安排，杨绛、钱锺书被调整到北京大学文学研究所，1956年文学研究所划归中国科学院哲学社会学部，简称"学部"。学部于1977年独立并扩充成为中国社会科学院，胡乔木出任首任院长。

起初，杨绛、钱锺书都在文学所外国文学研究组工作，不久，钱锺书被郑振铎借调到中国古代文学研究组，用钱锺书的话说，"从此一'借'不再动"。后来古代组和外文组分别升格为文学所、外国文学研究所，他们夫妇分别成了这两个研究所的研究员。在此前后，杨绛开始翻译法国作家勒萨日的名著《吉尔·布拉斯》。

1958年冬，杨绛忍不住技痒，开始写研究文章。她的《论萨克雷〈名利场〉》就是这时写作的。该文是杨绛为她的小妹杨必翻译的英国古典名著《名利场》一书而写的。为了译好《堂吉诃德》，杨绛从1959年初开始自学西班牙文，学了两年，1961年开始动手翻译，至1966年她已经完成工作的四分之三。由于"文革"的干扰不断，直到1976年才完成。

十年"文革"，杨绛受到打击迫害。

1976年10月，长达十年之久的内乱终于结束了。杨绛和钱锺书，也于1977年上半年结束了"流亡"生涯，迁居至位于三里河南沙沟的国务院宿舍，新居宽敞而明亮。说起这新居，还是钱锺书的老同学胡乔木关照的结果。

前面提到，杨绛早在1959年就选中西班牙大作家塞万提斯的《堂吉诃德》作为翻译的新起点，至"文革"开始已完成译稿的四分之三，"文革"中杨绛这份心爱的译稿几经周折,终于"珠还",这耽搁的数年反倒成了她的"冷却"期。"五七干校"回来之后,她不满意旧译,又在原来的基础上从头译起,提高了"翻译度",最后经过"点繁"(一点就点去了几万字),"文革"结束前后她抓紧工作,终于将七十多万字的小说译竣。1978年,汉译本《堂吉诃德》由人民文学出版社出版。它的问世,填补了我国西班牙语文学翻译的一个空白,立即受到西班牙方面的高度评价,西班牙国王胡安·卡洛斯一世亲自向杨绛颁奖。

杨绛自20世纪80年代以来在文学创作上蔚为大观。特别是散文创作较之40年代有着很大的突破。她的散文作品,已经结集的有《干校六记》《将饮茶》《杂忆与杂写》等,另有集外散文多篇。

在新时期的文学创作中,杨绛的代表作当推《洗澡》,这也是作者唯一一部长篇小说,它通篇采用了幽默和讽刺的笔法,描摹了知识分子在建国之初的众生相。

### (五)"打扫完战场","我们仨"团聚了

杨绛的家庭充满着恩爱、和谐的气氛,但是,在90年代后期,短短两年,杨绛屡遭不幸。先是爱女先老人而去,钱锺书又一直在重病中。翌年,钱锺书也离开了杨绛。

1998年钱锺书去世以后,年近九旬的杨绛用了无数个日日夜夜,将钱锺书留下来的零散而残破的手稿,一张一张精心拼贴起来,井井有条地整理好,并陆续付梓。杨绛曾笑称自己现在还是"钱办主任",是他们家留下来"打扫战场"的。

这些年来,杨绛整理钱锺书的笔记,计有外文笔记一百七十八册,三万四千页,中文笔记部分大体数量与此相当;另有"日札"二十三册,二千余页,合在一起足足有四十卷。在为《钱锺书手稿集》写的序言中,杨绛说:"许多人说,钱锺书记忆力特强,过目不忘。他本人并不以为自

己有那么'神'。他只是好读书，肯下功夫，不仅读，还做笔记；不仅读一两遍，还会读三遍四遍，笔记上不断地添补。所以，他读书虽多，也不易遗忘。"

杨绛和钱锺书一样，一生淡泊名利，人们对其家庭生活一向不甚了解。其实，这是一个普通的三口之家，一个长期身居陋室、吃苦耐劳、只知埋头做学问的典型中国知识分子之家。

杨绛的体形，属于那种长寿型的老人，瘦小轻盈，走路不弯腰驼背，白发里还裹着些许黑发，牙齿基本完好，思维敏捷，90多岁的高龄还在著书写作便是最好的明证。当然人老了不免会有病来侵袭，但杨先生注意锻炼，前些年只要天气好，她一定会出来走走。后来，杨先生不大在院子里散步了，但每天要在家里坚持走7000步。院子里的人说她能活到120岁。她听了笑笑说："活那么久太苦了。"可见她对生死的豁达。

百岁大寿这一天，杨绛跟美国回来的三姐的孩子一起过，其他跟往常一样。杨绛曾对比较亲密的几位朋友说："天太热，别来祝寿了，你们在家替我吃一碗寿面，别麻烦大家了。"

经过三年多的整理，48册《钱锺书手稿集·外文笔记》由商务印书馆影印出版。责任编辑陈洁感慨："实现了杨绛先生的一个梦。"

钱锺书《外文笔记》于2014年5月先期推出第一辑之后，商务印书馆和莫芝宜佳夫妇齐心协力，每隔几个月就有一辑问世，送到杨绛手中。她每次都早早坐在客厅里等候，喜悦急切之情溢于言表。她会经常望着墙边的矮柜，嘱咐保姆把钱锺书的《外文笔记》和《中文笔记》皇皇72卷码放到柜子上，旁边还摆着钱锺书和女儿钱瑗的照片。

晚年的杨绛"又病又老"，她在与老、病、忙的斗争中笔耕不辍，平静而执著地寻找皈依之路。杨绛对死生之道的参悟，使她确信灵魂的不朽，从而坦然面对生命的尽头，不曾停顿的是探究生命意义的步伐。

按照她自己的说法，"我试图摆脱一切成见，按照合理的规律，合乎逻辑的推理，依靠世纪生活经验，自己思考。我要从平时不在意的地方，发现问题，解答问题；能证实的予以肯定，不能证实的存疑。这样一步一步自问自答，看能探索多远。好在我是一个平平常常的人，无党无派，也不是教徒，没什么条条框框阻碍我思想的自由。而我所想的，只是浅显的事，不是专门之学，普通人都明白。我正站在人生的边缘上，向后看看，也向前看看"。

杨绛曾译介苏格拉底临刑前与弟子的谈话录——《斐多篇》，其中提到："真正的追求哲学，无非是学习死，学习处于死的状态。"

亲人离开快二十年了，杨绛独自留下打扫战场。如今，杨绛以105岁高龄悄然告别人世，唯一值得安慰的是，"我们仨"终于团聚了。

2004年9月1日一稿
2010年10月5日二稿
2015年8月30日三稿
2016年5月26日四稿
2016年8月1日五稿于圣祆书屋
（此章为杨绛先生去世后，作者追加的内容）

# 附 录

## 传记作者来到无锡交流创作点滴细节
## ——追忆杨绛先生的百年人生[1]

"先生"这个称呼,放在杨绛身上,有种淡淡的历史沧桑感。这并不奇怪,杨绛先生出生的时候,是清宣统三年,属于清王朝的尾声;1岁时,是中华民国元年;38岁时,中华人民共和国建立,她是历史的见证者。7月17日,为纪念杨绛先生诞辰105周年,资深传记作家罗银胜带着新修订的《杨绛传》来到无锡,参加新书首发式暨读者见面会,和读者一起怀念这位老人的百年人生。一提到杨绛,罗银胜侃侃而谈,脸上泛着些红光,他的表达能力远不如笔头能力来得自如,但言语间充满热情。这得益于十多年来,他对杨绛资料孜孜不倦的搜集。如今的《杨绛传》已经是自2004年问世以来的第四版,每次修订都会增加一些杨绛先生的近况,以满足公众关注了解杨绛的热切愿望。

### (一)"厚着脸皮"为杨绛写传

谈到《杨绛传》的写作缘起,罗银胜说,虽然他很早就开始接触杨绛的作品,但真正有写《杨绛传》的念头,还是在20世纪90年代中后期。

---

[1] 本文作者为文扬、殷星欢。

罗银胜毕业于复旦大学,任教于上海立信会计学院,他曾为顾准先生写传记。在采访顾准学生吴敬琏的时候,在交流中,吴敬琏对同在社科院工作的杨绛先生推崇不已。"吴敬琏回忆,改革开放初期,他们一起到国外交流,大部分人都听不懂国外学者们说的经济学名词,幸好中国的专家代表团里有熟悉多种语言的杨绛。"这让罗银胜很惊讶。后来,罗银胜读到夏衍文章中的一句话,"你们都捧钱锺书,我却要捧杨绛",这更激发了他关注杨绛的兴趣。"传记的写作主要靠文献资料和口碑资料",而当时的条件并不好,除了没有互联网检索,杨绛先生的一些回忆性文字也尚未写作出版,文献资料较少。为杨绛写传记难度不小。而对于罗银胜来说,写作更大的难度不是来自客观条件,而是来自杨绛先生的态度。而据罗银胜透露,杨先生本人对《杨绛传》的态度,更是差点将这部传记扼杀在摇篮中。从罗银胜出示的杨绛先生的信件可以看到,杨先生自认为只是个普通的知识分子,并无轰轰烈烈之功业、事迹可写,最后她甚至委婉地说:"我干脆劝你不要浪费时间精力,写什么《杨绛传》了。"

这样的态度,十分符合杨绛素来低调的品行。然而,自从钱锺书去世之后,她对一切与钱锺书有关的事都十分热心。她曾多次劝罗银胜说:"小罗,你要写就写钱先生吧,钱先生的书你有没有?没有的话,我可以送你一套。"即便如此,罗银胜也没有打退堂鼓,他觉得研究钱锺书的人已经够多了,不差他一个。他对杨绛说,他在"曲线救国",写《杨绛传》,也就是弘扬钱锺书的学术和为人。他的诚恳,终于让杨绛也无可奈何,只得默认了。

### (二)不喜之处她"毫不留情"

杨绛先生淡泊名利,不喜应酬。罗银胜回忆,每次去看望的时候,她都说:"我已经老了,不中用了,你们年轻人这么忙,不用来看我,我自己好得很。"读者见面会上,钱锺书的堂侄女钱静汝女士也印证了这一点,"我在北京上学很少去大伯伯、大阿姆家,钱家人平时没什么事情也很少往来,他们工作太忙了"。在淡泊名利的同时,杨绛先生也十分爱惜自己的声誉。在回复罗银胜的信中,杨先生说,"外面有颇多关于我的不可靠传闻",后来,她又说:"钱先生在病中的时候,很多事情我无法向他核实。"杨先生担心传记中会杂入一些传言,使得她和丈夫的声誉受损,因此,她要求亲自审阅《杨绛传》,虽然这并不是一件令她愉悦的工作。2000年左右,罗银胜写出了《杨绛传》初稿。他用流畅的笔触,生动呈现出杨绛先生的人生轨迹,包括童年成长、家庭变迁、求学历程,以及同钱锺书半个多世纪相濡以沫的爱情,尽显其博学、睿智、宽容、韧性的纯德名媛风范。随后,罗银胜将手稿邮寄给杨绛先生,请她审阅修改。当两大包书稿从上海寄到北京时,年迈的杨先生抱怨说:"小罗啊,你真是累人啊。"大约一年后,杨绛将亲自审阅修改后的两大包手稿和一些回信,回寄给了罗银胜。"实际上,即便觉得给她的生活增加了麻烦,但是厚厚的书稿,她还是认真看的。"罗银胜说,在审阅过程中,杨绛先生很少增加内容,一般她会在一些段落和文字上,打上大大的叉号或问号。对此,罗银胜表示尊重杨先生的选择,但他不无遗憾地说:"有时候与传主走得太近,就只能放弃一些个人想法。这是我自己的选择,不代表所有社会受众的选择。"

### (三)阅读是对先生最好的纪念

2016年5月25日,杨绛先生因病逝世,在一片悼念之中,也出现了一些对钱锺书、杨绛二人不同的看法。淡泊名利使得他们长期远离公众视野,有些评论认为他们二人仅能做到独善其身而已,缺乏知识分子应有的社会责任感和担当。

"广义的知识分子可以分为理论家、学问家、思想家三类",罗银胜说:"钱先生、杨先生研究的学问与现实并不紧密挂钩,他们对于现实也十分关心和了解，只是不愿发表意见。我们不能要求他们在那样的时代环境之下，承担更多的社会责任，而是要理解和尊重他们明哲保身的选择。"每个人都有选择自己生活方式的权利。杨绛先生曾说："我与钱锺书是志同道合的夫妻。我们当初正是因为两人都酷爱文学，痴迷读书而互相吸引走到一起的。锺书说他'没有大的志气，只想贡献一生，做做学问'。这点和我志趣相同。"罗银胜说，直到去世前一两年，杨绛先生还在为整理编辑丈夫的手稿而忙碌，在生命的最后20年，她是一位写作者，更是丈夫文化遗产的看护人。

在读者见面会活动现场，一位读者提问："杨绛先生为什么后来再没回过无锡？"罗银胜说："杨绛先生的去世给我们留下了很多遗憾，有很多问题已经无法回答了。"2013年冬日的一天，罗银胜到三里河拜访，正巧碰上杨绛先生在院中遛弯儿。北京的冬天很冷，杨绛先生身形瘦弱，被围巾和棉袄裹成一团，由保姆小吴阿姨搀扶着，蹒跚在路上。"杨绛先生对我的来访很是'责备'，却讲起了更为亲切的上海话……"罗银胜怅然若失地说，"这是我最后一次见到杨绛先生，现在想起来，我应该多去找她几次，多问几个问题。"

在漫长的发展历程中，无锡诞生了一大批如钱锺书夫妇这样的文化名人，罗银胜说，传记只能帮助大家了解一些她的事迹，想要真正走进杨绛先生的内心世界，最好的方式是阅读她的作品。这是对杨绛先生最好的纪念方式，也是她最希望看到的。

### （四）钱静汝感谢罗银胜为无锡送书

7月17日，钱锺书的堂侄女钱静汝作为钱镠研究会和钱氏后人的代表参加了首发式。钱静汝表示，在这个特殊的日子，以这种特殊的方式纪念杨绛，她既感到激动，又觉得很有意义。现场，她再次忆起往事。"杨绛是我大阿姆娘，我比钱瑗小两岁，抗战时期我们逃难到上海都住在一栋楼内……"钱静汝回忆，她到北京上大学、工作后去北京出差都会抽空去钱锺书家看望，杨绛送她《小癞子》的中译本，送她香港出版的杂志《广角镜》，上面有杨绛写的《干校六记》，"当时国内还没发表，看得我们一家热泪盈眶，后来我又把杂志带回上海，在钱家亲戚中传阅"。钱锺书的堂侄女钱静汝紧紧握住罗银胜的手说："谢谢你为读者提供了一本十分珍贵的全传，为无锡、为钱锺书故居增添了一份宝贵的文化遗产。"

罗银胜的《杨绛传》于2005年出版，二版以《百年风华：杨绛传》之名出版于2011年，此次出版的《杨绛传》为追思纪念版，既表示对先生辞世的哀悼，亦示对先生百年人生的崇敬。

# 后 记

杨绛先生是我国当代著名的作家、文学翻译家。记得第一次接触杨绛先生的作品，还是在20世纪80年代初复旦大学读书的时候，当时她的散文《干校六记》一纸风行，倾倒了包括本人在内的众多年轻学子。

后来我在写《顾准传》时，赴北京采访、搜集资料，接触了经济学家吴敬琏先生。吴先生曾与钱锺书、杨绛等人一起下放到河南信阳"五七干校"，也曾与杨绛一起随中国社会科学院代表团访欧，深入的交往让吴先生对杨绛赞不绝口。吴敬琏第一次出国是1978年去希腊参加经济学国际会议，颇有"洞中数日，世上千年"之感。听不懂国外经济学家的学术语言，这使他大受刺激。第二次出访是1979年6月，随中国社会科学院代表团去法国。多亏同行中有杨绛，见多识广，语言功力高强，令吴敬琏大喜："杨先生是我们的骄傲！"

在与吴敬琏先生的交谈中，悉知"文革"中"五七干校"的气氛其实是相当肃杀的，知识分子在那里的日子是非常难熬的。可是，杨绛温柔敦厚、哀而不伤的大家风格，留给他的印象依然难以忘怀。

所以，可以这样说，我写杨绛，源自经济学家吴敬琏的建议以及响应著名作家夏衍先生的呼吁。

在对"文化昆仑"钱锺书先生的一片喝彩声中，唯独听到夏衍先生发出的"你们捧钱锺书，我捧杨绛"的声音，不啻是对杨绛先生的莫大肯定。《杨绛传》的写作，当是对夏公呼吁的一声微弱的回应。

但是杨绛传记很难写，因为杨绛的资料很少。等收集到足够的资料时，时间已经过去了很多年。我写信告诉杨绛想写传记，但是杨绛劝我不要写。本书的手稿曾呈杨绛先生过目，并进行书信来往。这里，出于对杨绛先生的尊重，信文恕不公开。当她提着两大包原稿、书写信封，步履蹒跚地去邮局寄回拙稿，这是多么地不容易！想到此情此景，我真的于心不忍！我给杨绛先生添麻烦了！

在此，真诚地向杨绛先生表示深深的敬意！并衷心地祝愿杨绛先生一路走好！

《杨绛传》（追思纪念版）引用、融合了诸多杨绛著作中的记载，以大量历史、人物为背景，让读者了解了这位杰出女性的传奇人生。从杨绛幼年时期的家庭生活到青年时期的求学经历，从成年后与钱锺书的历经风雨到之后随社会变迁所经历的历次风浪和运动，杨绛的人生和在动荡年代坚持和把握人性柔光，在作者以小见大的行文下得以彰显。我力图用丰富翔实的细节，刻画杨绛形象的各个方面：与钱锺书志同道合的"书虫"和"隐士"，技艺精湛的文坛宿将，慈爱包容的贤妻良母，随分自持的智者……生动呈现先生一百多年的人生轨迹，读者亦可从中对杨绛的生平、文学创作、翻译著述有所了解。

2005年末，《杨绛传》有幸被评为"第四届全国优秀妇女读物"暨全国妇联推荐作品。对此荣誉，我深感赧然。不过我没有放弃钻研，对拙作又作了修订补正，尚祈广大读者继续不吝指正为幸。

拙作初版于2005年1月，二版以《百年风华：杨绛传》之名出版于2011年4月。现在经修罅指谬，和著者的补充、校正，由天地出版社以《杨绛传》之名推出，既表对先生辞世的哀悼，亦示对先生百年人生轨迹的崇敬。愿先生的精神和风骨，能通过本书得以传承，给后来者更多的启示和力量。值此《杨绛传》出版之际，谨向新华文轩表示感谢！

罗银胜

2016年8月8日于上海圣礽书屋

（lys601@sina.com）

她静悄悄地隐身,
又在静悄悄地影响这个时代